教育部百所重点研究基地
中国政法大学诉讼法学研究院

第25卷　国家司法文明协同创新中心资助支持

诉讼法学研究

Procedural Law Research

熊秋红　主编

中国检察出版社

图书在版编目（CIP）数据

诉讼法学研究. 第 25 卷／熊秋红主编. —北京：中国检察出版社，2021.3
ISBN 978-7-5102-2573-4

Ⅰ.①诉… Ⅱ.①熊… Ⅲ.①诉讼法-法的理论-研究 Ⅳ.①D915.01

中国版本图书馆 CIP 数据核字（2021）第 049944 号

诉讼法学研究（第 25 卷）
熊秋红　主编

责任编辑：俞　骊
技术编辑：王英英
封面设计：曹　晓

出版发行：	中国检察出版社
社　　址：	北京市石景山区香山南路 109 号（100144）
网　　址：	中国检察出版社（www.zgjccbs.com）
编辑电话：	（010）86423751
发行电话：	（010）86423726　86423727　86423728
	（010）86423730　86423732
经　　销：	新华书店
印　　刷：	保定市中画美凯印刷有限公司
开　　本：	710 mm×960 mm　16 开
印　　张：	25.5
字　　数：	395 千字
版　　次：	2021 年 3 月第一版　2021 年 3 月第一次印刷
书　　号：	ISBN 978-7-5102-2573-4
定　　价：	86.00 元

检察版图书，版权所有，侵权必究
如遇图书印装质量问题本社负责调换

诉讼法学研究（第二十五卷）

顾　　　　问	陈光中　樊崇义　卞建林
编委会主任	熊秋红
编委会副主任	杨宇冠　顾永忠　李本森 王万华　高家伟　栗　峥 肖建华　谭秋桂
本卷主编	熊秋红
执行编辑	倪　润

主编絮语

《诉讼法学研究》初创于 2001 年，迄今已经出版了 24 卷。经过编辑部工作人员的共同努力，在中国检察出版社的鼎力协助下，第 25 卷将在 2021 年呈现在广大读者面前，这里首先向各位作者和工作人员表示衷心的感谢！

我们希望通过编辑部工作人员和诸位学者的共同努力，为推进中国特色的程序法制理论研究的不断深入贡献一份力量，进一步促进我国诉讼法学的繁荣和发展，推动中国程序法治的不断进步。本卷《诉讼法学研究》分为"诉讼前沿""实务研究""证据专论""比较研究"与"博士生论坛"五个栏目，汇集了国内外学术名家与青年学者的众多学术成果，旨在推进诉讼法学研究的学术和信息交流，体现了诉讼理论与实践的多方面前沿探索。

"诉讼前沿"栏目刊登了四篇文章。杨宇冠教授与李涵笑撰写的《认罪认罚从宽制度中酌定不起诉的适用》一文对我国的认罪认罚从宽制度中的酌定不起诉进行了探讨研究。该文对认罪认罚从宽制度中的酌定不起诉在实践中适用失衡问题和理论中存在的争议进行了分析，以比较研究的方式对酌定不起诉的限制因素等进行研究，从而对认罪认罚从宽制度中的酌定不起诉制度完善路径提出建议。李本森教授撰写的《认罪认罚从宽制度试点研究报告——兼论新刑事诉讼法对认罪认罚从宽试点规则之扬弃》基于对认罪认罚从宽制度试点的大范围问卷和相关实地调查，揭示了该制度试点的实施效果，发现并解释规范运行中存在的问题，为认罪认罚从宽的司法解释的体系提供实证经验。王进喜教授与朱海翻译的 Jeff Kukucka 撰写的《法证科学中的确认偏差：原因、后果与对策》一文，描述有关确认偏差的基础心理学研究，对关于各个法证科学领域中确认偏差的来源和影响的现有文献进行综述，最后讨论了打击偏差的建议措施，并考虑每一种建议措施的好处和挑战。纪格非教授与赵奇撰写的《从案件管理到审判管理——中西差异、影响与启示》对民事诉讼的案件管理在域外的不同表现进行分析，集中介绍英美法系国家的管理型司法模式、大陆法系国家的集中化审理模式与我国的案件管理方式，并对中西案件管理路径差异予以对比，为我国案件管理制度的完善提出改革的方向。

"实务研究"栏目选录了四篇文章。何东青与郑敏共同撰写的《认罪认罚案件"类案类判"实现路径研究——以认罪认罚从宽制度解读和机制完善为视角》从实践案例出发，对认罪认罚同案不同判的共性和个性原因予以分析，并从制度解读、机制完善、案例研究三个维度为认罪认罚案件"类案类判"的实现提供了路径。高童非撰写的《陪审实质化目标下乡村陪审之困局及其破解——基于乡村权威参与基层治理的逻辑展开》从乡村陪审员的视角切入，分析乡村陪审员的现存问题，区分了乡村陪审和乡村调解、村干部和陪审员之间的关系，认识到陪审工作的城乡差异，进而探索改革的路径，让乡村陪审同样符合陪审实质化的要求。曾竞与董洪辰共同撰写的《审判管理视野下民商事一审审限改革研究》从民商事审判审限困局实证研究出发，结合对现行审限制度及审限变更程序的分析，探索审限制度本身及审限变更机制的修正路径。余歌撰写的《论互联网法院的专门性》中对目前没有探讨的互联网法院定位问题进行了研究。这一问题作为探究互联网法院制度构建的前提与基石，需要予以界定，作者从专门法院设立的三个条件出发，勾勒了作为专门法院的互联网法院蓝图并论证了互联网法院专门化的可能性。

"证据专论"栏目选录了四篇文章。刘杰撰写的《监察案件证明标准的规范意涵与层次化构建》指出设置监察案件的证明标准，需要充分考虑证据法的一般原理和监察实践的具体需要。国家监察和刑事司法在价值追求、主体、构造、案件类型等方面存在的不同，决定了监察证据和刑事证据之间必然存在巨大分野，应当充分认识到监察证据的重要性和特殊性，尽快抛弃监察证据对刑事证据的"拿来主义"。刘玲胜军撰写的《非法口供排除的实效反思与模式转型》从实践出发，以裁判文书为研究样本，对非法口供的排除模式进行实效观察，客观展示了难以落实排除规则的制度缺陷和实践瓶颈，从而对排除模式转型的有效径路进行阐释。孙珊撰写的《我国技术侦查证据使用研究》关注到技术侦查证据作为一类具有相当特殊性质的证据种类，我国对其的法律规定和适用规则仍然停留在非常原则和粗疏的阶段，指出从一般性的证据使用问题出发而后根据技术侦查证据的特殊性进行专门性的剖析与探究是一种可行且必要的研究路径。贺昱辰撰写的《行政证明可诉性的司法审查标准》通过对行政证明相关案例进行收集，以裁判文书网上获得的案例为依托，从司法实践角度归纳出行政证明行为性质、权利救济启动条件等，梳理其可诉性审查标准，并对提升利害关系人诉权保护制度性构建提出完善的建议。

"比较研究"栏目选录了四篇文章。孙锐撰写的《认罪认罚从宽制度与辩诉交易制度的本质区别及角色比较》对认罪认罚从宽与辩诉交易之间的本质区别进行阐述，并对不同制度下检察官、律师、被追诉人、被害人与法官的角色地位进行对比分析。翟薇撰写的《英国值班律师制度考察——兼谈我国值班律师制度的完善》就英国值班律师制度的产生发展、运作方式、制度特点进行概述，并通过对比，对我国值班律师制度提出完善建议，指出我国值班律师制度依托认罪认罚从宽制度，但同时值班律师制度的跨越式发展也需要适当跳出认罪认罚从宽制度。李华伟撰写的《论刑事缺席审判制度的局限及其补正——以反腐败国际追逃追赃为视角》研究域外缺席审判制度，梳理该项制度所适用的领域及规则，进而明确缺席审判的局限之处，最后指出从违法所得没收程序、遣返制度的适用、劝返的使用三种路径以有效实现国际追逃追赃。郑凯心撰写的《证伪方法在齐默曼正当防卫案事实认定中的运用》深刻剖析美国齐默曼案的证明过程，解释证伪方法在认定正当防卫中的作用，论述认定正当防卫的程序，对于提高我国正当防卫的认定率具有启示意义。

"博士生论坛"栏目刊登了六篇文章。谢亚平撰写的《我国刑事缺席审判适用范围再思考》立足于当前的司法实践和刑事诉讼法修改后的实施背景，重新思考缺席审判程序的定位，全面考量缺席审判程序的适用范围，使缺席审判程序更符合实践需要。孙莹撰写的《刑民交叉诉讼中的事实认定问题——以生效裁判事实认定的预决效力为视角》中指出刑民交叉案件存在刑民诉讼程序对事实认定不一致的情形,矛盾的判决既可能侵犯当事人的权益,也可能拖低司法效率,更可能会动摇司法的权威,因而作者以生效裁判预决效力为视角对刑民交叉诉讼中的事实认定问题提出观点和建议,有助于实现司法实践中刑民交叉案件的公正高效裁判。刘妍撰写的《认罪认罚从宽制度中的被追诉人承认——基于权利视角的分析》指出承认的界定与效力判断,是认罪认罚从宽制度的核心问题,更是重大疑难问题,但当前诉讼法理论无法为这一问题的解决提出可行性方案。因此,有必要参照刑法中的被害人同意理论,在诉讼法范畴内构建被追诉人承认理论,展开对认罪认罚从宽制度的深入探讨,搭建"被追诉人承认"评价体系,并根据承认具体情形的不同在标准上进行细微调整。郭枭撰写的《认罪认罚从宽制度中"竞合式辩护"问题探讨》将控诉方与辩护方之间展开的适度对抗竞争式辩护和谋求互惠合作式辩护交叉进行的行为称为"竞合辩护",从其内涵、实现路径以及可能出现的问题多方面予以论述,对我国认罪认罚案件中的控辩关系提供了全新的角度。王玲玲撰写的《认罪认罚撤回权的程序建构刍议》中指出立法对认罪认罚的撤回权规定过于粗疏,导致权利保障不充分,实践中也出现了操作异化的现状。为保障被追诉人的权利,作者通过比较研究的方式分别从撤回权行使的前提、限度、后果三个方面对撤回权的行使要件进行讨论,为认罪认罚撤回权制度的运行提供程序保障。陈雨楠撰写的《大数据侦查中数据挖掘行为的法律规制——以个人信息保护为中心》指出数据挖掘行为存在技术手段滥用、法律规制缺位等问题,给公民的个人信息安全带来极大风险,并从程序和实体两个层面提供了双重规制路径,强调应建立以比例原则为轴心的层级化控制模式、实行以内部规范为主的源头控制,为侦查阶段个人信息保护提供制度保障。

《诉讼法学研究》的编辑们十年如一日的专业、严谨以及致力于学术的热情,使《诉讼法学研究》成为刊载诉讼法学研究成果的重要平台,许多文章被多次转载与引用。今后,《诉讼法学研究》将继续秉持学术包容精神,吸引更多优秀学者投稿,努力为热爱学术的学者们提供一个更加优秀的学术交流平台。同时,《诉讼法学研究》也欢迎来自各方的批评。我们将尽所能提高出版物的专业性与权威性,在《诉讼法学研究》这一学术园地上编辑出更加华丽的篇章。

熊秋红

2020 年 12 月 19 日于蓟门桥法大

目 录

主编絮语 … 1

诉讼前沿 … 1

认罪认罚从宽制度中酌定不起诉的适用
………………………………… 杨宇冠 李涵笑 1
  一、问题的提出 …………………………………………… 2
  二、认罪认罚案件适用酌定不起诉比较研究 …………… 6
  三、认罪认罚案件适用酌定不起诉的完善路径 ………… 10

认罪认罚从宽制度试点研究报告
——兼论新刑事诉讼法对认罪认罚从宽试点规则之扬弃
………………………………………………… 李本森 17
  一、问卷设计、样本与方法 ……………………………… 17
  二、研究发现 ……………………………………………… 20
  三、新修改的刑事诉讼法对试点规则之扬弃 …………… 31

法证科学中的确认偏差：原因、后果与对策
………………… Jeff Kukucka 著 王进喜 朱海 译 43
  一、关于确认偏差的心理学研究 ………………………… 44
  二、法证科学中的确认偏差 ……………………………… 48
  三、如何抗击法证确认偏差 ……………………………… 63
  结论：对法证科学元科学的需要 ………………………… 73

从案件管理到审判管理
　　——中西差异、影响与启示
　　·· 纪格非　赵　奇　74
　　一、案件管理在英美的发展与影响·························· 74
　　二、案件管理对欧洲大陆法系国家民事诉讼程序的影响········ 79
　　三、我国的审判管理：理念与特征·························· 83
　　四、中西案件管理的差异、影响与启示······················ 89

实务研究　　94

认罪认罚案件"类案类判"实现路径研究
　　——以认罪认罚从宽制度解读和机制完善为视角
　　·· 何东青　郑　敏　94
　　一、几组案例：认罪认罚案件"类案不同判"问题之提出······ 94
　　二、两个角度：认罪认罚案件"类案不同判"原因之剖析······ 98
　　三、三个维度：认罪认罚案件"类案类判"实现之路径······· 105

陪审实质化目标下乡村陪审之困局及其破解
　　——基于乡村权威参与基层治理的逻辑展开
　　·· 高童非　112
　　一、城乡二元结构视角下的陪审制改革····················· 113
　　二、乡村调解与乡村陪审的逻辑错位······················· 118
　　三、村干部参与陪审的身份冲突··························· 123
　　四、乡村陪审出路何在··································· 126

审判管理视野下民商事一审审限改革研究
　　·· 曾　竞　董洪辰　131
　　一、问题肇始：一审民商事案件审限困局实证研究··········· 131
　　二、追本溯源：一审民商事案件审限困局原因分析··········· 134
　　三、制度创新：一审民商事案件复合审限制度尝试··········· 135
　　四、规范探索：一审民商事审限变更的标准化和运行的
　　　　精细化、可视化····································· 139

论互联网法院的专门性
.... 余 歌 146
　一、现有研究的两个问题 147
　二、互联网法院何以专门化 152
　三、作为专门法院的互联网法院 156
　结 语 161

证据专论

监察案件证明标准的规范意涵与层次化构建
.... 刘 杰 162
　引言：从监察程序到监察证据 162
　一、监察案件证明标准的规范意涵与学理争议 163
　二、证明标准一元化与层次化的利弊分析 167
　三、监察案件证明标准的设置路径 171
　四、监察证据与刑事证据的分野 175

非法口供排除的实效反思与模式转型
.... 刘玲 胜军 177
　引 言 177
　一、实践观察：基于2010—2019年样本的量化分析 179
　二、排除瓶颈：绝对排除模式虚置的成因 186
　三、体系解读：一元审查标准下的绝对排除 191
　四、转型径路：从僵化模式走向弹性模式 194

我国技术侦查证据使用研究
.... 孙 珊 201
　一、证据裁判原则下证据的使用 202
　二、我国技术侦查证据的特点与使用现状 205
　三、我国技术侦查证据使用的改革与完善 210

行政证明可诉性的司法审查标准
.... 贺昱辰 214
一、问题的提出 214
二、行政证明法律属性剖析及纠纷类型 218
三、行政证明可诉性的司法审查标准差异 222
四、行政证明司法审查路径的优化 228
五、结语 231

比较研究 233

认罪认罚从宽制度与辩诉交易制度的本质区别及角色比较
.... 孙 锐 233
一、认罪认罚从宽制度与辩诉交易制度的本质区别 233
二、认罪认罚从宽制度与辩诉交易制度中的检察官 237
三、认罪认罚从宽制度与辩诉交易制度中的被追诉人 240
四、认罪认罚从宽制度与辩诉交易制度中的律师 243
五、认罪认罚从宽制度与辩诉交易制度中的法官 247
六、认罪认罚从宽制度与辩诉交易制度中被害人的地位 ... 251

英国值班律师制度考察
——兼谈我国值班律师制度的完善
.... 翟 薇 255
一、英国值班律师制度的历史演变 255
二、英国值班律师制度的运行方式 261
三、英国值班律师制度的特点 266
四、对中国值班律师制度的启示和借鉴 267

论刑事缺席审判制度的局限及其补正
——以反腐败国际追逃追赃为视角
.... 李华伟 272
一、缺席审判制度在域外的构建 274
二、缺席审判在追逃追赃中的局限性 277
三、对缺席审判追逃追赃局限性的补正 280

证伪方法在齐默曼正当防卫案事实认定中的运用
　　………………………………………………… 郑凯心　286
　　一、证伪方法的内涵及其在正当防卫案件事实认定中的
　　　　运用 ………………………………………………… 287
　　二、辩方运用证伪与证实的方法形成齐默曼正当防卫的
　　　　合理怀疑 …………………………………………… 288
　　三、齐默曼案中控方未能成功运用证实与证伪方法 …… 294

博士生论坛　　　　　　　　　　　　　　　　　　　　298

我国刑事缺席审判适用范围再思考
　　………………………………………………… 谢亚平　298
　　一、争论中的缺席审判适用范围 …………………………… 299
　　二、我国缺席审判适用范围的立法选择与评价 …………… 302
　　三、确定我国缺席审判适用范围的原则 …………………… 305
　　四、我国刑事缺席审判的适用范围 ………………………… 309
　　结　语 ……………………………………………………… 313

刑民交叉诉讼中的事实认定问题
　　——以生效裁判事实认定的预决效力为视角
　　………………………………………………… 孙　莹　314
　　一、问题的提出与概念的厘清 …………………………… 315
　　二、刑民交叉诉讼中事实认定的考量因素 ……………… 317
　　三、刑民交叉诉讼中事实认定问题的域外考察 ………… 318
　　四、刑民交叉诉讼中事实认定问题在我国的现状考察 … 319
　　五、对我国刑民交叉诉讼中事实认定问题的建议 ……… 323

认罪认罚从宽制度中的被追诉人承认
　　——基于权利视角的分析
　　………………………………………………… 刘　妍　328
　　一、承认的性质："权利"的理论证成 …………………… 329
　　二、被告人承认的权利构成 ……………………………… 332
　　三、权利视野下认罪认罚从宽制度的优化 ……………… 335

认罪认罚从宽制度中"竞合式辩护"问题探讨

······ 郭 泉 340
- 一、"竞合式辩护"的基本蕴含 ······ 341
- 二、"竞合式辩护"的实质功能 ······ 349
- 三、认罪认罚从宽制度中的"竞合式辩护"实现路径 ······ 355
- 四、余论:"竞合式辩护"的隐忧与回应——如何避免辩护行动异化 ······ 359

认罪认罚撤回权的程序建构刍议

······ 王玲玲 362
- 一、问题的提出 ······ 362
- 二、认罪认罚撤回权行使的现实价值 ······ 363
- 三、撤回权的前提要件:主体与对象 ······ 364
- 四、撤回权行使的限度:阶段与理由 ······ 368
- 五、撤回权行使的后果:程序转化与具结书的性质 ······ 372

大数据侦查中数据挖掘行为的法律规制
——以个人信息保护为中心

······ 陈雨楠 376
- 一、问题的提出 ······ 376
- 二、数据挖掘行为在大数据侦查中的运用 ······ 377
- 三、对数据挖掘行为的正当性追问:个人信息保护风险 ······ 380
- 四、实体+程序:对大数据侦查中数据挖掘行为的法律规制 ······ 383
- 五、结语 ······ 386

● **诉讼前沿**

认罪认罚从宽制度中酌定不起诉的适用

杨宇冠[*]　李涵笑[**]

目前我国的认罪认罚从宽制度已经在司法中广泛运用，在提高诉讼效率、节约司法资源等方面发挥了巨大作用，但也出现一些问题。如何在现有的刑事司法框架下进一步发挥该制度的效用，强化检察机关的主导地位成为当下关注的热点议题。朱孝清同志认为"设置认罪认罚从宽制度的初衷之一，就是落实宽严相济刑事政策，优化司法资源配置，提高诉讼效率，它必然要求检察机关加强对认罪认罚案件的程序分流，对符合不起诉条件的案件予以不起诉"；[①] 童建明同志指出"不起诉权是检察官客观义务的反映"[②]。在认罪认罚从宽制度中对酌定不起诉适用的可行路径进行研究，既是检察官客观义务的体现，也是检察机关在认罪认罚从宽制度中主导权能的定位需求。

---

[*] 中国政法大学诉讼法学研究院教授、博士生导师。本文系国家社科基金"研究阐释党的十九大精神"专项课题"深化司法体制改革研究"（批准号：18VSJ079）的阶段性成果。

[**] 中国政法大学刑事司法学院2020级博士研究生。

[①] 朱孝清：《认罪认罚从宽制度相关制度机制的完善》，载《中国刑事法杂志》2020年第4期。

[②] 童建明：《论不起诉权的合理适用》，载《中国刑事法杂志》2019年第4期。

一、问题的提出

在不起诉的几种类型中，酌定不起诉在制度设计上最为契合恢复性司法的理念，在适用对象上比附条件不起诉更具有普遍性，检察机关在认罪认罚案件中适当行使酌定不起诉权，有利于轻微刑事案件中的被追诉人尽早回归社会，减轻审判阶段压力，推动检察机关主导的认罪认罚从宽制度在纵深层面提质增效。但酌定不起诉作为广义上认罪认罚从宽制度的下位程序，①在实务层面仍然存在严重的适用失衡状况。此外，在理论层面上，对于两项制度衔接时所涉及的认罪和免予刑罚是否冲突以及《刑法》第 37 条能否独立适用的问题，学界也存在诸多争议。

（一）认罪认罚案件酌定不起诉权适用失衡

目前我国在审查起诉阶段的案件分流程序并未充分发挥其作用，以 2018 年为例，检察机关提起公诉率为 92.3%，其中检察机关建议适用认罪认罚从宽制度审理的占 98.3%，法院量刑建议采纳率为 96%。② 相当于在审查起诉阶段，除了不到 8% 的案件以外，其余几乎所有认罪认罚的案件均在法院审结，这一趋势造成的结果是，审判环节集中处理了大量轻微刑事案件，案多人少的矛盾进一步激化，司法审判空洞化的隐忧不断加剧。③

2016 年至 2018 年，每年判处拘役、管制、3 年以下有期徒刑以及免刑的人数占全年全部生效判决人数的 50% 左右。④ 法院审理的刑事案件轻罪判决数量不断增加。⑤ 上述数据表明，我国认罪认罚从宽制度仅仅着力于审判环节不但不能从根本上解决当前案件"简者

---

① 参见汪海燕、付奇艺：《认罪认罚从宽制度的理论研究》，载《人民检察》2016 年第 15 期。

② 参见孙谦：《认罪认罚从宽贯穿整个刑诉程序，严格依法保障当事人权益》，载新华网，http://www.xinhuanet.com/legal/2018-12/13/c_1123845138.html，2020 年 9 月 11 日访问。

③ 转引自张建伟：《认罪认罚从宽处理：内涵解读与技术分析》，载《法律适用》2016 年第 11 期。

④ 数据来源中国法学会法律年鉴编辑部：《中国法律年鉴（2017—2019）》，中国法律出版社 2019 年版。

⑤ 参见周光权：《论刑法与认罪认罚从宽制度的衔接》，载《清华法学》2019 年第 3 期。

不简,繁者更繁"的困境,还会进一步加剧司法负担,甚至危害司法公正。我国检察机关适用不起诉的人数逐年递增,由 2016 年认罪认罚从宽制度开始试点时的 90694 人到 2018 年的 140650 人。但不起诉适用率一直维持在 5%—8% 的低位,不起诉适用的案件数甚至不到提起公诉案件总量的 1/10。酌定不起诉在不起诉形式中占据最大的适用比例,但是该项程序在审前阶段繁简分流的功能在实务中并未得到较好的应用,其契合认罪认罚从宽制度恢复性司法的功能设计也未能得到充分发挥。司法实务中严重忽视了认罪认罚案件在审查起诉环节适用酌定不起诉的程序价值,酌定不起诉权的适用严重失衡。这种程序的适用失衡很大程度上导致不起诉权权能构建上的缺陷难以得到重视和完善,而存在缺陷的不起诉权反过来又进一步制约了酌定不起诉在认罪认罚案件中的恰当适用,最终带来在审查起诉环节难以贯彻落实繁简分流司法改革理念的现实困境。

(二)认罪认罚案件适用酌定不起诉的争议

酌定不起诉与认罪认罚从宽制度在法理内涵上高度契合,两项制度的适用均需要根据刑事实体法相关规定界定制度在刑事诉讼程序中的适用范围。关于认罪认罚案件中酌定不起诉权适用的理论争议,主要体现为认罪认罚从宽制度中的"认罚"与酌定不起诉的"免除处罚"的概念区分以及对酌定不起诉所涉及的《刑法》第 37 条的理解两方面。前者决定检察机关在认罪认罚案件中适用酌定不起诉的程序正当性,后者界定了检察机关起诉裁量权的权限范围。

首先,认罪认罚案件的"接受处罚"与酌定不起诉适用后的"免除刑罚"是否存在矛盾,这关乎认罪认罚从宽制度的性质,以及该类案件能否适用酌定不起诉的问题。进言之,这涉及两个具体问题:一是酌定不起诉是否意味着被告人无罪,如果无罪,是否与认罪发生冲突;二是从宽处理是否包含不起诉。根据《刑事诉讼法》第 15 条之规定,犯罪嫌疑人、被告人自愿如实供述自己的罪行,承认指控的犯罪事实,愿意接受处罚的,可以依法从宽处理。可见认罪认罚从宽制度的适用,存在一个"愿意接受处罚"的重要前提。而检察机关根据《刑事诉讼法》第 177 条第 2 款对于"依照刑法规定不需要判处刑罚或者免除刑罚"的认罪认罚案件作出酌定不起诉决定,按照"凡受刑事控告者,在未依法证实有罪之前,应有权被视为无罪"① 的无罪推定原则,从法律意义上讲,被决定不起诉的人是无罪的。② 我国《刑事诉讼法》第 12 条也规定:"未经人民法院依法判决,对任何人都不得确定有罪。"那么,不起诉,不管是什么形态,被不起诉人均是无罪的。然而,根据《刑事诉讼法》第 177 条第 2 款规定,被不起诉人首先是要构成犯罪的,然后检察机关才能决定是否"不需判处刑罚或者免除刑罚",此处的"构成犯罪"与被不起诉人的"无罪状态"是否矛盾构成了认罪认罚案件适用酌定不起诉的主要理论争议。

其次,学界关于《刑法》第 37 条"对于犯罪情节轻微不需要判处刑罚的,可以免予刑事处罚"的规定能否作为独立的酌定不起诉适用条件存在争议。在刑事诉讼程序中,酌定不起诉权的规定主要体现在刑事案件的审查起诉阶段,《刑事诉讼法》第 177 条第 2 款规定:"对于犯罪情节轻微,依照刑法规定不需要判处刑罚或者免除刑罚的,人民检察院可以作出不起诉决定。"一部分学者认为,酌定不起诉适用的第一种情形中,《刑法》第 37 条规定的"不需要判处刑罚"应当作为独立适用的免予刑事处罚的事由,检察机关可以根据该条,独立判断犯罪情节是否需要判处刑罚。③ 另一部分学者则主张第 37 条规定不能成为独立的免予刑罚事由,该条应当是刑法具体规定的 16 种免除刑罚事由的概括性规定。④

(三) 解决不起诉与认罪认罚矛盾的分析和实践

不起诉意味着被告人不会得到刑事处罚,"处罚"一词所涵括的范围大于"刑罚"。刑罚在整个法律处罚体系中仅仅代表依据刑法所作出的惩治犯罪的一种表现形式,构成犯罪与判处刑罚两者在逻辑关系上是一种必要不充分关系,即构成犯罪者不一定被判处刑罚,但是被判处刑罚者必须满足构成刑法规定的犯罪的条件。这种逻辑关系在法条中也得到了明确,《刑法》第 37 条规定:"对于犯罪情节

---

① International Covenant on Civil and Political Rights (adopted 16 December 1966, entered into force 23 March 1976) 999 UNTS 171 (ICCPR) art14. 2.

② 参见全国人大常委会法制工作委员会编著:《中华人民共和国刑事诉讼法释义 (2018 最新修正版)》,法律出版社 2018 年版,第 762 页。

③ 参见陈卫东:《检察机关适用不起诉权的问题与对策研究》,载《中国刑事法杂志》2019 年第 4 期。

④ 参见张明楷:《刑法学 (上)》(第五版),法律出版社 2016 年版,第 653 页。

轻微不需要判处刑罚的,可以免予刑事处罚,但是可以根据案件的不同情况,予以训诫或者责令具结悔过、赔礼道歉、赔偿损失,或者由主管部门予以行政处罚或者行政处分。"由此可见,即使行为人违反了刑法,也可能免予刑事处罚而被施以其他处罚或处分。

在认罪认罚案件中,被告人在审查起诉环节愿意接受的处罚,属于刑罚还是其他性质的处罚取决于检察机关在此阶段依法提出何种处罚,只要被告人对检察机关依法提出的处罚表达出自愿接受的意愿,就应当构成认罪认罚从宽制度中的认罚条件。因此,在认罚层面上,认罪认罚案件与酌定不起诉适用后对被不起诉人的免除刑罚并不矛盾,在被不起诉人免除刑罚后也并不意味刑法惩治犯罪的功能失效,对被酌定不起诉的被告人之处罚可以通过民事处罚、行政处罚和行政处分等加以体现。

结合认罪认罚从宽制度中检察机关的主导责任定位,将《刑法》第37条作为适用酌定不起诉免予处罚的独立条款更为契合。认罪认罚从宽制度作为2016年首次试点施行的制度,在部门法的衔接上仍然存在诸多空白。尤其是在与刑事实体法的衔接上,难免出现认罪认罚案件符合"犯罪情节轻微不需要判处刑罚"但又并非法定免予处罚情节的状况,如果对这类案件一律提起公诉,无疑导致"简者不简,繁者更繁",这不但与认罪认罚制度设计初衷相悖离,还耗费了大量司法资源。赋予检察机关在认罪认罚案件中更大的独立起诉裁量权限,一方面有助于明确检察机关在认罪认罚案件中适用酌定不起诉的主导责任,另一方面也更切合司法实践中的需求。

值得注意的是,目前实务中也较为普遍地将该条作为酌定不起诉的独立条款加以适用。在2020年江苏省泰州市海陵区人民检察院对汤某甲涉嫌盗窃作出的酌定不起诉决定①中,尽管被不起诉人所实施的盗窃罪并非刑法规定的16种免予刑罚的事由,但是基于其认罪认罚情节和基本案情,检察机关根据《刑法》第37条对其作出酌定不起诉的决定。与之相似的还有2020年安徽省太湖县人民检察院对

---

① 参见江苏省泰州市海陵区人民检察院不起诉决定书(泰海检一部刑不诉〔2020〕16号),载12309中国检察网,https://www.12309.gov.cn/12309/gj/js/tzs/tzshlqr/zjxflws/202008/t20200820_8425758.shtml,2020年9月6日访问。

涉嫌危险驾驶罪的被不起诉人杨某的酌定不起诉决定①。由此可见，在认罪认罚案件中，《刑法》第 37 条规定可以独立作为适用酌定不起诉制度的刑事实体法依据，并已经适用于司法实务之中。

二、认罪认罚案件适用酌定不起诉比较研究

在世界上的很多国家，也有类似我国酌定不起诉制度的起诉裁量制度，也有类似我国的认罪认罚从宽制度。研究相关国家这两种制度之间的关系，对我国处理这两者的关系有一定的借鉴意义。

（一）酌定不起诉权的限制因素比较

我国酌定不起诉权的适用率明显偏低。当某项制度适用出现困境时，追根溯源往往能够发现其理论构建存在薄弱之处，酌定不起诉权的制度缺陷无疑是导致我国起诉裁量权难以适用的重要原因。通过横向比较各国类似不起诉裁量机制设置，把握酌定不起诉制度的适用原理，可以从理论层面探究阻碍我国酌定不起诉适用的制度成因。《刑法》第 37 条实质上是国家基本法对于检察机关的授权性规定，但在我国刑事诉讼法、《人民检察院刑事诉讼规则》（以下简称《刑事诉讼规则》）等规范性法律文件中，均未列出具体细化的条款以进一步界定酌定不起诉适用的阈值，认罪认罚从宽案件在审查起诉阶段适用不起诉，仅规定以《刑事诉讼法》第 177 条第 2 款为依据，对于酌定不起诉权适用的考量评估因素也大多依赖于检察官心证，由办案检察官以及检察委员会进行评估。②

反观不起诉率较高的德国，据德国统计局（Statistisches Bundesamt）统计，2018 年德国刑事案件在审查起诉环节适用酌定不起诉制度终止诉讼的案件占全部案件的 56.8%。③ 尽管《德国刑事诉讼

---

① 参见安徽省太湖县人民检察院不起诉决定书（太检刑不诉〔2020〕59 号），载 12309 中国检察网，https：//www. 12309. gov. cn/12309/gj/ah/aqs/thxa/zjxflws/202008/t20200831_8468801. shtml，2020 年 9 月 6 日访问。

② 参见宋英辉：《我国酌定不起诉的立法完善》，载《河南社会科学》2010 年第 1 期。

③ Bundesamt S. 4. 9million investigation proceedings by public prosecution offices in 2018. ［EB/OL］. https：//www. destatis. de/EN/Press/2019/08/PE19_317_243. html，2019 - 8/2020 - 9.

法》赋予了检察官适用酌定不起诉较大的权限,①但这种广阔的检察机关不起诉裁量权的范围也受到明确的限制,德国检察官需要将不起诉原因详细明列,并将之规定为程序障碍原因。将"公共利益"的空白形式的规定用相对客观的标准,例如,损害的范围、犯罪行为是否为初犯、行为人的社会处境来加以代替,进而解决不起诉裁量权被滥用的问题。② 在联邦检察官享有广泛酌定不起诉权的美国,③ 对于检察官认为刑事案件适用酌定不起诉时,也必须符合美国司法部出台的《司法手册》(Justice Manual)在刑事章节(Title 9：Crime)第 27.250 款"起诉的非刑罚替代措施"中的相关规定④,并通过《犯罪受害人权利法》(CVRA)⑤、《受害者权利赔偿法》⑥ 等明确检察官在权衡特定案件适用酌定不起诉与否的考量因素。⑦

在我国审查起诉环节,大量轻微犯罪的追诉必要性与司法高效性之间的矛盾越发激烈。适用阈值模糊的酌定不起诉立法无疑对承办检察官提出了更高的心证要求,与此同时,实施细则的缺乏又导致我国检察机关在决定适用酌定不起诉时难以得到可靠的制度保障,承担了较大的风险责任。实务中存在检察人员怕担责任,担心不起诉会引发舆情风险,影响检法、检警关系,不敢适用不起诉,抑或是纠结于不起诉审批程序烦琐、考评机制复杂,不愿适用不起诉等情况。⑧ 上述种种矛盾,造成了酌定不起诉适用率极低的现实困境。

(二)酌定不起诉适用中机构衔接机制比较

在认罪认罚案件中,检察机关精准适用酌定不起诉,需要执法

---

① 《德国刑事诉讼法》第 153 条第 1 款规定："程序标的为轻罪时,如果犯罪人罪责轻微,且不存在追诉的公共利益,经负责开启审判程序的法院同意,检察院可以不追诉。"

② Roxin. Kriminologie und Strafverfahren [J]. 1976 (18ff., 20f.)：1979.

③ Joan Wong. Prisons are packed because prosecutors are coercing plea deals. And, yes, it's totally legal. [N]. NBC News. 2019 – 8 – 8.

④ Justice Manual. Title9. Crime – 27.250 – Non – Criminal Alternatives to Prosecution [DB/OL]. https://www.justice.gov/jm/jm – 9 – 27000 – principles – federal – prosecution#9 – 27.250. 2020 – 7.

⑤ The Crime Victims' Rights Act, 18 U.S.C. § 3771.

⑥ The Victims' Rights and Restitution Act, 34 U.S.C. § 20141.

⑦ Rule 5.1 Preliminary Hearing. 18 U.S.C. § 3060.

⑧ 参见叶青：《"捕诉一体"与刑事检察权运行机制改革再思考》,载《法学》2020 年第 7 期。

部门和司法部门的共同配合衔接，这种需求主要体现在两方面：一方面是相关执法机构在被不起诉人负担义务履行中与检察机关的配合衔接；另一方面是检察机关与审判机关在量刑意见上的一致性，在酌定不起诉程序中主要体现为检察机关形成的预判量刑的准确性。上述各机构之间的配合衔接机制在大陆法系国家中也有相应的制度回应。

在检察机构和执法部门的配合衔接方面，《日本刑事诉讼法》规定在酌定不起诉适用后，由相应执法机构监督考核被不起诉人履行负担义务的效果，并就此与检察机关进行协商，以决定是否再次起诉。① 《德国刑事诉讼法》第153条（b）项明确，即便不起诉微罪有追诉之必要性，但由于该被告人已履行相应的负担义务，如使损害的公共设施恢复原状，向国库缴纳罚款等，此时该项诉追不再具有必要性，无须加以诉追。此处负担义务的履行，实际上也涉及各类执法机构与检察机关的配合沟通，这种配合机制构成了德国检察机关决定有无追诉必要性的事实基础。

在检察机关就酌定不起诉决定所形成的量刑预判的准确性方面，德国规定了明确的检察机关和审判机关的协作制度，《德国刑事诉讼法》第153条规定，对轻罪的不起诉由检察官和法官共同作出，即经负责审判的法院和被指控人同意，检察院可以不起诉。② 德国通过这种刑事处罚令的形式确保检察官与法官就案件的定罪量刑问题保持一致，并保障了检察官在不起诉决定中预见量刑的准确性。

相比之下，我国并未有任何关于被不起诉人负担性义务的规定，在检察机关作出酌定不起诉决定后，案件刑事司法程序即告终结。再者，现行的法律规定中也没有对我国公安机关、社区矫正所等执法机构在社区矫正、财产性惩罚等负担义务实施中的考核监督定位，在适用酌定不起诉后，检察机关与相关执法机构的衔接形式在《刑事诉讼规则》中概括性表述为一种单向的从检察机关移送有关机构处理并及时通报的程序。此外，在认罪认罚案件适用酌定不起诉的过程中，目前并未设置检察官在审查起诉环节就量刑预判与法院进

---

① 参见吕天奇：《比较法视野下的暂缓起诉制度研究——以德国、日本和我国台湾地区的立法为范本》，载《社会科学研究》2011年第1期。

② John H. Langbein. Controlling Prosecutorial Discretionin Germany [J]. The University of Chicago Law Review. Volume41，Number3，Spring1974.

行沟通交流的环节,① 我国认罪认罚案件的预判量刑缺乏准确性保障,检察机构和司法机构审前配合程序的缺失导致酌定不起诉制度适用的公正性难以保障,甚至在实践中还有可能演变为检察机关的独角戏,成为一种单方决定程序,无疑对检察机关的业务能力提出相当严苛的要求,使得检察官在实务中慎用酌定不起诉以防承担过大的追责风险。②

(三) 酌定不起诉权的监督机制比较

认罪认罚案件适用酌定不起诉时,需要经过多道监督把控程序。案件属于公安机关移送起诉的,首先承办检察官就认为需要作酌定不起诉处理的案件写出审查报告,然后该报告需要经部门负责人审核,最后再报由主管检察长决定或由主管检察长提交检察委员会讨论决定。监察机关以及本院自侦的案件,则在承办检察官写出审查报告,经部门负责人审核后,需要报由上一级检察院批准。由此可见,认罪认罚案件适用酌定不起诉的监督机制十分烦琐,层层上报,定期审核。不少基层检察院认为,适用酌定不起诉制度的司法成本甚至远远超出单纯的认罪认罚案件公诉程序。

德国的检察组织体制与我国相似,上级检察机构享有对下级的指示领导权,《德国法院组织法》第146条规定,检察官需依其上级长官在职务上的指示行事。但在酌定不起诉的适用方面,承办检察官享有较大的独立决定权。当承办检察官认为某一案件需要作出酌定不起诉处理时,即使收到上级指示要对其提起公诉,普遍的认知是该检察官无须服从指示。③《德国刑事诉讼法》指出,即使检察官上下级存在领导关系,但是承办检察官对真实性和公正性的判断是不可替代的,且必须由承办检察官以其良知个别决定之,因此不得对检察官施以强制,命令其违反自己的信念行事。④ 再者,德国对法

---

① 参见孙长永:《认罪认罚案件"量刑从宽"若干问题探讨》,载《法律适用》2019年第13期。

② 参见杨宇冠、王洋:《认罪认罚案件量刑建议问题研究》,载《浙江工商大学学报》2019年第6期。

③ Felix Herzog and Temba Hoch. Bitcoins und Geldwäsche: Bestandsaufnahme strafrechtlicher Fallgestaltungen und regulatorischer Ansätze [J]. Strafverteidiger. Volume 39; Issue 6. 10 Jul 2019.

④ 参见 [德] 克劳斯·罗科信:《刑事诉讼法》,吴丽琪译,中国法制出版社2003年版,第67—68页。

官、检察官的业务考核内容仅包括任职资格、能力和专业绩效三个方面,上诉率并不在检察体系行政考核指标中。德国刑事诉讼体系中关于酌定不起诉案件的指挥监督权设计为检察官适用酌定不起诉分流案件提供了较大的助益。

反观我国,出台了多部规范性文件①以期强化对不起诉案件的监督程序和检查责任,但在关注不起诉决定的公正性时,欠缺了司法效率的考量,实务中不起诉适用所需经历的诸多流程远超过公诉案件的流程需求,耗费更长的诉讼期限。尤其是对于认罪认罚案件而言,检察机关在审查起诉阶段认为符合速裁程序适用条件的,仅需要10—15日即可作出是否提起公诉的决定,而对于不符合适用速裁程序的酌定不起诉案件,则期限被延长至1个月。过于烦琐的酌定不起诉监督审查程序和轻微明确的认罪认罚案情间存在明显的不协调,很大程度上导致认罪认罚案件中该制度的适用率始终维持在较低的水平。

三、认罪认罚案件适用酌定不起诉的完善路径

梳理酌定不起诉现存适用困境可以发现,酌定不起诉无论是在制度构建还是程序运行上均存在较大的提升可能性。鉴于酌定不起诉在刑事诉讼程序中适用环节的单一性,相较于以认罪认罚从宽制度在不同诉讼环节的适用标准为突破口分析酌定不起诉适用的改良途径,从单一审查起诉环节入手,以认罪认罚案件中酌定不起诉适用的前置条件、程序运行要求以及后续衔接措施为三大研究维度,显然更契合在认罪认罚从宽制度中积极适用该程序的闭环论证需求。因此,下文将从上述三大维度展开具体论述,探析酌定不起诉在认罪认罚案件中积极适用的可行性路径。

(一)明确认罪认罚案件适用酌定不起诉的阈值

酌定不起诉制度所体现的恢复性司法理念,与认罪认罚从宽制度中宽严相济的刑事政策目的十分契合,要实现两者的衔接配合,前提要求就是明确认罪认罚案件中酌定不起诉的适用阈值,界定该制度适用的上下限。

---

① 最高人民检察院关于办理不起诉案件的相关规定主要参见《人民检察院办理不起诉案件公开审查规则(试行)》《人民检察院办理不起诉案件质量标准(试行)》《最高人民检察院关于开展不起诉案件专项复查活动的通知》。

首先，可以明确的是认罪认罚案件适用酌定不起诉的最低标准。根据现行法律，认罪认罚案件适用酌定不起诉需要满足两大基本条件：一是在审查起诉环节及前序环节中被不起诉人认罪认罚；二是犯罪情节轻微，依法无须判处刑罚或者免除刑罚。这两项条件为适用酌定不起诉的认罪认罚案件划定了刑事实体法和刑事程序法上的最低适用标准。就第一项条件而言，要求被不起诉人在审查起诉阶段终结前，承认其被指控的主要犯罪行为已构成犯罪并可能受到刑罚处罚，笔者认为此处的认罪不同于普通案件认罪认罚在审查起诉环节对基本犯罪事实的承认，基于酌定不起诉决定的诉讼程序终结性，对于适用该制度的认罪认罚案件定罪的证明标准仍然应当坚持严格证明标准，要求主要事实清楚，主要证据确实、充分，符合定罪标准。① 而认罚是被不起诉人对检察机关的预判性刑罚的接受，这种预判量刑的幅度犯，则需要结合第二项条件进行理解，在检察机关判断认罪认罚案件是否属于犯罪情节轻微、不需要判处刑罚时，可以适当借鉴德国的做法，根据犯罪行为的社会危害性、犯罪人是否为初犯、犯罪造成的损害结果等因素来判断是否属于犯罪情节轻微的罪名，或是通过最高人民检察院出台的司法解释或者指导性案例的方式，对于作出酌定不起诉决定的认罪认罚案件提供裁量依据，甚至可以借鉴《刑事诉讼规则》中检察机关关于认罪认罚案件量刑建议的考量因素，如是否与被害方达成和解或者调解协议，或者赔偿被害方损失，取得被害方谅解，或者自愿承担公益损害修复、赔偿责任等作为这类案件适用酌定不起诉的考量因素。上述条件的设置为检察机关在认罪认罚案件中行使自由裁量权界定了下限标准。

其次，可以从预判刑罚方面确定认罪认罚案件适用酌定不起诉的上限。在审查起诉环节，检察机关判断是否就认罪认罚案件作出酌定不起诉决定，很大程度上取决于检察机关对于该案件的预判刑罚属于刑罚体系中的何种类型。从刑罚体系来看，3年有期徒刑是我国刑罚的一个特殊临界点，已成为衡量犯罪轻重与否的分水岭。② 而符合酌定不起诉适用最低标准的认罪认罚案件，均为轻微犯罪。从刑

---

① 参见陈光中：《认罪认罚从宽制度实施问题研究》，载《法律适用》2016年第11期。

② 参见汪海燕：《认罪认罚从宽制度中的检察机关主导责任》，载《中国刑事法杂志》2019年第6期。

罚的角度出发，检察机关对该类酌定不起诉案件的预判刑可以扩大为判处3年以下有期徒刑、管制、拘役、单处附加刑，由此确立最高3年的预判实体刑是所有认罪认罚案件适用酌定不起诉的最高上限。在此上限之下，在检察机关审查起诉环节对认罪认罚案件可能接受的处罚进行量刑预判时，笔者建议，可以参考借鉴最高人民法院出台的《量刑指导意见》，以保障预判刑的准确性，精准厘定符合酌定不起诉条件的具体认罪认罚案件预判刑期的上限。

（二）完善酌定不起诉程序的公开审查机制

目前，我国认罪认罚案件适用酌定不起诉的一大困境是检察机关内部监督流程过于烦琐，非但没有体现不起诉制度繁简分流的制度优越性，还使其在司法实务中比提起公诉案件经历更多的监督审查流程，耗费更多的司法资源。要有效地在认罪认罚案件中恰当适用酌定不起诉，可以从简化检察机关内部审查流程，完善不起诉案件的外部公开审查机制入手。通过公开审查程序的外部监督弱化内部行政审查属性，提高制度适用效率，在保证酌定不起诉决定公正性的同时保障当事人的合法权益。完善酌定不起诉在认罪认罚案件中的公开审查程序，可以从如下几个方面入手。

第一，扩大酌定不起诉的公开审查内容。根据《人民检察院办理不起诉案件公开审查规则（试行）》的规定，公开审查的不起诉案件一般为存在较大争议并且在当地有较大社会影响的案件。对于案情简单、没有争议的案件不进行公开审查。能够适用酌定不起诉的认罪认罚案件大多数为犯罪情节轻微、没有争议的案件，这类案件有很大一部分不属于当前规定下公开审查的不起诉案件类型。

笔者建议，可以考虑适当扩大不起诉案件公开审查的内容，将案件的社会危险性因素纳入公开审查范围。对于检察机关难以判断某一认罪认罚案件是否符合酌定不起诉所要求的社会危险性标准时，利用公开审查机制的外部监督性，邀请社会第三方力量如人大代表、政协委员、法官、执法机构专家等参加审查程序，共同评估认罪认罚案件社会危险性的高低，明确酌定不起诉在此类案件中适用的合理性，并制作不起诉案件公开审查情况报告，列明是否起诉的建议。同时可以借鉴认罪认罚从宽制度中法官一般应当采纳检察官量刑建议的立法思路，在检察长或检察委员会决定是否就公开审查的认罪认罚案件作出酌定不起诉决定时，应当遵循不起诉公开审查建议的相关决定。①

第二，完善酌定不起诉的认罪认罚案件中检察官证据出示制度。根据《人民检察院办理不起诉案件公开审查规则（试行）》，检察机关在阐述不起诉理由时，无须出示证据。对于认罪认罚案件来说，适用酌定不起诉需要满足案件主要事实清楚和主要证据确实、充分的条件。而在审查起诉及其前序环节认罪认罚的案件，被害人以及法定代理人、辩护人无法对检察机关与被告人就案件事实和预判刑方面的协商提出异议。在公开审查环节，如果对认罪认罚案件仅阐述不起诉理由而不出示证据，对于被害方而言是一种单项的司法活动，被害方无法获得有关认罪认罚案件适用酌定不起诉的证据材料，也无法就证据方面问题提出是否应予不起诉的意见。如此不但增加了被害人通过申诉或者自诉的方式保障自我权益的可能性，还带来了损害检察机关不起诉决定司法公信力的潜在风险，导致司法实务中很多检察官宁可对符合酌定不起诉条件的认罪认罚案件提起公诉，通过法院宣判缓刑或者宣告无罪的方式降低追责风险。② 因此，笔者认为在检察机关认罪认罚案件的酌定不起诉公开审查程序中，有必要增加证据出示制度以保障当事人权益，维护司法公信力。

第三，以进行公开审查为界，区分适用酌定不起诉的认罪认罚案件不同的诉讼期限。按照最高人民检察院的司法解释，不起诉案件公开审查的诉讼期限应当在 1 个月内。而不进行公开审查且不满足速裁程序适用条件的认罪认罚案件，检察机关作出是否适用酌定不起诉决定的诉讼期限也是 1 个月。相较于检察机关在 10—15 日内就应当决定对符合速裁程序适用条件的认罪认罚案件是否提起公诉，决定适用酌定不起诉制度与否所耗费的诉讼时限规定显然难以满足认罪认罚从宽制度改革的繁简分流需求。

既然《刑事诉讼规则》明确规定对于符合速裁程序适用条件的认罪认罚案件，检察机关最长在 15 日内应当作出不起诉决定。为何对于同样要求犯罪情节轻微，主要事实清楚，主要证据确实、充分的酌定不起诉制度的适用，规定了长达 1 个月的诉讼期限？从法律

---

① 参见《人民检察院办理不起诉案件公开审查规则（试行）》《人民检察院办理不起诉案件质量标准（试行）》。

② 参见杨娟、刘澍：《论我国刑事不起诉"三分法"的失败及重构》，载《政治与法律》2012 年第 1 期。

规范上分析，适用酌定不起诉的条件与适用刑事速裁程序的条件基本一致，出于诉讼经济的考量，将认罪认罚案件在审查起诉环节适用酌定不起诉的决定期限适当缩短为15日并无程序上的不正当性。但需要明确的是，并非所有酌定不起诉案件在审查起诉环节的诉讼期限均为15日，考虑到公开审查环节中实体性事项和程序性事项较多，对于适用酌定不起诉的认罪认罚案件，需要进行公开审理的，遵循现行的公开审查期限为1个月的规定。在公开审查情况报告呈送检察长或检察委员会决定后，设置明确的起诉与否的决定期限。以公开审查为界，区分对待不同类别的酌定不起诉认罪认罚案件，有利于促进酌定不起诉制度的高效适用。

（三）构建非刑罚处罚的后续配套措施

从认罪认罚案件的制度逻辑上来说，即使是适用酌定不起诉的当事人也需要对犯罪可能判处的刑罚有预期。按照我国现行法律，认罪认罚案件适用酌定不起诉后针对被不起诉人的诉讼程序就此终结，如此一来，就形成了与当事人原本符合认罪认罚案件构成的对可能判处刑罚的预期相矛盾的情况。从公权力角度而言，这种缺乏负担性义务的不起诉决定难以体现刑罚的严厉性，不利于打击犯罪。从被不起诉人的角度而言，难免会造成一种在酌定不起诉决定作出前的认罪认罚不具有司法效力，自己实际上并未构成犯罪的错乱感。从被害方的角度而言，被害方所遭受的损失没有得到有力的保障，被侵害的权益也缺乏可靠的救济。因此，笔者建议，在认罪认罚案件适用酌定不起诉后，在对被不起诉人免予刑罚的情况下，要进一步构建完善的非刑罚处罚后续配套措施，在司法实务中对被不起诉人设置明确的负担性义务，由相应的机构对其义务履行情况进行监督评估，并作为是否撤销不起诉决定的重要依据。

一方面，要明确对被不起诉人应当履行的负担性义务的规定，重视社区矫正机构的监督考核作用。恢复性司法的最终目的是预防和减少犯罪。对于认罪认罚案件中的被不起诉人，通过社区矫正机构进行监管和教育，是一种高效的降低犯罪分子社会危险性并实现对受害者赔偿的非刑事替代起诉措施。在将被不起诉人从刑事诉讼程序转置到社区的监督和服务后，在具体社区监管义务上，可以借鉴德、日刑事司法体系中的暂缓起诉制度，以被不起诉人在规定时间内完成了法定义务为条件，作出不予起诉的决定。这些法定义务可以包括：（1）提供一定的义务劳动；（2）进行一定的社会公益性服务;(3)向某公共服务机构或国家交付相应罚款;(4)提供一定的经济赔偿和补偿,弥补行为造成的损害。① 尤其是对于酌定不起诉这类依赖于检察机关自由裁量权的案件,上述种种负担性义务的评估,需要主客观要素综合评估,难以设定一个统一固定的评估标准对所有的酌定不起诉案件进行适用。这种针对性和个别化的评估需求也只有在社区矫正机构中能得到切实的满足。根据我国《社区矫正法》第24条,社区矫正机构应当根据裁判内容和社区矫正对象的性别、年龄、心理特点、健康状况、犯罪原因、犯罪类型、犯罪情节、悔罪表现等情况,制定有针对性的矫正方案,实现分类管理、个别化矫正;矫正方案应当根据社区矫正对象的表现等情况相应调整。目前,我国社区矫正的对象为判处管制、宣告缓刑、假释和暂予监外执行的罪犯。对比认罪认罚酌定不起诉案件的特征,将此类不起诉案件被不起诉人负担性义务的监督纳入社区矫正机构的矫正范围内并无制度逻辑上的矛盾。同时,社区矫正机构中专门机关与社会力量的结合,也有利于对认罪认罚酌定不起诉当事人所履行义务的情况进行更加科学客观的评估和监督,对于降低犯罪社会危险性、改造罪犯以及保障当事人人权均具有积极意义。

另一方面,赋予检察机关对违法所得和涉案财产处置的监督救济权限。现行《刑事诉讼规则》在酌定不起诉案件的违法所得和涉案财产的处置程序方面规定得不够明确。按照规定,检察机关需要提出违法所得和涉案财产的检察意见,移送有关主管机关处理,在有关主管机关处理时有权要求主管机关及时通报处理情况。但是在司法实务中,由于检察机关与主管机关之间衔接不畅,检察意见书不具备强制性司法效力等诸多因素的影响,酌定不起诉后适用行政处罚、违法没收所得特别处罚等非刑罚处罚措施的案件并不多。有学者对此提出赋予检察机关不起诉罚没权的观点②,此种观点如果要

---

① 参见[日]田口守一:《刑事诉讼法》(第七版),张凌、于秀峰译,中国政法大学出版社2019年版,第245—250页。

② 实际上学界已有学者提出此种量刑建议,参见陈国庆、周颖:《刑事公诉制度改革十大趋势》,载《人民检察》2016年第12期。

适用于认罪认罚的酌定不起诉案件，在实务上仍然存在一些争议。①基于检察权的法律监督属性，检察机关并非独立专门的司法执行机关，如果检察机关既负责不起诉案件的审查决定，又负责对涉案违法财产的处置没收，不但可能带来公权力滥用的风险，还会无形加大检察机关的办案压力，使得原本就较为紧缺的员额检察官承担更多办案责任和司法工作，妨碍司法高效和司法公正的实现。因此，相较于直接赋予检察机关不起诉罚没权，在现行制度和程序框架内，加强对具体处置违法所得和涉案财产的金融机构、邮政机构等主管机构的法律规范培训，并且赋予检察机关对此类所得财产处置的监督权限更为切实可行。实际上，《刑事诉讼规则》中要求处理涉案财产的有关主管机关及时向检察机关通报处理情况也体现了这一立法思路，因为涉案财产和违法所得的处理毕竟并非纯粹的法律问题，其专业性决定了将这类事项交由专业机构处理更加客观科学。

---

① 四川省人民检察院副检察长张树壮认为，这种观点存在争议，涉及与检察权的本质属性是否相符、与行政处罚不同的确认程序和权利救济途径、与刑事诉讼法特别程序中检察机关没收申请权的制度衔接等系列问题。参见张树壮、周宏强、陈龙：《我国酌定不起诉制度的运行考量及改良路径——以刑事诉讼法修改后S省酌定不起诉案件为视角》，载《法治研究》2019年第1期。

认罪认罚从宽制度试点研究报告
——兼论新刑事诉讼法对认罪认罚从宽试点规则之扬弃

李本森*

2016 年 11 月,根据十二届全国人大常委会授权,最高人民法院、最高人民检察院、公安部、国家安全部、司法部颁布了《关于在部分地区开展刑事案件认罪认罚从宽制度试点工作的办法》(以下简称《认罪认罚从宽试点办法》)。认罪认罚从宽制度的试点是在刑事速裁程序试点的基础上,推动宽严相济刑事政策制度化的重要措施。① 这项制度试点不仅有助于更加有效打击和预防犯罪,也有利于推进以审判为中心的刑事诉讼制度改革,构建完善的刑事诉讼法律体系。经过两年的试点,2018 年 10 月全国人大常委会新修改的刑事诉讼法对认罪认罚从宽制度基本规则进行了立法确认。本研究基于对认罪认罚从宽制度试点的大范围问卷和相关实地调查,试图揭示该制度试点的实施效果,发现并解释规范运行中存在的问题,为完善认罪认罚从宽制度的司法解释提供实证经验。

一、问卷设计、样本与方法

(一)问卷的设计

本研究试图对《认罪认罚从宽试点办法》的实施状况,通过调查问卷的方式来了解其规则和实施运行状况,同时对参与试点的法官、检察官、律师、警察和相关被告人就规则的认知、评价等方面

---

* 中国政法大学诉讼法学研究院教授、博士生导师。
① 周强:《关于在部分地区开展刑事案件认罪认罚从宽制度试点工作情况的中期报告》,载最高人民法院网,http://www.court.gov.cn/zixun-xiangqing-75122.html,2017 年 12 月 23 日。

进行认知调查。本研究中调查问卷主要包括以下几类问题:

第一类:认罪认罚案件适用的范围和条件。问卷问题包括:认罪认罚从宽案件中的限制性案件的规定是否可行;对《认罪认罚从宽试点办法》中规定的"其他不适宜的情形"进行调查;认罪认罚从宽案件是否应当进行范围设定;等等。

第二类:侦查阶段的认罪认罚运行和操作。问卷问题包括:认罪认罚案件对刑事案件的侦查效率影响如何;认罪认罚案件对被告人的权利保护如何;认罪认罚案件如何进行证据的收集与固定;认罪认罚案件中撤销案件的问题的监督性的正当性程序如何体现;等等。

第三类:审查起诉阶段的认罪认罚。问卷问题包括:认罪认罚案件对起诉效率的影响如何;认罪认罚案件对证据审查的影响如何;认罪认罚案件对不起诉案件如何进行程序性规制;认罪认罚案件的检察官的量刑建议如何操作;等等。

第四类:审判阶段的认罪认罚。这方面涉及的具体问题包括:认罪认罚案件在审判程序中如何进行认罪自愿性审查;认罪认罚案件的审理效率是否提高;认罪认罚案件如何进行事实查明和证据确认;等等。

第五类:认罪认罚从宽案件中的被告人权利保护。这方面的问题包括:值班律师的有效法律帮助是否可以充分实现;值班律师是否可以转化为辩护人制度;认罪认罚案件中被告人的诉讼权利是否得到有效保障;被告人在认罪认罚案件中自愿性认罪的情况如何,是否认罪后反悔;等等。

(二) 样本分布

本次问卷通过问卷星平台共收集用于分析的有效问卷样本1516份(见表1)。回收的问卷涉及试点全部地区,回收的问卷覆盖全部试点地区和全部司法人员以及部分被告人。从问卷的诉讼主体分布上看,警察、法官和检察官的答卷占据主体,律师的答卷比例较低。在地域上,杭州、上海、重庆、辽宁的问卷回收数量占比靠前,天津、长沙、西安和福建的问卷回收占比较低。从表1看,问卷的诉讼参与主体与试点地域分布存在局部不平衡,但是总体上比较均衡。问卷样本基本上不存在诉讼主体和区域之间数量分布统计上的显著性偏差,回收的问卷样本具有较强的代表性。

表1 认罪认罚从宽制度试点回收问卷样本分布　　　　单位：份

地区	法官	检察官	律师	警察	被告人	总数	占比
北京	17	20	9	15	22	83	5.47%
天津	4					4	0.26%
上海	49	33	31	64	50	227	14.97%
重庆	54	29	19	49	24	175	11.54%
辽宁	40	98	7	2	5	152	10.03%
南京	9	5	2	2	2	20	1.32%
杭州	19	28	5	256	5	313	20.65%
福建	7	8	7	13	15	50	3.23%
山东	39	14	23	19	50	145	9.56%
郑州	20	14	22	29	48	133	8.77%
武汉	25	6	9	34	12	86	5.67%
长沙	4	2	2	2		10	0.66%
广东	42	7	12	29	9	99	6.53%
西安	12	1	1	2	3	19	1.25%
N	341	265	149	516	245	1516	100%

注：本研究中，所有表格中由于采取小数点后2位四舍五入，因此百分比均为近似值。本表中辽宁包括沈阳和大连，福建包括福州和厦门，山东包括济南和青岛，广东包括广州和深圳。

（三）研究方法

首先，采用定性研究，对答卷中的陈述或特定性的建议或意见进行问题导向的质性分析。本研究以揭示和发现共性问题为研究路径，更具针对性地就答卷中的特殊性意见展开研究。在方法上突破传统的重比例的单向度问卷研究思路，对开放性的任意性回答进行描述性报告。本研究利用答卷展开定性研究，以更加客观和全面地展示试点规则运行中存在的问题。

其次，在分析框架上，以刑事诉讼的纵向构造为主分析框架，同时兼顾带有横向性贯通的问题。本次问卷的分析框架基本上是按照刑事诉讼的纵向构造分析，对认罪认罚从宽制度在侦查、审查起诉和审判等诉讼环节中的效率问题和司法运行状况进行分析。这种纵向分析主要观察该制度在不同的诉讼形态上的具体样态，更加清晰地揭示在不同的诉讼阶段认罪认罚从宽制度存在的问题和立法完善的路径。同时，在综合分析上，对案件适用范围和贯穿在诉讼不同阶段对被追诉人的诉讼权利进行统合。

最后，本研究对认罪认罚从宽制度的实证研究，以问卷分析为主分析对象，但并不是限于问卷设计的问题和问卷方法。在进行问卷分析的过程中对问卷中并没有或者无法直接通过问卷进行了解的重大问题，如认罪认罚从宽制度中的撤销案件和不起诉案件等仍然纳入研究的范围。在方法上除了突出问卷调查外，还兼顾实地调研和相关文献的辅助性分析。在收集问卷前后，课题组先后到上海、南京、郑州、武汉、西安等试点城市地开展实地调研，获得大量第一手的素材为问卷分析提供了佐证。总之，本研究以问卷为主，但是不拘泥于问卷，采用多元化的基于问题导向研究方法，以确保本报告结果的可靠性和高信度。

二、研究发现

（一）案件适用范围

对认罪认罚从宽制度适用范围是否应当限制问题，学界基本上赞同对认罪认罚从宽案件不应当有太多的限制。[①]《认罪认罚从宽试点办法》没有明确规定认罪认罚案件的适用范围，但却规定了例外不适用的几种情形。对于这几种例外情形，被调查人提供的意见并不统一。

1. 关于对限制行为能力的精神病人不适用认罪认罚从宽制度

对于该规定，有大约10%的少部分答卷人认为该规定实际上并不合理，特别是存在权利适用的不平等问题。譬如，有的法官认为，该类精神病人属限制行为能力，在其意识清醒的时候做出的判断等同于正常人，但是司法实践中如何确认其在诉讼过程中有辨认和控制能力需要专业机构出具权威意见，方可适用认罪认罚从宽制度；有的法官认为，该条规定不合理，因为该规定事实上剥夺了这部分限制行为能力享受该制度的红利；有的法官认为，限制行为能力人比较复杂，一律将该类人排出在外，不利于该类人的权利保障，因

---

① 参见陈光中、马康：《认罪认罚从宽制度若干重要问题探讨》，载《法学》2016年第8期。

为该项权利跟其他权利是一样的，只要在充分保障的情况下没必要不予适用。有的检察官认为，不能因为是精神病人就不保障他的权利，他们在诉讼中更需要律师的介入；在律师的帮助下通过正当的程序也可以进行认罪认罚答辩。有的律师认为，对这类群体如果由他们的法定代理人和律师参与，也可以适用，不然对他们不能适用，并不公平。这些意见虽然在问卷中属于少数，但是也说明该规定并非绝对合理，还需要结合限制行为能力精神病人在刑事处理程序的权利保障等相关制度进行完善。

2. 关于未成年人犯罪嫌疑人、被告人的法定代理人、辩护人对未成年人认罪认罚有异议的，不适用认罪认罚从宽制度

有5%的法官认为该规定不合理。有的法官认为，被追究刑事责任的犯罪嫌疑人、被告人的年龄足以判断认罪认罚制度适用的合理与否；还有的法官认为，审判实践中，很少会有法定代理人或律师对认罪认罚有异议，该规定一定程度上剥夺了未成年犯罪嫌疑人、被告人平等的从宽权利。有8%的检察官认为该规定不合理。有的检察官认为，对于16周岁以上有独立认知能力的未成年人而言，如此规定则剥夺了对其认罪认罚获得从宽处罚的权利；有的检察官认为，实践中很多犯罪嫌疑人、被告人的法定代理人无法找到，无法听取他们意见就会剥夺其合法权利；有的检察官认为，未成年犯罪嫌疑人、被告人对基本犯罪事实能够辨识清晰，对于量刑问题辩护人只需要提供专业帮助让未成年人理解，也可以向办案人员提出意见，没有必要阻断适用，法定代理人和辩护人的否定态度，不能阻却犯罪嫌疑人、被告人本人自愿认罪获得从宽处理。另外，有5%的律师认为该规定不合理。有的律师认为，适用认罪认罚的证据确凿的案件，也是对未成年人的一种保护，不能因为法定代理人和辩护人的否定意见就剥夺其自身享有通过认罪认罚从宽的权利。还有接近8%的警察认为该规定不合理。有的警察认为，是否如实供述犯罪事实本身就证明了犯罪嫌疑人的态度，这个制度纯属多余；还有的警察认为，是否涉嫌犯罪，犯罪嫌疑人本身最清楚；认罪认罚必须询问未成年人自身的意见，况且未成年人现在16岁基本上都有全面的识别能力。

3. 关于被告人不构成犯罪的，不应当适用认罪认罚从宽制度

对该规定，问卷调查显示，虽然表面上看答卷人普遍赞成，但是也有少部分的答卷人认为，该条规定没有必要，和认罪认罚从宽

制度存在逻辑上的矛盾，因为不认罪本来就不应当进入认罪认罚从宽程序中来。譬如，7%的法官不赞成该规定，有的法官认为既然不构罪，就不应当认罪认罚；这条规定逻辑上有问题，没有必要。有8%的检察官不赞成该规定。有的检察官认为，不构成犯罪，检察机关本就不会提起公诉，何来适用认罪认罚从宽制度，完全没必要再表述。不构成犯罪就谈不上认罪认罚，无罪何罚？另外，有7%警察认为该规定不合理。有的警察认为，不认罪自然不适用认罪认罚从宽制度，侦查阶段不会将不认罪的案件纳入认罪认罚程序。

4. 关于《认罪认罚从宽试点办法》中规定的"其他不宜适用的情形"的解释

在问卷中，法官、检察官和律师、警察对该"其他不宜适用的情形"的解释主要包括：涉恐、涉黑、累犯、惯犯、社会影响恶劣等主观恶性深的案件，目的是避免该类主观恶性程度高的被告人利用此制度逃避应得惩罚；证据相当薄弱的案件，有证据证明被告人无罪，而被告人误认为有罪；民事赔偿没有处理完毕，可能刑事附带民事诉讼的；被告人认罪，但是辩护律师作无罪辩护的；共同犯罪的同案被告人没有归案，影响案件的事实认定；刑期10年以上的被告人，被害人意见较大的，被害人、案件利害关系人有异议的；可能引发新的社会矛盾的案件；可能诱发负面舆情的；犯罪情节特别恶劣，引发社会公众普遍关注的；案件定性有争议的；上访案件；等等。

（二）侦查阶段的认罪认罚从宽问题

认罪认罚从宽制度适用于侦查阶段，是我国认罪认罚从宽制度的重要特色。① 这与我国长期以来侦查阶段在获取犯罪嫌疑人供述上采取的"坦白从宽，抗拒从严"的刑事政策有着密切的关系。

1. 侦查效率

大部分被调查的警察认为，认罪认罚从宽制度试点有助于提升侦查效率。认罪认罚从宽制度试点如果有助于提高侦查效率，那么说明该项试点对于侦查机关的侦查效能有积极意义。问卷的结果说明了试点地区的警察认同认罪认罚从宽制度在提升侦查效率方面有显著作用。为什么认罪认罚从宽试点对侦查效率有所提升？绝大多

---

① 参见魏晓娜：《完善认罪认罚从宽制度——中国语境下的关键词展开》，载《法学研究》2016年第4期。

数的被调查的警察认为，这项制度有助于打消犯罪嫌疑人认罪后得不到从宽的顾虑，有利于促成犯罪嫌疑人自愿认罪，犯罪嫌疑人的对抗情绪得到弱化、焦虑情绪得到缓解，有利于为侦查机关提供更有价值的办案线索，从而减少侦查机关的侦查成本，提高侦查效率。当然，也有16%被调查的警察认为，侦查效率并没有实质性提高。譬如，有的警察认为由于认罪认罚制度上还存在缺陷，犯罪嫌疑人对侦查机关的说法有些将信将疑；有的警察认为证据上比过去要求更严，并不因为认罪了就减少证据收集上的要求；而且有的警察认为，文书太多，表格增多了，工作量增大；有的警察认为，有些犯罪嫌疑人认罪了该逮捕的不逮捕，容易串供和逃避侦查，"搭便车"，躲避犯罪惩罚，侦查成本增高。

2. 证据问题

刑事案件的侦查阶段的调查与取证处于刑事诉讼的端口阶段，很大程度上决定后续程序的走向。由于职权主义的传统影响，我国侦查阶段的侦查人员的权力相当大，权力制约性机制比较薄弱。认罪认罚是否会减少刑讯逼供问题，超过76%的警察认为会减少刑讯逼供，主要理由是认罪了就没有必要进行刑讯逼供。但是也有超过23%的被调查的警察认为不会减少，因为二者之间没有关系。另外，认罪认罚从宽制度的实施是否会导致权钱交易的问题，其中超过参与调查的59%的警察、34%的法官、31%的警察、38%的律师认为可能会出现侦查阶段的权钱交易担心的问题。这方面的问题主要是担心若认罪，警察可能利用认罪认罚从宽制度为被告人开脱罪责，减免刑事处罚。关于警察工作的满意度的评价上，认罪认罚的被告人中也有7%的人对警察的侦查工作非常不满意。特别是，超过62%的被告人认为自己后悔认罪，也说明侦查阶段对于认罪认罚从宽制度设计上的不规范导致被告人被判刑后对侦查阶段的认罪表示后悔。另外，对于羁押期间是否有刑讯逼供，或者在讯问期间是否有威胁的言语或暴力语言，有8%的被告人认为存在变相刑讯逼供的情况。这说明认罪的自愿性在侦查阶段保障犯罪嫌疑人权利正常行使具有重要意义。

在司法实践中目前还没有暴露出这方面的案例。但是这种担心是客观存在的，特别是在这项制度试点的配套监督制度不完善的情况下，可能发生警察利用犯罪嫌疑人获得从宽处理的心理来与犯罪嫌疑人或其家属进行权钱交易，通过不正当的认罪来达到减轻对其处罚的问题。由于问卷本身的封闭性，参与问卷调查的警察并没有具体指明权钱交易的路径和发生的环节，但是警察较高比例的回应确实反映出对这个问题的担忧。因此，如何防止侦查人员利用认罪认罚从宽制度的漏洞进行权钱交易，防止司法腐败，确实需要进行制度上的设计规制，特别是要在制度上堵住漏洞，防止该制度被滥用。

3. 撤销案件

《认罪认罚从宽试点办法》第9条规定，对犯罪嫌疑人如实供述涉嫌犯罪的事实，有重大立功或者案件涉及国家重大利益需要撤销案件的，可以层报公安部报请最高人民检察院批准。从被调查的情况看，没有发现有案件适用认罪认罚从宽制度后，犯罪嫌疑人因重大立功或者案件涉及国家重大利益需要而撤销案件。但是，在问卷中也发现，有大约13.7%的被调查的警察认为存在案件显著轻微被撤销的情形。侦查机关实际上对情节显著轻微的案件存在自由裁量权。这实际上意味着可以对已经刑事侦查立案的案件终结侦查和不向检察机关移交起诉，最终犯罪嫌疑人不再受到起诉和审判。

（三）审查起诉阶段的认罪认罚从宽问题

检察院在审查起诉阶段的认罪认罚从宽中起到承上启下的作用，同时对前面的侦查和后面的审判阶段进行法律监督。检察院对认罪认罚案件的审查起诉和提起公诉的工作，对保证案件的审理质量具有重要价值。本次对参与认罪认罚从宽制度试点的检察员，主要围绕审前起诉效率、量刑建议和不起诉等问题进行了问卷调查。

1. 关于起诉效率

适用速裁程序，审查起诉阶段的时间缩短为8个工作日，因此认罪认罚的案件如果适用速裁程序，审查起诉阶段的起诉效率会有显著的提高。根据问卷调查显示，绝大多数检察官认为起诉阶段的效率得到提高，主要理由是犯罪嫌疑人认罪减少了翻供，起诉环节的节奏加快，审查起诉的证据要素得到简化。但是，也有20%的检察官认为，起诉阶段的效率有所缓慢。譬如，对于关押在看守所的犯罪嫌疑人要提审两次，且需要保证人签署具结书时律师在场，因此起诉阶段的效率有所缓慢。反映比较突出的是程序烦琐、手续和文书复杂化，因此审查起诉阶段认罪认罚案件的检察官的工作量并没有减少。总体上看，检察官认为，认罪认罚从宽试点在提高案件审理的效率和实现案件的繁简分流上具有显著的作用；但在具体的文书简化和审批简化的环节上还需要进一步改进。

2. 关于量刑建议

认罪认罚从宽制度的试点，在速裁程序的基础上继续实行检察官量刑建议制度，量刑建议扩展到所有适用认罪认罚从宽制度的案件中。这对于检察院发挥检察裁量的职能具有重要价值。根据问卷调查和实地调研发现，在认罪认罚从宽制度的试点中，有的地方的公诉人在类似案件中的量刑建议差别较大，甚至在同时期起诉的同类型的案件量刑建议差别很大；对退赃、犯罪对象、犯罪动机等酌定量刑情节未全面收集证据，造成量刑建议不准确；有的量刑建议没有进行层级计算或者依法进行吸收并合，而是直接加减，有的量刑建议的量刑幅度甚至超出法定最高刑；另外，对于审理过程中出现的新的量刑情节没有充分考虑，造成法院的调解难度加大，影响到法官在案件审理中自由裁量权的行使。根据问卷，检察院的量刑建议被法官采纳的情况中，有超过84%的检察官认为量刑建议被法院判决采纳；但是也有15%的检察官回答量刑建议不被采纳理由是，实刑缓刑的问题经常存在分歧，对罚金刑和数量有不同意见等，法院的量刑标准与检察院不同，因此有时候，法院对量刑建议的态度是抵制或较为暧昧。

3. 关于不起诉

《认罪认罚从宽试点办法》第13条规定，犯罪嫌疑人自愿如实供述涉嫌犯罪的事实，有重大立功或者案件涉及国家重大利益的，经最高人民检察院批准，人民检察院可以作出不起诉决定，也可以对涉嫌数罪中的一项或者多项提起公诉；具有法律规定不起诉的情形的，依照法律规定办理。根据问卷和相关调查，到目前为止没有因被告人有重大立功或者案件涉及国家重大利益而经过最高人民检察院批准不起诉的案件。这说明该条与关于公安机关撤销案件的法律规定一样，在实践中的适用非常有限。但是按照法律规定情形不起诉的案件并不少。根据问卷显示，有超过26%的检察官在适用认罪认罚从宽制度办案中存在不起诉的情形。这些情形主要是符合法律规定的不起诉的，包括指控的违法显著轻微不构成犯罪的，特别是青少年犯罪案件中涉案青少年认罪认罚后与被害人达成和解的，可以附条件不起诉。

(四) 审判程序中的认罪认罚从宽问题

1. 自愿性审查

自愿性审查是保证认罪认罚案件审理质量的关键环节。对于被告人在案件审理中是否清楚地认识到认罪认罚的法律后果，大约有12%的法官回答被告人在审判中确实存在不清楚法律后果的问题。譬如，有的被告人并不清楚认罪认罚的后果，只是知道是否判监禁；有的被告人既想适用该制度以获得从轻的情节，又在指控的事实上避重就轻，想两边都靠；部分被告人认罪，但不认可检察院的量刑建议；部分被告人甚至不了解案件的程序，认为检察机关的量刑建议就是判决结果；有的按照检察院的量刑建议判决，被告人仍然上诉，说明其不认罪；有的被告人在庭审中询问是否可更改刑期，以为具结书就是判决书。另外，超过94%的被调查的法官，认为在法庭上会对被告人的认罪认罚的法律后果和性质进行告知，但是也有6%的法官认为没有必要告知，因为在庭前程序中已经过几轮告知，在法庭审理中没有必要再告知。在庭审中，有超过97%的审判法官在庭审中会对被告人是否自愿认罪和签署的认罪具结书的真实性进行查明，但是也有极少数的法官认为没有必要，因为检察机关已经把关了，没有必要在法庭上再进行查证。

2. 证明标准

认罪认罚案件的证明标准是具有相当争议性的问题，问卷对该问题的看法进行了调查。超过76%的警察、68%的检察官、52%的法官和51%的律师认为，在认罪认罚案件的证明标准上可以适当降格。从问卷的结果看，同意降低证明标准的比例虽然略高，但是并没有占到绝对多数。这说明，对于被告人认罪认罚案件的证明标准问题看法并不一致。从提高司法效率的角度上看，认罪认罚案件的证据要求可以适当降低，有助于提高案件的侦查效率，合理配置司法资源。但是，从刑事诉讼法对于刑事案件证明的高规格标准，即达到证据确实、充分和排除合理怀疑的要求，即便是认罪认罚案件，也应当守住不发生冤错案的底线，因此应当坚持法定证明标准。在答卷中坚持不降低证明标准的法官普遍认为，法定的刑事证明标准不能降低，否则可能导致案件审理的事实不清和证据不足；有的法官认为刑事诉讼中证据是第一位的，不能因为是认罪认罚案件就降低标准，如果在判决之后，被告人出现上诉，既不认罪也不认罚，将导致司法机关对同一案件的证据尺度不好把握。也有法官认为，证明标准降低后，有可能出现虚假证据的问题。有的法官认为，如果降低证明标准，就意味着被告人的口供的证据价值在提升，不利于全面贯彻无罪推定的原则，可能推动或者强化定罪和量刑上的口供中心主义,过度依赖主观证据,而忽视客观证据,导致案件的证明力下降。有的法官认为,认罪认罚案件可以简化程序,但是简化不能等同于简化证据;有的法官担心,证据标准降低,容易出现冤错案。有的法官认为,由于认罪认罚案件比其他程序简化,法官在审查证据的时候应当更严格和谨慎,才能保证案件审理的质量。还有的法官认为,刑事诉讼制度以审判为中心,所有刑事案件都必须达到事实清楚和证据确实、充分,因此不能降低证据和证明标准。与此对照的,有超过48%的法官认为,在认罪认罚案件中可以降低证明标准,因为既然被告人认罪,就可以适当降低案件的证明标准,避免烦琐性的证据要求等。应当说,这部分的法官的回答,主要是从认罪认罚从宽的证据要求上看的,还是需要扎实做好证据方面的工作,按照刑事诉讼法规定的证明标准进行定罪。

3. 刑罚裁量

法院对于检察机关提出的量刑建议是否全部采纳?有超过67%的被调查的法官回答全部采纳,基本上没有改动;但是也有大约33%的法官表示对检察官的量刑建议并不都是全部采纳,而是根据案件的情况独立于检察官的意见作出刑罚裁量。对此,这部分的法官给出的理由主要是,刑事审判和裁判权属于法院,法院有权根据案件的实际情况作出独立刑罚裁量。譬如,有的法官认为检察院的量刑经常出现畸轻畸重,法院有权根据最高人民法院的量刑规范化意见进行调整和修正;有的法官认为,对量刑问题法检两院未达成明确共识,未出台相关文件,不统一,存在认识分歧;有的法官认为检察院的量刑明显失衡,刑种、刑期把握不够准确,也缺乏灵活性;有的法官还反映,检察机关量刑建议过于精准,且尺度不一,未考虑罚金刑的适用问题;也有法官反映,在案件审理过程中出现新的情况,譬如在审判阶段被告人与被害人达成民事调解、和解或者赔偿损害、取得谅解的,这些新的情况和证据可能导致对检察机关原量刑建议的更改;有的法官认为,检察院的量刑建议过于随意化,未按照量刑规范化要求严格把关,有时候同样的量刑情节,会出现相差巨大的刑期建议;等等。综合以上情况,可以看出,检察院的量刑建议被法院所普遍接受的程度还不是很高,法院与检察院在认罪认罚案件的量刑规范化方面还存在较大程度的分歧。

4. 司法效率

认罪认罚从宽制度的重要功能就在于实现繁简分流,提高刑事司法效率。根据问卷,大约92%的法官认为认罪认罚从宽制度的试点有助于提高司法效率,比检察官80%的赞同比例高出大约12个百分点,比警察的84%要高出8个百分点。这说明认罪认罚从宽制度在提高司法效率方面的作用,处于审判阶段的法官感受最强。认罪认罚案件绝大多数适用速裁程序和简易程序审理,案件的审理方式大大简化。检察院在庭审前的审查力度增强,因此法院的审判效率得以提升,案件压力得到缓解。

为了提高轻微刑事案件的审理效率,有的学者和基层法院的法官还呼吁借鉴德国的处罚令制度,探索在中国建立认罪认罚处罚令制度。① 根据问卷调查,大约有71%的法官、87%的检察官、92%的警察和76%的律师赞同可以对特别轻微的刑事案件的被告人采取处罚令方式直接作出判决。换言之,处罚令制度得到相当多的司法实务人员的赞同。但是,法官层面仍然有接近30%的人对建立处罚令制度表示否定和担忧。譬如,有的法官认为,实施处罚令在现阶段为时过早,对于认罪认罚从宽制度还没搞清楚,处罚令更会让社会产生质疑,有暗箱操作之虞。有的法官认为,刑事案件的严肃性、严格性,需审查被告人身份的真实性、犯罪事实是否属实,不出庭就判一个人有罪是"恐怖"的制度。有的法官认为,改革应该稳步推进,在实践中积累好的经验做法,摒弃不好的做法,不能太过冒进,要考虑处罚令制度所带来的系列负面影响。有的法官认为,被告人不出庭降低了刑罚处罚的威慑力和严肃性;有的法官认为,实施处罚令,被告人不出庭,违反刑事案件的亲历性;还有的法官认为,被告人不出庭,也不利于保障被告人的诉讼权利,如辩护权、最后陈述权、申辩权,等等。另外,也有不少被调查的律师不赞同当下采取处罚令的方式。譬如,有的律师认为,目前犯罪嫌疑人、被告人的法律认知水平和办案机关对其的权利保障不能完全落实,很多犯罪嫌疑人、被告人不能得到有效的法律意见,此时作出的认罪或者其他陈述可能偏离本意,也会出现司法独断。对于部分案件,譬如醉酒危险驾驶案件,法官建议,在保证案件证据确实、充分的前提下,可以采取不开庭的处罚令方式进行判决。

---

① 参见冯喜恒:《刑事处罚令程序中的量刑协商——德国的实践及其对我国设立认罪认罚从宽制度的启示》,载《浙江理工大学学报(社会科学版)》2016年第2期。

（五）被告人的诉讼权利保障

1. 值班律师

为保障认罪认罚从宽制度试点中犯罪嫌疑人和被告人的诉讼权利，《认罪认罚从宽试点办法》要求试点地区的看守所和法院建立值班律师制度，并要求值班律师对认罪认罚案件的犯罪嫌疑人和被告人提供有效法律帮助。本次问卷共收集149名参与认罪认罚从宽制度试点的律师问卷，对值班律师制度等相关问题进行调查。

根据最高人民法院关于认罪认罚从宽试点的中期报告，试点地区法律援助机构在看守所、法院、检察院设立法律援助工作站630个，其中设在看守所、法院的法律援助工作站覆盖率分别为97%和82%。① 根据本研究中的被告人的问卷调查中，80%的被告人获得值班律师的法律咨询服务，但是仍然有20%的被告人在羁押期间没有得到值班律师的法律服务。这说明值班律师制度并没有全部落实，仍然没有实现在认罪认罚案件中的全覆盖。在刑事辩护律师法律帮助方面，值班律师全覆盖是第一步，在此基础上逐步实现辩护律师全覆盖，从根本上提高刑事辩护的质量。在问卷中，有超过16%检察官也认为值班律师制度落实不好，如值班律师制度流于形式，形同虚设；有的试点地区的看守所没有建立值班律师制度，有的仍然适用过去的法律援助制度，有的仅仅提供法律援助律师电话名单，联系起来很不方便。试点地区检察院普遍没有值班律师，值班律师经费没有保障，值班律师的工作积极性不高。

根据问卷调查，90%的律师认为，值班律师制度在认罪认罚从宽制度的实施中很有必要。根据被告人的问卷调查，有61%的被告人认为出庭辩护的委托律师比值班律师的作用大；对看守所值班律师的满意度为54%，基本满意的占18%，非常满意的占21%。当然，也有大约9%的被调查律师认为该制度落实不理想。譬如，有个别试点地方没有建立值班律师制度，有的虽然有值班律师，但是值班律师会见犯罪嫌疑人等权利受到较多限制。另外，有大约18%的法官认为值班律师不能提供有效的法律帮助。其中，反映的问题主要是值班律师的刑事法律知识很有限，培训不够；有些值班律师接

---

① 周强：《关于在部分地区开展刑事案件认罪认罚从宽制度试点工作情况的中期报告》，载最高人民法院网，http://www.court.gov.cn/zixun-xiangqing-75122.html，2017年12月23日。

触案件的时间短，对案情掌握不够；有的值班律师不负责任，走过场等等。有超过23%的被调查的检察官认为值班律师不能提供有效法律帮助，主要表现在对案情不了解，走过场，仅仅是认罪的见证而已。有11%的警察认为，值班律师不能提供有效的法律帮助，譬如犯罪嫌疑人对提供法律援助的值班律师不信任，值班律师的时间不能保证，值班律师的职业素质不高，等等。综上，对值班律师的评价不高占少数，说明值班律师制度亟待进一步完善和加强。随着刑事辩护律师全覆盖试点，值班律师制度仍然需要加以规范和完善。

2. 被告人相关诉讼权利评价

从问卷的总体结果看，被告人的诉讼权利在认罪认罚从宽制度中得到比较好的保障。从问卷调查看出，被告人认为通过认罪认罚得到从轻处罚的占84%，尽快回归社会的占65%，缩短起诉时间的占56%，缩短羁押时间的占55%，缩短审判时间的占56%，减轻精神压力的占54%。总体上，被告人对认罪认罚从宽制度的满意度超过94%。由此可以看出，认罪认罚从宽制度对被告人来说获得普遍性认同，坦白从宽在刑事诉讼法律中的具体化，使得真正犯罪的自愿性认罪的犯罪嫌疑人、被告人具备通过这项制度获得实质性宽宥，并有助于其认罪后的行为矫正和正常回归。但是，问卷也反映出在被告人认罪自愿性权利和诉讼权利的告知方面的保障仍然存在差距。

（1）关于认罪自愿性权利的保障。虽然绝大多数被告人在问卷中认为其获得从轻处罚，认可刑事诉讼中的认罪认罚从宽制度，但是仍然有大约63%的被调查的被告人表示后悔认罪。这里面的原因主要包括：被告人对从宽处罚的期望值过高，有的希望通过认罪和赔偿被害人损失的从轻叠加，在量刑的起点以下获得减轻处罚；有的被告人认为自己的认罪是受到司法人员的误导或者诱导等。有大约5%的被告人在问卷中表示，在羁押期间，警察有刑讯逼供或者在讯问期间有威胁的言语或暴力语言。另外，也有极个别的被告人认为自己认罪是被证人陷害不得已而为之，等等。以上这些情况，说明被告人对认罪与量刑之间的关系缺乏正确的理解。由此可见，犯罪嫌疑人、被告人对认罪的自愿性和带来的后果认知方面与立法目的还存在相当的距离。

（2）关于告知诉讼权利的保障。诉讼权利告知是保障犯罪嫌疑人、被告人诉讼权利的重要措施。根据调查问卷的分析结果，认罪认罚案件中被告人的诉讼权利告知中的比例分布为：回避权利为

84.08%，有权获得辩护为74%，法庭最后陈述权利为73%，向法庭提交证据的权利为71%，聘请律师的权利为71%，获得快速审判的权利为67%，申请证人出庭作证的权利为62%，申请非法证据排除的权利为53%，参与法庭辩论的权利为63%，申请法律援助的权利为62%，上诉权为59%，获得公正审判权利为56%，质证的权利为56%，否认指控的权利为55%，会见律师的权利为52%，申请取保候审和监视居住权利为47%，控告违法办案人员的权利为43%，不证其罪的权利为43%，申请不公开审理的权利为42%，拒绝律师辩护的权利为39%，不同意量刑建议的权利为39%，申请管辖异议的权利为36%。从上述统计结果看，对被告人在认罪认罚从宽和刑事诉讼程序的权利告知规范方面还需要进一步完善。被告人被告知申请法律援助的权利和获得律师有效辩护的权利仅占39%，这说明律师辩护权在认罪认罚从宽制度中并没有得到足够的重视。

三、新修改的刑事诉讼法对试点规则之扬弃

2018年10月全国人大新修改的刑事诉讼法以正式立法的形式对认罪认罚从宽制度进行了确认。从新修改的刑事诉讼法规定的内容上看，这次修法并没有完全照搬《认罪认罚从宽试点办法》中的规定，而是对认罪认罚从宽制度和经验进行了选择性立法。笔者结合问卷调查，就新修改的刑事诉讼法对试点规则的扬弃加以初步检讨，以全面研判本次试验性立法的得失和补救。

（一）关于认罪认罚从宽案件的范围

新修改的刑事诉讼法对认罪认罚从宽制度的适用不再设立限制性条件，这是立法上的重大进步。新修改的《刑事诉讼法》第15条规定，犯罪嫌疑人、被告人自愿如实供述自己的罪行，承认指控的犯罪事实愿意接受处罚的，可以依法从宽处理。这条规定及随后的规定并没有附加任何禁止性的条件。特别是该规定取消了《认罪认罚从宽试点办法》中需要签署认罪具结书的条件，这意味着无论是否签署具结书只要认罪认罚都可以获得从宽的处理，从而使得该制度具有更大的适用空间。认罪认罚从宽制度本质上是对刑事政策中的"坦白从宽""抗拒从严"和刑法中的自首、立功和坦白从轻和减轻的程序化。认罪认罚不再适用范围限制，符合犯罪嫌疑人、被告人诉讼权利平等的基本原理。《认罪认罚从宽试点办法》第2条规定了限制行为能力人和未成年人不适用认罪认罚从宽制度，该条第4

款的"其他不适用的情形"对认罪认罚从宽制度的适用规定了禁止性条件。由于这些条件的存在,特别是"其他不适用的情形"的规定,为公安司法机关提供了几乎不受约束的限制性适用的自由裁量权,且犯罪嫌疑人、被告人无法通过正当的法律程序寻求救济。譬如,有些检察院或法院可能对案件审理的时限无法有效掌控,就将本来可以通过速裁程序或者简易程序审理的案件,直接转化为普通程序审理,限制了犯罪嫌疑人和被告人享有的认罪认罚从宽的诉讼权利。新修改的刑事诉讼法取消了上述规定,没有拘泥于试点办法的规定,体现了实事求是的科学立法精神。

新修改的刑事诉讼法对限制行为能力和未成年人在认罪认罚从宽适用方面,不再加以禁止性适用,仅在签署具结书的条件方面作了宽松的规定。《认罪认罚从宽试点办法》对限制行为能力的精神病人的禁止适用和未成年人的限制性适用,实际上存在反向歧视的问题。认罪认罚从宽制度由于是诉讼权利普惠性制度,不能因犯罪嫌疑人、被告人的身份或根据可能的判决结果而加以限制适用。限制行为能力的精神病人、未成年人都属于在认知上存在缺陷,因生理和心智成熟等方面的限制,可能导致其在刑事诉讼中不能清晰地辨认自己的行为的后果。在实践中,这两类限制行为能力人在刑事诉讼中,并非绝对无法辨认自己的行为和清楚地表达自己的主观意愿。因此,对于这两个例外部分,立法上还要进行规范。对于这两类人清楚地表达了认罪认罚从宽的意愿,即便律师和法定代理人不同意,如果犯罪证据确实、充分,也应当适用认罪认罚从宽的制度,保证其在刑事诉讼中与其他犯罪嫌疑人和被告人享有平等的诉讼权利。新修改的刑事诉讼法对这两种特殊的涉嫌犯罪的主体规定认罪不需要签署认罪认罚具结书。当然,对于这两类特殊的主体在认罪认罚方面获得制度上的优惠,还需要通过司法解释加以明确,否则将导致标准失度的问题。

(二) 侦查阶段的认罪认罚从宽制度

首先,新修改的刑事诉讼法对侦查阶段的认罪认罚从宽的权利告知缺乏规定,这个试点中的突出问题并没有得到立法的解决。问卷调查显示,对认罪自愿性的权利告知程序本就缺乏具体的规定。譬如,认罪认罚从宽的权利告知是侦查人员对犯罪嫌疑人的独立权利的告知,还是和其他权利合并告知,抑或可以在侦查的任何时间段由侦查人员根据需要作出选择性的告知?这些问题都在立法中没有明确规定。另外，违反权利告知义务的程序性制裁的后果不明确。由于权利告知不明确，侦查阶段认罪的时点和认罪的客观构成都缺乏明确的规则。譬如，认罪是概括性认罪，还是必须具备犯罪事实的供述的认罪，是侦查机关的全部供述还是部分供述，供述存在偏差的认罪是否构成法律上的认罪，等等。由于缺乏上述规则，可能导致在认罪认罚案件中强化口供依赖，甚至出现诱供或者骗供等。有的学者甚至认为在侦查阶段讯问时可以采取一定程度的欺骗。[①] 这种说法将很大程度上误导侦查人员，使得欺骗式的诱供成为常态，导致认罪认罚自愿性和明知性得不到保障。侦查人员对犯罪嫌疑人、被告人的认罪后果的任意性不负责任的承诺属于典型的诱供，应当作为非法证据加以排除。笔者认为，在侦查阶段，犯罪嫌疑人对指控的犯罪只要采取概括性认罪即可，并不需要以全部供述为必要条件。换言之，只要主要犯罪事实得到犯罪嫌疑人的主观确认即可构成法律上的认罪。

其次，新修改的刑事诉讼法降低了认罪对于替代性羁押措施适用方面的权重，不利于认罪获得程序性从宽。问卷调查显示，侦查阶段对认罪的犯罪嫌疑人的从宽主要是其因认罪而更容易获得取保候审和监视居住。根据《认罪认罚从宽试点办法》，犯罪嫌疑人、被告人的认罪认罚从宽制度不仅在实体上受到优惠，而且在羁押措施上也应当受到宽大处理。侦查阶段的程序性从宽主要包括对认罪的犯罪嫌疑人采取取保候审、监视居住等替代性羁押措施。但是，由于我国取保候审和监视居住具有严格的适用条件，特别是对社会危害性裁量的随意性，犯罪嫌疑人即便认罪也并不容易获得程序从宽的对待。根据新修改的刑事诉讼法，如果认罪案件的程序从宽仅仅表现在后续的审理程序的从简，对犯罪嫌疑人和被告人并没有实质性的实惠。《认罪认罚从宽试点办法》第6条规定，人民法院、人民检察院、公安机关应当将犯罪嫌疑人、被告人认罪认罚作为其是否具有社会危害性的重要考虑因素，对于没有社会危害性的犯罪嫌疑人、被告人应当取保候审、监视居住。显然，试点办法具有明显有利于认罪的犯罪嫌疑人、被告人获得取保候审、监视居住的积极导向。事实上，侦查阶段的从宽主要表现在对于认罪的犯罪嫌疑人相

---

① 参见朱孝清：《侦查阶段可以适用认罪认罚从宽制度》，载《中国刑事法杂志》2018年第1期。

比试点前替代性羁押措施的适用率有显著性提高。① 但是，新修改的刑事诉讼法只是在第81条后增加了一款：批准或者决定逮捕，应当将认罪认罚等情况，作为是否可能发生社会危害性的考虑因素。这个规定虽然看上去吸收了试点办法中的相关规定，但是仅仅作为逮捕中的考虑因素，淡化了认罪认罚从宽在适用替代性羁押措施中的权重。从试点的情况看，认罪认罚从宽制度试点的重要成果之一就是很大程度上提高了审前的取保候审和监视居住的适用率。但是，新修改的刑事诉讼法对认罪认罚与羁押措施之间关系的模糊性处理，降低了对认罪认罚从宽的犯罪嫌疑人和被告人的从宽力度。笔者建议，在"两高"相关的司法解释中，应当明确认罪认罚的犯罪嫌疑人、被告人只要不具有显性的社会危害性，就应当适用取保候审、监视居住。在羁押必要性审查中，对犯罪嫌疑人、被告人认罪认罚的应当赋予不具有社会危害性的相对较高的权重，以提高认罪认罚案件的审前替代性羁押措施的适用率。

最后，新修改的刑事诉讼法将认罪案件中涉及侦查阶段可以撤销的案件与审查起诉阶段的不起诉予以合并吸收。由于我国缺乏法官主导的预审制度，撤销案件的权力由侦查机关行使。如果对认罪后撤销案件缺乏严格的司法制约，容易产生司法真空，导致该权力被滥用。《认罪认罚从宽试点办法》第9条对公安机关因为犯罪嫌疑人的重大立功表现和涉及国家重大利益需要撤销案件规定了严格的上报审批程序。当然，对于立功表现，如果通过犯罪嫌疑人讯问，锁定了其他潜在或正在被追诉人的犯罪事实，使得国家得以对其他涉嫌犯罪进行侦查和指控并查证属实，那么就意味着犯罪嫌疑人具有立功的表现。认罪认罚案件有助于推动犯罪案件的侦查结果，对打击犯罪和追诉犯罪具有重要价值。但是，对于什么是国家重大利益，案件与国家的重大利益有关，是通过认罪认罚对案件重大利益有贡献，还是案件本身就是国家重大利益，进一步追诉可能导致国家重大利益受到损害，还是案件从属于国家重大利益，只不过在维护国家重大利益过程中发生违法行为？因此，在具体追诉过程中案件的重大利益如何确定仍然需要法律的规范或解释。过去由于"坦白从宽"政策缺乏刑事诉讼程序的法律依据的支撑，在刑事诉讼程

---

① 参见最高人民法院刑一庭编著：《认罪认罚从宽制度的理解与适用》，人民法院出版社2018年版，第272页。

序中的模糊性和难以把握性，犯罪嫌疑人、被告人往往对自愿性认罪和配合司法机关侦破案件心存顾虑，从而导致指控机关取证困难和取证成本的增加，无论是犯罪嫌疑人、被告人和指控机关都无法有效利用该政策，从而实现诉讼效率的提高和案件真实的发现。

（三）起诉阶段的认罪认罚从宽制度

1. 认罪认罚从宽中的量刑建议

新修改的刑事诉讼法明确规定了检察机关的量刑建议权，并强调法院对量刑建议应当原则性采纳。本研究的问卷结果显示，试点地区的检察院的量刑建议得到试点法院较高程度的采纳和认可。事实上，检察机关的量刑建议在刑事速裁程序试点中就已经确立。认罪认罚从宽制度中的量刑建议，是检察机关主导的在法定刑幅度内给予审判机关的关于被告人的量刑意见。根据认罪认罚从宽制度的精神，只要认罪认罚，原则上应当给予被告人在法定刑幅度内从轻处罚。这种从轻处罚对于被告人来说是因为其自愿性认罪而获得宽宥的回报。由于量刑权传统上由审判机关行使，量刑规范化的改革也是在审判机关范围内试点的。因此，这里存在检察机关与审判机关在量刑上是否可以达到契合的问题。目前由于量刑规范化的改革试点主要是法院范围内的试点，法院在量刑规范和操作经验方面相比检察院具有显著的优势。确定刑量刑建议被法院改的超过幅度刑量刑，也就是幅度刑量刑建议更容易被法院采纳。在调研和问卷中也发现，有些法院更倾向于检察机关提出幅度刑量刑建议，而对确定刑量刑建议不太认可，因为法官们普遍认为量刑的具体化和确定化是属于法院的司法权的范围。认罪认罚从宽制度推开之后，检察院在量刑建议的规范化方面，确实有一个如何解决量刑建议本身的合理性与正当性的问题。美国在 20 世纪 90 年代制定的量刑指南，客观上导致了辩诉交易适用率有较大的提升，主要由于美国的量刑规范指南具有比较清晰的指引，使得案件的结果的预期判断更加客观和可靠。作为认罪认罚从宽制度的配套改革，规范统一量刑指南是必备的法律工具。借鉴国外的经验，最高人民法院和最高人民检察院应当就认罪认罚的量刑问题制定规范性的司法解释，为法官、检察官和辩护律师等提供基础性量刑参考规范。

2. 认罪认罚从宽制度中的控辩协商

新修改的刑事诉讼法和《认罪认罚从宽试点办法》都没有明确赋予指控方与辩护方进行协商的权利。根据本次问卷的调查，辩护方特别期望法律能赋予控辩协商的权利。控辩协商制度是现代刑事诉讼民主化、现代化的重要特征。① 虽然经过历次修法和学者呼吁，我国刑事诉讼法典并没有明确控辩协商的法律地位。由于强调认罪认罚从宽制度试点中法律援助值班律师的深度参与，实际上在认罪认罚从宽制度试点中预留了控辩协商的空间。有些试点法院已经开始在试点中尝试运用控辩协商规则来处理案件，例如福州福清市法院联合其他政法机关出台《关于刑事案件速裁程序认罪认罚从宽协商制度》，探索认罪认罚从宽制度的控辩协商规则运行机制。审查起诉阶段的认罪认罚对检察机关的重要性不言而喻，因为在认罪认罚从宽制度中发挥关键作用的是检察机关。审查起诉阶段的认罪认罚从宽制度改革，关键是保证起诉的认罪案件具有扎实的事实证据基础。在审查起诉阶段，检察官实际上主导认罪认罚的总体过程。因此，审查起诉阶段的认罪认罚从宽制度改革实际上赋予了检察机关更多的司法自由裁量权。合理定位检察机关在认罪认罚从宽制度中的地位和作用，则是构建认罪认罚从宽制度承上启下的关键。但是，目前的制度设计中，检察官的自由裁量权过大，严重挤兑了辩护方在认罪认罚中的"议价"空间。未来的认罪认罚从宽制度进入刑事诉讼领域必须适当限制检察官的自由裁量权，为辩护方提供相对平等的协商权利配置。从规范的角度看，量刑建议并不是严格的法律用语，其本质上是对法院的量刑单向度指引，检察机关主导下形成的认罪认罚具结书具有强烈的纠问制色彩。虽然问卷调查显示，认罪认罚的被告人绝大多数获得从轻的处罚，但是也有相当部分表示后悔认罪和对判决结果不满意。这说明在认罪认罚从宽制度中基于认罪认罚具结书和单向度的量刑建议，协商的元素仍有欠缺。

3. 认罪认罚从宽中的不起诉

新修改的刑事诉讼法对于不起诉情形并没有进行修改，只是增加了认罪认罚案件涉及国家安全和重大利益时不起诉的情形。在本次调查问卷中，部分检察官认为对于符合《刑事诉讼法》第15条的法定不追诉五种情形和《人民检察院刑事诉讼规则（试行）》第404条证据不足不起诉五种情形的，应当不起诉。这些不起诉案件也可以适用认罪认罚从宽制度，并且在地方试点的认罪认罚案件中确实

---

① 参见冀祥德：《中国刑事辩护制度发展的命运——以建立中国控辩协商制度为视角》，载《北方法学》2007年第2期。

存在不起诉的案件。对于刑事诉讼法规定的不起诉，是否属于对被告人的从宽处理，要根据案件的不同情况进行区分。有的案件因为起诉的证据不足，犯罪嫌疑人客观上根本不构成犯罪，根本不会有刑罚，何来"从宽"之说？另外，对于案件中存在证据不足或者存疑不起诉，也不能因为犯罪嫌疑人认罪就认为不起诉是对其的宽大处理。对于这些类型的案件不能仅仅根据犯罪嫌疑人认罪就认为可以适用认罪认罚从宽制度。但是，对于有些案件犯罪嫌疑人确实存在违法行为，但是情节显著轻微，不构成犯罪，且犯罪嫌疑人认罪态度较好，最终是否起诉取决于法定的定罪标准。不能将不起诉作为犯罪嫌疑人认罪获得从宽处理的砝码或对价。《认罪认罚从宽试点办法》规定，对于犯罪嫌疑人认罪且具有重大立功表现或者案件涉及国家重大利益的可以不起诉。在这样类案件中，起诉与不起诉就成为双方基于是否合作的"议价"标的。在这类案件中，犯罪嫌疑人与国家进行合作，对案件涉及国家安全和重大利益具有实质性贡献，这是犯罪嫌疑人获得不起诉的条件。虽然这些犯罪嫌疑人的行为客观上已经构成犯罪，但是在法律上并没有得到审判机关的确认。而由于犯罪嫌疑人的合作行为，导致追诉机关对其犯罪的追诉性的豁免。对于该类案件，在具体的司法实践中的操作程序和相关的制约性规范都缺乏相应的法律依据，应当通过相关的司法解释加以具体化，防止不起诉的权力被滥用和放纵犯罪。

（四）审判阶段的认罪认罚从宽制度

1. 认罪认罚自愿性

新修改的刑事诉讼法加强了对审判阶段认罪自愿性的审查，这是对试点办法的改进。从问卷结果看，绝大多数被告人在问卷中声明自己的认罪是自愿的，但是也有极少数不认为自己的认罪是自愿性的。在认罪认罚从宽制度试点中，采取在值班律师或辩护律师见证下签署认罪认罚具结书，并不能绝对保证被告人认罪的自愿性。在审理案件的过程中，很多法官认为被告人已经签署认罪认罚具结书，经过审查起诉机关的审核把关，在法庭上没有必要浪费时间再对被告人进行认罪认罚自愿性的审查。实际上，认罪认罚自愿性的审查是认罪认罚从宽制度在庭审环节保证案件质量的不可或缺的要求。由于《认罪认罚从宽试点办法》并没有明确要求法庭审理上对被告人的认罪认罚自愿性进行实质审查，缺乏相应的操作性规则，留给制度创新的空间。在这方面，可以借鉴美国认罪答辩机制，对被告人认罪认罚的自愿性、真实性和明知性进行审查。① 换言之，被告人的认罪认罚是基于对其犯罪行为的性质和量刑结果以及后果清楚地认识，特别是在辩护人或律师的指引下进行的出于个人内心自愿的认罪认罚，表明其真实性和对认罪后果承担的自愿性。事实上，在认罪认罚从宽制度试点中，有些地方已经尝试建立认罪认罚自愿性审查机制，在规范被告人权利告知程序的基础上，从被告人对认罪的后果的认知能力并结合案件证据等方面进行审查，确保被告人明知法律后果、自愿接受处罚、自由选择程序。在认罪认罚从宽制度的未来立法中，对被告人认罪认罚的自愿性审查的环节或机制应当明确纳入法定的速裁程序、简易程序和普通程序之中。

2. 证明标准

新修改的刑事诉讼法对认罪认罚从宽制度的证明标准并没有明确规定。根据问卷调查，在适用认罪认罚从宽制度办理的刑事案件中，3%的法官认为无法达到案件证明标准的确实与充分；另外，通过庭审调查达到排除合理怀疑的仅仅占43%。这两个数据从侧面反映出证明标准上存在的问题。关于认罪认罚从宽制度中的证明标准，学术界有两种看法。一种认为认罪认罚从宽制度可以降低对案件的事实证明标准，采取两个基本的证明标准，即基本事实清楚，基本证据确实；另一种认为必须坚持法定证明标准，即按照客观真实，证据确实、充分和排除合理怀疑的证明标准。从问卷调查的结果看，超过61%的被调查人员认为应当适当降低证明标准。其中，被调查的警察超过70%的赞同降低案件的证明标准。从司法实践的情况看，有些试点地区在认罪认罚从宽制度试点的地方性规范文本中，都有关于降低案件证明标准的表述。② 降低证明标准的出发点，其实就是降低案件的证明要素的构成，进而提升案件审理的工作效率。基于这样的判断，对于认罪认罚案件的证明标准是否有必要进行调整，不仅是理论问题，也是无法回避的实践问题。笔者认为，刑事诉讼法对定罪与量刑的证明标准没有严格区分，但是在认罪认罚案件中可以在定罪和量刑的区分上作出调整，即认罪认罚案件在认罪的证

---

① 参见祁建建：《美国律协刑事司法标准之有罪答辩评析》，载《中国刑事法杂志》2016年第5期。

② 参见孙长永：《认罪认罚案件的证明标准》，载《法学研究》2018年第1期。

明标准上不降低,但是在量刑上的证明标准可以适当降低。譬如,关于财产型案件的涉案财物只要被告人认罪、被害人没有异议,就可以省去价格鉴定等繁杂的程序。另外,对于被告人认罪涉及复杂证据归集,譬如电信诈骗犯罪案件的证明如果严格按照所有证据都应鉴证,程序就很复杂和烦琐。在认罪认罚从宽制度中,采取证明标准的双轨制,对于涉及案件定性和定罪的证明,坚持法定证明标准,并不因被告人认罪而降低证明标准,但是对于量刑部分的证据证明,可以适当降低证明标准,提升司法效率。

3. 量刑裁判

在认罪认罚案件的量刑裁判方面,不少地方试点阶梯分级量刑机制,明确侦查、审查起诉、审判等不同阶段认罪认罚的,按照递减原则给予量刑激励;有的地方区分认罚的不同情况,细化从宽幅度、听取控辩双方意见,将与被害人达成和解、调解协议作为量刑从宽的重要依据。当然,法院的具体量刑虽然有最高人民法院的量刑规范化意见的指引,但是在具体程序上还应当加以完善,特别是不能因为有检察院的量刑建议就简单认为审判庭在量刑上已经毫无作为的必要。从问卷调查和实际调研的情况看,检察院的量刑建议被法院采纳的超过90%。这个结果说明总体上检察院的量刑建议的可采性较高,但绝不意味量刑权已经从审判机关转移到检察机关。在司法实践中,有的采取幅度刑量刑建议,有的采取确定刑量刑建议。从操作性的角度看,确定刑量刑建议属于精准性建议,而幅度刑量刑建议属于相对宽松的建议。从实际调查的情况看,大多数的试点检察院的量刑建议属于幅度刑,而且法院也更倾向于接受幅度刑量刑建议。另外,在量刑建议之外,还区分是否达成和解或者调解,是否预缴罚金的情形,等等。量刑建议的多样化或者附带条件的灵活方式,以及审判机关享有充分的裁量权来裁判案件,可以避免检察机关的量刑建议不被采纳而导致被告人与司法机关、被害人之间形成新的矛盾。在具体的立法上,对于量刑建议和采纳的方式应当有更多的规制,避免缺乏正当性程序和规则导致权力错位而衍生新的矛盾。

(五)认罪认罚从宽制度中的值班律师

新修改的刑事诉讼法对认罪认罚从宽制度中律师的功能作了规定,但仍然是粗线条的规定,没有从根本上解决值班律师在提供法律帮助方面存在的问题。2017年8月,最高人民法院、最高人民检察院、公安部、国家安全部、司法部联合印发《关于开展法律援助值班律师工作的意见》，完善了我国值班律师制度。根据问卷调查的结果，值班律师在认罪认罚案件中存在走形式、走过场的问题；另外，值班律师由于对案件的情况缺乏充分的了解，导致无法提供有效的法律帮助。可见，认罪认罚从宽制度中的律师制度仍然有待于通过立法完善来进一步加强。

1. 有效法律帮助

近年来，刑事案件中的有效辩护制度受到理论界的高度关注。认罪认罚从宽制度试点中，在立法层面提出了有效法律帮助的概念，把值班律师的服务质量提高到了前所未有的高度。但是，值班律师的有效的法律帮助究竟应该怎么建立，有效法律帮助的标准是什么，这些问题仍需要研究。有研究者已经就审判阶段值班律师有效帮助的路径进行了研究。① 有效法律帮助其实和无效法律帮助相对应。在美国，有效法律帮助的相反面就是无效法律帮助，被告人对无效法律帮助可申请司法救济，甚至会产生诉讼无效的结果。建立有效法律帮助制度，对于法律援助中的值班律师制度，甚至是辩护律师制度的将来，提升法律援助的质量、辩护的质量，具有非常重大的意义。当然，这样一个重大问题还需要进一步去探索探讨如何规范和完善。认罪认罚从宽制度试点中对值班律师有效法律帮助的要求，意味着值班律师向真正意义上的辩护人转化。这也可能仅仅是一个信号。学界可以就值班律师真正的定位、功能和传统意义上的或者被告人委托的辩护人之间的区别等问题进一步加以研究。认罪认罚从宽制度试点中确实赋予了值班律师相当多的责任，包括自愿性认罪认罚的见证，与检控方就量刑的建议方面的协商的权利、程序选择的权利、申请变更强制措施的权利等。

2. 律师在场权

有学者认为，认罪认罚从宽制度不适用侦查阶段，主要因为侦查阶段是全面取证而不是认罪协商，容易出现过分依赖口供，甚至出现采取威胁、利诱等方式迫使犯罪嫌疑人选择认罪认罚，进而成为造成冤假错案的诱因。② 从刑事诉讼基本原理的角度看，上述看法

---

① 参见臧德胜、杨妮：《论值班律师的有效辩护——以审判阶段律师辩护全覆盖为切入点》，载《法律适用》2018年第3期。

② 参见陈卫东：《认罪认罚从宽制度研究》，载《中国法学》2016年第2期。

并非毫无道理。但是，从宽严相济的刑事政策的司法诉讼化，特别是"坦白从宽"的具体程序化，侦查阶段认罪认罚从宽制度的建立是必要的。当然，前述学者担忧的因认罪认罚可能导致侦查人员刑讯逼供或变相逼供的问题，可以通过建立侦查阶段犯罪嫌疑人认罪的律师在场确证制度来防范。《认罪认罚从宽试点办法》第8条规定，侦查机关应首先履行"告知"义务（告知犯罪嫌疑人享有的诉讼权利和认罪认罚可能导致的法律后果），然后"听取意见"（听取犯罪嫌疑人及其辩护人或者值班律师的意见），犯罪嫌疑人自愿认罪的，记录在案并附卷。从问卷调查的情况看，绝大部分司法实务人员，特别是警察对认罪认罚从宽制度在侦查阶段的适用表示充分认可。当然，也有极个别的被告人在问卷中反映自愿性认罪认罚方面的非合规的情况。从规范的角度看，试点办法的相关规定主要限于值班律师的法律咨询和帮助方面，对制约变相刑讯逼供和变相的诱供等非法取证行为的力度相当有限。为了加强侦查阶段认罪认罚案件取证的合法合规，对于凡是犯罪嫌疑人在侦查阶段就自愿认罪认罚的，应当实行侦查阶段的自愿性认罪认罚的律师在场制度。新修改的刑事诉讼法规定了审查起诉阶段签署具结书的律师在场权，这个制度应当扩展到侦查阶段，以从源头上防止强迫认罪和非法取证。另外，要建立更加严格的侦查阶段的认罪认罚案件的非法证据排除规则，坚持依法讯问、依法从宽、信守承诺，并划清正当的侦查谋略与非法引诱、欺骗的界限，从制度上严格约束侦查人员侦查行为的合规性。①

在认罪认罚从宽制度试点中，在审查起诉阶段明确了有限的律师在场权。根据《认罪认罚从宽试点办法》第10条，在审查起诉阶段，被告人自愿认罪，在被告人接受检察机关量刑建议和程序适用、签署具结书的时候，辩护人或值班律师应当在场。主要是考虑到保证犯罪嫌疑人认罪的自愿性的问题。这个在场权还可进一步扩展到侦查阶段。值班律师制度的功能主要在侦查讯问阶段，为了保障侦查阶段认罪的自愿性，有必要确立值班律师在场权。此外，认罪认罚从宽制度试点中特别强调在侦查阶段听取值班律师的意见，主要强调对于犯罪嫌疑人认罪要听取值班律师的意见。过去虽然有法律

---

① 参见朱孝清：《侦查阶段是否可以适用认罪认罚从宽制度》，载《中国刑事法杂志》2018年第1期。

援助制度，但是并没有明确要求公安机关要听取值班律师和辩护人的意见。这个规定对侦查机关虽然是职责要求，但实际上认可了值班律师有权对侦查活动进行监督和制约。当然，这个规定由于缺乏可操作性，在实践当中基本没有落实。未来的刑事诉讼法再修改如果能够就律师在场权进行实质性突破，对于促进刑事诉讼的进步将具有实质性的意义。

法证科学中的确认偏差：原因、后果与对策

［美］Jeff Kukucka* 著
王进喜** 朱 海*** 译

据国家无罪开释登记簿报告，① 截至 2017 年 1 月，错误的或误导性的法证科学证据导致美国有 460 多人被错误地定罪。这一令人震惊的事实促使学者和研究人员去思考这些错误的潜在来源，以及如何解决这些错误。近年来，实证研究已经证明，法证科学检验人员容易受到确认偏差（confirmation bias）的影响，即个体无意识地倾向于以能够证实其已有的信念、希望或期望的方式，去寻找、选择和解释新的信息，② 这甚至会导致诚实的、经验丰富的以及训练有素的检验人员作出错误的判断。

本章将首先描述有关确认偏差的基础心理学研究，包括确认偏差研究的历史和理论基础。接下来，对关于各个法证科学领域中确认偏差的来源和影响的现有文献进行综述。最后，讨论打击偏差的建议措施，并考虑每一种建议措施的好处和挑战。

---

* 美国马里兰州陶森大学教授。本文原是由 Wendy J. Koen 和 C. Michael Bowers 编辑、美国学术出版社 2018 出版的《错误定罪的心理学与社会学：法证科学改革》一书的第 7 章。本翻译已获得原作者授权。
** 中国政法大学教授，司法文明协同创新中心教授。
*** 中国政法大学证据科学研究院硕士研究生。
① National Registry of Exonerations. (2017). Exoneration detail list. Retrieved from http：//www. law. umich. edu/special/exoneration/Pages/detaillist. aspx.
② Nickerson, R. S. (1998). Confirmation bias：A ubiquitous phenomenon in many guises. Review of General Psychology，2，175 – 220. doi：10. 1037/1089 – 2680. 2. 2. 175.

一、关于确认偏差的心理学研究

确认偏差是一种普遍存在的现象,其影响可追溯到公元前6世纪毕达哥拉斯对谐波关系的研究,① 同时,在威廉·莎士比亚和弗朗西斯·培根的著作中,也提到了确认偏差②。在整个人类历史中,"个人、团体和国家之间发生的纠纷、辩论和误解是很大一部分",包括西欧和新英格兰的女巫审判,一直存在的不准确的医疗诊断,无效的医疗和错误的科学理论,也牵涉这一令人费解的现象。③

一个多世纪以来,心理学家已经观察到人们天生地喜欢那些与他们的信念或愿望相一致的信息,而忽略或忽视(与他们的信念或愿望)相反的证据。在一篇名为"心灵之眼"的文章中,Jastrow是第一个解释了心理是如何在信息处理过程中发挥积极作用的人之一,④ 这样两个不同心态的人可能会以完全不同的方式对相同的信息进行解释。⑤ 此后,大量的实证研究表明,确认偏差会影响我们对视

---

① Nickerson, R. S. (1998). Confirmation bias: A ubiquitous phenomenon in many guises. Review of General Psychology, 2, 175 – 220. doi: 10.1037/1089 – 2680.2.2.175.

② Risinger, D. M., Saks, M. J., Thompson, W. C., & Rosenthal, R. (2002). The Daubert/Kumho implications of observer effects in forensic science: Hidden problems of expectation and suggestion. California Law Review, 90, 1 – 56.

③ Nickerson, R. S. (1998). Confirmation bias: A ubiquitous phenomenon in many guises. Review of General Psychology, 2, 175 – 220. doi: 10.1037/1089 – 2680.2.2.175.

④ Jastrow, J. (1899). The mind's eye. Popular Science Monthly, 54, 299 – 312.

⑤ Boring, E. G. (1930). A new ambiguous figure. The American Journal of Psychology, 42, 444 – 445. doi: 10.2307/1415447.

觉刺激的感知,① 会影响我们收集和评估证据的方式,② 以及影响我们如何判断他人并以何种方式对待他人。③

在第二次世界大战后,对这一现象(确认偏差)的科学研究由 Jerome Bruner 和"新面貌"理论家们主导,他们将视知觉描述为一种"反映感知时生物体的倾向、目标和努力"的主动过程。④ 他们认为知觉具有客观和主观两个方面:一个人对刺激的解释不仅取决于刺激的物理属性(即自下而上的加工),还取决于感知者特殊的期望、愿望和经历(即自上而下的加工)。⑤ 针对这一假设的早期实验中,Bruner 和 Goodman 要求儿童从记忆中估计美国硬币的大小,并发现与更富裕的儿童相比,较不富裕的儿童(他们可能更重视硬币)

---

① Bruner, J. S., & Potter, M. C. (1964). Interference in visual recognition. Science, 144, 424 – 425. doi: 10.1126/science.144.3617.424; Leeper, R. (1935). A study of a neglected portion of the field of learning: The development of sensory organization. The Pedagogical Seminary and Journal of Genetic Psychology, 46, 41 – 75.

② Lord, C. G., Ross, L., & Lepper, M. R. (1979). Biased assimilation and attitude polarization: The effects of prior theories on subsequently considered evidence. Journal of Personality and Social Psychology, 37, 2098 – 2109. doi: 10.1037/0022 – 3514.37.11.2098. CHAPTER 7 Confirmation Bias in Forensic Science Copyright © $ {Date}. $ {Publisher}. All rights reserved. 243; Wason, P. C. (1960). On the failure to eliminate hypotheses in a conceptual task. Quarterly Journal of Experimental Psychology, 12, 129 – 140. doi: 10.1080/17470216008416717.

③ Asch, S. E. (1946). Forming impressions of personality. Journal of Abnormal and Social Psychology, 41, 258 – 290. doi: 10.1037/h0055756; Rosenthal, R. (1966). Experimenter effects in behavioral research. East Norwalk, CT: Appleton – Century – Crofts; Snyder, M., & Swann, W. B., Jr. (1978). Hypothesis – testing processes in social interaction. Journal of Personality and Social Psychology, 36, 1202 – 1212. doi: 10.1037/0022 – 3514.36.11.1202.

④ Bruner, J. S., & Postman, L. (1948). Symbolic value as an organizing factor in perception. The Journal of Social Psychology, 27, 203 – 208. doi: 10.1080/00224545.1948.9918925. Copyright © ${Date}. ${Publisher}. All rights reserved. 240.

⑤ Gregory, R. (1970). The intelligent eye. London: Weidenfeld & Nicolson. Hagan, W. E. (1894). A treatise on disputed handwriting and the determination of genuine from forged signatures. New York, NY: Banks & Brothers.

高估了硬币的大小。①

在此后的几十年中,大量研究表明,我们的期望对我们如何感知视觉刺激物有着强大的影响。举一个例子,Bressan 和 Dal Martello 要求人们评价一张照片中的成人和孩子之间的相似程度。② 虽然他们都看到了相同的照片,但是如果他们事先被告知成人和儿童有基因上的关联——即使实际上并非如此,人们也会觉得成人与儿童之间更为相似。换句话说,对照片的感知更多地取决于感知者对相关性的信念,而不是其实际的相关性。

虽然确认偏差通常作用于验证我们已有的信念,但是它也会由我们的目标和愿望所驱动。在这些方面,Kunda 就准确性目标(accuracy goals,感知者的目标是作出准确的判断)和指向性目标(directional goals,感知者的目标是作出想要的判断)进行了区分。③ 在后一种情况下,感知者保持一种客观性的错觉,这使他们无法认识到他们的愿望对他们造成了偏差影响。为了说明这一点,Balcetis 和 Dunning 向人们展示了一张图画,这张图画可以被解释为两种动物中的任何一种,并且对一种解释赋予了积极后果,对另一种解释赋予了消极后果。④ 在一系列研究中,他们表明,人们无意识地倾向于"看到"导致想要的结果的某种动物。

为了解释确认偏差的存在,一些人认为确认偏差是人类认知所固有的"积极检验策略"(positive test strategy)的副产品。也就是说,人们通过寻找有可能支持他们信念的反馈,来自然地检验他们

---

① Bruner, J. S., & Goodman, C. C. (1947). Value and need as organizing factors in perception. The Journal of Abnormal and Social Psychology, 42, 33 – 44. doi: 10.1037/h0058484.

② Bressan, P., & Dal Martello, M. F. (2002). 'Talis pater, talis filius': Perceived resemblance and the belief in genetic relatedness. Psychological Science, 13, 213 – 218. doi: 10.1111/1467 – 9280.00440.

③ Kunda, Z. (1990). The case for motivated reasoning. Psychological Bulletin, 108, 480 – 498. doi: 10.1037/0033 – 2909.108.3.480.

④ Balcetis, E., & Dunning, D. (2006). See what you want to see: Motivational influences on visual perception. Journal of Personality and Social Psychology, 91, 612 – 625. doi: 10.1037/0022 – 3514.91.4.612.

的信念，而不是去寻找可能反驳他们信念的反馈。① 这种策略的自动性与其他研究一致，表明确认偏差在意识觉知之外运作，因此人们基本上没有意识到自身的偏差来源和影响。② 更糟糕的是，人们通常认为自己比其他人更少受到偏差的影响，并且经常无法识别自身的偏差，却容易注意到存在于他人身上的相同偏差。③

鉴于确认偏差好像是与生俱来的和无意识的，人们可能会问确认偏差是否可以避免以及应该如何避免。Wilson及其同事已经列出了纠正偏差的四个必要条件：首先，个人必须意识到这种偏差。其次，他们必须主动地纠正偏差。再次，他们必须意识到偏差的方向和大小，以便使纠正偏差的努力能够得到适当测量。最后，他们必须对自己的认知有足够的控制以允许其纠正。因此，他们的模型表达了一种无可否认的悲观观点，因为意识到偏差并主动地纠正偏差，并不是消除偏差的充分条件。④

然而，应该指出的是，确认偏差并非无限制的强大。从指向性目标的角度来看，Kunda解释说"人们似乎并不是仅仅因为他们想

---

① Klayman, J., & Ha, Y.-W. (1987). Confirmation, disconfirmation, and information in hypothesis testing. Psychological Bulletin, 94, 211-228. doi: 10.1037/0033-295X.94.2.211; Wason, P. C. (1960). On the failure to eliminate hypotheses in a conceptual task. Quarterly Journal of Experimental Psychology, 12, 129-140. doi: 10.1080/17470216008416717.

② Nisbett, R. E., & Wilson, T. D. (1977). Telling more than we can know: Verbal reports on mental processes. Psychological Review, 84, 231-259. doi: 10.1037/0033-295X.84.3.231.

③ Pronin, E. (2007). Perception and misperception of bias in human judgment. Trends in Cognitive Sciences, 11, 37-43. doi: 10.1016/j.tics.2006.11.001; Pronin, E., Lin, D. Y., & Ross, L. (2002). The bias blind spot: Perceptions of bias in self versus others. Personality and Social Psychology Bulletin, 28, 369-381. doi: 10.1177/0146167202286008.

④ Wilson, T. D., & Brekke, N. (1994). Mental contamination and mental correction: Unwanted influences on judgments and evaluations. Psychological Bulletin, 116, 117-142. doi: 10.1037/0033-2909.116.1.117; Wilson, T. D., Houston, C. E., Etling, K. M., & Brekke, N. (1996). A new look at anchoring effects: Basic anchoring and its antecedents. Journal of Experimental Psychology: General, 125, 387-402. doi: 10.1037/0096-3445.125.4.387.

要得出结论就能自由地得出结论"。① 相反，人们受到现实的束缚，面对无可辩驳的自下而上的相反证据，即使是强烈持有的信念或强烈想取得的结果，也是不合理的。

同样，Darley 和 Gross 提出了一个关于确认偏差的两阶段模型：首先，个体形成了一个期望，该期望作为一个暂时性假设。② 然后，他/她以一种有偏差的方式根据可得到的证据进行假设检验，以证实他们的期望。因此，确认偏差被描述为一个积极的过程，其中感知者使用自下而上的（bottom - up）证据来验证他们自上而下的（top - down）信念，但是如果自下而上的证据是不充分的，那么就不会发生偏差。为了检验他们的模型，Darley 和 Gross 让人们评估一个女孩的学术能力，他们引导来认为该女孩的学术能力高或者低。那些随后观看了该女孩正在考试的视频（她的真实能力是不明确的）的人对她的判断与他们期望一致。然而，那些没有看视频的人——因此没有证据证明他们的期望——对女孩的学术能力作出了未受偏差影响的判断。简而言之，当至少存在一些证据支持预期的或期望的结论时，即使这些证据是微弱的或含混不清的，确认偏差似乎就会表现出来。

二、法证科学中的确认偏差

Tversky 和 Kahneman 关于偏差的开创性论文推测"关于……被告人有罪的可能性的信念"会影响法律体系的决策。③ 从那时起，大量研究表明，个人已有的信念、动机和情境的确可以影响刑事案件中的证据收集和解释——这种现象被称为法证确认偏差（forensic

---

① Kunda, Z. (1990). The case for motivated reasoning. Psychological Bulletin, 482, 480 - 498. doi: 10.1037/0033 - 2909.108.3.480.

② Darley, J. M., & Gross, P. H. (1983). A hypothesis - confirming bias in labeling effects. Journal of Personality and Social Psychology, 44, 20 - 33. doi: 10.1037/0022 - 3514.44.1.20.

③ Tversky, A., & Kahneman, D. (1974). Judgment under uncertainty: Heuristics and biases. Science, 185, 1124 - 1131. doi: 10.1126/science.185.4157.1124.

confirmation bias)。① 例如，在一项研究中，被引导相信犯罪嫌疑人有罪的测谎检验人员，将测谎图谱解释为是更能证实有罪，而其他检验人员对相同的测谎图谱进行解释后，认为犯罪嫌疑人是无辜的。② 其他研究发现，确认偏差同样会影响警方审讯人员的判断和/或行为，③ 影响不在犯罪现场的证人，④ 影响目击证人，⑤ 影响专家证人，⑥ 影响陪审员⑦。

收集和评估法证科学证据往往是刑事调查的一个不可分割的组

---

① Kassin, S. M., Dror, I. E., & Kukucka, J (2013). The forensic confirmation bias: Problems, perspectives, and proposed solutions. Journal of Applied Research in Memory and Cognition, 2, 42 – 52. doi: 10.1016/j.jarmac.2013.01.001. References Copyright © $|Date}. $|Publisher}. All rights reserved. 242.

② Elaad, E., Ginton, A., & Ben – Shakhar, G. (1994). The effects of prior expectations and outcome knowledge on polygraph examiners' decisions. Journal of Behavioral Decision Making, 7, 279 – 292. doi: 10.1002/bdm.3960070405.

③ Kassin, S. M., Goldstein, C. C., & Savitsky, K. (2003). Behavioral confirmation in the interrogation room: On the dangers of presuming guilt. Law and Human Behavior, 27, 187 – 203. doi: 10.1023/A: 1022599230598; Narchet, F. M., Meissner, C. A., & Russano, M. B. (2011). Modeling the influence of investigator bias on the elicitation of true and false confessions. Law and Human Behavior, 35, 452 – 465. doi: 10.1007/s10979 – 010 – 9257 – x.

④ Mattijssen, E. J. A. T., Kerkhoff, W., Berger, C. E. H., Dror, I. E., & Stoel, R. D. (2016). Implementing context information management in forensic casework: Minimizing contextual bias in firearms examination. Science & Justice, 56, 113 – 122. doi: 10.1016/j.scijus.2015.11.004.

⑤ Hasel, L. E., & Kassin, S. M. (2009). On the presumption of evidentiary independence: Canconfessions corrupt eyewitness identifications? Psychological Science, 20, 122 – 126. doi: 10.1111/j.1467 – 9280.2008.02262.x.

⑥ Gitlin, J. N., Cook, L. L., Linton, O. W., & Garrett – Mayer, E. (2004). Comparison of "B" readers' interpretations of chest radiographs for asbestos related changes. Academic Radiology, 11, 843 – 856. doi: 10.1016/j.acra.2004.04.012; Murrie, D. C., Boccaccini, M. T., Guarnera, L. A., & Rufino, K. A. (2013). Are forensic experts biased by the side that retained them? Psychological Science, 24, 1889 – 1897. doi: 10.1177/0956797613481812.

⑦ Charman, S. D., Gregory, A. H., & Carlucci, M. (2009). Exploring the diagnostic utility of facial composites: Beliefs of guilt can bias perceived similarity between composite and suspect. Journal of Experimental Psychology: Applied, 15, 76 – 90. doi: 10.1037/a0014682.

成部分。"法证科学"包括很多不同的学科,包括但不限于:火器和工具痕迹识别、可疑文件检验(即印刷品和手写体的分析)、痕迹证据分析(如头发、纺织纤维、油漆碎屑)、压印证据分析(如指纹、鞋印、咬痕)、血迹形态分析、纵火分析(测试可燃材料的存在)、DNA 分析和犯罪现场调查。① 这些学科中的许多学科有着共同的目标,即比对两种形态或样本(一个是已知来源的,一个是未知来源的),并判断它们是否"匹配"(即源自同一来源;对此的批评,参见注文②)。例如,法证检验人员可以将犯罪嫌疑人的指纹与在犯罪现场发现的指纹进行比对,或者将犯罪嫌疑人的笔迹与勒索信上的笔迹进行比对,以确定法证科学证据是否与犯罪嫌疑人匹配,从而牵罪于犯罪嫌疑人。

虽然其中的许多法证科学学科具有悠久的历史,③ 但是最近受到了严密的审查,因为在错误的定罪案件中发现了数量惊人的法证科学错误。④ 2005 年,美国国会委托美国国家科学院对法证科学的现状进行审查,着眼于识别和推广有效的做法。在随后的报告中,美国国家科学院就法证科学的科学基础描绘了一幅惨淡景象,得出结论认为,"除了核 DNA 分析,还没有法证科学方法被严格地证明有能力一致性地、具有高度确定性地表明证据和特定人员或者来源之间的关系"。⑤

---

① National Academy of Sciences (NAS). (2009). Strengthening forensic science in the United States: A path forward. Washington, DC: National Academies Press.

② Saks, M. J. (2010). Forensic identification: From a faith – based 'science' to a scientific science. Forensic Science International, 201, 14 – 17. doi: 10. 1016/j. forsciint. 2010. 03. 014.

③ Bell, S. (2008). Crime and circumstance: Investigating the history of forensic science. Westport, CT: ABC – CLIO; Hampikian, G., West, E., & Akselrod, O. (2011). The genetics of innocence: Analysis of 194 U. S. DNA exonerations. Annual Review of Genomics and Human Genetics, 12, 97 – 120. doi: 10. 1146/annurevgenom – 082509 – 141715.

④ Garrett, B. L., & Neufeld, P. J. (2009). Invalid forensic science testimony and wrongful convictions. Virginia Law Review, 95, 1 – 97.

⑤ National Academy of Sciences (NAS). (2009). Strengthening forensic science in the United States: A path forward, 7. Washington, DC: National Academies Press.

在同一份报告中，美国国家科学院表示关切的还有，法证检验人员的判断"可能受到［有可能］削弱法证科学力量的微妙情境偏差的影响"，并且这些偏差可能导致代价高昂的错误，例如，在已知的错误定罪案件中看到的那样。[1] 同样，总统科学技术咨询委员会最近发布了一份报告，其中他们将确认偏差描述为"法证科学中的一个严重问题"，并说明了法证科学实验室中抗击偏差的策略。[2] 然而，法证科学检验人员容易受到确认偏差影响的想法并不新鲜。在1894年关于如何从伪造的签名中区分出真实的签名的论文中，笔迹专家 William Hagan 就已经警告过检验人员[3]：

开始时不得有任何假设，检验人员必须完全依赖所看到的内容，不考虑有关各方的所有建议或暗示……如果专家不了解案件中的道德证据或其他方面……就没有什么可以误导他……［检验人员的意见］最好完全基于笔迹本身，而不是其他任何信息。（第82页）

因此，Hagan 明白，法证科学检验人员可能会受到自上而下的信念和动机的偏差影响，并促使他们仅仅依赖于自下而上的信息。然而直到很久以后，对于这一主题的兴趣才开始增长，一波研究开始支持 Hagan 的警告。接下来的部分指出并回顾了法证科学中的四种潜在的确认偏差来源的现有研究，即承载期望的信息、其他外部信息、展示证据的方式和动机性因素。

- 期望效应（expectancy effects）

也许是 Miller 首次对法证科学中的确认偏差进行了研究。Miller 让12名接受过可疑文件检验（笔迹识别）培训的学生参加了模拟的伪造文件调查。[4] 一半学生获得了3名犯罪嫌疑人的笔迹样本，他们将这些样本与一组伪造的支票进行比对。在这一组中，6名学生全都

---

[1] National Academy of Sciences (NAS). (2009). Strengthening forensic science in the United States: A path forward, 79, 122–124. Washington, DC: National Academies Press.

[2] President's Council of Advisors on Science and Technology (PCAST). (2016). Forensic science in criminal courts: Ensuring scientific validity of feature-comparison method, 31.

[3] Hagan, W. E. (1894). A treatise on disputed handwriting and the determination of genuine from forged signatures. New York, NY: Banks & Brothers.

[4] Miller, L. S. (1984). Bias among forensic document examiners: A need for procedural changes. Journal of Police Science and Administration, 12, 407–411.

正确地确定了没有一个犯罪嫌疑人犯了伪造罪。第二组进行了相同的检验，同时只有一名犯罪嫌疑人的笔迹样本以及一封信，信中说明犯罪嫌疑人已被两名目击证人牵罪。结果，6名学生中有4名得出了犯罪嫌疑人伪造了支票的结论，但实际上犯罪嫌疑人并没有伪造。Miller认为，学生因对目击证人证据的了解而产生了一个"事先形成的结论"，即犯罪嫌疑人伪造了支票，然后引导他们对笔迹样本进行分析。[①]

尽管取得了这一良好的开端，但是对于法证确认偏差的研究在接下来的20年中基本上处于休眠状态，直到一个备受瞩目的错误识别案件发生后，对该主题的兴趣才被重新点燃。2004年在马德里发生了火车爆炸后，美国联邦调查局发现装引爆设备的袋子上提取的指纹与美国律师Brandon Mayfield匹配，Mayfield最近皈依了伊斯兰教，当他代理了一个已知与恐怖组织有关的委托人后，被列入了联邦调查局的监视名单。虽然Mayfield的指纹同一认定是由多名联邦调查局指纹检验人员独立复核的，但两个月后西班牙当局确定了真正的犯罪者，此时Mayfield被释放并得到了正式的道歉。在随后调查这一错误的原因时，监察主任办公室将"确认偏差"列为潜在的因素，并指出联邦调查局对Mayfield个人历史的了解可能导致他们未能发现该同一认定是错误的。[②]

受到这个案件的启发，Dror、Charlton和Peron想知道指纹检验人员的判断是否会受到他们对证据的先验期望的影响。[③] 为了检验这种可能性，他们要求5位经验丰富的指纹检验人员分析他们相信是从Mayfield案调查中获取的指纹，但是他们不知道，这些指纹实际

---

① Kukucka, J., & Kassin, S. M. (2014). Do confessions taint perceptions of handwriting evidence? An empirical test of the forensic confirmation bias. Law and Human Behavior, 38, 256–270. doi: 10.1037/lhb0000066; Sulner, A. (2014). Handwriting: Cognitive bias. In A. Jamieson, & A. Moenssens (Eds.), Wiley encyclopedia of forensic science. Chichester, UK: John Wiley & Sons.

② Office of the Inspector General. (2006). A review of the FBI's handling of the Brandon Mayfield case. Office of the Inspector General, Oversight & Review Division, U. S. Department of Justice.

③ Dror, I. E., Charlton, D., & Peron, A. (2006). Contextual information renders experts vulnerable to making erroneous identifications. Forensic Science International, 156, 174–178. doi: 10.1016/j.forsciint.2005.10.017.

上是从他们在早期职业生涯办理过的案件中获取的。虽然5位检验人员之前都将指纹判断为匹配，但在被告知指纹来自 Mayfield 案件后，只有一位检验人员是这样做的。换句话说，当他们被引导相信指纹不应匹配时，5位检验人员中有4位对相同的指纹得出了不同的结论。在一项后续研究中，Dror 和 Charlton 向另外6位指纹专家提供了多对指纹，每对指纹都是他们以前认为是匹配的或不匹配的。① 现在其中的一些指纹伴随着外部信息——有关犯罪嫌疑人已经承认犯罪或有经过核实的不在犯罪现场的证明——这是为了（使检验人员）产生指纹将会匹配或不匹配的期望。总体而言，这些专家在了解了这些偏差信息后，改变了他们先前17%的判断。②

在过去的10年中，对法证科学中确认偏差的研究已经大大增加了，其影响现已在各个法证科学领域都得到了体现。Bieber 回顾了3个案例研究，其中纵火调查人员接触到与领域无关的信息后，这些信息可能会削弱他们对火灾现场进行检验的可靠性。③ 例如，在一起案件中，纵火调查人员在火灾现场发现了被丢弃的财务文件，他们就将财务文件解释为纵火的动机，因此表明火灾就是故意制造的。Bieber 还描述了一项研究，其中66名经过认证的纵火调查人员被要求分析烧灼形态并确定是否存在可燃液体。④ 在分析形态之前，一些调查人员还收到了其他信息，这些信息暗示着火灾（的发生）是故意的或偶然的。与那些没有得到偏差信息的人相比，那些被引导认为火灾是偶然发生的调查人员，更有可能得出没有可燃液体存在的结论。

---

① Dror, I. E., & Charlton, D. (2006). Why experts make errors. Journal of Forensic Identification, 56, 600–616.

② Dror, I. E., & Rosenthal, R. (2008). Meta-analytically quantifying the reliability and biasability of forensic experts. Journal of Forensic Sciences, 53, 900–903. doi: 10.1111/j.1556-4029.2008.00762.x.

③ Bieber, P. (2012a). Case study review of cognitive bias in fire investigation. In Proceedings of the International Symposium on Fire Investigation, Science and Technology Retrieved from http://thearsonproject.org/charm/wp content/uploads/2013/12/Case_ Studies_ ARP. pdf.

④ Bieber, P. (2012b). Measuring the impact of cognitive bias in fire investigation. In Proceedings of the International Symposium on Fire Investigation, Science and Technology Retrieved from http://www.thearsonproject.org/Docs/Cognative_ Bias_ ARP. pdf.

Nakhaeizadeh、Dror 和 Morgan 通过研究确认偏差对骨骼遗骸进行视觉评估的影响,探讨了确认偏差在法医人类学中的影响。① 在他们的研究中,41 名受过训练的检验人员被要求对成人骨骼的性别、血统和年龄进行评估。有些人没有得到关于骨骼的先验信息,而其他人则被告知骨骼来自年轻的白人男性或年长的亚洲女性。正如预期的那样,他们根据他们的期望对骨架特征进行了评估。例如,没有得到偏差信息的检验人员中,31% 的将骨骼识别为男性,相比之下,预期是男性骨骼的检验人员中,72% 的将骨骼识别为男性,0% 的人认为是女性骨骼。在第二项研究中,Nakhaeizadeh、Hanson 和 Dozzi 让 99 位经验丰富的人类学家评估了骨骼图像,看看有无身体创伤迹象。② 虽然所有人都看到了相同的图像,但一些人被引导去相信骨头是从大规模种族灭绝的地点(表明创伤的可能性很高)找到的,一些人被引导去相信骨头是从考古遗址(暗示创伤的可能性很低)中找到的。检验人员的结论再次受到了他们的期望的引导:与那些面对同一骨骼得到不同信息或没有得到信息的人相比,那些认为骨骼是在万人冢中发现的人,更加自信地认为存在身体创伤迹象。

两项研究发现了血迹形态分析(BPA)领域的偏差性信息对检验人员的类似影响。首先,Taylor、Laber、Kish、Owens 和 Osborne 向 27 名经验丰富的 BPA 分析人员提供了一组血迹,并要求他们指出每种血迹中存在哪种形态。③ 每个血迹前面都附有一个插图,这些插图有时暗示存在某种特定的形态,但是实际上这种形态要么存在要么不存在。在阅读了错误地暗示着存在给定形态的插图后,分析人员更有可能报告说看到了这种形态,其错误率几乎翻了一倍。

---

① Nakhaeizadeh, S., Dror, I. E., & Morgan, R. (2014a). Cognitive bias in forensic anthropology: Visual assessment of skeletal remains is susceptible to confirmation bias. Science & Justice, 54, 208 – 214. doi: 10. 1016/j. scijus. 2013. 11. 003.

② Nakhaeizadeh, S., Hanson, I., & Dozzi, N. (2014b). The power of contextual effects in forensic anthropology: A study of biasability in the visual interpretations of trauma analysis on skeletal remains. Journal of Forensic Sciences, 59, 1177 – 1183. doi: 10. 1111/1556 – 4029. 12473.

③ Taylor, M. C., Laber, T. L., Kish, P. E., Owens, G., & Osborne, N. K. P. (2016). The reliability of pattern classification in bloodstain pattern analysis. Part 1. Bloodstain patterns on rigid non – absorbent surfaces. Journal of Forensic Sciences, 61, 922 – 927. doi: 10. 1111/1556 – 4029. 13091.

Osborne、Taylor、Healey 和 Zajac 并没有比对各种血迹,而是研究了分析人员在收到外部信息后对相同血迹的判断是如何改变的。[①] 39 名训练有素的 BPA 分析人员首先对一个血迹进行了分析,在没有任何情境信息的情况下,看是否存在特定的形态。然后,他们被允许索要情境信息(例如,尸检报告、证人陈述等),并根据需要调整他们的回答,直到他们对他们的结论感到满意为止。研究中的每位分析人员在作出最终判断之前都至少索要了一条情境信息,其中 90% 的分析人员根据新的情境信息修改了他们的最初判断。这些变化往往是戏剧性的:许多分析人员(13%)最初确定特定形态是不存在的,后来却认为存在了,反之亦然(79%)。

除了对证据解释的方式进行塑造之外,确认偏差首先对是否对某一证据进行收集及如何进行收集造成影响。例如,Lit、Schweitzer 和 Oberbauer 让 18 组气味检测犬和它们的训练员,在建筑物中寻找一种实际上并不存在的目标气味。[②] 然而,训练员被告知目标气味存在于建筑物中几个被标记了的位置。结果,与在建筑物中的任何其他位置相比,在这些被标记的地方发生的误报(存在气味的错误判断)更加常见,这表明训练者的期望影响了他们搜索的结果。作者为这一发现提供了两种可能的解释:首先,训练者可能发出了与其期望相悖的微妙行为的暗示,并且狗也检测到了这些暗示,导致他们在没有气味的时候发出了警报响应。其次,训练者的期望可能影响了他们对狗的行为的解释,因此他们认为狗实际上发出了警报响应,而事实上他/她并没有(发出警报)。在任何一种情况下,他们的结果都说明了被误导的期望是如何导致收集不可靠的证据的。

最近,van den Eeden、de Poot 和 van Koppen 在 58 名经验丰富的

---

① Osborne, N. K. P., Taylor, M. C., Healey, M., & Zajac, R. (2016). Bloodstain pattern classification: Accuracy, effect of contextual information and the role of analyst characteristics. Science & Justice, 56, 123 – 128. doi: 10.1016/j.scijus.2015.12.005. References Copyright © $ {Date} . $ {Publisher} . All rights reserved. 244.

② Lit, L., Schweitzer, J. B., & Oberbauer, A. M. (2011). Handler beliefs affect scent detection dog outcomes. Animal Cognition, 14, 387 – 394. doi: 10.1007/s10071 – 010 – 0373 – 2.

犯罪现场调查人员的样本中发现了类似的结果。[1] 在对模拟的犯罪现场进行调查之前,一些调查人员被引导相信受害者是被谋杀的,而其他调查人员则被引导相信受害者是自杀的。那些认为受害者是被谋杀的人比那些认为受害者是自杀的人,在犯罪现场多收集了40%的痕迹证据。作者推测,这些调查人员收集了更多的证据,是因为他们认为案件更为严重,值得进行更彻底的调查。此外,虽然两个小组都对同一个犯罪现场进行了调查,但前一组的调查人员认为受害者是被谋杀的可能性是(后一组的)两倍多,差距幅度是60%—26%。

最后,虽然DNA经常被称为法证科学证据的"黄金标准",[2]但Dror和Hampikian的一项研究表明,DNA分析人员同样是如此地容易受到确认偏差的影响。[3] 首先,作者描述了一个真实世界中的轮奸案,其中一名袭击者将其他几名男子牵涉入罪,DNA专家(他们知道袭击者的陈述)后来得出结论,来自受害者身体中的DNA混合物并不能证明被牵罪的这些男子无罪。后来,作者将该相同的DNA混合物送给了17名不知道袭击者陈述的独立的DNA分析员,并发现只有1名分析员(6%)同意原分析员的结论。4名分析员认为证据是无结论的,其余12名分析员得出的结论是DNA混合物证明其他男子无罪。因此,在这个案件中,DNA专家受到了偏差的影响,即他们以能够印证袭击者的说法的方式,对DNA混合物进行解释。

● 零影响(Null effects)

一些研究未能找到确认偏差影响了法证检验人员判断的证据。一项此类研究中,Kerstholt、Paashuis和Sjerps让12名接受过法证科

---

[1] van den Eeden, C. A. J., de Poot, C. J., & van Koppen, P. J. (2016). Forensic expectations: Investigating a crime scene with prior information. Science & Justice, 56, 475 – 481. doi: 10.1016/j.scijus.2016.08.003.

[2] Lieberman, J. D., Carrell, C. A., Miethe, T. D., & Krauss, D. A. (2008). Gold versus platinum: Do jurors recognize the superiority and limitations of DNA evidence compared to other types of forensic evidence? Psychology, Public Policy & Law, 14, 27 – 62. doi: 10.1037/1076 – 8971.14.1.27; Lynch, M. (2003). God's signature: DNA profiling, the new gold standard in forensic evidence. Endeavor, 27, 93 – 97. doi: 10.1016/S0160 – 9327 (03) 00068 – 1.

[3] Dror, I. E., & Hampikian, G. (2011). Subjectivity and bias in forensic DNA mixture interpretation. Science and Justice, 51, 204 – 208. doi: 10.1016/j.scijus.2011.08.004.

学鞋印检验培训的荷兰警察，对犯罪嫌疑人鞋子的照片和犯罪现场的鞋印进行了比对。① 尽管一些警察阅读了旨在暗示犯罪嫌疑人有罪的案件简介，但这些简介并没有影响他们对鞋印的评估。此外，Kerstholt 等让 6 名荷兰火器检验人员比对成对的子弹，以确定它们是不是从同一把枪里发射出的。② 同样，一些检验人员被给予了情境信息以暗示子弹应该或不应该匹配，但是这些信息在他们的结论中没有产生任何明显的变化。

对于这些不寻常的结果，有几种非互斥性的解释。首先，与前面提到的现实性约束理念是一致的，③ 法证确认偏差的风险对于主观的判断和/或模糊的刺激的影响更大。④ Kerstholt 等指出，荷兰的鞋印检测遵循了标准化的和客观的作业指导书，这些作业指导书可能会减少偏差的发生。⑤ 其次，给予这些检验人员的偏差性信息的说服力还不足以影响他们的判断，特别是当检验人员对这些信息持怀疑态度时。⑥ 最后，这些研究结果可能是所使用的刺激的产物：如果这些研究中的鞋印和子弹是清晰的（即明显的匹配或明显的不匹配），

---

① Kerstholt, J., Paashuis, R., & Sjerps, M. (2007). Shoe print examinations: Effects of expectation, complexity and experience. Forensic Science International, 165, 30 – 34. doi: 10.1016/j.forsciint.2006.02.039.

② Kerstholt, J., Eikelboom, A., Dijkman, T., Stoel, R., Hermsen, R., & van Leuven, B. (2010). Does suggestive information cause a confirmation bias in bullet comparisons? Forensic Science International, 198, 138 – 142. doi: 10.1016/j.forsciint.2010.02.007.

③ Kunda, Z. (1990). The case for motivated reasoning. Psychological Bulletin, 108, 480 – 498. doi: 10.1037/0033 – 2909.108.3.480.

④ Dror, I. E., & Charlton, D. (2006). Why experts make errors. Journal of Forensic Identification, 56, 600 – 616; Elaad, E., Ginton, A., & Ben - Shakhar, G. (1994). The effects of prior expectations and outcome knowledge on polygraph examiners' decisions. Journal of Behavioral Decision Making, 7, 279 – 292. doi: 10.1002/bdm.3960070405.

⑤ Kerstholt, J., Paashuis, R., & Sjerps, M. (2007). Shoe print examinations: Effects of expectation, complexity and experience. Forensic Science International, 165, 30 – 34. doi: 10.1016/j.forsciint.2006.02.039.

⑥ Kerstholt, J., Eikelboom, A., Dijkman, T., Stoel, R., Hermsen, R., & van Leuven, B. (2010). Does suggestive information cause a confirmation bias in bullet comparisons? Forensic Science International, 198, 138 – 142. doi: 10.1016/j.forsciint.2010.02.007.

对它们的解释将会更少受到偏差的影响。

Langenburg、Champod 和 Wertheim 发现,接触偏差性信息并未增加确认性的判断,但是的确增加了不确定性判断。① 在他们的研究中,43 名参加指纹识别会议的参加者对指纹对进行了评估,以确定它们是否匹配。一些参加者还了解到了另一位专家关于这些相同指纹的结论,研究者认为这会导致参加者偏向于同意这位专家的结论。相反,这些检验人员更有可能判断指纹是不确定的,而不是得出关于指纹的明确结论。值得注意的是,这些检验人员中的许多人后来承认他们已经"抓住"了实验的目的,这使他们行为的现实性受到了严重怀疑,从而也对这些结果的有效性产生了严重的怀疑。②

最后,Langenburg、Bochet 和 Ford 进行了一项档案文本研究,在 885 个真实的刑事案件样本中寻找确认偏差的证据,其中以潜指纹检验人员作出的判断为主。③ 根据存在偏差的可能性对每个案件进行分类后,作者将具有最高和最低偏差风险的案件集进行了比较,并发现就检验人员判断指纹时的整体归罪率而言是具有可比性的。由此,他们得出结论认为,确认偏差并不影响这些案件的检验人员。虽然这项测量真实案件中的偏差的研究是一项值得赞扬的活动,但是它具有严重的方法论缺陷,这使得其研究结果是无法解释的,其结论也是具有误导性的。④

---

① Langenburg, G., Champod, C., & Wertheim, P. (2009). Testing for potential contextual bias effects during the verification stage of the ACE – V methodology when conducting fingerprint comparisons. Journal of Forensic Sciences, 54, 571 – 582. doi: 10.1111/j.1556 – 4029.2009.01025.x.

② Dror, I. E. (2009). On proper research and understanding of the interplay between bias and decision outcomes. Forensic Science International, 191, e17 – e18. doi: 10.1016/j.forsciint.2009.03.012.

③ Langenburg, G., Bochet, F., & Ford, S. (2014). A report of statistics from latent print casework. Forensic Science Policy & Management, 5, 15 – 37. doi: 10.1080/19409044.2014.929759.

④ Koppl, R., Charlton, D., Kornfield, I., Krane, D., Risinger, M., Robertson, C., et al. (2015). Do observer effects matter? A comment on Langenburg, Bochet, and Ford. Forensic Science Policy & Management, 6, 1 – 6. doi: 10.1080/19409044.2014.995385; Kukucka, J. (2014). The journey or the destination? Disentangling process and outcome in forensic identification. Forensic Science Policy & Management, 5, 112 – 114. doi: 10.1080/19409044.2014.966928.

● 情境效应（context effects）

在上述研究中，法证检验人员的判断受到他们对外部信息了解的影响，这些信息暗示了特定结果的可能性（例如，被告知骨骸是女性的，意识到暗示犯罪嫌疑人无罪的不在犯罪现场的证据，等等）。其他研究发现，即使是非暗示性信息也能影响到法证科学判断。这种形式的偏差有时被称为情境偏差（contextual bias）而不是确认偏差，因为与工作无关的信息会影响检验人员的判断，即使这些信息不会导致他们期望某个特定的结果。

为了进行说明，Dror、Peron、Hind 和 Charlton 测试了对犯罪的情绪强度是否会在法证科学判断中产生偏差。① 他们让 27 名学生比对成对的模糊不清的指纹以确定它们是否匹配。一些指纹对在没有任何情境信息的情况下呈现，而另一些指纹对被说成是在暴力犯罪现场（例如谋杀）发现的并且附有可怕的照片（如受害者的尸检照片）。虽然这些信息绝没有暗示有罪，但是当加进这些信息和照片后，学生们更经常地将指纹识别为匹配。作者认为这些外部信息会对参与者产生情绪影响，这些影响反过来改变了他们的决策。

同样，Page、Taylor 和 Blenkin 解释道，具有咬痕证据的犯罪倾向于具有高度情绪化的，因此法齿学工作者通常会接触到会影响其判断的充满情绪化的信息。② 为了检验这种可能性，Osborne、Woods、Kieser 和 Zajac 让 178 名牙科学生就来自受害者皮肤上的咬痕和犯罪嫌疑人牙齿的牙合面进行比对。③ 其中一些刺激还附有形象的犯罪现场照片和/或下意识地呈现"相同"和"有罪"两个词，作者认为这将鼓励作出匹配判断。但是，当这些因素存在时，学生实际上不太可能判断比对物是匹配的。为了解释这一意外发现，作者推测这

---

① Dror, I. E., Peron, A. E., Hind, S. – L., & Charlton, D. (2005). When emotions get the better of us: The effect of contextual top – down processing on matching fingerprints. Applied Cognitive Psychology, 19, 799 – 809. doi: 10.1002/acp.1130.

② Page, M., Taylor, J., & Blenkin, M. (2012). Context effects and observer bias: Implications for forensic odontology. Journal of Forensic Sciences, 57, 108 – 112. doi: 10.1111/j.1556 – 4029.2011.01903.x.

③ Osborne, N. K. P., Woods, S., Kieser, J., & Zajac, R. (2014). Does contextual information bias bitemark comparisons? Science & Justice, 54, 267 – 273. doi: 10.1016/j.scijus.2013.12.005.

些因素使学生对他们的匹配决策感到更多的责任,这使得他们的判断更加保守。

虽然有几项研究探讨了与犯罪有关的照片的影响,[①] 但其他研究已发现少许明显的情境偏差的来源。例如,鉴于刻板印象能够影响信息处理是众所周知的,[②] Smalarz、Madon、Yang、Guyll 和 Buck 最近的实验测试的是,只是知道了一个犯罪嫌疑人的种族和性别是否就会影响到法证科学证据的判断。[③] 在他们的研究中,学生在儿童性侵扰案中扮演模拟的指纹检验人员,并在就犯罪嫌疑人的指纹和从犯罪现场提取的指纹进行比对之前,阅读犯罪嫌疑人的简要介绍。他们发现,与被告知犯罪嫌疑人是亚洲女人(与刻板印象不相符)完全相反的是,当被告知犯罪嫌疑人是白人(与儿童骚扰者的刻板印象是一致的)时,学生们经常更容易误判指纹是匹配的。然而,当被调查的犯罪是身份盗用(这个罪名没有普遍的罪犯刻板印象)时,对犯罪嫌疑人的种族和性别的了解没有影响到对指纹的判断。

更广泛地说,仅仅是知道了证据是作为犯罪调查的一部分而收集的,也可能会影响到证据解释。Lange、Thomas、Dana 和 Dawes 指出,人们口头交流的录音通常被用作刑事审判的证据,但这些录音的质量往往很差,因此对这些录音的解释可能会受到偏差的影响。[④] 为了探究这种可能性,他们要求人们去记录与犯罪嫌疑人或求职者面谈的节选。虽然录音是相同的,但是那些认为他们正在听刑事面

[①] Osborne, N. K. P., & Zajac, R. (2016). An imperfect match? Crime-related context influences fingerprint decisions. Applied Cognitive Psychology, 30, 126–134. doi: 10.1002/acp.3180.

[②] Bodenhausen, G. V. (1988). Stereotypic biases in social decision making and memory: Testing process models of stereotype use. Journal of Personality and Social Psychology, 55, 726–737. doi: 10.1037/0022–3514.55.5.726; Eberhardt, J. L., Goff, P. A., Purdie, V. J., & Davies, P. G. (2004). Seeing black: Race, crime, and visual processing. Journal of Personality and Social Psychology, 87, 876–893. doi: 10.1037/0022–3514.87.6.876.

[③] Smalarz, L., Madon, S., Yang, Y., Guyll, M., & Buck, S. (2016). The perfect match: Do criminal stereotypes bias forensic evidence analysis? Law and Human Behavior, 40, 420–429. doi: 10.1037/lhb0000190.

[④] Lange, N. D., Thomas, R. P., Dana, J., & Dawes, R. M. (2011). Contextual biases in the interpretation of auditory evidence. Law and Human Behavior, 35, 178–187. doi: 10.1007/s10979–010–9226–4.

谈的人比那些认为他们正在听工作面试的人更容易犯错误（例如，"我确信在他们被杀（killed）时我并不在那里"）而不是"……当他们被占用（filled）时"。也就是说，记录员对录音来源的信念影响了他们在受访者所说的话中"听到"了什么。

● 展示效应（Presentation effects）

前面的部分说明了不同形式的无关信息（例如，目击者陈述、犯罪现场照片、有关犯罪嫌疑人背景的信息等）是如何影响检验人员判断的。但即使法证科学检验人员与此类信息隔离，确认偏差也可能以其他方式表现出来吗？一些学者认为，即使不存在与任务无关的信息，向检验人员展示与任务有关的信息（即法证科学证据）的方式也可能影响他们的判断。

对于指纹，Dror、Wertheim、Fraser-Mackenzie 和 Walajtys 解释道，指纹检验人员经常使用大型计算机数据库（即自动指纹识别系统）来识别未知来源的指纹的可能匹配。① 自动指纹识别系统将未知指纹与数百万个数字化指纹进行比对，并生成可能匹配指纹的列表，这些匹配指纹是按照其匹配的可能性排序的。虽然这是一个非常强大的工具，但是 Dror 等人想知道检验人员是否可能因指纹在名单中的位置而固有地偏向某一给定的指纹。果然，当这些研究人员采用相同的潜在匹配指纹并改变其列表顺序时，检验人员花费更多的时间去分析列表顶部展现的任何指纹。当指纹位于列表的顶部时，他们也更有可能将不匹配的指纹错误判断为匹配——即使匹配的指纹也在列表中，但是在列表的较底部。为了解决这种偏差，作者讨论了对潜在匹配指纹的列表进行简单随机排序的可能性。

在其他的形态匹配领域，Whitman 和 Koppl 解释道，调查人员通常会要求法证科学检验人员比对两个样本：一个来源不明的犯罪相关样本和一个属于嫌疑人的样本。② 他们认为这种做法可能会鼓励人

---

① Dror, I. E., Wertheim, K., Fraser-Mackenzie, P., & Walajtys, J. (2012). The impact of human-technology cooperation and distributed cognition in forensic science: Biasing effects of AFIS contextual information on human experts. Journal of Forensic Sciences, 57, 343–352. doi: 10.1111/j.1556-4029.2011.02013.x. CHAPTER 7 Confirmation Bias in Forensic Science Copyright © $ {Date} . $ {Publisher} . All rights reserved. 241.

② Whitman, G., & Koppl, R. (2010). Rational bias in forensic science. Law, Probability, & Risk, 9, 69–90. doi: 10.1093/lpr/mgp028.

罪的判断：即使没有任何外部信息，检验人员也可能会以默认的方式假设调查人员有充分的理由相信这个特定的嫌疑人是有罪的，因此倾向于将样本判断为匹配。换句话说，检验人员理解"调查人员不会随意地选择嫌疑人或证据，他们只会选择那些他们有理由认为与犯罪有关的人"。① 作为一种补救措施，Risinger 等人建议检验人员应将犯罪相关样本与一个比对样本"队列"进行比对，检验人员应该不知道哪个比对样本是嫌疑人的。这种可能性将在下一节中讨论。

• 动机性问题（motivational concerns）

如上所述，确认偏差有时是由一个人的欲望而不是他们的期望所驱动的。② 人们可能想知道法证科学检验人员的欲望是否同样可以使他们偏爱某种特定的判断。尽管没有研究解决过这种可能性，但一些学者推测，外在和/或内在动机会对法证科学检验人员产生影响。

首先，当调查人员要求检验人员作出有利于他们案件的判断时，检验人员可能会出于外在动机而默许。在其最令人震惊的形式中，调查人员可以公开告诉检验人员他们希望检验人员的分析结果是什么。③ 这种压力也可能采取更微妙的形式发生，例如当调查人员有选择地要求检验人员重新检测他们已经检测过的证据时，从而暗示他们先前的判断是不合需要的并且应该改变。④

---

① Risinger, D. M., Saks, M. J., Thompson, W. C., & Rosenthal, R. (2002). The Daubert/Kumho implications of observer effects in forensic science: Hidden problems of expectation and suggestion. California Law Review, 90, 1 – 56.

② Dunning, D., & Balcetis, E. (2013). Wishful seeing: How preferences shape visual perception. Current Directions in Psychological Science, 22, 33 – 37. doi: 10.1177/0963721412463693; Kunda, Z. (1990). The case for motivated reasoning. Psychological Bulletin, 108, 480 – 498. doi: 10.1037/0033 – 2909.108.3.480.

③ Risinger, D. M., Saks, M. J., Thompson, W. C., & Rosenthal, R. (2002). The Daubert/Kumho implications of observer effects in forensic science: Hidden problems of expectation and suggestion. California Law Review, 90, 1 – 56; Saks, M. J., Risinger, D. M., Rosenthal, R., & Thompson, W. C. (2003). Context effects in forensic science: A review and application of the science of science to crime laboratory practice in the United States. Science & Justice, 43, 77 – 90.

④ Saks, M. J., Risinger, D. M., Rosenthal, R., & Thompson, W. C. (2003). Context effects in forensic science: A review and application of the science of science to crime laboratory practice in the United States. Science & Justice, 43, 77 – 90.

其次，Charlton、Fraser-Mackenzie 和 Dror 的定性研究试图揭示法证检验人员的内在动机。① 作者对 13 名经验丰富的指纹检验人员进行了半结构化访谈，并确定了几个经常性的主题，即他们的工作是如何处理的。许多人表达了个人对侦破案件和抓捕罪犯的兴趣，特别是对于那些备受瞩目的和/或更严重的犯罪。虽然他们非常害怕犯错误，但他们也表现出强烈的欲望，即成功结案并提供可以用于给罪犯定罪的信息。因此，许多检验人员描述了与发现匹配相伴随的喜悦和满足。但是，不知道这些感受和欲望是否影响他们的判断，以及是如何影响他们的判断的。

三、如何抗击法证确认偏差

上文确定了法证科学检验人员发生确认偏差的几个可能原因，包括接触到与任务无关信息以及与任务相关信息的暗示性展示。最后一部分将讨论旨在减轻这些偏差原因的改革，并将评估每项改革的优缺点。确切地说，本部分将重点讨论两个经常被讨论到的改革：(1) 顺序披露（sequential unmasking）作业指导书，规制提供给检验人员的信息流；(2) 使用证据队列（evidence lineups），对犯罪嫌疑人的样本进行匿名处理，以消除任何盛行的有罪期望。

● 限制和控制使用与工作无关的信息

鉴于无关信息可能对法证检验人员是有害的，也许他们应该被简单地拒绝接触这些信息。在其他科学领域，使用单盲和双盲程序来避免认知偏差是标准的做法。生物医学研究人员早已了解双盲控制和安慰剂控制在临床试验中的必要性。② 心理学家努力让研究人员不了解研究的假设，这样他们就不会无意识地影响研究结果。③ 简而

---

① Charlton, D., Fraser-Mackenzie, P. A. F., & Dror, I. E. (2010). Emotional experiences and motivating factors associated with fingerprint analysis. Journal of Forensic Sciences, 55, 385–393. doi: 10.1111/j.1556-4029.2009.01295.x.

② Kaptchuk, T. J. (1998). Intentional ignorance: A history of blind assessment and placebo controls in medicine. Bulletin of the History of Medicine, 72, 389–433. doi: 10.1353/bhm.1998.0159; Schulz, K. F., & Grimes, D. A. (2002). Blinding in randomized trials: Hiding who got what. The Lancet, 359, 696–700. doi: 10.1016/S0140-6736(02)07816-9.

③ Rosenthal, R. (1966). Experimenter effects in behavioral research. East Norwalk, CT: Appleton-Century-Crofts.

言之,科学家已经学会了从"在数据的收集和分析过程中尽可能长时间地保持盲在状态"中获益。①

因此,许多心理学家②、法律学者③和法证科学从业者④已经敦促法证检验人员遵守相同的标准,以激发他们的自信心,即他们的结论仅源于手头的法证科学证据,而没有被无关因素所污染。⑤ 然而,这一想法也遭到了法证科学共同体的一些抵制。

有些人反对检验人员容易受到偏差影响的提法。例如,针对Dror 及其同事的研究,Leadbetter——英国指纹协会主席——在该协会的时事通讯中写道⑥:

……任何就识别作出决策的指纹检验人员,在决策过程中会受

---

① Rosenthal, R. (1978). How often are our numbers wrong? American Psychologist, 33, 1005 - 1008. doi: 10.1037/0003 - 066X.33.11.1005.

② Kassin, S. M., Dror, I. E., & Kukucka, J (2013). The forensic confirmation bias: Problems, perspectives, and proposed solutions. Journal of Applied Research in Memory and Cognition, 2, 42 - 52. doi: 10.1016/j.jarmac.2013.01.001. References Copyright © $ {Date}. $ {Publisher}. All rights reserved. 242.

③ Peña - Perez, J. R. (2014). Confronting the forensic confirmation bias. Yale Law & Policy Review, 33, 457 - 473. 34. 86. President's Council of Advisors on Science and Technology (PCAST). (2016). Forensic science in criminal courts: Ensuring scientific validity of feature - comparison method; Risinger, D. M. (2009). The NAS/NRC report on forensic science: A glass nine - tenths full (this is about the other tenth). Jurimetrics, 50, 21 - 34; Found, B., & Ganas, J. (2013). The management of domain irrelevant context information in forensic handwriting examination casework. Science and Justice, 53, 154 - 158. doi: 10.1016/j.scijus.2012.10.004; Sulner, A. (2014). Handwriting: Cognitive bias. In A. Jamieson, & A. Moenssens (Eds.), Wiley encyclopedia of forensic science. Chichester, UK: John Wiley & Sons.

④ Bieber, P. (2012b). Measuring the impact of cognitive bias in fire investigation. In Proceedings of the International Symposium on Fire Investigation, Science and Technology Retrieved from http://www.thearsonproject.org/Docs/Cognative_Bias_ARP.pdf.

⑤ Dror, I. E., Kassin, S. M., & Kukucka, J. (2013). New application of psychology to law: Improving forensic evidence and expert witness contributions. Journal of Applied Research in Memory and Cognition, 2, 78 - 81. doi: 10.1016/j.jarmac.2013.02.003.

⑥ Leadbetter, M. (2007). Letter to the editor. Fingerprint World, 33, 231.

到故事和血腥图像的影响,或者完全无法履行他/她所期望的高尚任务,或者是如此不成熟,那么他/她应该去迪士尼乐园找工作。(第231页)

该引文凸显了对法证确认偏差的常见误解,即偏差反映了伦理道德和/或能力方面的不足。当然,在记录在案的案件中,法证科学错误可以追溯到那些训练不足、粗心大意或者更加糟糕、故意捏造或歪曲证据的检验人员,① 但是这些是完全不同的问题。确认偏差不是伦理问题,它是人类心理状态的一种无意识的和普遍的特征,因此构成了一个系统性问题,而这种问题不能仅通过训练和意志力来解决。② 只要检验人员是人,那么偏差甚至会影响到他们中最诚实的、最有能力的和最有经验的人。

就此而言,一些检验人员可能认为盲测是没有必要的,因为他们的专业知识使他们不受偏差的影响。指纹检验人员 Butt 表示,许多法证专家"想要在对案件进行检验之前或期间阅读调查报告或与调查人员交谈",因为这样做"可以让他们享受工作而实际上不会改变他们的判断"。③ 这一主张与上述研究形成鲜明对比,上述研究中,来自各种领域的现实世界的检验人员的判断因其对外来信息的了解而发生了变化。无论如何,虽然专业的检验人员在评估法证科学证据方面比非专业人士更为熟练,④ 但是他们是否因此而不太容易受到偏差的影响却是另外一个问题。

虽然没有研究直接解决这个问题,但一些研究表明,额外的培

---

① Giannelli, P. C. (2007). Wrongful convictions and forensic science: The need to regulate crime labs. North Carolina Law Review, 86, 163 – 236; Thompson, W. C. (2009). Beyond bad apples: Analyzing the role of forensic science in wrongful convictions. Southwestern University Law Review, 37, 971 – 994.

② Dror, I. E., Kassin, S. M., & Kukucka, J. (2013). New application of psychology to law: Improving forensic evidence and expert witness contributions. Journal of Applied Research in Memory and Cognition, 2, 78 – 81. doi: 10.1016/j.jarmac.2013.02.003.

③ Butt, L. (2013). The forensic confirmation bias: Problems, perspectives, and proposed solutions: Commentary by a forensic examiner. Journal of Applied Research in Memory and Cognition, 2, 59 – 60. doi: 10.1016/j.jarmac.2013.01.012.

④ Tangen, J. M., Thompson, M. B., & McCarthy, D. J. (2011). Identifying fingerprint expertise. Psychological Science, 22, 995 – 997. doi: 10.1177/0956797611414729.

训和经验实际上可能会增加一个人对偏差的易感性。在一篇题为"人类专业知识的悖论"的论文中，Dror 解释了专业知识如何在效率和灵活性之间进行折中：当一个人在某一个领域积累了经验后，他们逐渐学会使用认知"捷径"（例如，图式、选择性注意等）去过滤掉不相关的信息，挑选出相关的信息，并快速地进行处理。① 这些捷径通常是有益的，但也可能导致专家错过或忽略与他们的期望不相符的重要信息。换句话说，专家更依赖于自上而下的加工，这可能会扭曲他们对自下而上信息的加工。这不仅对法证科学专家是适用的，对其他领域的专家也是适用的（例如，放射科医师、飞行员、国际象棋选手）。②

有些人认为，与任务无关的信息实际上可以提高法证科学证据判断的准确性。Langenburg 等认为，"案件信息可以帮助分析人员作出更准确、有效和明智的决策"。③ 同样，Elaad 指出"污染不一定会导致错误率增加"，因为无关的信息也可能导致检验人员得出正确的结论。④ 尽管这种说法在表面上具有吸引力，但它的逻辑基本上是具有缺陷的：依赖于外部信息来产生正确判断的专家根本不能称为专家，在这个程度上他们的准确性不是由于有着任何独特的或专业的知识。⑤ 换句话说，这些专家可能会得到正确的结论，但这是出于错误的理由。⑥

法证检验人员的作用不是对多项证据进行整合，而是对他们具

---

① Dror, I. E. (2011). The paradox of human expertise: Why experts get it wrong. In N. Kapur (Ed.), The paradoxical brain (pp. 177 – 188). Cambridge, UK: Cambridge University Press.

② 同上。

③ Langenburg, G., Bochet, F., & Ford, S. (2014). A report of statistics from latent print casework. Forensic Science Policy & Management, 5, 15 – 37. doi: 10.1080/19409044.2014.929759.

④ Elaad, E. (2013). Psychological contamination in forensic decisions. Journal of Applied Research in Memory and Cognition, 2, 76 – 77. doi: 10.1016/j.jarmac.2013.01.006.

⑤ Risinger, D. M. (2007). Cases involving the reliability of handwriting expertise since the decision in Daubert. Tulsa Law Review, 43, 477 –596.

⑥ Kukucka, J. (2014). The journey or the destination? Disentangling process and outcome in forensic identification. Forensic Science Policy & Management, 5, 112 – 114. doi: 10.1080/19409044.2014.966928.

有特殊专业知识的单一证据进行独立的判断。① 如果这种独立性受到损害，它可以制造出 Kassin 所称的印证膨胀：当一件证据腐蚀另一个证据时，整体的证据似乎会被加强，但这种力量是虚幻的，因为第二部分是基于第一部分的。② 例如，如果指纹检验人员只是因为他们知道犯罪嫌疑人供认了，就将犯罪嫌疑人的指纹与犯罪现场（的指纹）进行匹配，现在有两个证据表明犯罪嫌疑人有罪，但是指纹判断没有增加任何证明价值，因为它是供述的产物。此外，如果这个供述被证明是错误的，那么它也会引起法证科学上的错误——实际上，在大量的 DNA 平反昭雪案件中，都有这种模式的证据。③

也就是说，检验人员在除了法证科学样本之外完全没有任何信息的真空中工作，可能是不现实的。许多法证科学从业者提出了一种合理关切，即使用一定程度上的情境信息有时对他们的分析至关

---

① Charlton, D. (2013). Standards to avoid bias in fingerprint examination: Are such standards doomed to be based on fiscal expediency? Journal of Applied Research in Memory and Cognition, 2, 71 – 72. doi: 10.1016/j.jarmac.2013.01.009.; Dror, I. E., Kassin, S. M., & Kukucka, J. (2013). New application of psychology to law: Improving forensic evidence and expert witness contributions. Journal of Applied Research in Memory and Cognition, 2, 78 – 81. doi: 10.1016/j.jarmac.2013.02.003.

② Kassin, S. M., Bogart, D., & Kerner, J. (2012). Confessions that corrupt: Evidence from the DNA exoneration case files. Psychological Science, 23, 41 – 45. doi: 10.1177/0956797611422918.; Simon, D. (2012). In doubt: The psychology of the criminal justice process. Cambridge, MA: Harvard University Press.; Thompson, W. C. (2011). What role should investigative facts play in the evaluation of scientific evidence? Australian Journal of Forensic Sciences, 43, 123 – 134. doi: 10.1080/00450618.2010.541499.

③ Kassin, S. M., Bogart, D., & Kerner, J. (2012). Confessions that corrupt: Evidence from the DNA exoneration case files. Psychological Science, 23, 41 – 45. doi: 10.1177/0956797611422918.

重要。① 因此，挑战在于确定哪些信息是多余的，哪些信息是相关的，以及检验人员应该如何/何时接触那些相关但具有潜在偏差影响的信息。② 作为折中，Krane 等人首次提出了一种在法证科学 DNA 分析中使用的称为顺序披露的方法；③ Dror 等人后来将这一模式扩展到所有的法证科学领域，并将该方法称为线性顺序披露（linear sequential unmasking，LSU）。④

线性顺序披露旨在过滤掉与任务无关的信息，规制与任务相关的信息流，并记录其对检验人员的影响。首先，检验人员在独立于任何参考材料（例如嫌疑样本）的情况下，对与犯罪相关的法证样本进行分析，并记录该初步分析，包括检验人员对其分析的信心程度。完成这一步骤后，检验人员可以接触参考材料，并允许对其初始分析进行修正。这些变化必须被记录，这为由偏差导致的修正提供了透明化的可能性。最后，在分析过程中尽可能晚地提供具有潜在偏差影响的其他与任务相关的信息（例如案件信息），并且仅在绝对必要时才提供。为此，线性顺序揭露方法应该包括一名合格的

---

① Budowle, B., Bottrell, M. C., Bunch, S. G., Fram, R., Harrison, D., Meagher, S., et al. (2009). A perspective on errors, bias, and interpretation in the forensic sciences and direction for continuing advancement. Journal of Forensic Sciences, 54, 798–809. doi: 10.1111/j.1556-4029.2009.01081.x.; Butt, L. (2013). The forensic confirmation bias: Problems, perspectives, and proposed solutions: Commentary by a forensic examiner. Journal of Applied Research in Memory and Cognition, 2, 59–60. doi: 10.1016/j.jarmac.2013.01.012.; Lewis, J. A. (2016). Minimizing cognitive bias in forensic document examination. Journal of the American Society of Questioned Document Examiners, 19, 33–36.

② Thompson, W. C. (2011). What role should investigative facts play in the evaluation of scientific evidence? Australian Journal of Forensic Sciences, 43, 123–134. doi: 10.1080/00450618.2010.541499.

③ Krane, D. E., Ford, S., Gilder, J. R., Inman, K., Jamieson, A., Koppl, R, et al. (2008). Sequential unmasking: A means of minimizing observer effects in forensic DNA interpretation. Journal of Forensic Sciences, 53, 1006–1007. doi: 10.1111/j.1556-4029.2008.00787.x.

④ Dror, I. E., Thompson, W. C., Meissner, C. A., Kornfield, I., Krane, D., Saks, M., et al. (2015). Context management toolbox: A linear sequential unmasking (LSU) approach for minimizing cognitive bias in forensic decision making. Journal of Forensic Sciences, 60, 1111–1112. doi: 10.1111/1556-4029.12805.

"案件管理员",作为调查人员和检验人员之间的中间人,并在任何与任务无关的信息到达检验人员之前将其过滤掉。① 因此,线性顺序披露方通过促使检验人员从证据到犯罪嫌疑人/情境进行"线性"工作以减轻对偏差的担忧,但是也允许检验人员根据新的信息灵活地修正其初始判断,前提是这些任何的修正都必须被仔细地记录。②

尽管有经济成本③和效率④方面的担忧,但许多法证科学实验室现在已经采用了线性顺序披露的要素,并且已经报告取得了一致的积极结果。Found 和 Ganas 叙述了澳大利亚法证文件检验实验室为从案件卷宗中删除任何不必要的信息(例如,对犯罪嫌疑人的指控、承认有罪)以及采用案件管理员模式所做的努力。几年后,他们经历了"没有消极结果",并指出这些变化"并不复杂,并不耗时或耗钱",检验人员现在可以自信地说"所形成的意见完全是基于所检验的证据"。⑤

Stoel、Dror 和 Miller 指出荷兰法证科学研究所的 DNA、火器和

---

① Saks, M. J., Risinger, D. M., Rosenthal, R., & Thompson, W. C. (2003). Context effects in forensic science: A review and application of the science of science to crime laboratory practice in the United States. Science & Justice, 43, 77-90; Thompson, W. C. (2011). What role should investigative facts play in the evaluation of scientific evidence? Australian Journal of Forensic Sciences, 43, 123-134. doi: 10.1080/00450618.2010.541499.

② Dror, I. E., Thompson, W. C., Meissner, C. A., Kornfield, I., Krane, D., Saks, M., et al. (2015). Context management toolbox: A linear sequential unmasking (LSU) approach for minimizing cognitive bias in forensic decision making. Journal of Forensic Sciences, 60, 1111-1112. doi: 10.1111/1556-4029.12805.

③ Charlton, D. (2013). Standards to avoid bias in fingerprint examination: Are such standards doomed to be based on fiscal expediency? Journal of Applied Research in Memory and Cognition, 2, 71-72. doi: 10.1016/j.jarmac.2013.01.009.

④ Triplett, M. (2013). Errors in forensics: Cause (s) and solutions. Journal of Applied Research in Memory and Cognition, 2, 48-49. doi: 10.1016/j.jarmac.2013.01.007.

⑤ 35. Found, B., & Ganas, J. (2013). The management of domain irrelevant context information in forensic handwriting examination casework. Science and Justice, 53, 154-158. doi: 10.1016/j.scijus.2012.10.004.

笔迹部门采取的类似举措已经取得了成功。① 最近,Archer 和 Wallman 描述了在澳大利亚法证昆虫学实验室实施了顺序披露,并总结道:他们尽量减少产生偏差可能性,从而增加了他们的意见对法院的价值。② 简而言之,对法证确认偏差的日益关注,使得必须进行程序性改变以减轻偏差影响,而这些实验室就是这种有前途的例证,即这些变化对法证检验人员不仅是不成问题的,而且确实是有益的。

● 隐匿嫌疑样本的身份(Conceal the identity of the suspect's sample)

当只有一个嫌疑样本与犯罪相关的样本进行比对时,检验人员可能会推断调查人员还有其他证明这个人有罪的证据,这可能会影响他们的判断。③ 为了抵制这种推断,一些研究人员和法律学者提出,检验人员应该从证据队列(evidence lineups)中作出判断。④ 类似于在目击证人辨认中使用的队列,使用证据队列的检验人员将犯罪相关样本与一对样本进行比对。其中的一个样本是犯罪嫌疑人的,但是检验人员并不知道;其他的样本是已知与犯罪相关样本不匹配的(即"填充"样本)。检验人员的工作是确定队列中哪个样本(如果有的话)与犯罪相关样本是匹配的。

---

① Stoel, R. D., Dror, I. E., & Miller, L. S. (2014). Bias among forensic document examiners: Still a need for procedural changes. Australian Journal of Forensic Sciences, 46, 91 – 97. doi: 10.1080/00450618.2013.797026; Mattijssen, E. J. A. T., Kerkhoff, W., Berger, C. E. H., Dror, I. E., & Stoel, R. D. (2016). Implementing context information management in forensic casework: Minimizing contextual bias in firearms examination. Science & Justice, 56, 113 – 122. doi: 10.1016/j.scijus.2015.11.004.

② Archer, M. S., & Wallman, J. F. (2016). Context effects in forensic entomology and use of sequential unmasking in casework. Journal of Forensic Sciences, 61, 1270 – 1277. doi: 10.1111/1556 – 4029.13139.

③ Whitman, G., & Koppl, R. (2010). Rational bias in forensic science. Law, Probability, & Risk, 9, 69 – 90. doi: 10.1093/lpr/mgp028.

④ Kassin, S. M., Goldstein, C. C., & Savitsky, K. (2003). Behavioral confirmation in the interrogation room: On the dangers of presuming guilt. Law and Human Behavior, 27, 187 – 203. doi: 10.1023/A: 1022599230598; Risinger, D. M., Saks, M. J., Thompson, W. C., & Rosenthal, R. (2002). The Daubert/Kumho implications of observer effects in forensic science: Hidden problems of expectation and suggestion. California Law Review, 90, 1 – 56.

只给检验人员一个嫌疑样本的做法类似于目击证人进行的"面对面辨认"。在面对面辨认中,让目击证人观察单个的嫌疑人或者其照片,并报告这个人是否是罪犯。① 同样,人们也批评面对面辨认进行了有罪的暗示,因此,在进行面对面辨认而不是列队辨认后,实验室研究中的目击证人往往错误地识别无辜的犯罪嫌疑人。② 只有一项研究测试了证据队列是否会产生类似的益处。Miller要求14名接受过法证科学毛发识别培训的学生,对一系列虚构犯罪中的毛发样本进行分析。③ 当将犯罪现场发现的毛发与单个(不匹配)嫌疑毛发进行比对时,在30%的案件中学生将不匹配的毛发误判为匹配。然而,当他们将犯罪现场毛发与五根为一组的毛发(没有一根与犯罪现场毛发相匹配)进行比对时,他们的错误率仅为4%。尽管这些结果令人鼓舞,但Miller的研究在很多方面存在局限。例如,因为该研究仅使用了不匹配的毛发,所以证据队列是否会影响正确识别匹配样本的能力仍有待观察。简而言之,迫切需要对证据队列的效能进行更多的研究。

与面对面辨认相比,列队辨认具有另一个主要的优势,即队列可以产生可知的错误,而面对面辨认则不能。也就是说,一些观察队列的目击证人会错误地将填充照片(即已知无辜的人)识别为被指控的人,调查人员会知道证人犯了错误;但由于面对面辨认仅有犯罪嫌疑人(并且没有填充样本),所以它们缺乏揭示错误识别的能力。④ 考虑到这一点,Wells、Wilford和Smalarz指出了使用证据队列

---

① Dysart, J. E., & Lindsay, R. C. L. (2007). Show - up identifications: Suggestive technique or reliable method? In R. C. L. Lindsay, D. F. Ross, J. D. Read, & M. P. Toglia (Eds.), The handbook of eyewitness psychology, volume II: Memory for people (pp. 137 - 154). Mahwah, NJ: Lawrence Erlbaum Associates.

② Wells, G. L., Small, M., Penrod, S., Malpass, R. S., Fulero, S., & Brimacombe, C. A. E. (1998). Eyewitness identification procedures: Recommendations for lineups and photospreads. Law and Human Behavior, 22, 603 - 647. doi: 10.1023/A: 1025750605807.

③ Miller, L. S. (1987). Procedural bias in forensic science examinations of human hair. Law and Human Behavior, 11, 157 - 163. doi: 10.1007/BF01040448.

④ Wells, G. L., & Turtle, J. W. (1986). Eyewitness identification: The importance of lineup models. Psychological Bulletin, 99, 320 - 329. doi: 10.1037/0033 - 2909.99.3.320.

的其他三个可能的优势。① 首先,因为证据队列可以产生可知的错误(将填充样本错误识别为匹配),它们将提供关于任何技术、实验室或学科的错误率的有价值的信息。其次,证据队列会使欺骗性的检验人员和垃圾科学原形毕露和丧失名誉,同时证明熟练的检验人员和有效的技术的价值。最后,了解自己的错误率应该有助于检验人员调整自己的信心,这样他们对自己的判断既不过分地自信,也不过分地不自信。

从理论上讲,证据队列程序可以模仿目击证人识别的最佳做法(例如,如何构建公平的队列,应该由谁来管理队列,如何对目击证人作出指示,哪些信息应该被记录等),这些最佳做法几乎是基于40年的研究。② 这项庞大的研究可以为实施证据队列提供一个好的开头。然而,使用证据队列肯定也会带来一些现实的挑战。例如,一些人认为如何为证据队列选择合适的填充样本是有问题的。③ 就目击证人队列而言,根据与犯罪嫌疑人的相似性选择填充样本被认为是有问题的,因为它使得目击者的任务不合理地变难了,④ 但是这种做法可能不会同样地对法证检验人员造成阻碍,因为他们具有专门知识。另一个难题是如何形成填充样本,对于可以使用大型样本数据库的法证科学领域(例如,用于指纹识别的自动指纹识别系统),生成填充样本应该相对容易,但是对于其他领域,这可能是一项使

---

① Wells, G. L., Wilford, M. M., & Smalarz, L. (2013). Forensic science testing: The forensic filler–control method for controlling contextual bias, estimating error rates, and calibrating analysts' reports. Journal of Applied Research in Memory and Cognition, 2, 53–55. doi: 10.1016/j.jarmac.2013.01.004.

② National Academy of Sciences (NAS). (2014). Identifying the culprit: Assessing eyewitness identification. Washington, DC: National Academies Press; Wells, G. L., Memon, A., & Penrod, S. D. (2006). Eyewitness evidence: Improving its probative value. Psychological Science in the Public Interest, 7, 45–75. doi: 10.1111/j.1529–1006.2006.00027.x.

③ Reese, E. J. (2012). Techniques for mitigating cognitive biases in fingerprint identification. UCLA Law Review, 59, 1252–1290; Whitman, G., & Koppl, R. (2010). Rational bias in forensic science. Law, Probability, & Risk, 9, 69–90. doi: 10.1093/lpr/mgp028.

④ Luus, C. A. E., & Wells, G. L. (1991). Eyewitness identification and the selection of distracters for lineups. Law and Human Behavior, 15, 43–57. doi: 10.1007/BF01044829.

人生畏的任务。无论如何,生成填充样本的最佳策略是一个还没有答案的经验性问题,这可以通过研究来解决。

结论:对法证科学元科学的需要

美国国家科学院在其 2009 年的报告中对这一事实感到惋惜:"对法证科学中的认知偏差这一重要问题的研究很少,无论是关于其影响还是最小化它们的方法。"[①] 从那以后,随着对这些现象的原因和后果的研究不断地增加,我们对这些现象的理解已经惊人地增加了。结果是一门新兴的"法证科学心理学"诞生了,其目的是利用心理学的基本原理来让法证科学实践更加明达并得到加强。

虽然我们已经走了很长的路,但是仍有许多工作等着我们去做——特别是在确定和实施基于证据的针对偏差的补救措施方面。为此,需要更多高质量的研究,研究人员和法证科学从业者之间的合作,对于实现我们最大化法证科学证据的作用和确保公平司法的共同目标是至关重要的。[②]

---

① National Academy of Sciences(NAS). (2009). Strengthening forensic science in the United States: A path forward. Washington, DC: National Academies Press.

② Mnookin, J. L., Cole, S. A., Dror, I. E., Fisher, B. A. J., Houck, M. M., Inman, K., et al. (2011). The need for a research culture in the forensic sciences. UCLA Law Review, 58, 725–779.

从案件管理到审判管理
——中西差异、影响与启示

纪格非[*] 赵 奇[**]

随着案件数量的不断增长,各国的民事纠纷解决程序普遍面临审判周期过长、诉讼成本飙升的问题。为了解决这些问题,"案件管理"成为各国不约而同的选择。但是,由于不同国家政治体制、历史传统、司法理念等方面的差异,被冠以"案件管理"的司法改革在各国的表现形态、实施路径、影响范围等方面存在广泛的差异。根据学界的通常观点,域外的民事诉讼案件的管理模式有两种:一是英美法系国家的管理型司法模式;二是大陆法系国家的集中化审理模式。① 管理型司法模式强调案件管理人的作用,要求从立案到开庭的审前程序应在法院指派的案件管理人的控制之下,以提高效率、缩短时间、降低成本。美国、英国、加拿大等英美法系国家推行管理型司法模式的案件管理改革。大陆法系国家的集中化审理模式,指的是通过庭前的工作使正式的庭审活动顺利进行,达到缩短诉讼时间的目的。② 笔者在下文中将分别介绍两种案件管理模式的特征。

一、案件管理在英美的发展与影响

(一) 美国的情况

案件管理的概念,最早起源于20世纪后半叶的美国。受制于极

---

[*] 2011计划司法文明协同中心教授,中国政法大学教授、博士生导师。
[**] 中国政法大学民商经济法学院2019级博士研究生,北京市高级人民法院执行局工作人员。
① 参见纪格非:《案件管理与一体化背景下的欧洲大陆法系民事诉讼发展动向》,载《东方法学》2019年第4期。
② 参见江必新:《域外案件管理改革的借鉴与启示》,载《比较法研究》2013年第4期。

端当事人主义的困扰,美国民事诉讼的成本大幅攀升。统计数据显示,1983 年联邦地方法院受理的案件数量是 1960 年的 3 倍多,联邦上诉法院同期案件的增长率则达到了 686%。美国的律师收费在 1960 年到 1987 年间增长了 6 倍,同时,纠纷解决的周期变得更长。当事人实现权利的成本与国家解决纠纷的成本均在高位运行。① 为了应对上述困境,20 世纪 60 年代美国法院开始推行案件流程管理系统(caseflow management),这一阶段的案件管理主要以日程安排为特征,主要目的在于将具体的案件分配至法官名下,由其负责制定案件审理的时间进度表。20 世纪末,案件流程管理逐步进化为案件管理。这一转变的重要标志是 1990 年美国国会通过了《民事司法改革法》,致力于减少民事诉讼的拖延和降低民事诉讼的成本。案件管理的内容已经不再局限于流程的管理和控制,而是向更加深入的方向发展,即强化法官对程序的控制权,淡化程序的对抗色彩,通过审前程序的完善,实现案件的分流,压缩案件审理的时间周期。具体而言,案件管理给美国民事诉讼程序带来如下变化:

1. 诉答程序的简化

美国早期的诉答程序深受英国影响。英国的诉答程序起源于诺曼征服以后。普通法诉答在起诉状的内容方面,有着严格的要求。这种要求概括起来主要有两个方面,即充分和明确。"充分"意味着支持当事人诉讼主张的所有事实都应被详尽陈述,而不能有所遗漏。② "明确"意味着当事人应该以准确的方式陈述其主张的案件事实,使审理者无须使用推断的方法获得对事实的认识。为了确保充分与明确,起诉状对于当事人的名称、案件发生的时间、地点、具体情况、要求救济的方法、数额的描述等都必须清楚、具体。

简化诉答的趋势在 1938《美国联邦民事诉讼规则》颁布之后变得更加明显,在《美国联邦民事诉讼规则》颁布后,证据开示程序正式成为美国审前程序的重要环节,它的主要功能之一即为确定当事人之间的争点。这样,争点整理功能从诉答程序中分离出来,由

---

① 参见小岛武司:《法院的作用和诉讼率》,载小岛武司等著:《司法制度的历史与未来》,汪祖兴译,法律出版社 2000 年版,第 81 页以下。

② Stephen, Pinder, A treatise on the principles of pleading in civil actions: comprising a summary account of the whole proceedings in a suit at law, spottibwoode and Co. 1860, p. 62, 65.

另一专门的程序完成。在此基础上，美国变"法典诉答"为"通知诉答"。《美国联邦民事诉讼规则》第8条（a）（2）要求原告以"对表明诉辩人有权获得救济的诉讼请求做一个简明的陈述"。① 显然，此规则的起草人 Charles E. Clark 欲构建一种"简单、统一"的诉答，并以此扫除传统普通法诉辩中的技术性因素。新规则有意回避了对"事实"的范围的界定，以"通知"取代之。原告仅需"通知"对方及法院本案的大体性质，作为基础的情形或事件，并以此区别于其他行为或事件。原告无须在起诉书中为对方提供准备案件需要的事实细节。② 不仅如此，美国的民事诉讼规则要求原告应当用简洁、明确的方式陈述其主张，感情渲染是不受欢迎的，因为它会增加司法人员以及对方当事人阅读的负担。美国有些巡回法院甚至对于起诉状的页数的上限提出具体要求。③

在案件管理理念的渗透下，美国的"通知诉答"标准发生了更多的变化。其标志性的案件是发生在 2007 年的 Bell Atlantic Corp. v. Twombly 案。在该案中，联邦最高法院提出了"有说服力"的诉答标准。Twombly 案审结后两年，联邦最高法院在 Ashcrof v. Iqbal 案中再次重申了这一新的诉答标准。联邦最高法院认为，原告在本案中没有提出任何歧视性政策的具体事实，而是将案件建立在基于现状的推测的基础上，是不符合"有说服力"的诉答标准的。④ 上述两案反映了美国在避免司法拖延压力下对通知诉答标准的反思与调整，体现了其司法政策"从接近正义"到"关注效率"的转变。美国学界对这一变化褒贬不一，但是相当一部分学者支持至少在复杂的案件或者新类型的案件中，应当适用较高的诉答标准的

---

① Ack H. Friedenthal、Mary Kay Kane、Arthur R. Miller：《民事诉讼法》，夏登峻等译，中国政法大学出版社 2005 年版，第 235 页。

② Charles E. Clark, History, Systems and Functions of Pleading, 11 Virginia Law Review. 517（1925）.

③ Christopher M. Fairman, The Myth of Notice Pleading, 45 Ariz. L. Rev（2003）. 987.

④ Victor E. Schwartz, Christopher E. Appel, Rational pleading in the modern world of civil litigation: the lesson and public policy benefits of Twomly and Iqbal, 33 Harv. J. L. & Pub. Pol'y（2010）, 1107.

主张。①

诉答标准的严格化从根本上减少了试探性的诉讼的发生，从源头上控制了案件的数量，对于节约司法资源的目标的实现，具有重要的意义。

2. 证据开示的条件和范围受到限制

美国的证据开示制度是通过 1938 年的《美国联邦民事诉讼规则》确立的。其主要功能在于帮助当事人从对方处获取有利于自己的证据，以促进双方当事人充分、平等地对抗。证据开示涉猎的范围非常广泛。在证据开示制度产生的初期，由于缺乏必要的管理与规制，开示程序被滥用的现象非常普遍，律师利用证据开示拖延诉讼，增加律师工作时间，谋取利益。经济实力较强的当事人利用证据开示打击、干扰对方，逼迫对方放弃诉讼或与其和解。证据开示导致了诉讼成本持续攀升，严重影响了诉讼机制的运行。作为补救，在 1980 年后，美国先后对《美国联邦民事诉讼规则》进行了四次修订，旨在控制证据开示的负面作用，加强法官对证据开示程序、时间、范围和方法的控制权。同时，对于当事人违反证据开示命令的行为，施以一定形式的制裁，如免除对方当事人的举证责任，禁止违反方事后提出证据，对案件进行简易判决或驳回诉讼，追究藐视法庭的责任等等。通过证据开示制度的完善，美国审前程序的拖延现象有所改变，程序的效率得以提高。

3. 法官的程序性制裁手段得以强化

法官在案件审理过程中的程序性制裁手段一直存在于美国的民事诉讼程序中。但是，随着案件管理理念的逐渐深化，法官对于程序性制裁措施的态度发生了很大的变化。传统的美国民事诉讼程序受到自由主义思想的影响，法官程序控制的意识不足，很少会对当事人的不当诉讼行为主动采取制裁措施。1978 年联邦司法中心发布的统计数据显示，在证据开示的过程中，只有不到 1% 的案件律师申请法官对另一方的不当行为进行制裁。对于律师提出的制裁动议，法官的支持率不足半数。② 因此，程序性制裁措施被戏谑地称为

---

① Rational pleading in the modern world of civil litigation: the lesson and public policy benefits of Twomly and Iqbal, 33Harv. J. L. &Pub. Pol'y (2010), 1107.

② Renfrew: Discovery Sanctions: A Judicial Perspective, 67 California Law Review, 279 (1979).

"没有牙齿的老虎"。现阶段,基于程序管理的需要,无论是双方当事人还是法官,对于程序性制裁措施的接受程度均有显著的提高。1983年,对《美国联邦民事诉讼规则》第16条进行了实质性修订,新的规定要求法官在案件早期阶段作出命令,规定关于限制证据开示和完成当事人合并的时间,并且授权法官作出与诉讼活动范围直接相关的其他命令。① 根据《美国联邦民事诉讼规则》以及各种民事诉讼规则的规定,美国法官在民事诉讼程序中经常使用的程序性制裁措施主要包括:对当事人或律师进行批评、要求迟延方支付对方的律师费或其他费用、拒绝支付律师费用、允许或拒绝延长时限、排除特定证据、驳回案件、即决判决、缺席判决、罚金、追究藐视法庭的刑事责任等。

法官对于程序的管控还体现在对于证明妨害行为的制裁方面。美国法关于证明妨碍主要有救济和制裁的政策目标的争论。"救济"即回复当事人之间的公平,也就是处理"有此妨碍行为的证据状态"和"无此证明妨碍行为的证据状态"的落差,既然这种证据状态落差现实存在,就不因妨碍者的主观归责性高低产生影响。② 因此这种情形不仅对负举证责任的一方会产生,对不负举证责任一方的反证证明活动也有可能发生。相比之下,"制裁"这一政策目标,处理的是证明妨碍行为的非难,以达到惩罚和预防的效果,因此该目标主要考量的是证明妨碍者的主观归责性。③ 随着案件管理理念的深入,证明妨害的制裁性作用不断得以强化。美国法认为"保存证据义务"(the Duty to Preserve Evidence)是构成证明妨碍行为的绝对必要前提条件。④ 这些义务既包括实体法上的义务也包括程序法上的义务,实体法领域的义务有具体的法律规范予以规制,与程序法上的义务关系不大。程序法上的义务主要是"证据开示义务",该义务主要是以

---

① [英]阿德里安 A. S. 朱克曼主编:《危机中的民事司法——民事诉讼程序比较视角》,傅郁林译,中国政法大学出版社2005年版,第98页。

② Margaret M. Koesel, David A. Bell&Tracey L. Turnbull, Spoliation of Evidence: Sanctions and Remedies for Destruction of Evidence in Civil Litigation 34 – 35 (2000).

③ 174 F. 3d801 (6th Cir 1999).

④ Laurie Kindel & Kai Richter, Spoliation of Evidence: Will the New Millennium See a Further Expansion of Sanctions for the Improper Destruction of Evidence? 27 Wm. Mitchell L. Rev、687, 689 (2000).

美国民事诉讼法上的证据开示制度为准,① 即要求当事人在诉讼开始后有义务保存与诉讼相关的证据,诉讼中违反该义务则有可能导致证明妨碍制度的适用。当潜在的当事人已经实际知悉或可合理预期诉讼的提起时,其所负有保存证据义务的客观范围,原则上以其在证据开示义务下的客观范围为基准,即只要是与"当事人之请求防御有关联性"的证据均有加以保存的义务。②

(二) 英国的情况

英国的案件管理以诉前行为、案件分配和案件管理会议作为实现案件分流的具体措施。③ 1999年随着《英国民事诉讼规则》的颁布,案件管理的发展达到了一个新的高度。英国是传统的普通法国家,然而通过改革,英国的民事诉讼制度与大陆法系国家的民事诉讼制度具有了更多的共性特征。《英国民事诉讼规则》第1章基本目标第1.4条开宗明义规定了法院管理案件的职责。

第一,法官须积极管理案件,推进本规则基本目标的实现。

第二,积极的案件管理包括:(1) 鼓励当事人在诉讼程序的进行中相互合作;(2) 在案件初期阶段识别系争点;(3) 及时确定需进行充分调查和开庭审理的系争点,并相应以简易方式审理其他系争点;(4) 确定审理系争点的顺序;(5) 如法院认为适当,可鼓励当事人采取可选择争议解决程序,促进有关程序的适用;(6) 协助当事人对案件进行全部或部分和解;(7) 确定案件管理日程等事项,控制案件进程;(8) 考虑采取特定程序步骤的可得利益,是否与实施成本相适应;(9) 尽可能在同一场合审理更多的案件系争点;(10) 无须当事人出庭,径行审理案件;(11) 运用科技手段;以及为保障案件开庭审理迅速、效率地径行而作出指令。④

二、案件管理对欧洲大陆法系国家民事诉讼程序的影响

(一) 案件管理在欧洲的起源与发展

自19世纪中叶开始的席卷全球的诉讼爆炸、司法资源不足的问题,也同样困扰着欧洲绝大多数国家,这些问题促使欧洲各国进行

---

① Fed. R. Civ. P. 26 (a).
② Fed. R. Civ. P. 26 (b) (1).
③ 王福华:《民事案件管理制度评析》,载《法学论坛》2008年第2期。
④ 《英国民事诉讼规则》,徐昕译,中国法制出版社2001年版,第4页。

以提高诉讼效率为核心目的司法改革。在民事诉讼领域，改革的重点在于强化法官对民事诉讼程序的管理权，促进民事案件在合理的期限内审结。1898年《奥地利民事诉讼法》生效，标志着改革的开始。新法以法官对程序的积极干预为特征，此前奥地利适用的法律为1781年颁布的《法院组织法》，该法典由 Von Froidevo 起草，具有明显的书面审理、形式化特征，法官必须受到程序规则的严格约束，不能自由评价证据。立法的变化首先出现在1873年奥地利的小额程序中，通过改革，该程序中注入了口头原则、直接审理和自由评估证据的特征。[①] 与此同时，1890—1891年，学者 Franz Klein 发表了若干关于诉讼程序改革的文章，为立法的修改奠定了基础。1893年，奥地利完成了民事诉讼法草案的起草工作，除了民事诉讼法以外，该草案还包括《司法法》和《执行法》两个部分。新法在5年后得以实施。该法以民事诉讼程序的社会化为背景，力图摆脱法国民事诉讼法主导的当事人主义的影响，建立快速、便宜的民事诉讼程序。新的民事诉讼程序具有以下几个方面的特征：（1）将预备防御的适用限定于特定的范围和特定的时间，当事人对于法院管辖等程序性事项的异议必须在第一次听审时提出，超过此时间不得再提；（2）法官拥有广泛的案件管理权；（3）案件审理被分为书面准备和口头审理两个阶段，其中口头审理原则上应当一次开庭完成；（4）严格执行期限制度，即时间届满，不能再次进行相应的程序步骤；（5）法院应当将收到的书面证据通知对方当事人。奥地利新民事诉讼法意图寻求法官与当事人在案件审理过程中的权利的制约与平衡，为民事诉讼法在欧洲的发展开启了一个新的时代，即案件管理的时代。[②] 其后，欧洲各国所进行的以加强法院职权为核心的民事司法改革，在很大程度上受到了奥地利的启发和影响。

1924年德国对民事诉讼法做了一次较大的修订，强调法官应当负责程序时间的把握。在这次改革中，实现集中的口头审理成为改革的目标。1933年开始，德国更是从奥地利借鉴了当事人真实陈述

---

① C. H. van Rhee, Judicial case management and efficiency in civil litigation, Intersentia, 2008, p. 12 – 13.

② C. H. van Rhee, The Development of Civil Procedural Law in Twentieth Century Europe: From Party Autonomy to Judicial Case Management and Efficiency, in C. H. van Rhee (eds), Judicial Case Management and Efficiency in Civil Litigation, Intersentia, 2008, p. 12 – 13.

义务的规定,同时限制当事人在上诉审程序中提出新的事实或证据。此后至1976年,德国的民事诉讼法中的个人主义逐步让位于国家干预。①

除德国以外,奥地利的改革对中欧和东欧地区的国家产生了直接的影响。一些国家在1898年仍然隶属于奥匈帝国。此后,以加强法官职权为核心的民事诉讼法的变革席卷欧洲。北欧的丹麦、挪威和瑞典分别于1916年、1915年和1917年开始了第一轮民事司法改革。改革后的民事诉讼程序以公开原则、口头审理和法官自由评价证据为特征。此后北欧国家的改革一直持续到21世纪初,后期的改革涉及法院的设置、法官的遴选等各个方面。② 希腊、意大利、瑞士、瑞典等国的民事诉讼程序在此期间也经历了较大的变化,法官的职权得到强化、诉讼的效率得以提高。荷兰的民事诉讼法原本也强调当事人是程序的主导者,在21世纪前,其民事诉讼程序几乎没有受到其他国家关于案件管理的思路的影响。虽然在2002年前,荷兰曾经作出几次试图改革本国民事诉讼制度的尝试,但是均未取得成功。2002年荷兰民事诉讼法经过了一次比较大的修订。在这次修订中,加强法官对于程序的职权干预以及提高程序效率成为一个明确的主题。

虽然"案件管理"代表了当今欧洲许多国家民事诉讼发展的趋势,但是各国由于历史传统与现实需求的区别,对于案件管理的理解和具体操作也各不相同。然而,通过对不同国家案件管理模式的研究,不难发现几乎所有欧洲国家的案件管理都具有以下几个方面的特征:

第一,案件本身的特点决定其审理的程序。在案件管理的思路下,程序的灵活性得到前所未有的强调和重视。立法者不再通过设计一套严密的程序规范,再将其适用于不同类型的案件,而是根据不同类型的案件的特征设计不同的程序。因此,案件管理的发展促进了程序的分化与细化。家事审判程序、小额程序、知识产权类案件审理的程序等,均是在此期间出现或得到了发展和完善。即使在

---

① 谢怀栻:《德意志联邦共和国民事诉讼法》,中国法制出版社2001年版,前言。

② Laura Ervo, Anna Nylund, The Future of Civil Litigation: Access to Courts and Court-annexed Mediation in the Nordic Countries, Springer, 2014, p.9-16.

程序分化不够细致的国家，案件管理的发展也为法官行使程序控制权提供了充分的空间。比如很多国家民事诉讼法规定，法官可以根据案件的具体情况选择以书面或者庭前会议的方式进行审理前的准备。

第二，对程序的决定权由立法者转移给法官和当事人。程序的多元化构建是由立法机关完成的，然而具体案件应当适用哪种程序则是在案件审理过程中由法官和当事人共同决定的。司法实践中每一个案件的具体情况都存在细微的差别，由法官根据审理的需要对案件适用的程序作出选择是一种比较明智的方法。为了对法官选择程序的权力加以限制或补充，当事人对法官的程序选择可以提出不同的意见和主张，因此具体案件的审理程序的决定权是由法官在当事人的参与下完成的。

第三，立法者为法官实施案件管理确定了明确的目标，法官行使案件管理的权力必须受制于该目标。案件管理理念的产生使得相关国家的民事诉讼的目标发生了比较大的变化，多数国家将实现民事案件审理的高效、便捷、诉讼结果的公正作为程序的目标。比如奥地利1983年进行的改革就把高效、便利地解决纠纷作为立法的目的。据此，在审理前的准备阶段，法官会帮助当事人整理争点，确定提交的证据的范围和顺序，加快程序的进程，也可以根据案件的实际情况，建议当事人通过诉讼外方法解决纠纷。[①] 因此，案件管理并非目的，而是实现目的的手段。法官对于诉讼程序的控制权并非没有限度，而是会受到立法目的的指引。

(二）案件管理对欧洲各国民事诉讼制度的影响

案件管理指明了司法改革的目标与方向。案件管理的发展却为各国司法制度的发展设定了相同的目标，不仅有力促进了民事诉讼程序的优化，而且为民事诉讼程序的融合提供了契机。

首先，对于大陆法系国家而言，管理型法官概念的出现促进了审理的集中化以及审前程序与审理程序的分离，促进了证据交换（特别是书证的交换）、争点整理制度的发展，也促进了民事诉讼中与扩大纠纷解决功能相关的制度的发展（比如诉的合并、起诉状的修改等方面的制度）。上述制度的出现或民事诉讼法的变化，使得大

---

① Walter H. Rechberger, Civil Procedure in Austria, Walters kluwer, 2011, p. 17.

陆法系的民事诉讼在某些领域与英美法系逐渐靠近,并不断借鉴英美法的经验。

其次,为司法程序的多样化设计提供了可能。在案件管理的理念发展的过程中,法官被赋予了更多的程序控制权。立法者通过程序的多样化设计,在一定程度上保障了法官根据案件的具体情况选择适用的程序。但是,对于每一个具体的案件而言,案件审理的具体步骤和进程,是由法官决定的。这实际上等于赋予了法官决定程序的具体内容的权力。因此,在案件管理理念的支配下,立法者与法官共同完成了程序的设计。立法机关提供了多样化的程序并决定了程序的基本框架,而程序的具体安排和进程,则是由法官把握的。立法为法官提供了多样化的程序选择,案件管理为法官在司法实践中提供了丰富的程序设计的空间,在此背景下,程序的灵活性大大增强。

最后,案件管理给民事诉讼程序的发展带来了隐忧。案件管理可能对程序安定、程序公正等基本理念造成的影响也是客观存在的。大陆法系的民事诉讼程序虽然是以当事人主义为特征的,但是当事人的主导权主要体现在事实审理范围以及对证据提交范围方面。在程序的控制权方面,大陆法系的法官原本就享有更多干预和控制的空间。进一步强化的法官职权如何才能被控制在一个合理的范围内,并与程序公正的基本理念保持平衡,是案件管理正当性的重要基础。同时,如何确保案件管理的目标与理念在每一个具体案件审理的过程中得到落实,也是欧洲各国司法改革的设计者必须回答的问题。

三、我国的审判管理:理念与特征

西方的案件管理在我国以"审判管理"的形式出现。2011年最高人民法院发布了《关于加强人民法院审判管理工作的若干意见》(以下简称《审判管理意见》),正式提出审判管理的理念,明确了进行审判管理的目标:规范司法行为,提高审判工作的质量和效率,实现司法公正、廉洁、为民。《审判管理意见》进一步指出,人民法院开展审判管理,要运用组织、领导、指导、评价、监督、制约等方法,对审判工作进行合理安排,对审判过程进行严格规范,对审判质效进行科学考评,对司法资源进行有效整合,确保司法公正、廉洁、高效。从上述指导意见可以看出,我国案件管理的重点在于对案件审理的流程进行监督和把控,从而实现对司法权运行的有效监督和控制。我国审判管理的上述内容决定了以下几个方面的特征：

(一) 行政化色彩突出，审判管理的内容空洞

审判管理的行政化，不仅体现在目标定位上，主要以实现对法官审理案件的流程的监督与管控为目的，而且在具体运作方面，最高人民法院的《审判管理意见》明确规定，开展审判管理，要着力完善人民法院内部的层级管理体系。审判委员会、院长要承担对审判工作进行宏观管理的职责，准确研判审判工作运行态势，总结审判经验，及时发现并处理审判工作中出现的问题。院长、庭长、审判长要在依法监督指导办案的同时，切实承担起管理法官、管理案件的职责，要把审判质量管理、审判效率管理和审判效果管理等各项制度和工作要求落实到案件审理的各个环节之中。从上述文件反映的精神可以看出，审判管理的职责主体是院长、庭长、审判长，而非审理案件的法官，审理具体案件的法官在管理体系中处于被管理者的地位。审判管理采用层级管理的方法，最高人民法院及地方各级人民法院均设立审判管理办公室，负责本院审判管理工作的协调并配合上级法院的管理工作。审判管理的重点在于案件审理流程、节点的管理，并通过管理实现法官审理案件的监督、考评，预防司法腐败，提高办案效率。[①] 因此，相较于西方国家的案件管理，我国的审判管理具有明显的行政化色彩。此点在我国司法权原有的行政化色彩就很浓郁的背景下，尤其显得重要。从法院内部看，司法权的行政化体现为对法官审判工作的监督和管理，往往以行政化的方法进行，通过司法机关的行政管理权制约、监督司法权的行使。

在理论层面，司法机关内部的行政管理权与审判管理权应该是可以作出比较清晰的区分的。二者在管理的内容上有比较明显的区别。司法行政管理注重行政工作的管理，其中内部事务管理是指审判活动所依赖的人、财、物方面的管理，外部事务管理是法院与其他国家机关之间，以及上下级法院之间关系上的管理。司法行政工作应当围绕法院的主责和目标而展开。特别是此轮司法改革，要求坚持以法官为中心，进一步完善司法人员分类管理制度，逐步建立以服务审判工作为重心的法院内设机构设置模式。在此背景下，法院司法行政工作更应当围绕审判活动，服务、保障审判，为审判工

[①] 参见江必新：《审判管理与审判规律抉微》，载《法学杂志》2011年第5期。

作提供人、财、物的支持。同时,任何组织的存续都需要管理保障,管理属性是法院实现审判职能的必然要求。① 而审判管理注重审判工作的管理,是和案件审理密切联系的管理活动,是直接影响法官裁决功能实现的管理事务。但是,从目前审判管理的思路上看,由于行使司法行政管理权的主体与行使审判管理权的主体具有高度一致性,因此难免产生两种权力的重叠与混淆。借审判管理之便,对司法权进行行政化干预,具有了制度与路径上的可能。

从管理的方法与内容上看,我国的审判管理也具有明显的行政色彩。设计者寄希望于通过审判管理对法官的审判活动进行质效监督和考评,并为落实司法责任制奠定基础。但是,一方面,这种管理模式与当前司法改革的整体趋势存在一定的矛盾。最高人民法院2015年9公布实施了《关于完善人民法院司法责任制的若干意见》(以下简称《司法责任制意见》)。根据该意见落实审判责任制,必须以科学的审判权力运行机制为前提,以明晰的审判组织权限和审判人员职责为基础,以有效的审判管理和监督制度为保障,让审理者裁判、由裁判者负责,确保人民法院依法独立公正行使审判权。在此背景下,需要深入改革审判组织形式,形成"扁平化"的组织形式,同时改革裁判文书签署机制,独任审判的案件由独任法官直接签署印发裁判文书,合议庭审理的案件由承办法官、合议庭其他成员、审判长依次签署。除审判委员会讨论决定的案件以外,法院院长、副院长、庭长对其未直接参加审理案件的裁判文书不再进行审核签发。总之,目前司法改革的总体方向是逐步弱化院长、庭长等行政领导对法官具体审判行为的监督,由审理案件的法官对其审判行为负责,弱化对司法权的行政管理,但是,审判管理的方法与理念并没有很好地契合上述改革目标。因此,我国的审判管理的内容在当前司法责任制的背景下,很难得以切实的体现与落实。另一方面,审判管理在具体的方法与内容上,也很难与司法行政管理权作出明确的区分,司法行政管理在内容上可以分为人、财、物及外部关系四个方面,其中,人事管理工作的内容包括法官的选任、考评、培训、晋升、福利,及法官以外人员的考评、管理等。不难看出,审判管理中涉及的对审判工作的质效管理与司法行政管理权的

---

① 参见谭世贵、梁三利:《法院管理模式研究》,法律出版社2010年版,第22页。

人事管理在内容上存在重叠，审判管理明显缺乏独立的内容和方法，并很可能会因此成为司法行政管理权的一个分支。

(二) 审判管理与程序的科学化脱节

从案件管理在西方国家的发展经验看，通过案件管理民事诉讼程序发生了深刻的变革，不仅程序的集中化、多样化得到了加强，而且法官与当事人在程序控制权的分担方面，也发生了很大的变化，甚至可以说，法官程序控制权的强化是案件管理的最根本特征。① 但是，我国的审判管理在内容与方法上都与西方国家的案件管理相去甚远。审判管理没有将民事诉讼程序的优化作为核心内容，因此其对民事诉讼程序的进步产生的影响极其有限。主要表现在以下几个方面：

1. 审前程序的改革仍然滞后，审理的集中化难有保障

与西方国家的情况相似，我国的审判管理也同样肩负着提高案件的审判效率，解决案件积压的问题。但是在解决这一问题的路径选择上，审判管理并没有将重心置于程序本身的优化与完善，而是试图通过对司法人员外在的监督与考评，"挤压"出提高审判效率的空间。从长远的角度看，这种方法必定难以长期发挥作用。从民事诉讼法的角度看，提高我国民事案件审判效率的有效途径应当是通过审前程序的改革，实现审理的集中化。虽然在2012年我国民事诉讼法修订的过程中，审前程序的内容有所丰富，增加了审前会议、争点整理与案件分流等内容。但是，由于缺乏证据交换以及举证时限等制度的配合，在司法实践中，审前程序在争点的整理与固定、证据的交换与固定方面的作用难以得到有效的发挥。② 相当一部分法官将审前会议理解为证据交换，并在庭前完成质证工作，以减少开庭的内容和时间。但是由于缺乏有效的举证时限的支持，即使在开庭后继续提交新的证据，提出新的事实争点，也不会被禁止。由此，案件审理的过程仍呈现为边准备、边审理的状态，即便是简单的案件，由于没有经过充分的准备，也往往需要经过多次开庭才能得以完成。上述状况在法官采取多案并行处理的工作模式的背景下，由

---

① 参见王福华：《民事案件管理制度评析》，载《法学论坛》2008年第2期。

② 段文波：《庭审中心视域下的民事审前准备程序研究》，载《中国法学》2017年第6期。

于每次开庭之间的间隔时间难以严格把控,开庭周期过长导致法官不得不在每次开庭前重新"温习"上次开庭的内容,不仅增加了法官的工作负担,降低了工作效率,而且不利于法官对案件事实形成完整、连贯的记忆和印象。

2. 未能实现审理程序的多样化

针对不同类型的案件,设置不同的审理程序是西方国家案件管理的成功经验,也是各国的普遍做法。但是,我国的审判管理却建立在案件审理程序多样化不足的基础上。近年来我国在部分地区虽然尝试建立了知识产权法院、金融法院、互联网法院等专门法院,但是,对于专门类型的案件,并没有针对性地制定专门的审理程序。所有广义上的民商事案件,都适用民事诉讼法关于简易程序和普通程序的规定。2012年我国民事诉讼法修订时增加了小额程序的规定,并将其作为简易程序的一种特殊类型。但是在司法实践中,小额程序并没有得到法官的积极适用,既有法官基于"剥夺当事人上诉权,当事人会有抵触心理"的现实考虑,也有小额程序作为简易程序的一种特殊形式,其在程序的繁简程度、当事人与法官的关系等方面与简易程序并没有本质的区别的原因。选择适用小额程序很难给法官带来工作上的便利,这才是我国的小额程序在实践中遇冷的主要原因。2016年7月,最高人民法院发布了《人民法院民事裁判文书制作规范》,规定适用简易程序和小额诉讼程序的案件,可以适用要素式、令状式和表格式的简单裁判文书样式,主要记载当事人的基本信息、诉讼请求和判决主文等内容,其他可以简化,而且不要求说理。这一规定对于提高简易程序和小额程序的效率有一定的帮助,但是也应当意识到,程序简化的内容不应仅限于裁判文书制作的环节,而是应当贯穿于程序进行的全部过程。我国的简易程序与普通程序的区分度并不明显,目前实践中多地法院尝试使用的速裁程序,在定位与程序的区分度上亦不明确。

在不同程序的选择适用机制方面,我国的实务操作也有明显的不合理之处。法院在实施案件繁简分流与程序匹配时主要采取了三种方式:第一种是立案庭直接匹配型,即立案庭直接将简单案件匹配适用简易程序或小额程序,将复杂案件直接确定适用普通程序,在此过程中,立案庭的法官不需要征求具体案件承办人员的意见。第二种是在设置了速裁庭的法院,速裁庭(通常是庭长)根据自身的需要,在已经立案的案件中挑选适用速裁程序的案件,先适用简易程序审理,在简易审限内无法审结或当事人对适用简易程序提出异议时,再适用普通程序审理。第三种是审理案件的法官自行依法选择,即法官在收到案件后通过阅卷判断自行确定适用简易或者普通程序,这种情况主要适用于进入普通审理机制的各类案件,但实践中在一般情况下法官自行选择程序时仍会按照先适用简易程序后适用普通程序的方式进行程序选择。上述前两种程序选择机制存在的问题是,不是由审理案件的法官决定案件适用的程序,而是由其他主体为法官选择程序,由此导致的问题是程序管理权被分散行使,以及在初次选择后由于选择不当,程序的转化(简易程序转化为普通程序)的现象变得非常常见。上述第三种程序选择方法将简易程序当作普通程序的前置程序,严重偏离了程序选择的意义,不仅不会提高诉讼效率,还会在程序转化的过程中耗费不必要的时间与司法资源。

除此之外,虽然立法将"事实清楚""权利义务关系明确""争议不大"作为简易程序适用的前提,但是通过司法解释的细化,在实务中真实发挥作用的程序选择标准是案件标的额大小以及案件的性质。这样的识别标准忽视了当事人逃避、拖延、不配合等"人"的因素在程序选择过程中的价值与作用,其科学性也有待完善。[①]

3. 法官与当事人在程序中的关系模式、行为方式没有发生根本变化

英美国家的案件管理重点在于改变法官与当事人的关系,通过赋予法官更多的程序控制权,平衡审判权与诉权的关系,赋予当事人主义以新鲜的内容。但是西方案件管理对于法官与当事人关系的平衡始终被置于规则与制度的框架内,即依靠程序的革新和法律的赋权,实现改革的目标。我国在此问题上,却采取了不同的策略。我国在传统上属于职权主义诉讼模式,随着 20 世纪 80 年代审判方式改革的推进,诉讼模式逐步实现向当事人主义的转型。即便如此,在我国民事诉讼中,当事人对程序的控制权并没有达到泛滥的程度。虽然存在当事人恶意缺席、拖延诉讼、滥用诉权等情形,但是导致这些问题的主要原因在于民事诉讼法对于当事人行为的规范不够细致以及司法人员对于当事人滥用诉权行为的过度宽容和忍让。与此

---

① 王亚新:《民事司法实务中适用小额程序的若干问题》,载《法律适用》2013 年第 1 期。

同时，由于程序规范本身的有失严格以及传统观念、工作习惯的影响，法官对诉讼程序的控制权并不处于弱势。因此产生了我国特有的，由于程序性规范不够细致、严谨而导致的程序性控制权"双强势"的问题。欲解决这一问题，必须依赖于民事诉讼程序技术性规范的进一步发展与完善，使当事人与法官的关系回归到理想的状态。但是，我国目前审判管理的思路却无助于这一目标的实现。审判管理是在不改变现有规则的情况下，通过对法官的审判活动进行外在的监督，以提高审判工作的效率和质量。但是，由于监督内容不明确、途径不清晰，因此审判管理被简单异化为案件的质效监管。这种通过对法官审理案件的数量、发改率、上诉率等指标进行监控、评价的方法，虽然在一定程度上调动了法官的积极性，但是也使法官不得不为了迎合考核的需要，将自身的压力转嫁当事人。比如，实践中大量存在的为提高结案率而动员当事人撤诉或延缓立案等现象。从某种意义上看，审判管理所遵循的采用行政化手段监督、管理审判权的做法，强化了法官在诉讼程序中的强势地位，对于法官在程序中的管理水平、驾驭程序的能力的关注却明显不足。在缺乏明显的激励机制支持的情况下，法官约束当事人行为的动力也明显不足。多数法官对于当事人滥用诉权、违背诚信的行为并没有采取严厉制裁措施的动力。其中一个典型的例证是，在《刑法修正案（九）》通过对虚假诉讼罪的规定后，因虚假诉讼行为被追究刑事责任的当事人并不多。这与学界与实务部门长期诟病的虚假诉讼现象泛滥的情况形成了比较明显的反差。① 总之，由于缺乏具体的制度与规则的支撑，我国的审判管理无法发挥改变法官与当事人的关系与行为模式的作用，进行审判管理对于促进民事诉讼程序进步的作用不明显。

四、中西案件管理的差异、影响与启示

（一）中西案件管理的差异

从前述内容不难看出，我国与西方主要国家在案件管理的理念、具体的管理内容与方法的设计方面存在着明显的差异。主要表现在：

1. 案件管理的主体不同

西方国家案件管理的主要目的是通过法官对程序的管控，提高

---

① 详见纪格非：《民事虚假诉讼治理思路的再思考——基于实证视角的分析与研究》，载《交大法学》2017年第2期。

诉讼效率，平衡双方当事人的力量对比关系，弱化诉讼程序的对抗色彩。为了实现这一目标，西方主要国家在司法改革的过程中通过民事诉讼法的修改将案件管理的权力赋予了法官，而不是法官以外的行政领导。法官是案件管理的唯一主体，其在民事诉讼法的保障下全程掌控民事案件审理的进程，从案件审理程序的选择、案件审理过程中各种时间节点的把控与确定、程序性命令的发布等，均由法官负责。主体的唯一性与权力来源的法定性有效保障了程序控制权的完整性与独立性，即使法官获得充分的行使控制权的空间，也使得法官行使权利具有明确的法律依据。我国的审判流程管理的主要目的是规范审判行为，监督法官依法办案，提高诉讼效率并非审判流程管理的主要目标。在审判流程管理中，法官（审判长）既是管理的主体，也是被管理的对象，除法官以外，案件管理的主要主体是法院的院长、庭长等在法院从事行政领导工作的人员。上述具有行政职务的人员在行使管理权时，管理的内容与手段具有明显的行政化色彩。由此，审判流程管理与法官依法独立行使审判权存在一定的紧张关系。不仅如此，在司法实践中，现行的分案机制和审判团队管理模式使得法官对于案件管理的权力被进一步分解，由立案庭、法官助理及法官共同行使。案件管理权的分散化行使使得案件管理的主体不明确，管理的责任也难以落实。

2. 案件管理的内容与方法不同

西方国家的案件管理以提高诉讼效率为目标，并通过加强法官的程序控制权，弱化诉讼程序的对抗色彩来实现这一目标。法官对程序的管理体现在根据案件的性质选择适宜的程序，监督证据发现或收集的范围、深度，协调当事人进行充分的庭前准备，实现集中审判等方面。管理的内容严格限定于民事诉讼的范围内，并通过民事诉讼法的变革明确法官对案件的管理权，使得法官行使管理权的行为具有立法上的正当性，也便于对法官的行为进行外在的监督与评价。我国的审判流程管理的内容更加丰富和全面，主要包括审判流程管理、案件质量评查、审判运行态势分析、审判经验总结等方面，管理的内容侧重于通过外在的监督促使法官依法行使审判权、提高审判工作的质量和效率。在管理方法上，主要依靠司法行政权的外在监督与指导，而不是依据民事诉讼程序自身的完善来实现上述目标。管理的内容与方法与民事诉讼程序的进化脱节导致案件管理的内容和方法方面缺乏有力的法律支持，案件管理的效果也无法得到有效的保障。各地法院往往基于本地的具体情况因地制宜地采取不同的案件管理方法。这种局面在鼓励司法领域的创新与因地制宜灵活落实案件管理的目的的同时,也人为造成甚至加剧了民事诉讼司法的地方化,弱化了民事诉讼法在司法实践中的地位与作用,淡化了程序公正的司法理念,从长远来看,对民事诉讼法的完善与发展具有一定的负面效应。

3. 案件管理对民事诉讼程序的影响不同

由前述可知,虽然中西案件管理均缘起于提高司法效率的压力,但是由于案件管理的理念、内容与方法方面的差异,中西案件管理对民事诉讼程序产生的影响存在明显的差异。美国与欧洲诸国的案件管理遵循从立法到实务的过程,这使得法官对案件管理权的强化能够得到民事诉讼法的有力支撑。既使得权力的行使有据可循,也克服了管理权内容空洞、权力界限不明的问题。反观我国的案件管理,由于缺乏高层次的立法的依据,案件流程管理基本停留在实务部门探索性的操作层面。法官管理权的行使缺乏明确的立法方面的突破,因此案件流程管理对民事诉讼制度的更新的推动力量有限。同时,又由于案件流程管理的内容空洞,法官行使权力的依据不足,权力边界模糊。既可能导致管理权的行使流于形式,也可能导致管理权的滥用。总之,在缺乏明确的立法保障的前提下,我国的案件流程管理很难切实发挥提高诉讼效率、规范当事人的诉讼行为和法官的裁判行为的作用。

(二) 影响与启示

我国的案件流程管理作为审判方式改革的产物,对于司法权的规范化运行、提高司法效率发挥了一定的作用。但是,不可否认的是,由于在理念设计、实现路径及具体操作层面的差异,我国的审判管理具有非常明显的先天性不足,这一改革举措在推动民事诉讼程序的变革方面的作用相对有限。欲改变这一状况,必须着手从以下几个方面进行改进:

1. 重新定位案件管理的目标与作用

对案件管理目标与作用的界定,关系到案件管理的路径、方法与内容。案件管理的主要目标不应是通过对案件审理的时间节点的流程性把控,达到对法官的审判行为进行可视化管理,并最终达到提高诉讼效率的目的,而应当是通过民事诉讼程序的优化,通过合理安排程序,对案件的审理进行精细化的分工,实现审判权与诉权的良性互动,调动诉审双方的积极性,共同推进民事诉讼程序的进行。只有把案件管理的定位与民事诉讼程序的优化、法官与当事人的程序控制权的重新确认与分配联系在一起,案件管理才能具有更深厚的制度基础,才能有更蓬勃的生命力,而不仅仅停留在对审判权的可视化的技术管控层面。

2. 重新界定案件管理的主体以及管理权的性质,重新设计案件管理的路径与方法

欲实现案件管理的上述目标,必须在民事诉讼的立法框架下重新界定案件管理的主体以及案件管理权的性质。需要通过立法明确案件管理的主体是审理案件的法官,而不是法官以外的行政人员。案件管理是司法权的组成部分,是法官对于其审理的案件进行程序控制,以推动程序进行的权力。法官对于案件的管理权来自民事诉讼法的具体规定,双方当事人可以对法官行使案件管理权的行为进行监督。将案件管理权界定为司法权有助于通过民事诉讼法的完善充实其内容,避免权力空洞化的问题,同时也有助于厘清案件管理权与行政管理权之间的关系与界限,使得法官对于民事案件的管理权,免受司法行政权的干预,将案件管理的深化与完善和司法改革的总体目标联系在一起。

3. 将案件管理与民事诉讼程序的优化联系在一起

提高诉讼效率的根本在于民事诉讼程序的优化,而不是通过外在的监督敦促法官尽快审结案件。对于我国而言,民事诉讼程序的优化应从以下三个方面入手:

一是实现审理程序的多样化。针对不同类型的案件,适用不同的程序,真正实现"简单案件快速审理,复杂案件精细审理"。同时,赋予法官程序的选择权。程序选择权作为案件管理权的组成部分,应由法官行使,不能由法官以外的其他人员决定案件的适用程序。只有这样,才能有效减少由不同程序转化而导致的司法资源的浪费。

二是优化程序的结构,促进案件的集中审理。审前准备程序的相对薄弱是制约我国民事案件审判效率提高的重要原因,也是集中审理难以实现的重要原因。对此,有效的解决方案是构建以当事人为中心的审前准备程序,强化当事人在审前程序中提交证据、明确请求、形成争点的义务;在复杂的案件中或特定类型的案件中强化对当事人的举证时限、证据交换的要求,以促进案件在开庭前进行

充分的准备，进而实现审理的集中化的目标。

　　三是在强化法官对案件的管理权的同时，规范当事人的诉讼行为，丰富对案件管理权行使的监督与制约机制。与西方主要国家的情况不同，我国司法实践中既存在当事人滥用诉权，拖延诉讼的问题，也存在司法人员滥用职权，压制当事人正常行使诉讼权利的问题。造成上述问题的主要原因是立法对于审判权与诉权行使的规范的细致程度不够，使得审判权与诉权无法形成良性的制约与互动关系。因此，一方面，需要通过立法的完善赋予法官丰富的程序管理权，并对当事人的诉讼行为进行进一步的规范；另一方面，也需要通过赋予当事人充分的程序参与权与监督权的方法，形成对法官行使案件管理权的有效制约。

● 实务研究

认罪认罚案件"类案类判"实现路径研究
——以认罪认罚从宽制度解读和机制完善为视角

何东青[*] 郑 敏[**]

公平正义是法治的核心价值,"相同者同等对待、不同者不同对待",是公平正义的基本要义。具体到司法领域,做到"类案类判"、类似案件类似裁判,实现裁判尺度统一,是贯彻"法律面前人人平等"原则的应有之义。认罪认罚从宽制度是司法先行试点、立法确立推行的刑事法律制度,在有关部门的有力推进下,适用率高达82%,[①]涉及面广、影响深远,已经成为非常重要的刑事案件处理机制。认罪认罚案件占全部刑事案件八成之多,考察"类案类判""类案同判"在该制度运行中的实现样态和面临问题,梳理原因、剖析症结,寻找解决的方向和实现的路径,对于促进制度良性运转、实现"类案类判"很有价值。

一、几组案例:认罪认罚案件"类案不同判"问题之提出

(一)第一组案例

选取常见、多发犯罪一审案件进行研究,以"故意伤害""轻

---

[*] 中国政法大学人权研究院 2017 级博士研究生,最高人民法院三级高级法官。
[**] 福建省福清市人民法院刑庭副庭长。
[①] 《中央政法委:加快推进执法司法制约监督体系改革和建设》,载 http://www.xinhuanet.com/legal/2020-08/28/c_1210774815.htm,最后访问日期:2020 年 10 月 6 日。

伤""认罪认罚""自首""谅解""量刑建议"为条件,在中国裁判文书网①进行检索,获得样本案例21364个,以"民间纠纷引发""轻伤二级"为条件,进行二次筛选,逐一梳理比较,选取量刑情节相似、量刑结果接近和差异较大的案例,择其中10个典型案例列表如下:

序号	被告人	量刑情节	量刑建议	裁判结果
1	袁某某	民间纠纷引发、轻伤、自首、取得谅解、认罪认罚	有期徒刑6个月,缓刑1年	有期徒刑6个月,缓刑1年
2	李某某	民间纠纷引发、轻伤、自首、取得谅解、认罪认罚	有期徒刑7个月,缓刑1年	有期徒刑7个月,缓刑1年
3	曹某某	民间纠纷引发、轻伤、自首、取得谅解、认罪认罚	有期徒刑9个月,缓刑1年	有期徒刑9个月,缓刑1年
4	周某甲	民间纠纷引发、轻伤、自首、取得谅解、认罪认罚	有期徒刑10个月	有期徒刑10个月
5	周某乙	民间纠纷引发、轻伤、自首、取得谅解、认罪认罚	有期徒刑8个月	有期徒刑8个月
6	汪某某	民间纠纷引发、轻伤、自首、取得谅解、认罪认罚、被害人过错	有期徒刑10个月	有期徒刑10个月
7	陈某某	民间纠纷引发、轻伤、自首、取得谅解、认罪认罚、被害人过错	拘役5个月	拘役5个月
8	刘某某	民间纠纷引发、轻伤、自首、取得谅解、认罪认罚、被害人过错	拘役3个月,缓刑5个月	拘役3个月,缓刑5个月
9	熊某某	民间纠纷引发、轻伤、自首、取得谅解、认罪认罚、累犯	拘役6个月	拘役6个月
10	张某某	民间纠纷引发、轻伤、自首、取得谅解、认罪认罚、累犯	有期徒刑6个月	有期徒刑6个月

从文书检索情况看,民间纠纷引发、致人轻伤二级、被告人自

---

① https://wenshu.court.gov.cn/,检索截止日期:2020年8月29日。

首、取得被害方谅解的认罪认罚案件,多在有期徒刑或者拘役5个月至10个月、缓刑一年至一年半之间量刑,案例1至案例3的裁判结果相近,均在此区间内量刑。案例4和案例5判处实刑,执行方式改变,与前三个案例量刑产生实质差异;案例6和案例7认定被害人有过错,相较前三个案例,多了一项从轻情节,但量刑却为实刑,明显过重,与量刑情节相似的案例8相比,亦有实质差异;最后两个案例被告人系累犯,增加一项从重情节后,量刑却比没有累犯情节、被害人有过错的案例5和案例6轻,明显不均衡。

(二) 第二组案例

选取常见、多发犯罪二审案件进行研究,通过文书检索和文献梳理,收集实体、程序问题争议较大、处理结果差异较大的认罪认罚上诉、抗诉案件,发现以下两类典型案件值得关注。

1. 冉某某非法制造枪支案

冉某某购买射钉枪和钢管,交他人改装后,使用改装射钉枪打松鼠,被公安机关查获,经鉴定,改装射钉枪系枪支。一审时,检察机关建议判处冉某某"有期徒刑一年六个月,缓刑二年",法院未采纳量刑建议,判处冉某某"有期徒刑二年,缓刑二年"。一审宣判后,检察机关提出抗诉,认为一审法院未按量刑建议判处刑罚,违背认罪认罚从宽制度精神和"同案同判"的司法公正要求。二审裁定驳回抗诉,维持原判,理由是:一审法院开庭审理时,发现该案与当日上午先行开庭审理的肖某非法制造枪支案的案情和量刑情节基本相当,检察机关对肖某的量刑建议为"有期徒刑二年,缓刑二年",对冉某某则为"有期徒刑一年六个月,缓刑二年",两案量刑建议差异较大,遂建议检察机关调整量刑建议,双方均无异议。一审据此判处冉某某"有期徒刑2年,缓刑二年",充分体现了对控辩双方诉权的尊重,体现"同案同判"的精神,符合法律要求。

类似案例如苏某某开设赌场案。苏某某伙同他人以"六合彩"形式开设赌场,收取多人投注5.8万余元,到案后认罪认罚,有坦白情节。一审时,检察机关建议在有期徒刑8个月以上10个月以下判处刑罚,法院未采纳量刑建议,判处拘役5个月,并处罚金人民币3000元。检察机关提出抗诉,认为量刑畸轻。二审裁定驳回抗诉、维持原判,理由是当地类似案件多判处拘役或者宣告缓刑,量刑建议与类案量刑明显不平衡,属于"明显不当",依法不应采纳。

据西南政法大学孙长永教授团队抽样统计,检察机关因量刑建议一审未采纳而提出抗诉的案件，约占认罪认罚抗诉案件的16.7%[①]。以上两个案例，均系量刑建议与类案裁判标准不一致、未被法院采纳而提起抗诉，检察机关认为一审判决违反认罪认罚从宽制度精神，依照《刑事诉讼法》第201条，量刑建议没有明显不当的，人民法院应当采纳。可见，对于量刑建议是否符合类案裁判标准，是否构成"量刑建议明显不当"，实践中存在争议。

2. 吕某某贩卖毒品案

吕某某向他人贩卖甲基苯丙胺0.93克、甲基苯丙胺片剂0.23克，到案后认罪认罚，检察机关建议在有期徒刑1年以上1年6个月以下判处刑罚，法院采纳量刑建议，判处有期徒刑1年，并处罚金人民币5000元。一审宣判后，吕某某以量刑不当为由提出上诉，检察机关以吕某某上诉说明其不认罚、不应从轻处罚为由提出抗诉。二审期间，吕某某申请撤回上诉，二审法院未予准许，认为一审据以从轻处罚的事由已经发生改变，检察机关抗诉意见成立，遂改判吕某某有期徒刑1年5个月，并处罚金人民币5000元。

从文书检索情况看，被告人认罪认罚后上诉，在上诉期满后又撤回抗诉的，检法机关处理方式存在差异。有的检察机关认为，被告人撤回上诉，抗诉事由消失，应撤回抗诉；有的认为，被告人上诉表明其不再认罚，丧失获得从轻处罚的理由，即便撤回上诉亦不影响认定其不认罚，故未撤回抗诉，有的法院也会据此不准许被告人撤回上诉。从二审裁判结果来看，对于检察机关坚持抗诉的，二审法院是否支持抗诉理由，实践中做法不一。有的法院支持抗诉理由，认为被告人上诉表明其不再认罚，原判从宽处罚的依据不复存在，量刑畸轻，应当加重量刑；有的认为原判是根据被告人一审时认罪认罚情节作出，量刑合法、适当，应予维持，否则侵犯上诉权。[②]

以上几组案例，不同程度存在"类案不同判"的问题，有的是实体处理上"类案不同判"，如第一组案例，案情大致相似，量刑结果差异较大，特别是刑罚执行方式，出现明显差异；有的是程序处

[①] 参见孙长永、冯科臻：《认罪认罚案件抗诉问题实证研究——基于102份裁判文书的分析》，载《西南政法大学学报》2020年第4期。

[②] 参见孙长永、冯科臻：《认罪认罚案件抗诉问题实证研究——基于102份裁判文书的分析》，载《西南政法大学学报》2020年第4期。

理上"类案不同判",如第二组案例,检察机关在被告人撤回上诉后的不同处理,法院在被告人申请撤回上诉时的不同决定,影响案件诉讼走向和实体结果;有的是实体和程序问题交织,如第二组吕某某贩卖毒品案,法院加重量刑,涉及对"认罚""从宽"的实体认定,又涉及对抗诉加刑的程序把握。

需要关注的是,刑事审判定罪量刑不仅要"定性",还要"定量",考量因素错综复杂,故此,对刑事"类案"的识别、"类案不同判"的甄别,往往更为复杂。上述案例,由于资料有限、信息来源不一,且不排除情节叙述不够精准的情况,故不宜均按"类案不同判"定论,仅作为引子,用以论证认罪认罚案件"类案不同判"存在的现实可能性和解决必要性。

二、两个角度:认罪认罚案件"类案不同判"原因之剖析

首先需要论证的是,认罪认罚案件是否需要实现"类案类判","类案不同判"有无合理性问题。认罪认罚从宽制度,适当借鉴了国外辩诉交易、认罪协商制度的合理因素,不少专家认为,该制度确立标志着中国刑事诉讼结构的重大变革。有的认为是刑事诉讼模式的转型,即由权利型诉讼转入协商型诉讼;有的认为是继和解制度确立"刑事诉讼的私力合作模式"之后,合作性司法在中国的新探索,即"刑事诉讼的公力合作模式";有的认为是"放弃审判制度"大兴其道的全球背景下,中国刑事诉讼迈向"第四范式"。认罪认罚从宽制度,是合作性司法的中国方案,放弃对抗、沟通协作、控辩合意,是制度适用的"关键词",有的更是明确提出"控辩协商是认罪认罚从宽制度的本质特征",人民法院应当最大限度地尊重控辩协商形成的合意结果,即量刑建议,除非量刑建议"明显不当",否则"一般应当"采纳量刑建议,意即对不当量刑建议应予适度容错,允许一定程度的实体偏差。①

民事审判中,有人将判决视为"自上而下的正义""刚性司

---

① 参见樊崇义:《我国当代刑事诉讼模式的转型图景》,载《检察日报》2019年12月25日第3版;陈瑞华:《刑事诉讼的公力合作模式——量刑协商制度在中国的兴起》,载《法学论坛》2019年第4期;熊秋红:《比较法视野下的认罪认罚从宽制度——兼论刑事诉讼"第四范式"》,载《比较法研究》2019年第5期;孙长永、冯科臻:《认罪认罚案件抗诉问题实证研究——基于102份裁判文书的分析》,载《西南政法大学学报》2020年第4期。

法",调解则是"自下而上的正义""柔性司法",法律允许一定范围内的"类案不同判",对于调解结案的案件而言,是私法充分尊重、保障诉讼双方意思自治和处分权利的体现,算不上问题,研究民事调解案件"类案类判"实现,反倒似乎成了伪命题。刑事诉讼中,认罪认罚案件的"类案不同判""类案不同诉"问题,是否也应给予适度容错、允许适度偏离,以体现对控辩合意的尊重和效力的兑现?控辩协商的个体化、差异化,是否排斥规则适用的统一性、平等性?我们认为,即便依循控辩协商的制度定位,亦不能得出认罪认罚案件"类案不同判"是合理存在的结论。刑事诉讼是公法范畴,刑事审判不仅关乎被追诉人的自由生命,还关乎被害人的权益维护,更关乎国家安全和社会稳定,不能简单套用私法意思自治、诉讼诚信等原则,过分强调尊重合意而忽视刑事诉讼维护公平的基本需求。再者,我国的检察机关是法律监督机关,负有"客观义务",在履行指控犯罪职责时,也应自觉维护宪法法律统一实施,人民法院更是如此,"类案不同判"有违朴素公平观,有悖司法维护公平正义的职责。

对于认罪认罚案件"类案不同判"的成因,可从共性原因和个性问题两个角度进行梳理。

(一)共性原因

无论是认罪认罚案件,还是非认罪认罚案件,出现"类判不同判"现象,大致原因有二:第一,裁判规则不够明确,为实践适用留下裁量空间,利于法官精准考量、实现个体公正,但也可能出现理解、适用偏离立法本意的情形。比如,刑法对缓刑适用的规定,是授权性规定,利于实践灵活把握,避免"一刀切",但有些地方把握宽严不一,有的案件没有司法行政部门出具的调查评估意见就不判处缓刑,有的案件被告人非本地户籍、社矫对接不畅就不敢判处缓刑,有的地方要求适用缓刑的案件提交审判委员会讨论,有的将判处缓刑案件列为纪检监察重点督查案件,有的法官怕被质疑放纵犯罪可能就会选择"一关了之"。第二,裁判规则适用偏差,有司法人员主观认知差异的因素,法官的专业水平、审判经验、社会阅历、文化素养等方面差异,可能不同程度影响量刑结果。另外,也存在地域标准差异的情况,比如,危险驾驶案件,有的地方要求必须判处实刑,不得宣告缓刑,有的地方明确符合酒精含量较低等条件的可判处缓刑。

(二) 个性问题

认罪认罚从宽制度解读、运行中影响"类案不同判"的因素，是本文研究重点。这项制度涉及侦诉辩审多个环节、实体程序保障机制多个方面，影响裁决样态的因素错综复杂，究其根本，无外乎观念和机制两个层面，即制度解读和适用规则，其中，制度解读包括制度定位的解读和制度设计的解读两方面。

1. 制度定位解读差异

认罪认罚从宽制度，是对认罪认罚的犯罪嫌疑人、被告人依法从宽处理的刑事法律制度，是实体规范和程序保障一体建构的综合性法律制度。① 对此定位，目前基本没有太大争议，但解读思路各异，笔者将其概括为"刑事政策制度化"和"诉讼模式转型化"两种思路，也有学者分为"法定从宽模式"和"交易从宽模式"，或者"法定职权供给机制"和"交易协商供给机制"②，前者强调从宽权利法定性和规范性行使，后者强调从宽利益协商性和最大化实现。依循不同思路，会推演出不同的制度建构和运行逻辑，继而影响诉讼走向和裁判结果。

"刑事政策制度化"的解读思路认为认罪认罚从宽制度是宽严相济刑事政策的制度化和深化发展，是司法实践经验的演变发展和立足国情实际的自主创新。从刑罚教育矫治功能和刑罚轻缓的社会效能角度考虑，对自愿如实认罪、真诚悔罪认罚的被告人依法从宽处理、激励改过自新，是国家对真诚悔罪者的"仁慈"和"宽恕"，体现司法宽容精神和修复性司法理念，侧重于"公正"的价值导向，避免"坦白从宽、牢底坐穿，抗拒从严、回家过年"的不公现象。犯罪嫌疑人、被告人通过认罪认罚争取从宽，而不是就定罪量刑讨价还价，正因如此，我们将认罪认罚从宽制度翻译为"Leniency System for Pleading Guilty and Accepting Punishments"，而非"Plea Bargaining"或者"Plea Agreement"。循此思路，检察机关对认罪认罚者应当提出量刑建议，人民法院一般应当采纳，强化认罪认罚的法

---

① 最高人民法院刑一庭课题组：《刑事诉讼中认罪认罚从宽制度的适用》，载《人民司法》2018年第34期。

② 参见熊秋红：《比较法视野下的认罪认罚从宽制度——兼论刑事诉讼"第四范式"》，载《比较法研究》2019年第5期；左卫民：《认罪认罚何以从宽误区与正解——反思效率优先的改革主张》，载《法学研究》2017年第3期。

律效果，以充分兑现刑事政策。法院应当进行实质性审查，对于认罪认罚没有事实基础、形式上认罪认罚却无悔罪诚意的，如转移财产致使财产刑无法执行、拒不赔付被害方的，不应认定为认罪认罚；同时，充分尊重被告人的主体地位和程序选择权，被告人可以随时反悔，一审宣判前拒不认罪认罚的，不予从宽处罚，一审宣判后上诉的，是其上诉权的正当行使，就像对待自首情节一样，一审从宽处罚后被告人翻供上诉的，抗诉、加重量刑需要特别慎重。

"诉讼模式转型化"的解读思路认为认罪认罚从宽制度的核心是控辩协商，制度确立标志着刑事诉讼模式已由权利型司法转入协商型司法。从诉讼自主参与和资源优化配置的角度考虑，通过量刑协商、量刑减让换取被告人认罪认罚，是国家与个人的"交易"和"协议"，侧重于"效率"的价值导向，以减少控辩对抗、顺利推进诉讼。循此思路，检察机关的量刑建议、被告人的认罪认罚具结书，是控辩双方的协商载体与合意结果，量刑建议是具有司法公信力性质的承诺，[①] 人民法院一般应当采纳，体现对协议的尊重及其效力的维护。此逻辑推演没有规范和理论障碍，但在进一步论证协议效力时，可能会出现解释困难和分歧意见，主要两方面：一是控辩协议对被告人的约束力。被告人认罪认罚后能否反悔、能否上诉，如果上诉是否构成违约、招致不利后果，比如检察机关抗诉、法院加重量刑，如果没有约束力，协议效力从何体现。目前来看，立法层面并未限制上诉权，"两高两部"《关于适用认罪认罚从宽制度的指导意见》（以下简称《指导意见》）提出要规范认罪认罚案件的抗诉工作，但未明确检察机关抗诉的情形，实践做法不一，其中不乏抗诉、改判加重的，多循此逻辑。二是对法院的约束力。有的认为量刑建议是凝聚控辩合意的重要载体，对法院裁判具有刚性的约束力，没有极其例外的正当理由，法院不应判处不同于量刑建议的刑罚；有的认为应当坚持"司法保留原则"，量刑建议只是求刑权，应当服从于裁判权，人民法院应当进行实质审查，这是认罪认罚从宽制度与

[①] 参见孔杰、王强、孙娟：《认罪认罚从宽制度中的量刑建议》，载胡卫列、董桂文、韩大元主编：《认罪认罚从宽制度的理论与实践》，中国检察出版社2017年版，第493页。

辩诉交易制度的根本区别。①

以上两种思路，均能对现有立法规范进行解读，但对立法不明确或未涉及的问题，比如被告人上诉、量刑建议不当但未达到"明显不当"程度是否采纳等，依循不同思路和运行逻辑，可能会推演出大相径庭的程序处理和裁判结果，有些观点交互影响，又分衍出新的思路，催生了多种样态的实践版本，如有的地方推出被告人"禁反言"规则，有的将认罪认罚具结书改为"认罪协商承诺书"，不一而足。

2. 制度设计理解偏差

认罪认罚从宽制度适用，有三个关键词，一是"认罪"，二是"认罚"，三是"从宽"，前两个是制度适用的甄别要件，第三个是制度适用的核心要求。其中，"从宽"涉及三个关键环节，一是"量刑建议"，二是"一般应当"，三是"量刑建议明显不当"。具体而言，通过"量刑建议"引入检察机关与被告人就适用法律进行沟通、达成合意、解决纠纷的制度平台，通过"一般应当"规范和强化认罪认罚的法律效果，通过"量刑建议明显不当"确定量刑建议调整的标准。实践中，对"认罪"的理解把握，基本没有太大争议。对"认罚""量刑建议""从宽""一般应当""量刑建议明显不当"的理解把握，相互交织形成多个争点。

第一个问题，涉及"认罚""量刑建议"的理解把握。实践中，有的将"认罚"等同于"接受量刑建议"，将同意检察机关的量刑建议作为认罚的必备核心内容，被告人到审判阶段才提出认罪认罚的，也要由检察机关提出量刑建议，被告人接受的才能认定为"认罚"；也有意见认为，"认罚"应当存在接受刑事处罚、主动退赃退赔等多种表现形式②。将量刑建议作为认罚成立的必备要件，存在解释困难和适用风险，如果检察官所提量刑建议偏重甚至畸重，被告人不接受即不成立认罚，丧失获得从宽处罚的机会，显然不合理；如果检察官所提量刑建议畸轻，被告人接受量刑建议，经法官当庭

---

① 参见孙长永、冯科臻：《认罪认罚案件抗诉问题实证研究——基于102份裁判文书的分析》，载《西南政法大学学报》2020年第4期；郭烁：《控辩主导下的"一般应当"：量刑建议的效力转型》，载《国家检察官学院学报》2020年第3期。

② 杨立新：《认罪认罚从宽制度理解与适用》，载《国家检察官学院学报》2019年第1期。

释明，被告人仍坚称只接受量刑建议，如此态度若还认定为认罚，并予以从宽，恐违立法本意。

第二个问题，涉及"从宽"的理解把握。普遍认为，"从宽"包括实体从宽和程序从宽两个方面，争议主要是在实体从宽的具体把握上。从《指导意见》和试点文件看，只有认罪认罚具备法定减轻处罚情节的，才可减轻处罚，否则只能在法定幅度内从轻处罚或者在法定条件下免予处罚。那么，认罪认罚是否属于法定减轻处罚情节，实践中理解把握不一。有的意见认为，《刑事诉讼法》第15条规定对自愿如实供述自己罪行、承认指控犯罪事实、愿意接受处罚的可以依法从宽处罚，即已明确认罪认罚系法定从宽情节，按文义解释，理应包括从轻、减轻、免除三种形式，故认罪认罚本身就可构成法定减轻处罚情节。有的意见认为，要理性看待认罪认罚的价值，只有认罪认罚同时构成自首等法定减轻处罚情节的，才可考虑减轻处罚。

第三个问题，涉及"一般应当""量刑建议明显不当"的理解把握，核心是量刑建议的采纳标准。有的意见认为，法院有采纳量刑建议的职责，应当尊重控辩合意基础上形成的量刑建议，改变量刑建议必须有《刑事诉讼法》第201条规定的情形，量刑建议只有达到"明显不当"的程度，才可不予采纳并建议检察机关调整。有的意见认为，《刑事诉讼法》第201条规定"一般应当"的表述值得商榷，即便是辩诉交易滥觞地的美国，亦未明文规定法官一般应当采纳、接受辩诉交易，《指导意见》第40条未使用"一般应当"的表述，采取附条件采纳的提法，就是对立法不当规定的必要调整，是对立法精神体系化解释的应然结果；刑法规定的罪责刑相适应原则适用于所有案件，认罪认罚案件也不例外，"量刑建议适当"是法官采纳量刑建议的法定实体标准，第201条规定"明显不当"是检察机关调整量刑建议的程序标准，不能据此得出量刑建议"没有明显不当"法官就应采纳的结论。[①]

3. 实体规范供给不足

如前所述，从宽处罚是认罪认罚从宽制度适用的核心要求，对

---

① 参见黄京平：《幅度刑量刑建议的相对合理性——〈刑事诉讼法〉第201条的刑法意涵》，载《法学杂志》2020年第6期；孙远：《"一般应当采纳"条款的立法失误及解释论应对》，载《法学杂志》2020年第6期。

于《刑事诉讼法》第 15 条的理解，该条是否创设了认罪认罚这一法定从宽情节，存在不同认识。而作为实体法的刑法，并未作出相应规定，《刑法修正案（十一）》亦无相关规定。《指导意见》和试点文件均规定，认罪认罚案件应当贯彻罪责刑相适应原则，《指导意见》进一步明确了不予从宽的情形，即对犯罪性质和危害后果特别严重、犯罪手段特别残忍、社会影响特别恶劣、认罪认罚不足以从轻处罚的，依法不予从宽处罚；明确了从宽幅度的把握要求，即认罪认罚从宽幅度一般应当大于仅有坦白，或者虽认罪但不认罚的从宽幅度；对具有坦白、自首情节，同时认罪认罚的，应当在法定刑幅度内给予相对更大的从宽幅度，认罪认罚与自首、坦白不做重复评价。《指导意见》将认罪认罚作为单独考量的量刑因素，体现量刑激励，同时，注意剔除重叠交叉的自首、坦白情节，避免重复评价。但并未明确将认罪认罚规定为独立量刑情节，如何从宽、幅度多大，没有具体规定。实践中，主要有三种模式：①

第一种模式，将认罪认罚规定为独立量刑情节，具体做法不一。如 S 省实施细则规定，被告人认罪认罚且没有其他法定量刑情节的，人民检察院可以根据犯罪的事实、性质、后果等，减少基准刑的 30% 以下提出量刑建议；认罪认罚且有其他法定量刑情节的，人民检察院应当综合认罪认罚和其他法定量刑情节，参照相关量刑规范，可以减少基准刑的 60% 以下提出量刑建议；罪行较轻的，可以减少基准刑的 60% 以上提出量刑建议。自首、坦白、当庭自愿认罪、退赃退赔、赔偿谅解、刑事和解、羁押期间表现好等情节在认罪认罚案件中不再单独考量，避免重复适用；不同诉讼阶段认罪认罚的，逐级递减 5% 以下。而 X 市某区施行"3－2－1"阶梯式从宽量刑机制，侦查、审查起诉、审判阶段逐级递减 10%。

第二种模式，将认罪认罚作为上位的综合量刑情节，自首、坦白等作为下位的具体量刑情节。如 G 省实施细则规定，认罪认罚同时具有自首、坦白、和解谅解或者退赃退赔等情节的，在法定幅度内给予相对较大的从宽幅度；同时规定认罪认罚的从宽幅度一般应当大于仅有坦白，或者虽认罪但不认罚的从宽幅度。

第三种模式，将认罪、认罚拆分考量评价。如 J 省指导意见规

---

① 参见孙长永：《认罪认罚案件"量刑从宽"若干问题探讨》，载《法律适用》2019 年第 13 期。

定，认罪认罚同时具有自首、坦白情节的，对其从宽时不应重复评价"认罪"情节，而应当根据自首、坦白情节的具体情况，结合"认罚"情节，综合确定从宽的限度和幅度；对具有自首等法定情节的认罪认罚被告人，在法定刑幅度内从轻处罚罪刑仍然不相适应的，可以减轻处罚；对不具有法定减轻处罚情节的认罪认罚被告人，应当在法定刑幅度内从轻处罚；对其中犯罪情节轻微不需要判处刑罚的，可以免予刑事处罚；侦查、审查起诉、审判阶段认罪认罚的，分别减少20%、15%、10%以下。

由上可见，各地落实认罪认罚从宽的做法不一、各有侧重，虽说分为三种模式，但有些量刑评价交叉重叠，有的逻辑体系不清甚至存在矛盾之处，如此规范供给，出现"类案不同判"亦非偶然。而且，在实体规范供给不足、量刑规范化尚未完全实现的情况下，要求认罪认罚案件实现量刑建议精准化，一般应当提出具体、确定的量刑建议，并要求人民法院一般应当采纳，不采纳就提起抗诉，缺乏强有力的制度支撑和实践基础，还一定程度弱化了审判功能，模糊了控诉和审判的职能界线，对"控审分离"基础上形成的控辩审平衡架构带来一定冲击，影响裁判权运行和结果生成，是认罪认罚从宽制度运行中出现"类案不同判"不应回避的问题。

三、三个维度：认罪认罚案件"类案类判"实现之路径

"类案类判""类案同判"是司法正义的应有之义，是社会公众对公平正义最朴素的需求和期待，"类案不同判"带来的形式不平等、结果不对等，直接影响公众对公平正义的获得感。认罪认罚案件基数大，在实体裁判和程序处理上，实现"类案类判""类案类诉"，对于制度正确实施非常重要。从梳理情况看，可从制度解读、机制完善、案例应用三个维度探讨"类案类判"的实现路径。

（一）制度解读的纠偏

制度解读思路的差异，根源在于价值定位的认识分歧。因此，有必要梳理探寻一下制度的"初心"。从改革试点伊始，经立法规范确认，到全国推行实施，贯穿其中、指引试点、推动立法的制度定位、价值目标，就是制度的"初心"。改革者、立法者推进、确立此项制度，初衷是什么，目标是什么，思路是什么，对于我们正确理解其运行逻辑、分析解决争议，应当有所帮助。认罪认罚从宽制度的改革思路，是提炼本土经验、强调"公正"价值实现的"刑事政

策制度化"考量,还是移植域外制度、侧重"效率"价值实现的"诉讼模式转型化"定位,抑或是两者兼而有之,不妨作一梳理。

从法律规范看,立法机关基本依循"刑事政策制度化"的思路,回避"协商""协议""交易"等表述。2014年刑事速裁程序试点、2016年认罪认罚从宽制度试点时,全国人大常委会审议通过的授权决定及"两高"等部门联合发布的试点办法,均提到"贯彻宽严相济刑事政策"的宗旨目标,未使用"协商""协议"等表述,而是表述为"被告人接受检察机关量刑建议""检察机关就量刑建议等听取意见"。2018年《刑事诉讼法》第173条规定,犯罪嫌疑人认罪认罚的案件,人民检察院应当就犯罪事实、罪名、从宽处罚建议、适用程序等,听取犯罪嫌疑人、辩护人或者值班律师、被害人及其诉讼代理人的意见。根据此条规定可以明确,犯罪嫌疑人认罪认罚是检察机关提出量刑建议、听取意见的前提,而非通过听取意见、控辩协商促成犯罪嫌疑人认罪认罚,故该条难以解释为"认罪认罚协商""量刑协商"。第174条规定,犯罪嫌疑人自愿认罪、同意量刑建议和程序适用的,签署认罪认罚具结书,辩护人或者值班律师可以对案件处理提出意见。这里存在"量刑讨论"的空间,有的学者认为是"量刑协商",有的认为仅为"量刑合意",难以将认罪认罚从宽制度整体定位为"量刑协商制度"[①]。2019年《指导意见》第33条规定,人民检察院提出量刑建议前,应当充分听取犯罪嫌疑人、辩护人或者值班律师的意见,尽量协商一致,出现"协商"字眼,但该条与《刑事诉讼法》第173条规定就量刑建议听取意见,即"先有量刑建议、再听取意见"不一致,前者似可理解为"先听取意见、再提量刑建议",但即便如此,两者前提均为犯罪嫌疑人认罪认罚,仍是认罪认罚后提出从宽处理意见的逻辑,而非量刑协商一致换取认罪认罚。

同时,在一些官方解读和地方实施细则中,也能看到"协商""协议"的提法。早在刑事速裁程序试点时,就有一些地方出现"量刑协商""签署认罪协商承诺书"的做法。2014年10月,司法部印发《关于切实发挥职能作用做好刑事案件速裁程序试点相关工作的通知》,将"帮助犯罪嫌疑人、被告人进行量刑协商"作为值

---

① 参见陈卫东:《认罪认罚从宽制度的理论问题再探讨》,载《环球法律评论》2020年第2期。

班律师的职责之一；2017年8月，"两高三部"联合发布《关于开展法律援助值班律师工作的意见》，将相关内容表述为"对检察机关定罪量刑建议提出意见"，回避了"进行量刑协商"的提法；2020年9月，"两高三部"发布《法律援助值班律师工作办法》，亦未使用"量刑协商"的表述，但相关部门负责人在答记者问时，多次提及"量刑协商"①。

从有关领导讲话论著看，这是一项公正效率兼顾、多元价值并容的改革考量，明确否认引入"辩诉交易"，强调是本土经验的总结和司法实践的发展成果，未使用"协商""协议"等表述。2016年7月在全国司法体制改革推进会上，时任中央政法委书记孟建柱提出，认罪认罚从宽制度，体现了传统文化的仁爱理念和现代司法的宽容精神；要在坚守司法公正的前提下，探索在刑事诉讼中对被告人自愿认罪、自愿接受处罚、积极退赃退赔的，及时简化或终止诉讼的程序制度，落实认罪认罚从宽政策，以节约司法资源，提高司法效率。② 2016年8月十二届全国人大常委会第22次会议上，最高人民法院周强院长代表"两高"就提请授权决定作说明，围绕依法有效惩罚犯罪、落实宽严相济刑事政策、优化司法资源配置、构建科学诉讼体系四方面，论述试点必要性，提出要在更高层次上实现公正与效率相统一。③ 2019年2月全国法院推进刑事案件认罪认罚从宽制度工作部署会上，最高人民法院李少平副院长指出，认罪认罚从宽制度，是党和国家长期坚持的宽严相济、坦白从宽刑事政策的制度化和深化发展，是立足中国国情的自主创新，适当借鉴了国外辩诉交易等制度的一些合理因素，如强化认罪认罚的法律效果、尊重被告人诉讼主体地位和程序选择权，但绝不是辩诉交易的翻版。中国法学会案例法学研究会胡云腾会长在《正确把握认罪认罚从宽

---

① 《司法部负责人就〈关于开展法律援助值班律师工作的意见〉答记者问》，载http：//www.gov.cn/zhengce/2017-08/28/content_5221084.htm，最后访问日期：2020年10月7日。

② 参见孟建柱：《在全国司法体制改革推进会上的讲话》，载《长安》2016年第10期。

③ 周强：《关于〈关于授权在部分地区开展刑事案件认罪认罚从宽制度试点工作的决定（草案）〉的说明》，载中国人大网（http：//www.npc.gov.cn/zgrdw/npc/xinwen/2016-10/12/content_1998977.htm），最后访问日期：2020年10月7日。

保证严格公正高效司法》一文中亦指出,我国的认罪认罚从宽制度,是中国特色的有条件认罪宽恕制度,不是美国等西方国家"辩诉交易"的翻版或中国化,任何一种把认罪认罚从宽制度与辩诉交易混为一谈的观点都是不成立的。①

从相关解读看,确立推行认罪认罚从宽制度,本意是为了更好落实宽严相济刑事政策,推动政策制度化、确保司法公正、促进社会和谐,依循的是"刑事政策制度化""司法宽恕"的定位思路,没有限制被告人的反悔权、上诉权,强调法官的实质性审查。一些专家也提出,认罪认罚从宽制度改革应该坚持"公正优先,兼顾效率",效率只是作为改革的附随效应,而非首要价值进行考量;认罪认罚从宽制度呈现控辩合意元素,但远未达到转变诉讼模式的程度;从我国当前诉讼模式现状看,对认罪认罚从宽制度作出跨度较大的扩展解释,缺乏制度背景支撑,存在结构性风险,控辩协商极易演变为控方强势主导下的"独角戏"。②

可以看出,一直以来,认罪认罚从宽制度是被作为实现多元价值、兼顾多方利益的探索来定位的,但必须明确的是,在制度解读、规则适用过程中,出现价值冲突、需要取舍选择时,首要考量的还应是公平公正。离开公平公正,谈效率提升、资源优化,谈控辩和谐、社会治理,都是无本之源,没有实际意义。无论是"刑事政策制度化",或是"诉讼模式转型化",都是帮助理解制度定位和运行逻辑的角度和方法,是对既有法律制度的主观解读,各有侧重,各取所需,没有优劣之分。但就目前而言,"刑事政策制度化"的解读,更符合我国诉讼实际和法律制度体系,而且能为当前争议的诸多问题提供逻辑统一、整体融贯、合乎实际的解决方案。而"诉讼模式转型""量刑协商"的提法,在现有法律框架下的逻辑推演会存在一些困难,也易引发一些规则解读、适用上的纷争,对此第二部分已有论及,不再赘述。在刑事诉讼法将认罪认罚从宽确立为基

---

① 参见胡云腾:《正确把握认罪认罚从宽保证严格公正高效司法》,载《人民法院报》2019 年 10 月 24 日。

② 参见陈卫东:《认罪认罚从宽制度的理论问题再探讨》,载《环球法律评论》2020 年第 2 期;熊秋红:《比较法视野下的认罪认罚从宽制度——兼论刑事诉讼"第四范式"》,载《比较法研究》2019 年第 5 期;左卫民:《认罪认罚何以从宽误区与正解——反思效率优先的改革主张》,载《法学研究》2017 年第 3 期。

本原则、明确适用于所有刑事案件，而带有协商性质的和解制度仍限于有期徒刑 7 年以下部分案件的大背景下，对全部案件引入"量刑协商"的定位解读，将"牵一发而动全身"，对整个诉讼体系带来不小冲击，特别是对重罪"量刑协商"尚存分歧意见的情况下，扩展解读需要慎重。

（二）机制完善的探讨

1. 规范认罪认罚案件审查机制

要实现"类案类判"、确保裁判尺度统一，需要法院在审理认罪认罚案件时，严格履行实质审查职责，全面审查认罪认罚案件事实的真实性、被告人认罪认罚的自愿性、程序适用的合理性和量刑建议的适当性。[①] 笔者认为，有必要采取一些措施，引导诉讼各方正确、理性看待量刑建议的效力，检察机关就定性量刑等问题听取犯罪嫌疑人、被告人意见时，有必要对量刑建议的效力进行释明，明确告知犯罪嫌疑人、被告人，检察机关提出的量刑建议，需要接受法院的实质审查，如果量刑建议不当或者存在其他影响公正审判等情形，人民法院将不采纳量刑建议，依法作出判决，避免犯罪嫌疑人、被告人片面理解，引发次生争端。

2. 明确量刑建议采纳标准

可考虑通过规范性文件或者典型案例予以明确，"量刑建议适当"是人民法院采纳检察机关量刑建议的法定标准，量刑建议不当，人民法院依法不予采纳。首先考虑的是，刑事案件定罪量刑标准的统一性。《刑事诉讼法》第 236 条对第二审程序、最高人民法院《关于适用〈中华人民共和国刑事诉讼法〉的解释》对再审程序的量刑改判标准，均表述为"量刑不当"，也就是说，二审法院对于一审法院的量刑判决、再审法院对于已经生效的量刑裁判，奉行"量刑不当"即改判的原则。举重以明轻，相比一审判决、生效裁判，由指控机关提出的量刑建议，属于"量刑不当"的，亦应不予采纳。其次，《刑事诉讼法》第 201 条第 2 款规定量刑建议明显不当的，检察机关可以调整量刑建议，该条只是对检察机关调整量刑建议作出授权指引，并未明确量刑建议明显不当才可不予采纳，且第 1 款规定不采纳的情形"其他可能影响公正审判的"，也可涵盖"量刑不当"

[①] 参见曹东：《论检察机关在认罪认罚从宽制度中的主导作用》，载《中国刑事法杂志》2019 年第 3 期。

的情况。人民法院发现量刑建议违反罪责刑相适应原则、违反"类案同判"和法律统一适用等影响公正审判的情形,应当不予采纳。

3. 完善认罪认罚案件量刑规范

明确"认罚"不局限于接受量刑建议、允许多种表现样态,是合理可行的,在刑法没有相关修改意向的情况下,可考虑将认罪认罚作为自首、坦白、接受量刑建议、退赃退赔、取得谅解等情节的上位概念,类似于"认罪悔罪表现"的定位,同时通过修改量刑指导意见,增加规定接受量刑建议和同意适用速裁或者简易程序均可予从轻处罚的幅度。这样既丰富了认罪认罚的情节形式和从宽渠道,强化认罪认罚的法律效果,又与现行法律能够无缝衔接,增加以往未予评价的接受量刑建议、同意简化审判程序情节,同时可避免与自首、坦白等情节重复评价的问题。另外,笔者认为,不宜仅援引《刑事诉讼法》第15条作为对被告人从宽量刑的法律依据。一是考虑,此条表述"可以依法从宽处理",与刑法条文对从宽情节表述"可以从轻处罚""可以减轻处罚"不同,前者表述多了"依法"二字,用的"处理"而非"处罚",说明"从宽"要有其他法律依据,此条并未提供"从宽"规范供给,仅为宣示性、统领性条款,提纲挈领地表明刑事诉讼中对认罪认罚的犯罪嫌疑人、被告人可以依法从宽处理的原则,具体通过相关章节设置程序、规程加以保障、实现。二是对认罪认罚的价值及分量要理性看待,① 防止将有限价值拔高为无限价值。刑罚理论将量刑情节分为责任刑情节和预防刑情节,责任刑是刑罚的基础,其设定的是刑罚的上限,而预防刑是对责任刑进行调整的重要指标。被告人犯罪后的态度属于预防刑的评价范畴,② 即便强化评价,也应该是有限的,从宽幅度不宜过大,避免与其他量刑情节评价失衡。

4. 规范认罪认罚案件二审机制

依循"刑事政策制度化"的思路,对于认罪认罚上诉、抗诉案件,二审法院要严格依法审查处理,不能仅因被告人上诉、检察机

---

① 参见胡云腾:《完善认罪认罚从宽制度改革的几个问题》,载《中国法律评论》2020年第3期。

② 参见周光权:《论刑法与认罪认罚从宽制度的衔接》,载《清华法学》2019年第3期;高童非:《契约模式抑或家长模式?——认罪认罚何以从宽的再反思》,载《中国刑事法杂志》2020年第2期。

关抗诉，就对被告人改判加刑。认罪认罚案件上诉数量、比例并不大，有的是因为被告人不懂法、草率接受量刑建议后又反悔，有的是为留所服刑、通过上诉拖延判决生效时间，有的是对违法物品处理、违法所得认定、缓刑执行地等有异议，情况复杂多样，其中有证据能证明是恶意利用法律获得从宽后上诉的，可能少之又少，一律改判加刑并不合适，由此，可能会对正常行使上诉权的被告人和潜在的上诉人产生恫吓、阻却效应，变相架空二审救济程序，给制度运行带来风险，给案件质量埋下隐患。

（三）案例研究的引入

1. 加强认罪认罚案例研究应用

通过大数据分析、人工智能等科技应用，对常见、多发的认罪认罚案件量刑数据进行收集，梳理影响量刑的因素权重和刑罚裁判的规律特点，提炼裁判规则，为相关量刑指导意见修改完善提供实证参考。同时，针对认罪认罚从宽制度适用的重点和难点问题，检索、抓取、筛选、编写案例，视情通过不同层级形式发布案例，进行针对性指导，直观清晰地阐明法律精神和立法意旨，及时、有效地规范司法裁判标准、统一裁判尺度，避免"类案不同判"。

2. 完善类案检索、类案推送机制

2020年7月，最高人民法院发布《关于统一法律适用加强类案检索的指导意见》，对审判类案检索工作提出明确要求。认罪认罚案件审理过程中，可考虑借助类案检索、类案推送平台，为审查检察机关量刑建议、辩方量刑意见提供类案参考。目前，法官进行类案检索的信息渠道多且零散，有法院内部办案平台、档案系统，还有公开的裁判文书网、法信等检索渠道。可以考虑建立专门的案例检索发布平台，方便归类检索。也可建立全省刑事案件大数据库，将数据分析结果直接应用到案件管理系统，实现裁判预测和偏离预警，为类案审判提供参考。

陪审实质化目标下乡村陪审之困局及其破解
——基于乡村权威参与基层治理的逻辑展开

高童非[*]

2018年，我国第一部规定人民陪审员制度的专门法律——人民陪审员法颁布并实施。该法是本轮人民陪审员制改革成果的集中体现，标志着我国人民陪审员制度发展迈入新阶段。人民陪审员法的重要目标就是解决"陪而不审""审而不议"等陪审虚化或者说陪审形式化的顽疾，促进陪审实质化。陪审实质化具有两个层次的要求：一是过程实质化，二是结果实质化。过程实质化是指人民陪审员实质参与案件审判的全过程，包括认真听取控辩双方意见，详细审查证据材料，独立充分发表意见等。结果实质化指的是人民陪审员的意见与法官的意见至少应当被同等对待，前者的意见甚至应当被优先对待，法官、审判委员会、上级法院不得轻易更改人民陪审员参与的有关事实问题的裁决。最高人民法院院长周强在对人民陪审员法的立法原则进行说明时阐述了此次改革的方向："第一，充分保障人民群众参与司法的民主权利；第二，坚持人民陪审员选任的广泛性和代表性；第三，强调充分发挥人民陪审员的参审作用。"[①] 从中可以看出，本轮人民陪审员制度改革旨在保障人民陪审员的实质参审权，促进我国陪审实质化。

为了促进陪审实质化，人民陪审员法对陪审员的任职条件进行

---

[*] 中国人民大学法学院讲师、博士后研究人员。本文系研究阐释党的十九大精神国家社科基金专项课题"深化司法体制改革研究"（18VSJ079）的阶段性成果；中国博士后科学基金第68批面上资助（资助编号：2020M680795）的阶段性成果。

① 周强：《关于〈中华人民共和国人民陪审员法（草案）〉的说明——2017年12月22日在第十二届全国人民代表大会常务委员会第三十一次会议上》，载《中华人民共和国全国人民代表大会常务委员会公报》2018年第3期。

了改革。与原先的规定相比,其陪审员任职条件上体现出了"一升一降"的变化,年龄条件从年满23周岁提高至28周岁,学历从大学专科以上降低至具有高中学历即可。总体上看,人民陪审员法扩大了司法活动的民众参与。为了确保陪审员参与审判的公正性和客观性,打破法官和陪审员之间的利益纽带,该法确立了更为严格的选任模式,人民陪审员参与个案的审理需要经过"三次随机"抽选。具体来说,一是从社会大众中随机选择具有一定资格条件的公民成为陪审员候选人;二是从陪审员候选人中随机选出一定比例人员成为正式陪审员;三是在个案中随机选择陪审员参与案件的审理。这种机制对增进陪审员独立性,减少法院法官对陪审员的干预和控制,促进人民陪审员实质参审大有助益。

通常来说,个案适用哪些陪审员应当在陪审员候选名单中随机抽选,且抽取的人员除符合基本的选任条件外没有其他特殊要求。但是,实践中针对特定类型的案件法院会邀请特殊人民陪审员参与案件的审理。该种形式主要有以下几类:在审理涉及专业知识和技能的案件时邀请专家陪审员参与;在涉及妇女、台胞侨胞权益纠纷等案件邀请相关人员参与;在涉及农村人员纠纷时邀请乡里有威望之人参与;等等。在陪审实质化改革大背景下,这些人员也需要进行随机抽选,但是与普通陪审员区分开来单独建立陪审员候选人子库,在需要时从中抽选。学界关于这些类型的陪审其必要性和合理性仍然没有形成共识,① 还有诸多问题需要深入研究。尤其对于乡村陪审员而言,问题更加复杂,亟待厘清。

一、城乡二元结构视角下的陪审制改革

当前,关于人民陪审员制度的研究大多是从城市的视角出发,一方面科研力量主要集中在大城市,研究者容易与当地司法机关达成合作;另一方面有关部门选任的人民陪审员主要集中在法院所在地的市区或县城,呈现出就近原则,而愿意担任人民陪审员的也主

---

① 多数论文都主张专家陪审具有积极意义,但也有学者持反对意见,如有学者撰文指出:"本文从裁判主体、案件事实认定、法律规范合理性及正当程序等角度对陪审员专家化举措进行了论证,结论是陪审员专家化实质上是法院对人民陪审制的功利性利用而非激活陪审员制度'活力'的有效措施,用陪审员专家化解决陪审制面临的问题是不合理、不明智的。"参见周成、喻怀峰:《陪审员专家化之合理性质疑》,载《法律适用》2015年第9期。

要是城镇居民。这样,广大农村地区人员被选为人民陪审员的数量就非常小,并且即便被选为陪审员也时常因为忙于生产或路途奔波而参审积极性十分低下。① 研究人民陪审员制度改革,也需要考虑城乡二元结构,针对性地解决农村地区的特殊问题。

(一) 乡村陪审的现实困境——基于陪审员职业分布的实证观察

从城乡二元机构视角观察,当前我国人民陪审员的人员构成呈现出两个特点:一是陪审员集中在城市,而乡村陪审员较少;二是乡村陪审员中村镇干部等公职人员占绝大多数,而农民等群体稀少。笔者在F省S市法院对全市人民陪审员的职业进行了统计,数据如表1所示:

表1 F省S市人民陪审员职业分布(2020年3月)

职业	人数	比例
基层干部	307	37%
事业单位职员	165	20%
其他人员	72	9%
工商业人员	66	8%
专业技术人员	64	8%
农民	60	7%
社区工作者	46	6%
普通居民	41	5%
人民团体成员	17	2%
进城务工人员	1	0%

在调研中发现,最终任职的人民陪审员大多是城市居民,乡村人员数量较少。从数据上看,该省农村人口超过40%,② 如果按照

---

① 参见李玉华、张思尧、杨亮:《中国特色陪审制度的新发展》,中国政法大学出版社2014年版,第181页。

② 根据2010年人口普查数据显示,F省常住人口中,居住在城镇的人口为21064429人,占57.09%;居住在乡村的人口为15829787人,占42.91%。数据参见该省2010年第六次全国人口普查主要数据公报。

随机抽选的方式产生人民陪审员，则城乡陪审员比例也应当达到这个比例。然而，现实中乡村陪审员的比例远低于此。造成这种局面的原因是多方面的：第一，随机抽选执行不到位。根据笔者在对H省P市法院法官进行访谈时了解到，作为百万人口的城市，司法行政机关却抱怨随机抽选选不到足够数量的陪审员，主要原因是司法局"怕麻烦"，没有那么多时间和精力一一核实后随机抽选，所以就先拿到名单，之后按名单联系，能联系到多少是多少。在这种情况下司法局当然优先考虑和那些已经担任陪审员以及在城市中便于担任陪审员的群众联系。第二，农村人员符合文化条件的数量低。人民陪审员法对学历进行了规定，要求具有高中以上学历。相比之下农村的教育条件弱于城市，农村居民的平均学历也低于城市居民，这造成符合陪审员任职条件的人员比例有所降低。第三，征求意见环节退出比例较大。人民陪审员法规定，随机抽选后司法行政机关还应当征求陪审员候选人的意愿，换言之在我国陪审并非一项强制义务，是否选为陪审员必须尊重候选人的个人意愿。农村人员空余时间相对较少，且前往区县法院路途较远，加之因受教育程度有限产生对参与审判活动的不自信，因此愿意担任陪审员参见案件审理的人数相对较少。

从另一个层面看，在农村人员中，农民的比例较少，村镇干部等公职人员的比例较大。虽然改革要求陪审员参与案件审理应当经过三次随机抽选，但实际上执行得十分松散，许多地方法院仍然按照老办法联系自己熟悉的陪审员到庭参审。这些"值得信任"的陪审员除了长期"合作"的驻庭陪审员之外，选任机关倾向于将公职人员视为"值得信任"的合作者。公职人员都是体制内的人员，均服从党政机关的领导和安排，因此更容易配合法官作出法院希望的判决。与之相反，农民、自由职业者等群体则是潜在的不确定因素，法院也不愿意过于频繁地邀请这些人员参与案件审理。有数据统计显示，截至2014年H省的人民陪审员中，基层干部占比33.22%，事业单位职员占比11.1%，社区工作者占比11.97%。[①] 笔者在F省S市调研时统计的数据也反映了这个问题，体制内的基层干部和事业单位工作人员占到绝大多数。

为了应对这些问题，立法者在对人民陪审员制度进行设计时也

---

① 参见刘方勇：《人民陪审员角色研究》，法律出版社2016年版，第57页。

进行了一番考量。其中就包括了在符合条件的陪审员人数有限的情况下吸纳德高望重者参与陪审。陪审的理念之一就是让邻人和同侪定分止争，立法者认为让在地方具有影响力之人参与司法审判对当事人息诉服判具有积极意义，也提升了农村地区人民陪审员的比例，解决了边远地区陪审员短缺的问题。从立法者的立场考察，这里显现出更多地引入乡村权威参与陪审的观念和设想。然而，随着我国乡村社会的变迁，乡村权威已然发生转移，这种逻辑是否可能对司法公正和司法民主起到促进作用，是否真正地可以增加人民群众对案件处理过程的公平正义感和对司法机关的信任感值得进一步研究。

（二）乡村德高望重者的入法问题

乡村和城市的社会结构、观念意识有着明显的区别，纠纷处理模式也不相同。鉴于这些情况，此次人民陪审员改革试点方案在规定了文化条件为高中以上的同时，也规定了"农村地区和贫困偏远地区公道正派、德高望重的人"可以突破高中以上学历的硬性条件。① 此举就是考虑到农村地区的特殊情况，吸收熟悉社情民意、了解风土人情、在地方具有较高威望之人参与处理纠纷，以求更大程度上提升判决的可接受性，实质解决纠纷矛盾。

人民陪审员法最终没有将这个表述写入法律文本，但是在文化条件上仍然规定了"一般"应当具有高中以上学历，乡村地区文化程度低的长者仍然可以通过该条规定被选任为人民陪审员参与案件审理。在人民法院看来，这条规定的例外情况主要还是被当作对农村地区和偏远地区的放宽政策。② 即便如此，法律将这个表述删除也一定程度上是在淡化这个选任的主体。也就是说，乡村尤其是偏远地区德高望重之人选为人民陪审员是否值得推广还需要进一步研究。

普通陪审员与法官和当事人之间应当保持一定距离，越陌生越可能促进实质陪审，以防关系固化，形成利益共同体。乡村德高望重者担任陪审员与这个理念恰恰相反，只有对当地熟悉，获得乡村人士认可之人才是人民陪审员的合适人选。在改革者看来，乡村的德高望重之人熟悉当地状况，可以更加积极主动地加入纠纷处理中，

---

① 参见 2015 年 4 月最高人民法院、司法部印发的《人民陪审员制度改革试点方案》。

② 参见最高人民法院政治部编著：《〈中华人民共和国人民陪审员法〉条文理解与适用》，人民法院出版社 2018 年版，第 73 页。

主动从中斡旋。在乡村此类陪审员眼中，熟悉情况之人更容易发言，可以缓解司法实践中陪而不审的情况，这样的制度安排可以解决人民陪审员不敢发言、不会发言的问题，① 可以促进陪审实质化。然而，这只是表面的现象，是否促进陪审实质化不能只看是否积极施加影响，也不只看是否积极发言，而是看能否通过参审中的行为促进司法公正的实现。因此，这一举措是否可以真正促进陪审实质化需要考察这种影响是不是积极和正面的。

（三）立法理念面临的挑战：乡村权威的转移

城乡二元格局的划分为学术研究提供了视角，城市和乡村在纠纷处理机制上呈现出明显差异。探究乡村的纠纷解决机制首先要从乡村基本社会结构入手。乡村有自然村和行政村的区别，历史上的村基本都是自然村，而伴随着国家将村逐渐纳入行政管理体系之中才产生了行政村。②

自然村是处于熟人社会之中，在这里村民之间相互知根知底，何人能力和品性如何村里人都了然于胸，而村的秩序则是由宗族和礼制规范进行维系。自然村里办事靠的是"打招呼"，人们在生活过程中慢慢熟悉，在熟悉的过程中逐渐形成了牢固的信任关系。如费孝通所言："乡土社会的信用并不是对契约的重视，而是发生于对一种行为的规矩熟悉到不假思索时的可靠性。"③ 这种信任关系是非常牢固的，如果有人打破，则可能受到集体的惩罚。被集体排斥的个体所受到的这种惩罚可能对个人的影响大过国家行政上的处罚。在自然村中，法律发挥的作用很小，纠纷矛盾大多可以消化在村内部，并且如果村民选举"村干部"，当选者自然是村民集体认可的德高望重的宗族长老。④ 人民陪审员制度改革试点中选择"偏远地区"德高望重的长者担任人民陪审员也是希望借助乡村熟人社会中的权威处理纠纷矛盾。

---

① 参见吴曼迪等：《知民意接地气陪审更有力——西峡法院人民陪审员制度改革获最高院点赞》，载 http://newpaper.dahe.cn/hnrb/html/2016-08/25/content_65366.htm，最后访问时间：2020年8月27日。

② 参见徐勇：《中国农村村治过程》，华中师范大学出版社2000年版，导论。

③ 费孝通：《乡土中国 生育制度》，北京大学出版社1998年版，第26页。

④ 参见贺雪峰：《论半熟人社会——理解村委会选举的一个视角》，载《政治学研究》2000年第3期。

然而，这种模式已经难以完全解释如今中国的乡村社会。受到外部因素的影响，我国的乡村社会已经发生了转型。20世纪初以来，为了加强对社会的管理，尤其是通过赋税等方式汲取乡村资源，国家政权加强对农村社会的控制，并且构建起行政村这个行政建制，这是建立在自然村之上的现代化组织。① 建立在行政村之上的不再是熟人社会，而是半熟人社会，在此社会中人际之间的联系程度不如自然村那般紧密，总体上看，村民之间的关系从熟识降格为认识，虽然村民属于同一个行政空间，比如某个行政村，但并不意味着他们都生活在该行政村里面。在半熟人社会中，村里的公众人物不再以才干和能力脱颖而出，有能力者几乎都搬迁至城里生活，剩下的人里能成为村里的公众人物主要是在任或已经退休的村干部，除此之外少有得到众人比较一致的了解的。②

二、乡村调解与乡村陪审的逻辑错位

我国人民陪审员工作与人民调解工作存在诸多相似之处，二者皆为司法人民性的标志，也是群众路线在司法领域的体现。在许多法院，人民陪审员也肩负着调解的职责。然而，陪审工作与调解工作仍然存在重大差异，例如审判工作是面对面的对抗质询，而调解工作是背对背的协调沟通。本轮人民陪审员制度改革注意到了这个问题，司法解释对陪审员和调解员的身份进行了区分，陪审员在审前不得参与调解，否则应当回避。③ 即便如此，我国立法者和司法者将人民陪审员和人民调解员进行角色混同、将陪审工作与调解工作进行转换替代的现象依然十分严重。这种根深蒂固的理念渗透进陪审实践的方方面面，从参审人员选任到案件处理程序，无不呈现出这种逻辑错位。在重视调解的乡村司法工作中，这种错位显得尤为明显。这使得陪审与调解之间分工不明确，乡村陪审因而出现定位模糊的问题，这显然不利于当事人的权利保障。

---

① 参见贺雪峰：《中国农村社会转型及其困境》，载《东岳论丛》2006年第2期。

② 参见贺雪峰：《论半熟人社会——理解村委会选举的一个视角》，载《政治学研究》2000年第3期。

③ 最高人民法院《关于适用〈中华人民共和国人民陪审员法〉若干问题的解释》第6条规定："人民陪审员不得参与审理由其以人民调解员身份先行调解的案件。"

(一) 调解员与陪审员的角色混淆

当代中国的一个重要变化就在于基层政府官员或准官员取代先前的乡绅成为乡村社会的领导人。在此背景下形成的乡村管治就出现了"管辖权分立的局面",或者"多权威中心的系统"。① 在半熟人社会的乡村,已经很难找到可以服众的德高望重之人作为单一权威来源,权威的中心成为在任和历任的村干部。而这些人员也是乡村当选人民陪审员的主力军。② 然而,这些人员当选陪审员可以促进陪审实质化吗?村干部虽然不是政府官员,但是奉行的依然是政治思维和政治逻辑,追求的是乡村治理的稳定性,强调的是"不出乱子"思维,或者用有的学者总结的,目前我国乡村基层政权的运行所奉行的乃是"不出事逻辑",③ 而这些基层政权的执行者正是这些村干部。所以,这些村干部在"摆平纠纷"的过程中积极主动协调斡旋并不意味着完全依法处理。在和法官的关系中,村干部的特殊身份更容易与法官形成合作关系,同时,可以选择的乡村里的村干部等有一定权威之人毕竟是少数,多次邀请相同的人参加案件审理更容易与职业法官形成稳固的合作关系,更何况这些村干部往往置身于村里复杂的人情关系中,甚至与审理的案件标的和当事人具有直接或间接的利益纠纷,司法公正性难以保障。从上述角度看,实际上不利于促进陪审实质化的目的。

在官方的宣传中,乡村陪审员发挥的重要作用是可以促成案件的调解,熟悉乡村社情民意的人员介入纠纷,有利于村民之间化解矛盾,恢复乡村内部的团结紧密的关系和秩序。这里的逻辑实际上是看中乡村陪审员具有的调解功能。人民陪审员参与调解在学界引发过一些争议,陪审员审判的角色和调解员调解的角色存在一定的冲突。有学者认为既然民众对陪审员的"调解者"的角色认知符合

---

① 参见张静:《基层政权——乡村制度诸问题》(增订本),世纪出版集团、上海人民出版社2007年版,第290—291页,第310页。

② 从《钦州市钦北区人民法院人民陪审员名册》看,有潜在可能成为乡村陪审员的人员中,村干部占据了极大的比例。参见 http://ygqb.gxcourt.gov.cn/info/1243/1831.htm,最后访问时间:2020年8月27日。

③ 参见贺雪峰、刘岳:《基层治理中的"不出事逻辑"》,载《学术研究》2010年第6期。

角色期待，国家也可以通过制度设计强化这种角色。① 然而有调查统计表明，陪审员是否可以在调解中发挥作用各个主体存在不同的认识，陪审员对调解职能的自我认可度很高，社会公众也大多持肯定态度，而反观法律专业人士，法官和律师均认为陪审员的调解作用有限。② 人民陪审员大多不掌握法律知识，所以在调解时无法提供诉讼后果的预测信息，其调解的效果显然不能与法官、律师等专业人员相比。实际上，陪审员的调解与社区调解比较接近，但由于是参与法院案件审判的人员，其在当事人眼中的权威性更高一些。

调解人员和陪审人员应当属于两类人员，二者角色存在一定的冲突，应当区分管理使用。③ 但是基层法院为了最大限度利用陪审员，节省选任成本，时常将陪审员和调解员混用。陪审员和调解员的角色冲突带来的问题在乡村体现得更为明显。德高望重的权威之人可能可以更好地服众，化解纠纷矛盾的可能性更大，然而好的调解员就是好的陪审员吗？这个问题亟待澄清。

(二) 调解还是诉讼：乡村纠纷解决模式探析

在乡村中，无论是熟人社会还是半熟人社会，大部分矛盾可以通过内部化解，做到"无讼"，④ 而在现代化程度高的陌生人社会中更为普遍的纠纷解决方式是诉讼。在熟人社会中，也会出现一些不易化解的矛盾，传统中国选择将宗族调处纳入国家司法体系，赋予里老调处纠纷的职权，使民间调处具有强制性。⑤ 此举可以尽可能将纠纷分流和化解在乡里，做到"息讼"，从而减轻官府的诉讼压力。这一古代司法文明也被我国现代司法制度所借鉴，确立了人民调解制度。

---

① 参见刘方勇：《人民陪审员角色冲突与调适》，载《法律科学（西北政法大学学报）》2016年第2期。

② 参见张永和、于嘉川：《武侯陪审：透过法社会学与法人类学观察》，法律出版社2009年版，第307—308页。

③ 中央政法委、最高人民法院、司法部、民政部、财政部、人力资源和社会保障部联合印发的《关于加强人民调解员队伍建设的意见》中也强调注重从德高望重的人士中选任调解员，这个逻辑是正确的。

④ 参见刘世定：《〈乡土中国〉与"乡土"世界》，载《北京大学学报（哲学社会科学版）》2007年第5期。

⑤ 参见郭星华：《无讼、厌讼与抑讼——对中国传统诉讼文化的法社会学分析》，载《学术月刊》2014年第9期。

将德高望重的长者作为特殊人员纳入陪审员选任范围被人民陪审员试点方案所规定，其内在遵循的也是这个逻辑。暂且不论当代中国乡村已经从熟人社会转型为半熟人社会，即便在半熟人社会当中，作为新型权威的村干部是否适合选任为陪审员也是值得商榷的。

回答这个问题必须了解在乡村，哪些案件会采取诉讼的方式处理。有研究显示，在乡村社会，通过诉讼而不是调解处理的纠纷具有一些共性，例如纠纷参与人数多、暴力程度高、转化为刑事案件概率大、历时较长久拖不决、村庄共同体意识较弱、村民关系水平一般。① 不难发现，这些案件大多是矛盾持久激化的棘手案件，是德高望重的长辈或者村干部等乡村权威无法解决的纠纷矛盾。既然在村中长时间协调都无法形成调解，那么这些人员在陪审中能发挥多大的斡旋作用也值得怀疑。这些人员进行事前调解和事后释法工作可能有更大作为，而不一定在陪审工作上，并且案件审理需要客观中立，以达到公正的目的，一般陪审员如果参与庭审前的正式调解工作，则不利于实现上述目的。

那么，从当事人的角度出发，这些人员是否希望村干部等乡村权威参与案件审理，对他们来说此举是否有助于形成接受度高的判决也值得分析。在"厌讼"文化影响颇深，人们极不愿意打官司的乡村，提起诉讼必然是一种下下策，这意味着矛盾的公开、激化，也意味着将问题带出乡村，提交到县城或市区里解决。在乡村，通常将矛盾诉诸法庭含有"鱼死网破"的意味，是对基层自治组织"不信任"或"不满意"，而选择起诉则是希望挣脱基层政权的束缚，寄望于上级政权干预，让国家司法权得以介入"主持公道"。

这里有一个极好的参照，即上访。对于村民来说，提起诉讼无异于一种"上访"。从案件类型比较分析，容易引发村民上访的矛盾有很大一部分也是与提交诉讼的案件类型是重合的，对于维权型的上访②可能会经历诉讼程序。有学者对信访和诉讼的纠纷解决方式进行了对比，认为信访的成本比诉讼低，且救济力高于诉讼，更关键

---

① 参见贺雪峰：《认识农村调解制度的基本维度：村庄原因》，载《云南大学学报（法学版）》2008年第5期。
② 也有学者采用了有理上访、无理上访和商谈型上访的划分并且提出了分类治理的对策，有理上访也就是维权型上访。参见陈柏峰：《农民上访的分类治理研究》，载《政治学研究》2012年第1期。

的是，信访更容易冲破关系网，增强处理的独立性。① 在这样的"网"中，地方官僚权力的扩张总是以削弱国家权力为代价，② 而司法权也不例外。

综上，乡村中诉诸法院的案件大多是村干部等乡村权威无法调解、当事双方拒绝和解的激烈矛盾，并且诉诸法院很大程度上就是要排除乡村人员或共同体的干预。如果是这种情况，村民肯定不愿到了法庭看到审理案件的还是这些村干部，即便这些陪审员积极发言，也难免让当事人觉得法官和村干部是"串通一气"的，反而不利于陪审"增加判决可接受性"的价值功能。倘若法官和村干部之间真的存在某种合作关系，那这样的举措很难谈得上是在推进庭审实质化的进程。

关于此问题，北京的一起案例可以说明一二。在"韩某某诉北京市昌平区某村民委员会相邻关系纠纷案"中，案件涉及的是村民与村委会之间的矛盾，在起诉前村民与村委会也经过了多次沟通，而镇政府工作人员也尝试调解纠纷未果，案件仍然进入了诉讼渠道。最终案件在熟悉当地情况的人民陪审员共同审理下取得了良好效果。③ 该案的陪审员有三个特征：第一，最终发挥作用的更多是陪审员了解的有关建筑的专业知识，而不是其熟悉乡村情况；第二，该案陪审员虽然是土生土长的当地人，但并没有信息表明其与当事人事先认识，北京市昌平区地域广、人员众多，陌生外来人员介入可能更让当事人信任；第三，该案陪审员没有乡镇干部的身份，可以预见如果是村镇干部参与案件审理定然难以令当事人信服。

---

① 该学者指出，在这一张张以地缘（多为县或市）为中心、以单位为依托、以利益为纽带的关系网中，在缺乏有效的新闻监督和严格的司法独立的情况下，能够矫正行政主体侵害行为的最强悍的力量，常常既不是理论上独立于这个主体的当地法院，也不是这个主体的直接上级行政主体，而是比较高层的行政主体。参见应星：《作为特殊行政救济的信访救济》，载《法学研究》2004年第3期。

② See Mayfair Mei-hui Yang, *Gifts, Favors and Banquets: The Art of Social Relationships in China*, Cornell University Press, 1994.

③ 参见《北京法院人民陪审员参审典型案例》，2019年12月24日，内部资料。

三、村干部参与陪审的身份冲突

下文将通过对乡村基层治理观念和逻辑的考察,提出村干部参与案件审理虽然具有一定的优势,但其负责基层治理的身份与作为人民陪审员参与案件审理的身份存在角色冲突。村干部陪审可能不符合当事人的意愿,也存在损害司法公正的潜在风险。

(一)村干部的角色——地方知识载体还是地方治理责任人

即便不考虑村干部与法官的关系,只考察村干部在纠纷处理中扮演的角色,得出的结果可能与当前司法系统对外倡导的人民陪审员角色不完全相符。我国人民陪审员队伍中吸纳这些主体是想借助这些人对乡村当地情况的了解,利用其熟悉乡风民风的优势,更加准确地对纠纷原因及案件事实等问题进行判断。这些信息被学者称为"地方性知识",① 如在民间借贷纠纷中关于借贷人实际家境如何、过往还贷的积极性、对面子和邻里关系的在意程度等。再比如,民事案件如外嫁女家产纠纷等案件的处理还需要掌握当地的风俗习惯。不仅是民事案件,在刑事案件中的"文化抗辩"近来也引发了理论界和实务界的关注。在少数民族聚集地,一些涉嫌犯罪的行为可能出于一些民俗文化的差异具有从轻、减轻甚至出罪的抗辩事由。② 这些知识是地方性和个人性的,需要共同生活经历或者共同行为模式才能掌握和理解的。这些知识不仅获取困难,交流成本也很大。司法人员探知事实时与乡村人民陪审员合作的确可以在短时间内高效准确地获取地方知识。但是拥有地方性知识的并非只有村干部,每个村民都分享着这些知识和信息,只不过村干部由于国家权力的"标记",因此获得了权威性。③ 虽然村干部没有独占这些知识,但国家权力介入村民纠纷时,村干部就成为国家政权了解当地情况最便利的知识库,法官在调查案件时自然也愿意与村干部合作。

---

① 需要注意的是,这里的"地方性知识"与吉尔兹的理论有很大不同,后者是赋予地方性知识以同质性。See Clifford Geertz, *Local Knowledge*, Basic Press, 1983.

② 相关论述及案例可参见张剑源:《刑事司法中的"文化抗辩"》,载苏力主编:《法律和社会科学》(第17卷第2辑),法律出版社2018年版。

③ 参见苏力:《送法下乡——中国基层司法制度研究》(修订版),北京大学出版社2011年版,第34页。

作为地方知识载体的村干部的确可以帮助专业法官更加迅速、准确了解案件情况，从这个角度看，他们当选为人民陪审员是对法官审理案件的一种辅助。然而，村干部不仅只有这一个身份，他们还肩负着地方治理的职责。治理思维不一定都是法治思维，在强调"综合治理"的当今中国，法律只是治理的手段之一，甚至在许多场合，治理的逻辑与法治的逻辑会出现冲突。从学术理论范式上，治理论可以说是针对乡村司法的一种"反司法理论"。这种治理论可以从三个方面解读：其一，实体法方面，地方性规范往往取代国家法律，基层官员根据治理的需要时常规避法律。其二，在程序规则方面，乡村司法包含了大量策略和权力技术，法定程序并不被完整地适用。其三，出于治理的目的，基层法官和乡村干部组成了一套非常系统的纠纷解决机制，村干部在这套体系当中扮演了关键角色。①

村干部追求的"和谐社会"与"法治社会"存在一定的张力，二者在目标上存在一定的冲突，即政治逻辑和法治逻辑的不协调。②有学者指出，虽然当前乡村法治化水平大大提高，但也不意味着乡村司法已经去治理化，治理逻辑在调解工作中体现得较为明显，例如存在"忽视法律的调解""案外调解""委托调解"等多种形式，而这些调解往往以社会稳定为目标，注重纠纷解决的社会效果，而不在于法律的实行。③乡村治理的责任人是村干部，其处理纠纷的逻辑更接近"调解"的治理而非"诉讼"的法治论，村干部的这一身份与人民陪审员的角色存在冲突。

（二）村干部陪审：基层治理的合作模式

人民陪审员制度的理念之一就是"接近正义"的民主理念。"送法下乡"等努力都是这种"接近正义"的体现，它强调司法机

---

① 参见赵晓力：《基层司法的反司法理论？——评苏力〈送法下乡〉》，载《社会学研究》2005年第2期。

② 有学者指出："司法实现其政治功能的基本思路是：社会矛盾导致社会不稳定与政治不安全，运用一切手段最大限度地化解矛盾、维护社会稳定，在这个过程中法律方式与非法律方式'共谋'，以实用主义定原则、以社会效果论成败，尽量在解决纠纷的过程中实现正当性与合法性的再生产，形成持续的长效维稳机制，保障国家柔和平稳地实现现代化转轨。"参见栗峥：《国家治理中的司法策略：以转型乡村为背景》，载《中国法学》2012年第1期。

③ 参见陈柏峰、董磊明：《治理论还是法治论——当代中国乡村司法的理论建构》，载《法学研究》2010年第5期。

关与人民之间的联系，而人民陪审员制度就是为司法机关和人民群众之间架设实质沟通的桥梁。由人民群众参与案件的审理，这种"接近正义"的形式可以增强司法的公信力，更能让当事人"感受到"公平正义。可是，国家权力如何下沉到基层、渗透进乡村一直是国家政权需要思考和解决的难题。当前国家的管制模式属于"上下分治"，虽然村干部成为乡村社会领导人，县市级政府，包括下属乡镇政府依然握有治民权。① 有研究指出，国家权威在基层更多是一种象征性、意识形态性和原则指导性的权威，上级政权必须依靠下级政权实施管治，基层权威组织实施的是直接管理，而国家层面的上级政权则是间接管理。②

司法权在进入乡村时，也会遇到这样的障碍，需要与基层组织进行合作。苏力提供的案例也表明，即使有国家力量的威慑并且是秉持伸张正义的目的而来，司法权力作为外来力量想进入陌生社区和乡村也存在风险。③ 在我国司法权威本就不足，借助村干部这样的乡村权威可以使两种权威形成合力，实现互补。两种权威"合作"的典型方式是下基层的巡回审判。在这种模式中司法官员通过到乡村中"身体在场"，由"近"到"亲"，由"亲"到"敬"，进而提升司法处理结果的可接受性。④ 革命根据地时期有马锡五审判方式、

---

① 参见曹正汉：《中国上下分治的治理体制及其稳定机制》，载《社会学研究》2011年第1期。

② 参见张静：《基层政权——乡村制度诸问题》（增订本），世纪出版集团、上海人民出版社2007年版，第310页，第290页。

③ 参见苏力：《送法下乡——中国基层司法制度研究》（修订版），北京大学出版社2011年版，第31页。

④ 参见郑智航：《乡村司法与国家治理——以乡村微观权力的整合为线索》，载《法学研究》2006年第1期。

新中国成立初期有"马背上的法官",现如今又出现了"摩托法官"①,都是遵循这种路径。而除了法官"走下去"主动融入乡村之外,还有一种办法是"请上来",即邀请乡村陪审员到人民法院参与案件审理。后一种办法相对而言可以节省法院大量的人力物力,法官也乐于接受。今后第二种模式因其经济性可能会更广泛地被运用,不过这种模式还没有被理论界充分认识和挖掘,其正当性有待进一步探讨。

四、乡村陪审出路何在

乡村陪审的困局集中体现在制度的理念和逻辑的矛盾冲突,想要破局绝非易事,从某种程度上说这种困局不存在根本性的破解之道。城乡社会特征以及生产生活方式的差异使得一元化的陪审制度难以兼顾。在陪审存废依然存在诸多争论的情况下,②径行废除乡村陪审似乎成为最为"便捷"的方式。然而,鉴于陪审制度在我国被

---

① 被称为"摩托法官"的是重庆市酉阳土家族苗族自治县人民法院第二人民法庭副庭长白明德。1988年考入法院后,怀着对故乡人民的满腔热情和对法律事业的执着追求,白明德主动向领导申请到离县城150公里、条件最艰苦的酉酬法庭工作。在交通极不方便的情况下,他多次放弃调到院机关工作的机会,忍受着关节炎、颈椎骨质增生、严重糖尿病的折磨,一直扎根深山法庭。25年来,他巡回办案行程6万余公里,走遍368个土家苗寨,被当地群众亲切地称为"摩托法官""白公道"。先后荣获全国法院先进个人、全国法院优秀法官、"感动重庆十大人物"、重庆"十佳法官"等荣誉称号,并被重庆市高级人民法院荣记个人一等功。2013年12月,白明德被评为全国"人民满意的公务员"。参见《人民法院报》2014年1月5日;亦可参见http://rmfyb.chinacourt.org/paper/html/2014-01/05/content_75233.htm,最后访问时间:2020年8月27日。

② 废除论的理由主要有陪审制度不符合宪法的规定,在1982年宪法删除关于陪审制度的原则性规定后,这种民主制度合宪性不足。还有学者认为,我国古代并没有类似陪审的制度,英美法系的代表陪审制度与我国的传统诉讼模式不兼容,陪审制度在我国缺乏生长的土壤和环境,所以注定发展艰难。另外,还有观点认为我国实行的人民陪审制让外行人参与司法裁判是不合理的,非专业的陪审员作出的裁决体现的也是具备法律知识的法官的意志,在我国社会主义法制还未成熟的形态下,陪审制度可以作为一项临时性的制度存在,但等到民主和法制健全后,人民陪审制将退出历史舞台。参见申君贵:《对我国陪审制的否定性思考》,载《中国律师》1999年第4期;龙宗智:《中国陪审制出路何在》,载《南方周末》2001年2月9日。

视作社会主义民主的重要象征,我国的执政党和政府又历来重视农村问题,正在着力解决区域和城乡之间的不平衡问题,因此乡村陪审不仅没有废除的可能性,甚至还可能在将来扮演更重要的角色。对陪审制度而言,实现政治功能不能以减损司法功能为代价。当前改革者必须首先认识到陪审工作的城乡差异,进而探索改革的路径,让乡村陪审同样符合陪审实质化的要求。

(一)乡村德高望重者参审不宜推广

乡村德高望重作为特殊类型的陪审员被改革者所关注,是司法机关试图借助地方权威弥补司法权在乡村的认可度不足、权威性较弱的缺陷。在革命根据地时期,为便捷高效地介入乡村地方,临时聘请当地公正人士,即有名望和声誉的个人担任陪审员,以便提高司法权的权威性。在当今社会,在极其偏远地区德高望重之人确实可以起到化解纠纷的同时让当事人"心悦诚服",而在大部分乡村地区,由具有"双重身份"的村干部担任陪审员不一定能实现法律希望达到的目的。人民陪审员法没有像试点方案那样强调这一主体,从形式上看这一做法的法律依据不够充分。毕竟选任这类陪审员的目的在于介入当地的纠纷,服务于特定地域的案件,所以不可能依照法律的规定采取完全随机的方式抽选。因此,除了少数民族聚居地等乡村权威具有足够威望的特殊地区之外,这个做法不宜在全国范围内推广实施。

在特殊区域,特别是少数民族聚居地,风俗文化对司法裁判具有一定的影响。法官出于对族群良性互动的恢复,① 以及对族群共享的文化和行为模式的尊重,会对特殊的风俗习惯予以特别考量。这在民事案件中相对常见,而刑事案件中也出现了一些案例。在这些案件的裁判中,对于族群的风俗习惯是什么,以及行为是否符合风俗习惯,族群耆老拥有一定的解释权,其说法具有较高权威性。但是法官对这种知识的依赖并非必须通过吸纳耆老进入合议庭的方式解决。实际上,德高望重的乡村权威可以通过类似专家辅助人和咨询人的身份提供专门知识,甚至以专家证人的身份出庭作证的方式提供信息,并且接受质证。若是立法者希望借助这些人员的权威性使得纠纷顺利解决,则应当加强调解制度的建设和运用,因为将这

---

① 关于族群良性互动相关讨论,可参见张剑源:《群体良性互动的秩序建构与社会和谐》,载《重庆社会科学》2017年第12期。

些人员纳入陪审员队伍并非最理想的途径。

(二) 村干部陪审以当事人同意为前提

在当前已经选任了一批村干部作为陪审员的地区,如何减轻可能出现的负面影响值得深思。在专家陪审中,为了减少单个专业权威左右判决的情况出现可以采取 7 人合议的形式邀请多位权威专家共同合议。但是乡村的权威不仅稀缺还具有不可替代性,长期邀请个别人员参审可能使该人员因握有陪审的"权力"而在当地掌握某些资源和利益关系。鉴于此,作为特殊人员的乡村陪审员首先应当严格设置选任程序,对其品行等条件进行全面考察,单独制作陪审员库。

另外,既然村干部陪审可能难以符合乡村群众对司法机关的期待,那么就应当充分尊重和保障当事人的程序选择权,在当事双方均同意的情况下适用此类型的陪审员。有观点认为,一个案件,是否启动陪审制、启动陪审制之后组成几人合议庭都应当由人民法院依据职权来自主决定,案件当事人不应当具有就陪审制的启动和合议庭的组成要求复议或提起上诉的权利,这是法院审判权独立的体现。① 这种理解在现行法律框架上看并无不当之处,然而在应然层面却值得商榷。民事程序中,赋予当事人选择陪审的权利是回应性司法的要求,也是程序自治的应然体现。在刑事程序中,被告人的程序选择权则是正当程序的应有之义。在陪审制度的启动上,应当控制法院主动依据职权启动的案件类型,赋予当事人在申请启动陪审的案件类型方面以更广阔的权利。《人民陪审员法》第 17 条规定,即便当事人申请适用陪审程序,法院也有权自行判断,"可以"决定适用陪审程序,而非"应当"适用。立法者如此规定是在一方申请适用而另一方没有申请或是拒绝适用的情况下给予法官决定的权力。② 对于一方申请另一方不同意的处理方法,目前最高人民法院仍然没有形成统一的意见,其初步的想法是如果不同意适用的一方对

---

① 参见姚宝华:《人民陪审员法第十六条第一项理解之我见》,载《人民法院报》2018 年 12 月 12 日第 8 版。

② 参见最高人民法院政治部编著:《〈中华人民共和国人民陪审员法〉条文理解与适用》,人民法院出版社 2018 年版,第 205 页。

不同意适用陪审程序未能说明理由,①法院可以依职权启动陪审程序。②笔者认为,当事人的程序选择权应当被赋予更重要的分量,并且鉴于我国陪审制度还存在"虚化"等不正常现象,陪审员难以在实践中发挥实质作用,无法为合议庭贡献智识力量,达不到群策群力的效果,因此在非法定强制适用的案件中,如果一方或双方当事人明确拒绝适用陪审程序,法院一般不得启动。

在乡村陪审案件中,如果当事人在完全自愿的情况下均同意适用陪审程序,并且对陪审员的组成均表示同意,则即便是村干部参与陪审也不会造成负面影响。沿着这一思路延伸,法律还可以赋予当事双方在个案中对陪审员的无因回避权,甚至拥有共同指定本乡村陪审员的权利。

(三)法官巡回审与村民异地审:乡村陪审的新模式

为了实现扩大农村司法民主、促进乡村陪审实质化目标,改革者应当探索普通乡村民众参与案件审理的正当模式,兼顾陪审制度的政治功能和司法功能。对此,笔者认为可以从两个层面探索乡村陪审的新模式,即法官的巡回审判以及陪审员的异地审判。需要指出的是,这两个途径并不矛盾,而是为了满足当事人不同的需求,促进司法公正,法院根据当事人的自愿选择而作出不同的安排。具体设想如下:

第一个举措是适当增加陪审案件巡回审判的比例,方便村民参与审理。当前司法实践中,巡回审判并非个例,在偏远地区发生的纠纷部分地区的法院已经形成了一套巡回处理的机制。对于随机抽选产生的乡村陪审员,如果当事人同意陪审员人选和审判方式,可以在不减损司法权威的前提下适当提高巡回审判的比例,鼓励村民积极参审,发挥实质作用。

第二个举措是探索乡村陪审员跨村异地陪审,提升陪审的客观性和中立性。如果当事人不愿意本村干部或其他人员介入案件审理,

---

① 这里针对的是单纯不适用陪审程序,字面意思看不包括管辖异议、因要求法官回避而同时不认可陪审制度等。鉴于这些情况下如果异议和申请被驳回,人民陪审员加入合议庭是有助于监督法院和法官审理案件的,因此在这种情况下需要进一步保障当事人的权利,了解其准确的意见,区分不同的情况。

② 最高人民法院政治部编著:《〈中华人民共和国人民陪审员法〉条文理解与适用》,人民法院出版社2018年版,第208页。

但又希望适用陪审程序，让了解乡村生活容易产生同理心的村民裁决纠纷，则法律也应当尽可能予以满足，不能剥夺此类当事人的陪审权利，更不能强制选取本村陪审员参与案件审理。在这种情况下，可以探索建立不同村镇陪审员互相流动异地陪审的制度。这样既满足了当事人排除本村势力干扰的愿望，又使其获得了由同侪裁断的权利。这里有两个问题需要注意：一是异地审理应当充分保障陪审员的权利，不得影响正常生产生活需要，并且在交通等方面提供便利，及时发放适当的补助；二是乡村陪审员应当实行有限的随机抽选，扩大参与的人员范围，在建立陪审员资料库时对乡村陪审员予以特殊的标记，适用乡村陪审时设置抽选的参数，使陪审员在有权参与一般类型陪审的基础上还可以根据农村当事双方的意愿担任特殊的乡村陪审员参与案件审理。

审判管理视野下民商事一审审限改革研究

曾 竞[*]　董洪辰[**]

1991年民事诉讼法首次建立了审限制度，初衷是通过限定审理周期提高司法效率和司法满意度，但随着民商事案件体量增大以及运行过程中的各种因素影响，并未完全发挥相应功能。本文从审限困局实证研究出发，结合对现行审限制度及审限变更[①]程序的分析，探索审限制度本身及审限变更机制的修正路径。

一、问题肇始：一审民商事案件审限困局实证研究

审限问题似乎具有立场敏感性，虽然并非老生常谈，但相关研究在理论界及实务界均较少见。[②] 案多人少，审判质效和审限压力之间的矛盾不可忽视，下面以实证分析为例。

（一）案件审理周期普遍较长

本文选取发达地区基层法院Y院1000件一审民商事案件为样本，仅以法定简易程序3个月和普通程序6个月的时间作为节点选择，发现不考虑扣除审限的情况下，案件审理周期通常超过法定周期。除速裁庭室、庭内速裁组审结的简单案件外，大量报结案件紧卡审限到期节点，审限呈现高度紧张态势。

经样本统计，一审民商事案件从立案到审结自然周期简易程序超过3个月及普通程序超过6个月的案件比例高达81.4%，简易程序案件大多6个月以上审结，普通程序案件审理周期更长。统计案

---

[*] 北京市海淀区人民法院民事审判四庭副庭长，员额法官。
[**] 北京市海淀区人民法院立案庭法官助理。
① 本文所指审限变更主要包括扣除审限、延长审限等。
② 参见张林、王维永：《论审判权运行中审限延长制度之改造》，载《法律适用》2011年第11期。

件中，以普通程序审结时间为例，用时 3—6 个月审结的案件占比 18.6%；用时 6—12 个月审结的案件占比 55.7%；用时 12—18 个月审结的案件占比 21.2%；用时 18 个月以上审结的案件占比 5.5%。另外，一审民商事案件审理周期过长的情况远多于刑事案件。细化至民商事案件内部，不同案件类型呈现不同周期特点。从上述 1000 份样本随机挑选 121 份离婚案件，运用类型分析方法，发现离婚案件审理周期有如下特点：一是审理周期明显长于其他案件；二是环比平均审理周期增长；三是调解难度大，判决结案多；四是审限变更情况呈增长趋势且原因多样。在疑难复杂离婚案件中审限附加最多达 1082 天。家事审判被赋予多重职能期许，审限制度像无形的手卡住脖子，现实审理周期与预设审限难以衡平。①

（二）隐形超审限现象多发

审理周期较长案件在审结时未必显示超审限结案，法官可以通过"技术处理"掩饰实际超审限的情况。隐形超审限，是指在审判系统中显示因公告、鉴定、调解等事由扣除审限，使系统中显示审理期限未超过法定审限，但实际上不存在法定或合理扣除审限的事由。该现象不以案多人少地区法院为限，如宁夏固原中级法院 2016 年 3 月组成了隐形超审限案件专项督查小组，对 3 年长期未结案件和扣除、延长、中止审限的案件检查，两级法院共计 166 案隐形超审限。②

隐形超审限是普遍现象，主要包括以下问题：

1. 变更审限事由的模板化

法律规定在特殊情况下可变更审限或变更程序，但具体变更事由不明确，现实中存在扩大适用现象。以发达地区 Y 法院为例，在审判管理系统中随机抽取变更过审限的 500 件一审民商事案件，发现共采取变更措施 782 次，其中当事人申请调解 412 次，占总案件 82.4%；中止诉讼 41 次，占 8.2%；评估鉴定 97 次，占 19.4%；公告 86 次，占 17.2%；其他事由 187 次；事由多样且同一案件可能出现多次。此外除传统扣除审限事由外，当事人申请调解扣除审限占

---

① 参见王春霞：《建立家事案件弹性审限制度》，载《中国妇女报》2016 年 6 月 20 日。

② 参见李军：《让公正不再迟到——宁夏固原中院治理隐形超审限案件纪实》，载《人民法院报》2017 年 11 月 30 日第 4 版。

比最多,但通过抽调相关卷宗发现,该调解申请多体现为笔录确认,通过向多名法官了解,表示多为笔录模板并非当事人主动申请。

2. 变更审限手续的形式化

扣除审限和延长审限的审批权通常由院级领导掌握。就审批的方式和标准,有学者提出涉及审判部门之间的利益协调,存在扣除审限及延审把关不严或是手续不齐整情况。大部分法院对变更审限手续有严格的程序性要求,但形式化居多。即先由法官提出申请,庭长和分管院长依次签字批准,程序性要求高于实质性审查。

(三) 审限困局的不良影响

审限内无法结案易引发当事人质疑。[①] 审限困局违背效率原则降低司法公信力,更影响法律精神的实现。[②] 审限在逻辑上要求法官对诉讼程序的展开及其结果负责,与当事人主体性及自我责任原理冲突。[③] 延审手续入副卷,不属于当事人查阅范围,当扣除审限和延审规定不明晰及公示不及时,恒定的3个月或者6个月经过,当事人便推定法院违反法律规定超期结案,将矛盾转嫁至法官作风问题及司法公信力不足。[④]

在疑难复杂案件中,审限压力迫使法官在未完全查清事实时就仓促结案,导致发回改判风险,不仅降低司法公信力,还延长当事人获得判决利益的时间,影响实体公正和程序公正的实现。

上述情况也不利于实现法官专业化,难以保障职业安定感。以Y院为例,200名员额法官就"案件审理主要压力来源"填写问卷时,近半数法官选择了审限控制。

Y院商事审判庭法官人均未结案过高情况突出,少则300件以上,多则500件以上,平均400件左右。证据交换在承办法官收案后3个月至6个月,第一次开庭至少6个月甚至一年。排庭晚已成为无法逾越的审限内结案第一障碍,程序违法风险加重法官心理负

---

① 参见山东省高级人民法院审判管理办公室:《强化节点控制提升审判效率的思考》,载《山东审判》2015年第31卷226期。

② 参见 [美] 波斯纳:《正义/司法的经济学》,苏力译,中国政法大学出版社2001年版,第98页。

③ 参见王亚新:《实践中的民事审判(续)——四个中级法院民事一审程序的运作》,载《现代法学》2003年第6期。

④ 参见柴靖静:《论审限制度约束行为的主体》,载《法律适用》2014年第8期。

担,亦产生人才流失风险。实践中,极少有法官消极怠工拖延案件审理,大部分案件审理周期过长除案件本身复杂外,多因案件较多导致。法官实际受到来自当事人及法院内部管理要求高效率结案的双重压力,法官并不希望承办的案件长期未结案。

二、追本溯源:一审民商事案件审限困局原因分析

(一) 审限制度规定分散且未与时俱进

民商事案件数量激增,当事人的司法需求增加,法院需要对司法需求予以及时回应和合理满足。刚性审限难以契合案件体量,各种关于审限的细化规定出台,但较为分散,法官存在认知不足问题。审限制度中,除简易程序、普通程序相关基本规定外,还有延长、变更等实务操作层面的具体规定,法官存在不规范适用审限的情形。

如2018年最高人民法院出台了《关于严格规范民商事案件延长审限和延期开庭问题的规定》,对延审限制、审限公开、审限责任等方面再次予以明确规定。

2019年3月28日,最高人民法院出台《关于修改〈最高人民法院关于严格规范民商事案件延长审限和延期开庭问题的规定〉的决定》,明确了《民事诉讼法》第146条规定的其他应当延期的情形是指因不可抗力或者意外事件导致庭审无法正常进行的情形;明确了普通程序延期开庭不超过两次,简易和小额速裁程序延期开庭不超过一次,并就简易程序的适用作出了明确规定。

虽然上述精细化改革有助于缓解审限困局,但刚性审限无法适应当前案件体量的问题依旧严峻,审限制度必须改革。

(二) 法官权力缺乏有效监督

当事人对判决结果的渴求程度决定了期待监督法官应用程序制度的正当性和合法性。然而,现有审限变更仅为"有特殊情况需要延长的,由本院院长批准",什么是"特殊情况",法律规定不明确,审限延长理由的判断权由法院独享。2010年最高人民法院颁布的《法官行为规范》第37条规定,案件不能在审限内结案,应当在审限届满或者转换程序前的合理时间内,及时告知当事人及其他诉讼参加人不能及时审结的原因。法院决定延长审限只告知当事人即可,当事人缺乏异议救济程序,审限延长制度具有典型的职权主义

色彩。①

（三）当事人不当行权消耗审限

我国诉讼理念经历职权主义向当事人主义过渡时期，法官对诉讼控制集中在程序方面，就诉讼进程的实质推进，当事人的作用毋庸置疑，法官的作用则实质弱化。但作为主角的当事人未充分重视权利义务，产生审限不当消耗：一是无效送达，如原告提供被告地址和联系方式错误，法院要求原告重新提供导致多次送达；二是无视举证期限，民事诉讼法修改后证据不关门，一旦当事人提交对案件有实质影响的证据，法官需再次开庭质证，查清事实；三是庭审准备不足，在仅有委托代理人出庭时，法院常就待查事实未在庭前核实清楚而给予新的核实期，虽通常释明逾期法律后果，但仍有拖延核实期间或恶意提举新证据的情形。当事人不当行使权利导致审限无效消耗，我国民事诉讼制度已处于向当事人主义结构转型过程，② 审限制度不应只限制法官而不限制当事人。

三、制度创新：一审民商事案件复合审限制度尝试

修改审限首先考虑在不至于与当事人主义诉讼结构相冲突的前提下尽量做到防止迟延和提高效率，并非一味求快。③ 在现行审限制度基础上可适度修正法定审限并允许特殊类型案件"合意审限"的有限适用。

（一）法定审限期间的类型化区分

不同类型的案件适用不同审限在域外早有尝试，如美国国会于1990年通过主旨之一为防止诉讼迟延、提高审理效率的民事司法改革法（Civil Justice Reform Act of 1990），对相当于联邦法院组织法的联邦法典第28编（Title 28, United States Code）作了修改，确立法官根据案件类型或性质制定包括程序进展日程在内的管理计划，以

---

① 参见刘家良、侯艳芳：《民事审限延长制度探析》，载《理论学刊》2005年第1期。

② 参见王亚新：《我国民事诉讼立法上的审限问题及修改之必要》，载《人民司法》2005年第1期。

③ 参见王亚新：《我国民事诉讼立法上的审限问题及修改之必要》，载《人民司法》2005年第1期。

及尽早制定各种动议期限的原则。①

民商事案件复杂多样,法律关系及案情的不同导致审理周期不一。经过对Y院115件超过或将超过3年的长期未结民事案件统计分析发现,其中合同纠纷35件,医疗损害纠纷23件(含侵害患者知情权同意权纠纷1件),继承10件、离婚3件、分家析产4件,劳动争议5件,其他类型22件。医疗损害纠纷及家事纠纷占比高。审理周期较长的案件集中在医疗损害纠纷、家事类案件和部分合同纠纷,其中医疗损害纠纷案件审理周期长很大程度上由于鉴定耗时,家事纠纷掺杂情感诉求,很难仅判决就案结事了,合同纠纷因囊括范围广,证据庞杂,在证据不关门情况下事实查明需较长周期。区别于刑事案件有公检前期程序,民商事一审案件作为初步程序,证据取得和认定过程更像一个"海选"过程。很多案件除法律关系复杂外,还掺杂其他因素,如婚姻家庭等家事类案件,不仅处理财产分割,还涉及人身关系等法理之外、情理之内纠葛,各类型案件之间在审理逻辑、价值考虑等均有不同,案结事了才是最终目的,甚至有人大代表提出在家事等类型案件中实行弹性审限。② 民事案件范畴内差异如此,商事案件类型化差异同样客观存在。因此在现有审限制度基础上可探索根据案件类型区分审限规定,改变一刀切设置。

具体以案由、案情作为划分标准,在规定基础审限要求之上,根据不同案由和类型进行审限长短区分,如简易程序案件从3个月延长至6个月,或者增加延审规定,普通程序审限适当放宽突破6个月规定,③ 并由立法予以确认。

审限长短受案情复杂程度的影响,案由(类型)是认定是否复杂的基础条件。经向56名民事法官和31名商事法官以问卷及访谈形式调查案由对复杂程度的影响,建议民事一审审限长短可做如下排序:家事案件>合同纠纷>医疗损害纠纷>侵权责任纠纷>物权纠纷>人格权纠纷。商事一审审限长短可做如下排序:合同纠纷>公司类纠纷>证券纠纷>保险纠纷>民间借贷纠纷等。但上述建议

---

① Public Law 101-650; December 1, 1990.

② 参见王春霞:《建立家事案件弹性审限制度》,载《中国妇女报》2016年6月20日。

③ 参见王亚新:《我国民事诉讼立法上的审限问题及修改之必要》,载《人民司法》2005年第1期。

标准并非绝对，仍存在地域、法官素质等因素影响。

为综合评价，还应在案由基础上结合案情影响因素，以区别案件难易程度。法官可就具体案件情况提交审理计划，类型标准结合复杂程度确定审理周期，该周期不得超过前述立法延长后审限。经调研，下列因素影响案件难易及审理周期。

表1 影响案件难易及审理周期的因素

影响因素	权重
案由、案件类型	30%
标的额	8%
法律关系是否复杂	15%
事实认定是否困难	15%
是否存在送达障碍	4%
证据数量、是否需要大量调查取证	8%
当事人人数（是否需要追加第三人）	4%
当事人间矛盾是否激烈	2%
诉讼程序是否复杂（保全、鉴定、评估、审计）	8%
是否具有应中止情形	4%
是否具有影响审限的其他情形（如政策性因素）	2%

有增必有减，在繁简分流改革推进下，可对速裁案件压缩审限，比如将速裁审限压缩至一个月，实现效率优势，建立立体审限。

（二）合意审限的提出

现代司法理念给予当事人尊重，赋予其权利请求、事实提出、举证质证等主导权，但影响力未达合理程度。诉讼更应理解为当事人与法院组成"诉讼作业共同体"过程，当事人是程序选择和程序推进的重要组成部分，而非完全机械配合法官，当事人应享有部分诉讼程序的主动性和能动性，甚至合理约束法官行为。[①]

日本民事诉讼制度中的"计划审理制度"值得借鉴，即双方在法院主持下确定审限及每阶段审理任务并形成计划审理协议。这一

---

① 参见唐力：《民事审限制度的异化及矫正》，载《法制与社会发展》2017年第2期。

制度本质是法院将当事人纳入有权程序管理的范畴之内,在保障法官审判权前提下,充分考虑当事人平衡选择程序利益与实体利益的"适时裁判请求权"的实现。就审限及审理任务达成合意,实则是当事人行使程序管理权的表现,当事人和法官都能成为推进诉讼的积极主体,并形成相互监督。① 我国可探索在特定类型案件中适用合意审限,即由当事人提出放弃法定审限或者将合意审限申请递交法院,法院及时告知对方该申请情况,当双方达成合意时,法院确认启动合意审限。

笔者认为下列案件可根据不同特点适用合意审限:一是家事类案件。其不仅包括法律关系,还关乎情理,可考虑赋予当事人双方对审理周期更大选择权,以期化解家庭矛盾。二是合同纠纷。契约的本质是双方合意,双方基于合意签订合同,形成合同关系,当纠纷发生时,也应给予当事人契约精神的延续,以双方可选择方式确定审限。三是标的额较大的纠纷。标的额较大的纠纷通常存在更为复杂的法律关系、更难认定的法律事实,该类型案件通常不易在6个月内审结,合意审限能有效促进当事人的诉讼配合。

下述案件不适用合意审限:一是涉及国家利益、社会公益、第三人利益的案件;二是涉及政治敏感因素的案件;三是社会关注度高的案件;四是群体性案件。

为考虑司法资源饱和度,合意审限不得短于法定审限。合意审限系诉讼契约,因审限影响作用于当事人,当事人选择较长审限对法院无本质影响,合意审限的效力理论上可及于受案法院。

20世纪90年代创立审限制度时并未实行双休制度及带薪休假等制度,工作日远多于现在。在现有审限规定基础上,可以创新探索工作日代替自然日的计算方式,即:普通程序审限6个月,修改为180个工作日;简易程序审限3个月,修改为90个工作日。② 此外,即便坚持现有规定,180个工作日以自然月计算约为8个月左右,权宜之计也可尝试将现行6个自然月延长至8个自然月,以改变现有审限紧张的现状。

---

① 参见[日]小林秀之:《平成十五年改正民事诉讼法的要点》,新日本法规出版社2003年版,第13页。

② 参见陈昶屹:《司法改革背景下我国民事一审审限制度的修正与路径》,载《法律适用》2016年第9期。

四、规范探索：一审民商事审限变更的标准化和运行的精细化、可视化

（一）审限变更的标准化设置

1. 增加扣除审限的客观影响因素

现代审判管理工作通过电子审判系统对案件进行管理。通过调研发现，北京、上海、重庆、深圳等审判系统中审限扣除事由较少，某些法定事由并未列入，在公告、鉴定、管辖权异议扣除审限事由中虽然事由符合法律规定，但扣除期间起算时间节点往往存在差异，除正常扣除审限情形外，当事人申请庭外和解期间、当事人同意延长调解期间成为隐形超审限的主要情形，比如通过格式笔录方式在开庭笔录尾部加入是否同意调解扣除审限，当事人双方回答同意字样，一旦当事人在笔录签字，即视为当事人同意扣除审限，而庭审中并未就该条款明确说明。所以，审限扣除事由的标准化改进不仅包括将法定事由经审判管理系统确认和列明，供法官恰当点选，还应新增合理扣除审限事由：

（1）保全结果等待期间。原告申请保全后为避免被告转移、隐匿财产，法院待保全结果返回才向被告送达开庭材料。承办法官不直接负责保全而是移送保全部门。以 Y 院为例，因由专门部门进行保全，从保全裁定作出、保全手续移送至保全行为作出和保全结果反馈，可达 3 个月以上，保全外地财产可长达半年以上。

（2）法院调查取证期间。民商事案件尤其家事案件，涉及大量调查取证，而相关配合查询机构回复需要周期，该期间属于法院不可控期间，应予扣除，包括银行账户查询、外地社保及税务机关回函等。

（3）常规以外送达期间。公告作为拟制送达方式已明确为扣除事由，但公告是最后手段，此前多轮送达已致审限消耗。非公告案件尤其个人被告案件，若原告提供的联系方式有误或被告地址变更，则导致无效送达，应考虑扣除期限。①

（4）追加当事人期间。案件审理过程中如果追加当事人，需重新送达，给予举证期及答辩期，应考虑扣除审限。

（5）其他非法院职能事项，如鉴定意见复议、复核期间等。

---

① 参见陈莉：《民事诉讼中受送达的义务属性及其制度建构》，载《法律适用》2017 年第 21 期。

审限扣除合理化和规范化,能有效规制法官行为,真正保护当事人合法权益,避免草率裁判。

2. 增加扣除审限的主观影响因素

客观因素外亦需考虑主观影响因素,当法官确有合理事由影响审理时间时可人性化对待,在法官履行法定审批程序后可扣除审限,包括以下几种情形:

(1) 病假期间。尤其是需住院等影响正常出勤的严重病情,应提交诊断单、病假单,以进行合理性审批判断。

(2) 休假期间,包括年休假、探亲假、婚丧假等。

(3) 学习和培训期间。法官离不开业务培训,但在审判压力下对培训爱恨交加,培训意味着牺牲更多休息时间补足审判任务,从法官职业养成考虑,应从审限制度保障。

(二) 审限运行的精细化管理

智慧法院精细化管理模式下,通过节点控制案件审理流程,并作为审判评估考评系统。① 具体实现路径如下:针对不同节点进行时间设定,将民商事案件根据通行模板拆分为庭前、庭审、结案三个阶段,包括送达、追加当事人、鉴定、开庭、调查取证等 14 个固定节点、可变节点,以及全程 54 个具体节点事项(体现工作规范要求和工作量情况)。系统中设置节点建议时间和节点事项完成时间,固定节点完成才可进入下一节点,并需记录具体节点完成事项及时间。

表 2 具体流程节点及时间控制

阶段	节点	具体事项	参考时间
庭前阶段	承办确认	案件由立案庭至审判庭/室由庭长分案至承办法官审判系统内	立案开始起算 7 日内
	送达	电话通知领取材料	承办案件后 3 日内需首次拨打送达电话,15 日内完成送达
		首次拨打电话具体时间	
		多次拨打电话具体时间	
		拨打电话次数	
		当事人未如约领取情况及反馈	

---

① 参见胡仕浩:《如何完善审判监督管理和院庭长办案机制》,载自"法影斑斓"微信公众号,2017 年 4 月 18 日推送。

续表

阶段	节点	具体事项		参考时间
庭前阶段	送达	短信送达系统短信通知领取材料	短信发送时间	电信送达未取得联系即启动，10日内完成送达
			回复情况	
		司法专邮送达	首次邮寄时间	鉴于司法专邮送达多为电话或短信未接通或不来领取，首次司法专邮送达时间应为电话、短信送达未果后第二日启动，10日内完成
			多次邮寄时间	
			签收时间	
			邮寄一个地址及多个地址情况	
			退回情况及具体时间	
		公告送达	办理公告手续	穷尽前述送达方式后第二日启动
			移送公告部门	
			公告刊载时间	
		送达材料包括起诉书副本、应诉通知书、举证通知书、权利义务告知书、地址确认书、开庭传票等，送达方式的顺序应为电话、短信、司法专邮、公告，但短信送达并不常用		
	证据交换	交换证据		建议在送达案件后20日内完成（但如果法官排期确实无法达到应予合理考虑）
		开质证庭（证据较多的复杂案件中适用）		
	调查取证	依职权调查取证		知晓调查事项后5日内启动
		依申请调查取证		
	追加当事人（原告、被告、第三人等）	原告申请追加		建议决定追加后10日内追加完毕（但如有送达障碍，按前述送达规则，期限顺延）
		法院依职权追加		
		列明追加诉讼参与人的数量		
		列明追加诉讼参与人是否在外地		
	保全	收到申请后通过询问确定原因及财产线索		在提供担保后5日内作出裁定，裁定采取保全措施的在5日内开始执行；情况紧急的48小时内作出裁定，裁定采取保全措施的立即开始执行
		释明保全期限和到期日及续保权利		
		载明移送保全时间及程序事项		
		及时将保全裁定、保全结果送达当事人		
	先予执行	审查先予执行条件		自审查完成5日内作出

续表

阶段	节点	具体事项		参考时间
庭前阶段	开庭审理	简易程序审理	明确告知简易程序审限	理想状态为承办案件后1个月内，但实际受到法官庭审排期等因素影响，应予合理考虑
			明确举证期限并释明后果	
			提高简易程序一庭审结率	
		普通程序审理	明确告知简易程序转普通程序及原因	
			告知普通程序审理期限	
			明确举证期限并释明后果	
			诉讼费补缴	
	调查取证	依职权启动		知晓调查事项后5日内启动，调取证据完毕后回到庭审程序
		依申请启动	告知诉讼法调查取证规定	
			限定书面申请提交时间，明确调查取证地点、方式及证明目的	
			释明失权概念	
	追加当事人（原告、被告、第三人）	依原告申请追加诉讼参与人		建议决定追加后10日内追加完毕，完成送达，之后回到庭审程序
		法院依职权追加		
		列明追加诉讼参与人人数		
		列明追加诉讼参与人是否在外地		
	勘验	现场勘验		7日内完成
	评估相关	专业机构审计		自决定启动上述程序5日内移送相关部门
		专业机构评估		
		专业机构进行资产清理		
	保全	收到申请后通过询问确定原因及财产线索		同诉前保全程序
		释明移送保全时间及程序事项		
		载明移送保全时间及程序事项		
		及时将保全裁定、保全结果送达当事人		

续表

阶段	节点	具体事项	参考时间
	备注	确定承办、送达、开庭审理为固定节点，直接影响是否进入下一阶段节点，而证据交换、调查举证、鉴定、追加当事人等为可变节点，随机发生，各阶段均有发生可能，不影响节点进程，但应认真完成，并进入审判管理系统列明具体事项中内容，体现审限进展情况	
结案阶段	判决	简易程序	开庭后5日内作出判决
		普通程序	开庭后3日内完成合议，7日内作出判决
		专业法官会议讨论	开庭后15日至30日内完成
		审判委员会讨论	开庭后20日至60日内完成
		上级法官汇报	开庭后30日至60日内完成
	判决送达	电话通知领取	判决作出后第二日电话通知领取判决，5日内送达
		司法专邮送达	判决作出后第二日邮寄，10日内送达
		公告送达	判决作出后第二日通知办理公告，5日内办理公告
	调解	出具调解书	贯穿始终
	撤诉	原告撤诉后及时告知被告	贯穿始终
	归档	未上诉案件及时归档	案件审结未上诉3个月内完成归档
	转移上诉卷	上诉案件及时移转	收到上诉状及时送达被上诉人，被上诉人收到上诉状15日答辩期后移转至上级法院
	备注	调解、撤诉是全程灵活节点，从任一阶段可直接进入结案节点	

当出现审限变更事由时应录入系统,通过节点控制体现变更情况,审限变更可导致所受影响节点环节暂停,为保证客观性和科学性,领导可根据综合情况审批审限申请。节点控制的审判管理精细化系统亦可作为辅助领导督促审限过程以及限制审限随意变更的工具,用信息化方式规范审理节点和审限分配,由智能化系统对审限环节打分,可将以案件审限进行评分为基础的综合评估纳入法官考评,改变审理工作体现不明确、审限无法考评现状,真正实现科学技术手段对司法能力的提升保障。①

(三) 审限运行的可视化管理

1. 审理流程和审限变更的内部留痕科学审批机制

审限节点控制和变更留痕亦能客观体现审理进程,反映法官工作情况,并发挥科学评估机制的评价作用,成为有效管理监督方式。智慧法院建设是通过技术交融手段加强节点留痕提高领导决策的契机。② 以北京地区为例,各级法院统一使用的智汇云审判系统包括程序节点分配,如开庭、扣除审限、文书上网等侧重于案件的实质性推进的大节点事务均可直接在系统中操作,但如追加当事人、短信送达、电话通知、司法专邮等事务分属不同记录系统或者没有系统记录,无法体现。归集司法数据时,应注重数据分析并发现数据之间的联系与价值,使数据从单纯的信息处理手段变成重要的治理资源。③ 通过整合资源继而形成集程序性节点和事务性工作为一体的审判管理综合系统迫在眉睫。

2. 审理流程和审限变更的外部公开监督机制

司法公开发挥特有功能监督审判权的正确行使,审限公开等倒逼提高审判规范。④ "互联网+司法"实现司法多维度提升。⑤ 上文

---

① 上海市第一中级人民法院课题组:《智慧法院建设评价体系之实证分析与完善建议》,载《中国应用法学》2018年第2期。

② 参见胡昌明:《中国智慧法院建设的成就与展望——以审判管理的信息化建设为视角》,载《中国应用法学》2018年第2期。

③ 参见蒋惠岭:《司法大数据能为我们带来什么》,载《人民论坛》2017年第36期。

④ 参见江必新:《国家权力科学管理视阈下的审判管理》,载《法律适用》2017年第5期。

⑤ 参见范明志:《网络司法公开:"互联网+司法"改革的起跑线》,载《人民论坛》2018年第11期。

设计审判系统的节点控制和留痕方案，还应在不涉及审判秘密前提下向当事人公开审理流程、进展节点、事务工作完成情况等内容，类似执行 App，申请执行人通过 App 即可查询执行进程。审理流程同样可以通过信息化手段展现，给予当事人查询渠道，改变信息不对等现状，避免当事人因不了解案件审理情况而对法官产生不当猜疑。

另外，审限变更应及时公开。最高人民法院《关于严格规范民商事案件延长审限和延期开庭问题的规定》将案件立案时间、审理期限，扣除、延长、重新计算审限，延期开庭审理的情况及事由纳入应当通过互联网向当事人及其法定代理人等公开事项，并规定当事人及代理人有异议，可依法申请监督。当事人有权要求法官及时行使裁判权，并对消极行使提出审限异议：一是要求说明。当事人就法官提出审限扣除、中止及主管院长批准审限延长的法定事由及起止时间提出质疑，要求说明。二是复议程序。当事人在5日内可对审限变更提出书面异议，法官在收到该书面异议后5日内通过审判管理系统进行审限变更复议程序，审批领导核查异议，如认为确属不当应恢复正常审理期间，如确属正确变更应核准审限变更，法官收到书面异议5日内书面告知当事人复议结果。复议情况在审判系统留痕，书面材料应入卷备查。

应向当事人适度公开案件相关信息：一是该案件在民商事审判部门中的未结案件顺序序号，即该案在审判部门中未结案件类别项下的立案时间排序及在承办法官案件库中未结案类别立案时间排序；二是承办法官庭审排期工作安排，一方面透明展现法官工作情况有助于提高当事人对法官工作认同感，另一方面加强当事人责任感，树立节约司法资源意识，提高审结率。

审限管理的本质在于对审判权运行的保障和审判规范的监督。提高审判效率应进行多维考量，法官主观努力加之优化审限管理及加强审限监督能成为破冰利器。此外，还可借力关联改革机制，如诉前调解+速裁机制、要素式审判方法等，最终实现在每一个案件中满足人民司法需求的及时性和公正性。

论互联网法院的专门性

余　歌[*]

随着科技的发展，新技术在民事诉讼中的运用成为热门话题。其中，围绕互联网法院展开的讨论又成为这一主题之下最为重要的子话题之一。众所周知，围绕互联网法院开展的所有研究均绕不开一个前提性问题，即互联网法院的定位。然而，这一问题学界却少有讨论。值得注意的是，虽然目前没有探讨互联网法院定位的专门研究，但这一问题却因其作为探究互联网法院制度构建的前提与基石，导致意欲参与互联网法院问题的研究者都不可避免需要在论文中表明自己的态度。无论研究者的回答是什么，这些回答大都是作为研究中不太重要且不证自明的"公理性"结论在引言或结语中出现。互联网法院的定位是什么，对这一问题的回答好像与互联网法院研究的完整性无涉。

那么，互联网法院的定位问题真的不会影响围绕互联网法院开展的研究吗？如果给出肯定的回答则会违背学术研究的常识。实际上，对互联网法院定位持有的不同观点不仅影响了学者们开展研究的方式、方法，还影响着研究的结论。此外，针对"互联网法院定位"的研究是只要得出一个概括性结论就足够了吗？如果给出肯定的回答，则违背了诠释学发现真理的一般方法，即完整地阐释意思、弄清事物的内涵与外延，通过阐释一步步逼近真理。[①] 需要明确的是，互联网法院的定位作为一个系统问题，与专门法院设立的条件、互联网法院的职能息息相关，更关系到我国互联网法院制度设计的

---

[*]　中国政法大学诉讼法学专业2019级博士研究生。

[①]　根据海德格尔与伽德莫尔诠释学的观点，这种对内涵与外延进行解释，不断逼近真理的方法是人文学科专用的方法。虽然在后来的诠释学界，国内外的研究者试图将诠释学拓展到自然科学领域以扩展作为方法的诠释学的外延，仍不影响诠释学作为一种人文科学的普遍研究方法在法学领域的使用。

蓝图。

因此，本文在学界现有研究的基础上，对互联网法院的定位进行系统性的探讨。结合我国专门法院设立的一般条件，探讨互联网法院作为专门法院需要满足的条件以及未来可能的职能定位，并从受案范围与管辖规则两方面提出相应的制度改良建议。

一、现有研究的两个问题

立足前人研究，并尝试在现有研究的基础上作出突破、弥补现有研究的不足，是作出有价值研究的重要途径之一。① 为保证研究的严谨性，本文在对互联网法院的定位进行分析之前，有必要对学界现有研究情况进行总结回顾。具体来说，在学界为数不多的讨论中，关于互联网法院定位问题的研究主要存在两个具体的问题：一是对于互联网法院的定位未形成统一观点，且现有论证存在形式逻辑漏洞；二是进行制度设计时，互联网法院定位与制度改良建议脱节，导致研究者提出的改进策略存在偏差。

（一）观点不统一且存在形式逻辑漏洞

从现有文献看，研究者对互联网法院的定位主要有两种不同的观点：一是主流观点，即明确认为互联网法院的定位是专门法院。持这种观点的研究者大多会在文中点明观点，有的虽然没有明确说明，却能从上下文中看出作者的倾向。例如，认为互联网法院是新事物、具有独特性，需要设置特定的诉讼规则等。二是认为现有互联网法院不能称为专门法院，但对于互联网法院未来的定位如何态度模糊。持这种观点的研究者多存在于进行实证研究的学者中，这些研究重点在于呈现和归纳现实中的问题和规律，虽然会在文末提出自己的制度改良意见，但大多数采用疑问和商榷的口气，对互联网法院究竟应该如何定位态度模糊。

虽然实务界与理论界关于互联网法院定位的主流观点是"互联网法院是专门法院"，然而这些声音大多以孤立的观点出现，且几乎

---

① 学术研究要在现有研究的基础上进行突破与创新已成为学界共识。近几年也有不少学者撰文讨论法学研究如何学术化的问题，有学者将学术史方法作为法学研究的基本方法，认为只有在用好作为基本方法的学术史方法之后，才能谈论其他的方法。参见魏建国：《法学研究如何学术——学术史方法的重申》，载《北方法学》2014年第2期。

不会提供论据。① 在少量提供论据的文献中，论据与论点之间的关联性、证明力不足，不符合形式逻辑的要求成为主要问题。具体来说，目前学界在说明"互联网法院具有专门性"时，没有注意到"专门性法院成立"的诸多条件实际上是"串联关系"而非"并列关系"。② 这也导致目前针对"互联网法院具有专门性"展开的论证更像是针对预设前提作出的背书与注释，而不是科学推演得出的结论。

下文将以认为"互联网法院是专门法院"这一观点的说理为例，分析论证说理不符合形式逻辑的现象。通过文献检索发现，目前学界针对"互联网法院具有专门性"这一结论的研究，追根溯源来自于中南财经政法大学的刘树德教授。刘树德教授在2018年提出了互联网法院应该成为专门法院的六个理由。③ 这些结论经其他文献引用，成为目前仅有的为互联网法院专门化提供说理依据的文献。仔细考察这六个理由，会发现它们在论证互联网法院具有专门性时证明力尚不充分。

---

① 实务界观点：2018年《人民法院报》曾刊登文章对刚设立的互联网法院的性质进行说明，将其定性为"逐步向专门法院过度的改革'试验田'"。参见陈琨：《正确认识互联网法院的三个维度》，载《人民法院报》2018年5月22日。理论界观点认为互联网法院具有专门性。参见肖建国、庄诗岳：《论互联网法院涉网案件地域管辖规则的构建》，载《法律适用》2018年第3期；刘树德：《关于〈人民法院组织法〉专门法院设置的若干思考——立足互联网时代网络强国战略的背景》，载《法治研究》2017年第4期。

② 本文强调专门法院的设立条件是串联条件而非并列条件，意在强调只有将设立专门法院的条件"串联"起来、同时满足、整体思考，才能判断某一类型的专门法院究竟是否符合设立条件。如果认为以上条件是并列条件，则意味着只需满足一个条件，便能设立专门法院，这显然是与现实情况不符的。

③ 其一，网络案件事实生存空间的特殊性，网络空间有别于现实的物理空间；其二，案件证据及其载体的特殊性，电子证据及其载体有别于现行诉讼法所规定的证据及其形式；其三，网络法庭布局的特殊性，诉讼参与人并不一定集中于同一空间之内、面对面地参与庭审，而是可以通过互联网平台来进行庭审；其四，网络案件（线上）诉讼规则的特殊性，网络案件的管辖原则、审判方式、送达方式等均不同于线下诉讼规则；其五，网络法院运行司法环境的特殊性，司法的公开性、司法民众参与监督的广泛性均有别于现行的法院；其六，网络法院产生效能的特殊性，即随着对智慧法院建设要求的提高，生成大数据的能力将显著提升，从而带来数据知识管理型法院司法生产力的提高。

借用形式逻辑中充要条件和假言命题的相关知识,① 可对其中的原因进行解释。主要原因在于,现有论证仅找到了"互联网法院作为专门法院"的一个必要条件,在缺失其他必要条件的情况下,得出的命题一定是假的。② 具体来说,现有的六个理由从网络场域与现实生活的区别、证据收集与处理的方法、线上诉讼的特殊形式与网络法院的社会影响几个方面论证了一个命题:涉网案件处理具有特殊性。当然,专门法院所管辖的案件自然是要有特殊性的,正如知识产权法院、海事法院等,均管辖着某一类与其他类型案件明显不同的特殊案件。然而,案件类型的特殊性是否一定会导致专门法院的设立呢?答案是否定的,因为并非每一类特殊类型案件都设立了专门法院进行管辖,这其中除了管辖案件的特殊性外,还需要满足其他条件。

用形式逻辑的语言来描述就是:现将"涉网案件的处理具有特殊性"定为命题 p,"互联网法院是专门法院"定为命题 q,上文通过六个理由论证互联网法院专门性的逻辑方法,可归纳命题为"如果涉网案件的处理具有特殊性,则互联网法院是专门法院"(如果 p,则 q)。由于 p 是 q 的必要不充分条件,前件推不出后件,则该命题为假。因此,以上六个理由所论证的命题"涉网案件处理具有特殊性"并不能单独推导出"管辖涉网案件的互联网法院是专门法院"这一命题,这也意味着目前学者们如果继续围绕涉网案件的特殊性展开论证,也无法对于探究互联网法院的定位作出进一步的贡献了。

这种论证逻辑上的乏力也反映在了从实证层面展开讨论的"反对方"研究中。③ 这部分学者在针对实证研究发现的问题提出意见

---

① 参见万高隆等:《法律逻辑学》,厦门大学出版社 2013 年版,第 32—48 页。
② 必要不充分条件,p 命题无法推出 q 命题。
③ 参见杨秀清:《互联网法院定位之回归》,载《政法论丛》2019 第 5 期;占善刚、王译:《联网法院在线审理机制之检讨》,载《江汉论坛》2019 年第 6 期;陈旭辉:《互联网法院司法实践的困境与出路——基于三家互联网法院裁判文书分析的实证研究》,载《四川师范大学学报(社会科学版)》2020 年第 2 期。

时，其结论多方向性与模糊性，充满了审慎与怀疑的态度。① 这说明现有互联网法院定位问题并没有得到科学完整的论证，研究者虽然发现了现存的问题，却无法在互联网法院定位尚不明确的情况下提出制度改良的确切意见。互联网法院的定位及其构成条件如同蓝图，为研究者们针对现有互联网法院存在的问题提出改良措施提供指引。因此，如果仅仅满足"涉网案件存在特殊性，因而有必要设置专门法院"的初步认识，放弃对互联网法院定位、互联网法院专门化的条件以及具体制度改良措施的思考，则会导致现有研究故步自封，无法有进一步的突破。

（二）法院定位与改良建议的脱节

现有研究中法院定位与改良建议的脱节可以概括为"目标与手段"的脱节、"蓝图与实施方案"的脱节。互联网法院的定位作为探讨互联网法院制度构建的蓝图，理应成为互联网法院诉讼规则构建的指向标，在互联网法院定位的基础上探讨涉网案件诉讼规则的构建。然而，现有研究中，部分研究在作为蓝图的"互联网法院定位问题"与实施手段的"诉讼规则构建"问题上并不能形成有效对接，导致互联网法院诉讼规则的构建缺乏针对性。

以目前讨论最多的"涉网案件管辖规则构建"为例进行具体论述。实际上，目前依托互联网法院开展的涉网诉讼规则研究成果中，除了在线诉讼规则（电子送达、远程审判等）的构建外，② 学者们探讨最多的就是涉网民事案件的管辖规则构建③。本文分别以两组主题词"互联网、管辖""网络、管辖"在中国知网（CNKI）进行检

---

① 这种审慎的研究态度在杨秀清老师的论文《互联网法院定位之回归》里表现得最为明显。这篇文章是国内可搜索到的针对现有三家互联网法院展开实证研究的开山之作，在归纳了互联网法院在案件管辖、案件审理全过程，与同级基层法院没有明显本质区别，导致互联网法院无法体现其专门法院的特征的结论后，呼吁互联网法院定位的回归。可能由于如何设立专门法院是个更为宏大的主题，这篇文章最终也并没有给出具体的回归方案。

② 参见北京互联网法院课题组张雯、颜君：《"互联网+"背景下电子送达制度的重构——立足互联网法院电子送达的最新实践》，载《法律适用》2019年第23期。

③ 依托民事诉讼法学开展的围绕互联网法院的研究中，管辖问题是高水平论文中必然会涉及的选题和内容。相比起送达、远程审判等规则的构建，管辖是更为传统的话题。

索,并选择只显示"核心期刊"与"CSSCI"期刊论文。经过人工筛选,得到探讨民事涉网案件管辖的期刊论文共102篇。通过分析这些论文发现,它们共同反映出这一领域研究的三个规律:一是涉网民事管辖问题的研究在学界常议常新,研究数量规律波动(见图1);二是互联网法院设立之前的研究范围明显大于互联网法院成立后研究成果的研究范围;① 三是部分研究成果呈现跨时间的同质化特征,如研究主题或研究结论完全一致等。以上规律都在说明单纯以涉网民事案件为研究对象,探讨涉网民事案件的管辖不仅不是新问题,而且是几乎找不到学术空白点的问题。

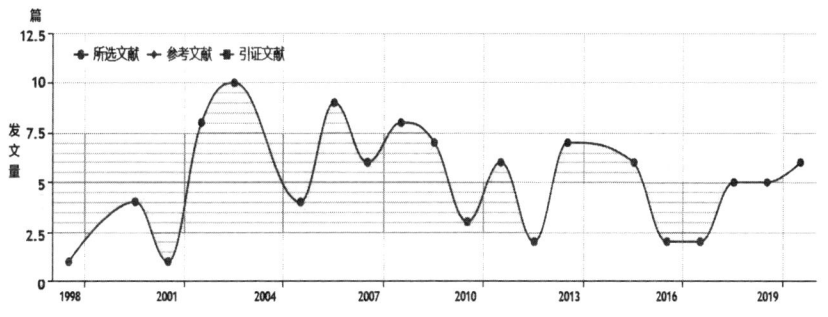

图1　CNKI涉网诉讼管辖规则构建研究检索情况

如果涉网民事纠纷的管辖不是一个新话题,那么为了避免现有研究成为过去研究的简单重复,必然要思考如下两个问题:当下面临的现实问题和过去是完全一样的吗?与过去完全一致的研究结论能够解决当下问题吗?从2017年后围绕互联网法院开展的管辖问题研究可以看出,当下开展的涉网案件管辖规则研究不再满足于单纯探究涉网案件或是网络空间纠纷的管辖问题,而是将这一问题与互联网法院结合在一起,变为互联网法院的诉讼规则探索问题。

然而,这种结合很大程度上是形式主义的结合。现有研究中,鲜有学者真的做到在实质上结合互联网法院对涉网案件管辖问题进行研究,大部分研究仍局限于原有涉网案件的管辖规则,探讨长臂

---

① 互联网法院设立前后,学界单纯就涉网民事案件的管辖进行的研究,无论是研究方向还是具体结论,都没有出现之前研究中没有涉及的内容。例如,之前学者们就涉网案件管辖中的网络公共空间治理、跨境管辖、长臂管辖原则、涉网案件地域管辖规则构建、民事诉讼法涉网案件管辖规则的理解等问题进行研究,现有围绕互联网法院开展的研究实际上没有突破过去的研究范围。

管辖原则、网络空间治理、"滑动的标尺"等具体规则。这种脱离互联网法院定位的涉网民事案件管辖研究是普遍性研究,其目的在于指导法院确定涉网民事案件的管辖法院,并没有专属于互联网法院的独特性。但互联网法院成立甚至作为专门法院出现后,再单纯讨论涉网案件管辖却丝毫不考虑自身定位的特殊性是不行的。只有将二者深度结合,才能保证研究得出的涉网案件管辖规则既能处理涉网案件,又能处理好互联网法院与其他法院的关系,减少或避免管辖冲突。也就是说,脱离"互联网法院定位"的互联网法院管辖规则,很可能会导致实际提出的改革策略与现实脱离,无法达成预期目标。

二、互联网法院何以专门化

针对现有研究存在的两个问题,本文接下来的研究思路必然是先对互联网法院的定位进行系统分析,再结合互联网法院的定位提出有针对性的制度改良意见。这其中,互联网法院定位问题又是需要重点论述的方向性问题。互联网法院是专门法院吗?如果是的话,除了案件的特殊性外,还有什么其他必须满足的条件呢?关于这一问题的回答必然要回到专门法院设立的一般条件上。

虽然学界关于专门法院设立的条件讨论不多,① 但还是能从探讨特定专门法院构建的文献中总结出专门法院设立的三个条件,即特殊性、必要性和可行性。② 这三个条件与不同的专门法院结合,表现出不同的内涵。下文将结合互联网法院的自身特性,对其作为专门法院的特殊性、必要性和可行性进行分析。

---

① 通过中国知网以"专门法院"为主题词进行检索,仅发现2017年刘树德教授发表于《法治研究》的一篇论文《关于〈人民法院组织法〉专门法院设置若干思考——立足互联网时代网络强国战略的背景》,就专门法院设置的条件进行了初步分析,并未发现其他与专门法院设置条件相关的有影响力的论文。大部分围绕专门法院展开的研究多依附具体的专门法院类型展开,探讨具体专门法院如知识产权法院、海事法院等建制,或是论证某一类专门法院设立的可行性与理由,如环境法院。

② 最早总结出这三个分类标准的是中南财经政法大学的刘树德教授。本文在对其他论述专门法院的文献进行研读的基础上,沿用刘树德教授的三个标准,并将其作为进一步分析的基础。

(一) 特殊性：以"诉讼标的"划分管辖范围

根据民事管辖的一般原理，"专门管辖是指某些特定类型的案件，只能由专门法院行使管辖权的制度"①。我国的专门管辖权由专门法院行使，然而我国的专门法院并没有脱离普通法院系统独立存在，而是存在于普通法院系统之中，仅在涉及专门案件时行使管辖权。因此，有学者将我国的专门管辖界定为："专门管辖实为一种事物管辖，即以案件性质不同而确定不同的管辖法院。"②关于这一概念中的"案件性质"该如何理解，学界目前有广义和狭义两种看法：广义上认为只要是表现案件特性的要素都可以纳入考虑范畴，狭义上则认为只能理解为诉讼标的。

本文认为，将"案件性质"理解为"诉讼标的"是更加合适的，主要理由有两个。一是虽然不少学者常热衷于归纳某类专门法院与一般法院不同的地方来证明其设立的必要性，但最后发现，似乎只有因为诉讼标的的特殊性而设立的法院才能一直保有其专门性。例如，通过"纠纷场域"特殊性而设立的铁路运输法院就已经完成了自身的历史使命，杭州互联网法院就是在原铁路运输法院的基础上建立的。二是专门法院的建立本质上都是将具有特殊法律关系的一类案件整合起来、统一管辖，以保证案件得到专业、科学的处理。例如，知识产权法院就是将知识产权案件集中起来管辖，海事法院就是将海事与海商事案件集中起来管辖，林业法院则是对与人林关系、森林管理相关的案件进行管辖。我国现有专门法院设立的本质依然是诉讼标的，而非简单由纠纷发生的场域来设立专门法院。

另外一个现实问题是，如果根据纠纷场域来划分案件则会在一定程度上消解互联网法院的专门性。由于涉网民事纠纷类型繁多，几乎涵盖了所有民事纠纷的种类，这样的划分势必导致互联网法院实际上成为了另一种形式的基层法院。此外，目前适合于涉网民事案件处理的在线审理机制已非互联网法院一家独有。2020 年的防疫期间更是将法院的在线工作机制向前推进了一大步，全国范围内不

---

① 王次宝：《我国民事专属管辖制度之反思与重构——以大陆法系国家和地区的一般规定为参照》，载《现代法学》2011 年第 5 期。
② 参见黄川：《民事诉讼管辖研究》，中国法制出版社 2001 年版，第 280 页。

少法院都已经开始了在线审理、电子送达等工作。① 当其他普通法院已经可以在线处理涉网纠纷地案件后,若是不能为互联网法院所管辖的涉网民事案件找出合理的理由,而成为一种不加选择的划分,可能并不能凸显互联网法院设立的专门性和科学性。

(二)必要性:案件处理符合"两便原则"

专门法院设置的必要性往往代表着设置某一专门法院之后能够带来特定的积极作用。那么,这种"积极作用"在讨论专门法院设置的过程中是否有其特定内涵呢?通过考察部分专门法院设立的文件可以发现,这里所说的"必要性""积极作用"与民事诉讼管辖理论中的"两便原则"有高度同质性。这其中的道理并不难理解,我国民事诉讼管辖理论虽多,但构建管辖规则时却在很大程度上与实践理性相关联,是否便利当事人诉讼与是否便利法院审判,成为检验我国民事管辖制度是否合理的试金石。② 那么,具体到本文所关注的主题——互联网法院如果得以专门化,它要达成哪些目标才能符合设置专门法院的"必要性"呢?

结合我国其他专门法院设置的实例,至少可以归纳出如下几个方面:一是提高法院的审判效率;二是提高审判水平和专业化程度;三是便利当事人诉讼,减少当事人的程序诉累。前两点在知识产权法院的设立与学者们论证环境法院设立过程中,都可以看出与之相对应的观点。从现有文献出发,目前建立专门的知识产权法院至少有如下两个意义:一是有利于解决两个"问题",即"地方保护主义"和"同案不同判"的问题;二是实现两个"节约",即节约"人力资源"和"程序资源"。当然,这两个意义推而广之到其他专门法院如海事法院、环境法院等也完全可行。③ 因为,"专门问题专门解决"自然意味着终结地方法院各自为政的局面,促进审判标准的统一,同时,专门化法院对某一类问题的集中管理还意味着对普

---

① 参见最高人民法院 2020 年印发的《关于新冠肺炎疫情防控期间加强和规范在线诉讼工作的通知》。

② 参见王亚新:《民事诉讼管辖:原理、结构及程序的动态》,载《当代法学》2016 年第 2 期。

③ 关于尚未设立的环境法院的必要性可参见:蔡守秋:《关于建立环境法院(庭)的构想》,载《东方法学》2009 年第 5 期;董燕:《从澳大利亚土地环境法院制度看我国环境司法机制的创新》,载《华东政法学院学报》2007 年第 1 期。

通法院法官工作量的"减负",毕竟除了专门法院的法官外,其他法官无须处理某类专门案件,也无须再学习此类案件的审判知识,变相提高了普通法院的工作效率。与之相对的,专门法院的法官对专门问题的专业化处理,自然也意味着案件处理水平的提高,工作效率和工作质量自然也会得到提升。

关于第三点便利当事人诉讼虽然在知识产权法院与环境法院的设立中并没有看到具体的文字描述,但便利当事人诉讼既然作为"两便原则"的应有之义之一,同时,由于涉网纠纷多呈现受害群体众多、管辖法院不好确定、原被告距离较远、证据难以收集等现实问题,因此,互联网法院一旦专门化,便利当事人诉讼自然成为其设立的目的之一。

(三) 可行性:可承担普通法院不能承担的工作

关于设立专门法院的可行性,可以从1982年围绕劳改单位是否设专门人民法院的请示答复看到法院系统对设立专门法院可行性的思考角度。从上述相关文件的主张可推出设立专门人民法院的条件:一是管辖的区域和人员不是固定的;二是存在跨省区、人员流动性大、发生案件无法确定管辖法院等情况。[①]

1982年2月10日,江苏省人大常委会通过了《关于在七个省属劳改单位设立专门人民法院、专门人民检察院的决定》。江苏省高级人民法院根据该决定在7个劳改单位筹建人民法院,报请最高人民法院批准。鉴于江苏省人民代表大会常务委员会决定在劳改单位设置专门法院涉及对《人民法院组织法》第2条中的"其他专门法院"的解释问题,最高人民法院就此向全国人大常委会提请审示,并认为:(1) 劳改农场不具备设立专门法院的条件。它管辖的区域和人员都是固定的,不存在跨省区、人员流动性大、发生案件无法确定管辖法院等情况。(2) 劳改农场是对罪犯执行劳动改造的机关,不宜设立专门法院或普通人民法院。1983年3月21日全国人大常委会同意最高人民法院的上述答复意见〔全国人民代表大会常务委员

---

① 参见刘树德:《关于〈人民法院组织法〉专门法院设置的若干思考——立足互联网时代网络强国战略的背景》,载《法治研究》2017年第4期。

会办公厅（83）常办秘字第 269 号批复］。①

最高人民法院关于专门法院设立的"可行性"条件，从某种程度上说也是专门法院设立"必要性"的延伸。毕竟跨区域管辖、集中管辖等等，都是为了进一步发挥专门法院的作用，提高案件审判效率和专业程度。因此，互联网法院要想成为专门法院，实现跨区域管辖是无法回避的。另外，最高人民法院强调"跨区域管辖"的必要性还从另一个角度说明了如果要设立专门法院，就必须有其他普通法院不能承担的特殊工作交给它来承担。这种要求在管辖上表现为"跨区域管辖"，也就是专门法院能够承担普通法院不能、不方便或无法完成的工作。这个特点在某种程度上可视为设立专门法院的本质条件之一，后文在探讨作为专门法院的互联网法院的形态时，这一条件是贯穿始终的。

三、作为专门法院的互联网法院

在论证了互联网法院作为专门法院的三个条件之后，接下来要面对的问题自然是：是否存在一种互联网法院形态能够满足以上三个条件呢？只有完成这个问题的论证，才算是真正对互联网法院的定位给出了完整回答。然而，这个问题却因为它要求研究者针对一种尚未存在于现实中的法院形态进行预测，导致学界常用的实证分析与理论归纳都无用武之地。② 要想回答这一问题，唯一可行的方法是对问题进行拆分：首先分析是否存在一种互联网法院的形态满足专门法院设立的三个条件；进而分析这种法院形态是否能够在现有司法体系中与其他法院和谐共存。如果对以上两个问题的回答都是肯定的，即可完成互联网法院具有专门性的论证。下文将从受案范围与管辖规则两个角度出发，尝试勾勒我国作为专门法院的互联网法院形态。在这一分析过程中，本文将结合现有三家互联网法院的

---

① 参见《最高人民法院关于应否在劳改农场设立专门人民法院问题的批复》，载 http://www.china.com.cn/law/flfg/txt/2006 - 08/08/content_ 7061377. htm，最后访问时间：2020 年 9 月 24 日。

② 实证分析只能对当下现存的现象是否合理给出回答，理论归纳只能根据现有现象或理论归纳出新的理论形态。因此，前一种方法只能告诉我们当下的互联网法院是不是专门法院，后一种方法只能告诉我们互联网法院要想成为专门法院，需要满足哪些条件，但它们都无法回答互联网法院是否能够成为专门法院的问题。

工作实际,从受案范围与管辖规则两方面提出有助于我国互联网法院专门化的诉讼规则。

(一)受案范围:新型案件与疑难案件

从专门法院设立的条件看,专门法院必然是要处理普通法院所不能处理、不便处理的问题,换言之就是处理新型诉讼与疑难案件。然而,现有互联网法院并没有实现以上两个目标。从目前三家互联网法院的审判实际看,互联网法院基本成为知识产权法院的一审法院(见表1);① 从最高人民法院《关于互联网法院审理案件若干问题的规定》中划定的受案范围看,② 互联网法院受理的案件多为数量庞大但简单的涉网服务合同、小额借款合同等,而目前疑难案件多发的涉网专利、商标纠纷与反不正当竞争法规定的涉网纠纷并没有规定在目前互联网法院的管辖范围中。

---

① 本研究对2019年北京、杭州、广州3家互联网法院的办案情况进行统计分析发现,知识产权案件在互联网法院的受案数量中占比很高,其中以北京互联网法院的情况最为典型:2019年处理的知识产权案件接近北京地区其他基层法院审理的知识产权案件的总和。同时,北京互联网法院处理的知识产权纠纷也占到了2019年受案数的2/3以上。从受理案件的情况看,北京互联网法院的职能与知识产权法院类似,最近北京互联网法院积极开发的北京版权调节平台更说明了这一点。参见北京版权调解平台,https://www.bjinternetcourt.gov.cn/qtmodel/index/fsjf.html,最后访问时间:2020年9月24日。

② 互联网法院集中管辖所在市的辖区内应当由基层人民法院受理的特定类型互联网案件,主要包括:互联网购物、服务合同纠纷;互联网金融借款、小额借款合同纠纷;互联网著作权权属和侵权纠纷;互联网域名纠纷;互联网侵权责任纠纷;互联网购物产品责任纠纷;检察机关提起的涉互联网公益诉讼案件;因对互联网进行行政管理引发的行政纠纷;上级人民法院指定管辖的其他互联网民事、行政案件。

表 1　互联网法院 2019 年度受案类型分析①

法院	受案数	知产纠纷	不正当竞争纠纷	合同、无因管理、不当得利	侵权责任	人格权纠纷	物权纠纷	证券保险公司票据有关纠纷	所在地其他基层法院一审知产案件
北京互联网法院	34133	26176	2	4859	3053	40	5	0	15539
广州互联网法院	12938	2232	1	10586	63	64	0	1	18805
杭州互联网法院	8327	3990	1	3821	153	324	0	0	5634

此外，互联网法院分别受理"北京、广州、杭州互联网法院集中管辖所在市的辖区内应当由基层人民法院受理特定第一审案件"的规定也将互联网法院变为基层法院的案件分流机构。然而司法实践中，由于互联网法院只管辖"涉网案件"，导致这种分流有时候变相增加了法院的工作量与当事人的诉讼负担。例如，在涉网名誉权纠纷中，当被告针对原告提起反诉时，虽然反诉内容大都基于现有案件事实，却因为没有发生在互联网上，不属于互联网法院的管辖范围，导致需要当事人另案起诉。② 互联网法院的上述制度安排在简单涉网民事纠纷日益增多的今天，其效率可能并没有显著高于普通一审法院，特别是在一审法院也开始使用互联网技术探索在线诉讼的情况下。

那么，为了实现互联网法院的专门性，本文认为互联网法院的受案范围应该主要从以下两个角度入手：一是作为新型纠纷代表的与人工智能、大数据相关的案件；二是纠纷的发生、证据的调查与收集均发生在互联网上且高度疑难的案件。互联网法院对人工智能、大数据等新型纠纷的管辖，其理由在于以诉讼标的划定受案范围；

---

① 数据来源裁判文书网，统计范围是 2019 年度三家互联网法院的受案情况，案件类型按照裁判文书网自动生成的案件类型进行划分。
② 广州互联网法院民事判决书（2019）粤 0192 民初 30703 号。

互联网法院对涉网疑难案件的管辖,其理由在于纠纷的及时有效解决,同时也与互联网疑难案件审理的专业化有关。

从互联网法院的定位与社会发展的情况看,与人工智能、大数据相关的新型纠纷应该成为互联网法院专门化后主要管辖的案件。随着互联网与人工智能技术的发展,此类纠纷很可能产生新的法律关系、出现无法为旧法律体系所处理的新问题。从现有技术的发展看,这种趋势已初见端倪,尤其是以人工智能而非自然人为主体的民事纠纷的发生,已成为可以预料的未来。例如,目前归属于知识产权领域探讨前沿问题,如人工智能创造的作品是不是作品、人工智能自主创造的作品所有权归属、人工智能仿制专利商标等,这些问题有的已经在现实生活中出现。此外,随着人工智能与大数据技术的发展,人工智能生产创造的数据与自然人的民事权利产生冲突等情况也逐渐成为司法不能回避的问题。然而,这些问题均因为主体非自然人,导致现有法律体系无法进行回应。可以预见,未来互联网法院会集中处理这类新型纠纷,这些纠纷不仅高度专业化、复杂化,且属于新型法律关系,完全贴合互联网法院作为专门法院后的定位。

虽然本文认为对以上新类型案件的管辖是未来互联网法院专门化后最可能的职能定位,但在这类新型案件尚未大量出现的情况下,现有互联网法院如果作为专门法院,其工作重点很可能在于涉网疑难案件的处理。当然,这类案件的管辖重点在于,如何完成对"疑难"案件的界定。本文认为,所谓涉网疑难案件至少有以下三个可能的思考角度:一是涉案当事人人数众多、分布广泛;二是证据均产生于互联网及虚拟空间上,非计算机网络技术不可固定、调取;三是案件事实认定、法律选择上存在困难。这种设计的理由主要在于考虑到互联网法院作为专门法院,计算机互联网技术运用的熟练度以及处理涉网纠纷的专业性。以上三个视角中,角度二涉及的证据问题很好理解,对于角度一和三还需要进一步解释。涉案当事人人数众多、分布广泛最典型的是近几年频发的针对特定公众人物与网民的网络暴力问题,此类案件由于侵权人众多且分布在天南海北,同时因为案件的全部事实发生于互联网,如果交由普通法院管辖,则确定管辖法院、保证当事人到庭应诉的成本过高,且普通法院自身的网络技术能否在必要的时候承担对证据的收集、调取工作也是未知数,因此交由互联网法院管辖更符合诉讼经济原则。案件事实认定、法律选择上存在困难的案件主要与反不正当竞争法规定的涉网纠纷有关。从实务部门的工作情况看,这部分案件处理起来难度高、时间长,与传统的不正当竞争案件相比,这类案件在案件事实的查明、认定以及法律适用上均存在显著差异,这类案件也逐渐成为实务工作中的"难题"。因此,此类案件交由互联网法院管辖更符合其处理涉网纠纷的专业性原则。

(二)管辖规则:中级法院+跨区域管辖

互联网法院一旦成为专门法院,具体在构建管辖规则时,将其设置为具有跨区域管辖职能的中级法院是最合适的。这种安排主要与目前我国司法系统全面推进"智慧司法"改革、全面铺开线上诉讼工作有关。这种改革方案之下,互联网新科技带来的跨越空间、时间,为当事人和法院节约成本的红利不再是互联网法院专有。这也意味着,如果仅仅考虑使用新科技降低工作成本和当事人诉累,进行"智慧司法"改革后的基层法院均具备处理简单涉网民事纠纷的能力。那么,作为专门法院的互联网法院,其职能自然要落脚到处理新型、复杂的涉网民事纠纷上。为了更好地保证互联网法院处理新型、复杂的涉网民事纠纷,在制度设计上要尽可能地进行案件的繁简分流,以避免大量简单案件涌入互联网法院,冲淡互联网法院的专门性。因此,在级别管辖上,互联网法院设置为中级法院是最为合适的。当大量简单纠纷在基层法院得到解决之后,由互联网法院处理其管辖范围内的二审案件,更能发挥互联网法院的专业性。

这里有一个需要特别提出的问题,即当互联网法院成为专门法院后,是否能够允许当事人通过协议管辖排除互联网法院作为二审法院的管辖权呢?虽然这一问题在学界目前尚无定论,关于专门管辖是否属于专属管辖也存在争议,但本文认为应该禁止当事人通过协议管辖排除互联网法院的管辖权。原因在于,互联网法院专门化即意味着对特定复杂案件的管辖,如果能够因为当事人的协议被排除,则会导致互联网法院设置的意义落空。至于国外立法经验中普遍给予当事人互联网法院管辖选择权,则主要是因为在线诉讼大多属于互联网法院专有,选择互联网法院管辖即意味着使用在线诉讼方式审理案件,而在线诉讼可能导致的"辩论全旨趣""案件审理场域"等线下审判固有特征的丧失,可能给当事人的权益带来一定程度的减损,故而基于处分原则给予当事人程序选择权。然而,我国互联网法院定位于处理特定类型的涉网纠纷,且在线诉讼也并非互联网法院独有，当事人在互联网法院进行诉讼时，是采用线上程序还是线下程序，依然可以由法院和当事人共同决定，此时再赋予当事人选择权并不会影响互联网法院对案件的审理。

除了将互联网定位为中级法院外，跨区域管辖是互联网法院的另一个必然选择。这里的跨区域管辖主要有两层含义：一是互联网法院跨区域管辖二审涉网民事纠纷，二是互联网法院跨区域管辖无法确定或难以确定现实连接点的一审涉网民事案件。现实中，涉网案件的跨区域管辖，已有实验性的先例。2016年贵州省惠水县法院挂牌成立了大数据审判庭，填补了国内大数据纠纷专业审判的空白。2017年，该大数据审判庭获得了黔南州涉大数据产业方面的一审民商事案件集中管辖权限。[1] 互联网法院的跨区域管辖主要和涉网案件连接点数量多、连接点不好确定的特性有关，为了避免出现多头起诉、重复管辖、推诿管辖的情况，由互联网法院进行跨区域管辖可能是最优解。

结　语

随着现代社会互联网与人工智能技术的飞速发展，出现既有法律体系无法回应的新型纠纷与新型法律关系将成为必然。在社会发展的必然趋势下，建立专门处理新型、疑难涉网纠纷的互联网法院，其意义不言自明。本文尝试从专门法院设立的三个条件出发，勾勒作为专门法院的互联网法院蓝图并论证了互联网法院专门化的可能性。虽然本文从受案范围和管辖规则的角度，初步给出了构建专门互联网法院诉讼规则的角度与建议，但要想让作为专门法院的互联网法院高效高质地解决纠纷，并实现与现有司法体系的协调，仍有很多制度构建的细节问题需要理论与实践的进一步回应。相信随着时代的发展与研究的深入，作为专门法院的互联网法院会在涉网纠纷的解决中发挥不可替代的作用。

---

[1] 参见《用大数据审判大数据》，载 https://www.sohu.com/a/292752112_115239，最后访问时间：2020年9月24日。

● 证据专论

监察案件证明标准的规范意涵与层次化构建

刘 杰[*]

引言：从监察程序到监察证据

自国家监察体制改革试点工作启动以来，法学界以监察体制改革和监察法为研究对象，进行了较为充分的理论探索。尤其是2018年监察法颁布以来，学者们围绕监察法中的具体制度展开了大量的学术研究。作为反腐败国家立法最重要的立法成果，监察法的政治地位和法律地位不言而喻。目前对于监察法的讨论大多仍然是程序法或组织法层面的讨论，证据层面的讨论较少。证据是程序运行的核心，脱离证据，程序就会成为无本之木、无源之水，就会与正义背道而驰，监察程序也是如此。监察法本质上是一部综合性法律，既有实体法和程序法的内容，也有证据法的色彩。我国《监察法》第5条要求国家监察工作必须以事实为根据、以法律为准绳。事实认定是法律适用的前提，证据是事实认定的最主要手段，监察委员会的监督、调查、处置都必须建立在事实和证据的基础之上，这是我国《监察法》第5条的应有之义。但监察法将立法重心更多地投入监察程序而非监察证据之中，无论是第三章"监察范围和管辖"、第四章"监察权限"、第五章"监察程序"，还是第七章"对监察机关和监察人员的监督"，都带有明显的"重程序、轻证据"的色彩，

---

[*] 中国政法大学法学院2016级博士研究生，中国政法大学党委宣传部副部长。

仅有第33条和第40条两个条文对监察证据制度进行了原则性的规定。这会导致监察证据制度缺乏体系性构建，使得监察机关的办案活动缺乏证据法层面的指引。

在诸多监察证据问题中，一个亟待解决的问题便是如何界定监察案件的证明标准。监察机关同时负责对公职人员的违纪、违法和犯罪行为进行调查并作出处置，但是三种行为的性质不同，处置的结果也有较大区别，是否应当对这三种不同的处理设置不同的证明标准，以及应当如何设置证明标准？监察案件的证明标准，涉及监察案件中公正和效率的平衡问题，如果设置过高会造成反腐败资源的浪费，设置过低则有导致冤假错案的风险，因此必须谨慎对待。基于此，本文拟从规范层面和理论层面对监察案件中的证明标准问题进行深入研究，以期作为完善我国监察证据制度的一个侧面。

一、监察案件证明标准的规范意涵与学理争议

（一）监察法的立场解读

监察法中涉及证明标准的条文主要是第33条第2款和第40条第1款。其中，第33条第2款规定："监察机关在收集、固定、审查、运用证据时，应当与刑事审判关于证据的要求和标准相一致。"从这一规定中可以看出，监察机关在开展职务违法和职务犯罪调查时，尽管不直接受到刑事诉讼法的约束，但是在证据层面仍然要受到刑事诉讼法相关条文的规制。在刑事审判中，案件的证明标准是"事实清楚，证据确实、充分"，《监察法》第45条第1款第4项也强调了移送检察机关审查起诉的案件必须达到这一证明标准。可见，监察机关对职务犯罪进行处置的证明标准和刑事诉讼法的要求是相一致的。然而，《监察法》第45条并没有明确规定职务违法的证明标准。《监察法》第40条规定，监察委员会对于职务违法和职务犯罪的案件，均要形成"相互印证、完整稳定的证据链"。这里就涉及如何理解第40条的性质问题，也即"相互印证、完整稳定"是不是关于监察案件证明标准的规定，其和第33条、第45条究竟是何种关系。

在笔者看来，第40条并非关于证明标准的规定。这是因为：其一，第40条从性质上来看并非证据规则，而是监察人员的取证规则。中央纪委、国家监委也认为："本条是关于监察委员会调查取证工作要求的规定。监察机关调查取得的证据，应当经得起检察机关和审判机关的审查，经得起历史和人民的检验，只有这样，监察机

关办理的案件才能真正成为铁案。"① 其二，尽管"相互印证、完整稳定"与刑事诉讼司法解释在本质上具有同一性，即均要求证据之间互相印证，不存在无法排除的矛盾，但是这不属于证明标准的范畴，而是证据标准。刑事案件认定有罪的证明标准是法定的，《刑事诉讼法》第 55 条对此进行了详细规定，司法解释可以在法定证明标准之外设置证据标准，但不得超越或取代刑诉法规定的证明标准。简言之，"相互印证、完整稳定"是证据标准，也可称之为证据要求，但不是证明标准。其三，从程度上来讲，"相互印证、完整稳定"的程度不及"事实清楚，证据确实、充分"的程度。"印证"是指在诉讼中利用不同证据内含信息的同一性来证明待证事实。② 一般来说，证据和证据之间印证程度可以反映证据证明力的强弱。从量的层面讲，相互印证的证据越多，证据的证明力就越强；从质的层面讲，与其相印证的证据与之吻合度越高，证据的证明力就越强。③ 但是，"相互印证"只是认定事实的必要不充分条件，是证据有证明力的基础要求而非最高要求。至于"完整稳定"，也不属于证明标准，大体上类似刑事诉讼法中"定罪量刑的事实都有证据证明"这一类的表述。

既然从第 40 条中无法得出职务违法的证明标准，那么是否意味着职务违法案件同样应当适用"事实清楚，证据确实、充分"这一证明标准呢？笔者认为这一解释方案同样值得商榷。其一，《监察法》第 33 条第 2 款所规定的"刑事审判关于证据的要求和标准"只是证据标准而非证明标准。从第 33 条第 1 款和第 3 款的规定即可看出，第 33 条主要是监察机关程序性取证规则，并不包括综合全案的定案规则。"证据标准主要用于对综合审查判断层面，包括对证据能力、要件证据及必要附属证据的审查和判断。证据标准属于证明标准的下位内容之一，二者不可等同。"④ 其二，如果职务违法同样需要达到事实清楚，证据确实、充分的条件，那么立法理应会在第 45

---

① 中共中央纪律检查委员会、中华人民共和国国家监察委员会法规室：《〈中华人民共和国监察法〉释义》，中国方正出版社 2018 年版，第 189 页。
② 参见龙宗智：《刑事印证证明新探》，载《法学研究》2017 年第 2 期。
③ 参见蔡元培：《论印证与心证之融合——印证模式的漏洞及其弥补》，载《法律科学》2016 年第 3 期。
④ 熊晓彪：《刑事证据标准与证明标准之异同》，载《法学研究》2019 年第 4 期。

条第1款中予以体现,但是立法者仅仅在第4项中明确规定了需要达到"事实清楚,证据确实、充分"。在第1项、第2项中却避而不提。根据体系解释的原理可知,第1项、第2项规定的证明标准不同于第4项所规定的"事实清楚,证据确实、充分"。

综上所述,我国监察法并未明确规定职务违法案件的证明标准,第33条第2款和第40条仅仅是证据标准,而非证明标准。职务违法案件究竟是否应当实行"事实清楚,证据确实、充分"的证明标准,需要进一步论证。

(二)围绕证明标准的理论主张

那么,应当如何设置监察案件的证明标准,尤其是职务违法案件是否应当和职务犯罪案件的证明标准保持同一?对于这一问题,目前学界尚存在较大争议。

首先是一元化的证明标准。所谓证明标准的一元化,是指所有监察案件的处置都应当实行相同的证明标准,即"事实清楚,证据确实、充分"。有学者通过对《监察法》第33条第2款进行扩大解释,认为所有监察案件都应采用"事实清楚,证据确实、充分"的证明标准。"基于监察法规定监察证据的运用应当与刑事审判关于证据的要求和标准相一致的原则,刑事诉讼证明标准也应当适用于监察案件事实的认定中。也就是说,在认定监察案件事实时,查明违法犯罪事实所收集的证据要达到确实、充分的程度。"[①] 也有学者从监察权的性质角度出发,认为一元化的证明标准有利于和审判中心改革相衔接,并且有利于推动职务犯罪调查的模式转型。从权力属性看,国家监察权和刑事侦查权具有同质性,因此监察委员会在获取证据的过程中,也应当遵循"事实清楚,证据确实、充分"的证明标准,从而使其发现事实真相的活动经得起司法的检验,这是监察调查和审判中心改革衔接的基本表现。[②] 此外,有学者通过对《中国共产党纪律检查机关监督执纪工作规则》进行解释得出监察案件应当实行一元化的证明标准。《中国共产党纪律检查机关监督执纪工作规则》第53条第1款规定:"纪检监察机关应当对涉嫌违纪或

---

① 谢尚果、申君贵主编:《监察法教程》,法律出版社2019年版,第152页。

② 参见汪海燕:《审判中心与监察体制改革——以证据制度为视角》,载《新疆社会科学》2018年第3期。

者违法、犯罪案件严格依规依纪依法审核把关,提出纪律处理或者处分的意见,做到事实清楚、证据确凿、定性准确、处理恰当、手续完备、程序合规。""该款就三类案件即违纪、职务违法和职务犯罪案件的审查,规定了相同的证明标准,即'事实清楚、证据确凿'。这同《监察法》第45条所规定的职务犯罪处置的证明标准中的经调查认为'犯罪事实清楚,证据确实、充分'相对照,实质上是一致的。"①

其次是层次化的证明标准。所谓证明标准的层次化,是指监察案件的处置应当根据处置结果的不同实行多元化的、有梯度性的证明标准。监察体制改革的本质是整合现有反腐败资源,将党的纪检监察、政府内部的行政检察、检察机关的职务犯罪侦查整合为集中统一的国家监察。但是,各机构和办案程序的整合并不意味着处理方案也合而为一。监察机关根据调查结果所作出的处置依然包括纪律处分、政务处分、启动刑事追诉等。基于这一改革背景下,有学者将监察调查区分为党纪调查、政纪调查和刑事调查三种,并认为党纪调查和政纪调查应适用相同的证明标准,但无须达到刑事诉讼法所提出的证明标准。总体上,监察机关的对职务违法案件的调查活动可以采用"自由证明"的思路,所收集的证据材料不要求达到"严格证明"的程度。② 也有学者提出:"监察机关审查职务犯罪证据时应坚持刑事诉讼证明标准,而政务处分作为职务违法责任后果的主要形式,与《公务员法》中对公务员的惩戒后果相类似,该责任类型轻于刑罚,因而在证明标准上无须达到排除合理怀疑的程度。"③

在不违反现行法律框架的前提下,如何清晰地界定职务违法调查的证明标准,不仅是一个重要的教义学问题,也是监察实践绕不开的一道难题。但从目前的研究来看,学界对这一问题的回答还不是十分充分。一方面,支持证明标准一元化的学者倾向于从规范层面进行解读,即在条文中寻找一元化的法律根据,缺少对一元化的

---

① 梁坤:《论监察案件证明标准的三大特征》,载《地方立法研究》2020年第1期。

② 参见陈瑞华:《论监察委员会的调查权》,载《中国人民大学学报》2018年第4期。

③ 曹鎏:《论职务违法调查的理论逻辑、规制路径及证据规则》,载《法学评论》2020年第5期。

正当性论证,对一元化可能造成的后果也缺少回应。另一方面,支持证明标准层次化的学者倾向于从应然角度进行分析,忽视现行法律体系,缺少教义学上的技术支撑,对于解决方案的设计少有详细安排。仅有技术没有理论,会导致制度设计的科学性、严密性欠佳;而仅有理论但缺乏技术支撑,也会使得理论构想不接地气,无法落实到位。

二、证明标准一元化与层次化的利弊分析

在笔者看来,证明标准一元化存在理论上的巨大缺陷,相比之下,层次化的证明标准更加符合证据法上的一般原理,更能满足监察实践的具体需求,同时也不违反监察法的明文规定。

(一) 证明标准一元化的缺陷

首先,一元化证明标准容易导致放纵腐败,不利于反腐的常态化和制度化。推进监察体制改革的核心目标,在于反腐败的法治化。我国目前反腐败措施已较为严厉,但是腐败案件仍然频繁发生,形成了反腐的力度极大与腐败的烈度居高不下这一困局。[1] 单纯地扩大反腐败的力度,并不能彻底遏制腐败的发生,还需要对反腐败的机制进行重构和变革。此外,反腐败是一项系统的工程,必须通过立法的方式,建立预防惩治的系列制度,实现标本兼治,实现法治化反腐。[2] 法治化反腐讲究要有梯度性,正如违法行为可以区分为民事侵权和刑事犯罪。反腐败同样如此,一刀切地将所有腐败行为都适用定罪证明标准,会导致轻微违法行为因达不到证明标准而逃脱制裁。《中国共产党党内监督条例》第 7 条所确立的监督执纪的"四种形态",也体现了这种阶梯化的制裁思路。[3] 在四种形态中,约谈函询、党纪处分、组织调整,甚至政务处分,在本质上都不适用刑事

---

[1] 参见刘艳红:《中国反腐败立法的战略转型及其体系化构建》,载《中国法学》2016 年第 4 期。

[2] 参见马怀德:《〈国家监察法〉的立法思路与立法重点》,载《环球法律评论》2017 年第 2 期。

[3] 《中国共产党党内监督条例》第 7 条规定了监督执纪的四种形态:"党内监督必须把纪律挺在前面,运用监督执纪'四种形态',经常开展批评和自我批评、约谈函询,让'红红脸、出出汗'成为常态;党纪轻处分、组织调整成为违纪处理的大多数;党纪重处分、重大职务调整的成为少数;严重违纪涉嫌违法立案审查的成为极少数。"

诉讼程序,也不适用定罪的证明标准。如果党纪调查和职务违法调查均适用"事实清楚,证据确实、充分"的证明标准,很多案件可能因证据不足而无法及时作出处理,此时如果强行作出处置会涉嫌程序违法,撤销案件又可能放纵潜在的腐败分子。长此以往,十分不利于反腐败的常态化运行。只有设置层次化、梯度化的证明标准才可以缓解这一实践难题。

其次,一元化证明标准会造成监察资源的浪费。一元化证明标准的思路是"就高不就低",将最高的证明标准适用于所有监察案件中。但是,如果对轻微违法案件的证明标准认定过高,会导致所有腐败案件都需要投入大量的人力去全面调查,核实每一个细节和证据,这对于轻微违法案件是没有必要的。在常态化的反腐制度下,监察案件会不断稳中有增,并维持在一个较高的数量。在"四种形态"的要求之下,大部分案件会作为第一种形态进行处理,即根据《监察法》第45条第1款作出谈话提醒等处理。这些轻微违法案件的数量要远远高于职务犯罪案件的数量,如果实行一元化证明标准,无疑会导致监察效率严重低下,不利于监察程序的繁简分流,与监察体制改革追求的"权威高效"目标不符。①

最后,一元化的证明标准违反证明的一般原理。证明标准的设置要根据证明对象的不同而有所区别。在民事诉讼中,当事人证明的对象是"民事行为",其所对应的构成要件也是民法意义上的构成要件;在刑事诉讼中,检察机关证明的对象是"犯罪行为",其所对应的构成要件是刑法分则所规定的犯罪构成要件。在监察机关调查职务违法的过程中,其所需要查明的事实是"违法事实"而非"犯罪事实",对应的构成要件规定在公职人员政务处分法等法律条文中,而不是规定在刑法中。由于政务处分的程度一般要低于行政拘留等行政处罚措施,最严重的也仅仅是开除公职,因此不应当将司法中所能达到的最高证明标准——"事实清楚,证据确实、充分"适用于政务处分中。唯有司法机关对刑事犯罪的处理,由于可能会被打上"犯罪"的烙印,剥夺被调查人的自由、财产,甚至生命,因此才必须达到诉讼中所能达到的最高证明标准。监察机关作为专门的职务违法和职务犯罪的调查机关,尽管在调查程序上实行一元

---

① 参见曹鎏:《论职务违法调查的理论逻辑、规制路径及证据规则》,载《法学评论》2020年第5期。

化的监察程序,不因案件性质不同而在程序上有所区别,但是根据《监察法》第 45 条的规定,在处理处置上仍要分情况对待。对于轻微违法的公职人员,可以进行谈话提醒等处置,对于严重违法的,可以作出六种政务处分决定。显然,监察机关进行谈话提醒不需要在证据上达到"排除合理怀疑"的程度,因为谈话提醒等处理对公职人员的影响相对较轻,不涉及定罪量刑问题。同理,政务处分的证明标准也可以略微低于刑事定罪,但应当要高于谈话提醒的证明标准。

(二) 证明标准层次化的优势

首先,层次化证明标准符合法益保护的比例原则。法律上的比例原则指手段和目的之间应当成比例,具体包括必要性、适当性和均衡性三个子原则。比例原则普遍适用于公法,旨在限制国家公权力对公民基本权利的过度干预,但近年来也逐渐在私法领域挺进。① 对于法益的保护,法律构建了一套完整的保护体系,按照部门可以分为民事、刑事、行政,按照保护程度可以分为违纪、违法、犯罪,体现了比例原则。为了进一步保护职务行为的廉洁性、合法性,我国启动了监察体制改革,整合了以往的纪检监察、行政监察,以及检察机关的刑事检察,程序上合并为统一的监察程序。但是应当认识到,程序上的整合不代表在制裁结果上改变违纪、违法和犯罪的多元处置格局,法益保护的比例原则并没有改变。证明标准的层次化正是对这一多元处置格局的具体体现和制度保障。监察机关所作出的谈话提醒等诫勉措施、政务处分决定以及移送起诉决定,分别涉及不同的法益和诉讼利益。其中,后者是将案件移交刑事司法审查,所保护的法益更加重要且紧迫,因此需要实行较高的证明标准。此外,移送起诉和政务处分在证明上还有一个明显的不同:移送起诉只是诉讼行为的程序性决定,不是终局决定;而政务处分则一经作出,即具有先定的法律效力、因为监察机关对政务处分具有首次裁决权,尽管这种先定的法律效力不等同于终局裁决,但从证明的角度来看,监察机关同时具有裁判者和当事人的双重角色。② 因此,

---

① 参见陈景辉:《比例原则的普遍化与基本权利的性质》,载《中国法学》2017 年第 5 期。

② 参见马方、吴桐:《逻辑与司法:监察程序中证据规则的解构与建构》,载《河北法学》2018 年第 9 期。

移送起诉和政务处分的证明标准在主观性上会有所差别：前者偏向于从当事人一方的角度，可以有一定的主观性；后者则必须在满足主观确信的前提下，具备一定的客观性。总之，裁决结果属性的不同，决定了其所对应的证明标准也应当分化设立。

其次，层次化证明标准所体现的证明机制符合证据法的一般原理。大陆法学者通常将证明区分为严格证明和自由证明。严格证明，其基本要求是在证明的根据和程序上都达到法律所要求的最严格的条件，且应当达到排除合理怀疑的证明标准；自由证明则不受上述条件的限制，所使用的证据材料可以更加广泛，证明的方法也可以更加灵活，也不需要达到排除合理怀疑的证明标准。① 严格证明更加侧重限制国家公权力和保障人权，自由证明则更加有利于促进发现真实和提高诉讼效率。严格证明主要适用于刑事诉讼中的定罪问题，其他证明基本适用自由证明。在监察程序中，职务犯罪案件必须采用严格证明，并达到刑事诉讼法所规定的证明标准。但是职务违法无须采用严格证明，也无须达到排除合理怀疑的证明标准。而且，在构成要件上，多数职务违法行为类似刑法上的抽象危险犯，不以结果或具体危险为其必要条件。可见，相比职务犯罪，职务违法的证明更加宽松，所需的证据范围更少，在证明标准上也应更低。以推定为例，在行政程序中，行政机关认定主观要件时可以采取过错推定的方式，这并不违反行政法。但是在刑事案件中，推定常常带有使刑事指控和定罪变得更容易的功能，因此通常有着不利于被追诉人的法律效果。② 除非有法律的明文规定，不利于被追诉人的推定一般是被禁止的，因为其与无罪推定和证据裁判原则相悖。因此，监察案件证明标准的层次化，有效地吸收了严格证明和自由证明的优势，最大程度地兼顾事实发现和保障人权两大价值。

最后，层次化证明标准可以优化监察资源的合理分配，促进监察体制的权威高效。效率是监察法的重要价值之一，我国监察体制改革的目标就是建立一个权威、高效的监察制度。为此，监察法整合了原有的纪检监察、行政监察和职务犯罪侦查等资源，形成统一

---

① 参见闵春雷：《严格证明与自由证明新探》，载《中外法学》2010年第5期。

② 参见陈晨、刘砺兵：《论推定及其理性控制——以〈关于办理侵犯知识产权刑事适用法律若干问题的意见〉为切入》，载《法学杂志》2014年第2期。

的监察队伍，以促进国家监察的全覆盖。如果所有监察案件均实行职务犯罪侦查的证明标准，就会背离"高效"这一改革初衷。因此，对于仅是涉嫌违纪或违法的公职人员，其处理处置的证明标准可以比"事实清楚、证据确实、充分"略低，只需要达到《监察法》第40条规定的"相互印证、完整稳定"的要求即可。也许有学者担忧，层次化证明标准可能会导致对原本涉嫌职务犯罪的公职人员因证据不足而降格作出非犯罪化处理，从而违反罪刑法定原则。这种批评是不成立的，"以事实为根据，以法律为准绳"是所有程序法和证据法的基本准则，事实认定是法律适用的前提，一个案件如果达不到移送起诉的证明标准，但是达到了政务处分的证明标准，那么当然可以作出政务处分的处置，这和罪刑法定没有关系，反而体现了程序法定和证据裁判的基本精神，类似刑事案件中的"刑疑从轻"。

三、监察案件证明标准的设置路径

如何具体设置监察案件的证明标准，需要结合监察案件的类型和处置措施进行综合考量。在监察法中，立法者将案件分为职务违法和职务犯罪，但是在处置上，《监察法》第45条第1款规定了五种处置措施，外加第2款规定的"撤销案件"。笔者认为，监察案件的证明标准应当包括以下四个方面。

（一）轻微职务违法的证明标准

《监察法》第45条第1款将职务违法行为区分为轻微职务违法和一般职务违法，二者在处置后果上有明显不同。对于轻微职务违法行为，监察机关可以根据第45条第1款第1项的规定进行谈话提醒、批评教育、责令检查，或者予以诫勉，而无须作出政务处分。这正好对应纪检监察"四种形态"中的第一种形态。对于一般职务违法，监察机关则需要根据第45条第1款第2项的规定作出警告、记过、记大过、降级、撤职、开除等政务处分决定。两种不同的处置方式对被调查人的利益剥夺程度是不一样的，后者相当于行政处罚的程度，而前者远不及行政处罚的程度。基于谈话提醒等诫勉措施对被调查人权利义务的影响要小得多，笔者认为，对于轻微职务违法，可以比照一般职务违法案件适当降低证明标准。这符合"惩前毖后、治病救人"的基本理念，也提高了监察效率。如果日后发现系错案，纠正谈话提醒等诫勉措施也相对容易，成本也会小得多。

具体而言，可以参照民事诉讼中的"高度盖然性"标准来设置轻微职务违法的证明标准。"只要监察人员能够在分析、研判所取得证据的基础上获得待证事实极有可能如此的心证，就可对部分职务违法事实予以认定。"① 当然，在关键事实上，尤其是"被调查人是否实施了违法行为"这一核心问题，仍然需要基本事实清楚的程度，这也符合《监察法》第40条的规定。但是在相对次要的问题上，如主观方面以及具体细节，可以适度灵活把握。正如有学者所言："越是在核心的事实和情节上，证明标准越应当从严把握，而对于那些比较次要的事实和情节，证明标准可以相对放宽。"②

（二）一般职务违法的证明标准

对于一般职务违法人员，也即依据《监察法》第45条第1款第2项作出处置的公职人员，由于涉及政务处分，在证据上应当比第一类案件更加慎重。根据监察法的相关规定，对于严重职务违法和职务犯罪的公职人员，监察机关可以根据需要采取留置、查询、冻结、搜查、技术调查等强制性措施。这些措施一方面会直接影响公职人员的人身和财产权利，另一方面也会使得监察机关调查取证变得更加轻松，很容易就能达到"高度盖然性"的证明标准。因此，在一般职务违法案件中，不应再设置"高度盖然性"这一标准，否则会导致政务处分的认定过于随意，难以对监察权形成有效制约。

如何设置职务违法的证明标准，需要全面考虑案件性质、调查过程、证明难度等因素。笔者认为，对于需要政务处分的一般职务违法案件，应当比照行政调查程序确立证明标准，即"事实清楚、证据确凿"。此外，对于决定问责和提出监察建议的案件，即《监察法》第45条第1款第3项和第5项所规定的处置措施，也应当达到"事实清楚、证据确凿"的证明标准，如此才能和我国公务员法保持一致③。《公职人员政务处分法》第5条也作了同样的规定。如果监察法设置此类案件证明标准低于"事实清楚、证据确凿"，便会造成

---

① 参见曹鎏：《论职务违法调查的理论逻辑、规制路径及证据规则》，载《法学评论》2020年第5期。

② 陈光中、陈海光、魏晓娜：《刑事证据制度与认识论——兼与误区论、法律真实论、相对真实论商榷》，载《中国法学》2001年第1期。

③ 《公务员法》第63条规定："对公务员的处分，应当事实清楚、证据确凿、定性准确、处理恰当、程序合法、手续完备。"

法律体系的冲突，况且监察调查本身便是在行政监察的基础上形成的。

需要说明的是，"证据确凿"和"证据确实、充分"是不是一回事。部分学者认为二者只是同一种语义的不同表达。笔者认为，程序性质与调查手段的不同决定了两者即使字面含义相似，但也会得出不一样的程度要求，"证据确实、充分"至少在以下三个层面比"证据确凿"要求更高。第一，"证据确实、充分"要求案件已经形成完整、封闭的证明锁链，不存在其他可能性，所有疑点均得到了合理的排除；"证据确凿"则仅要求证据查证属实，能够据此还原出案件的基本情况，但并不要求所有细节都要有证据予以支撑。第二，"证据确实、充分"要求不得过于依赖口供，应当重视实物证据的运用；而"证据确凿"，往往适用于行政调查和监察调查，其类型大多是腐败型犯罪。腐败型犯罪具有很强的隐蔽性，不得不高度依赖口供，因此在证据层面有必要赋予口供和自认证据以更强的法律效力。第三，"证据确实、充分"要求事实查明者不得过度依赖推定规则，除非有法律的明文规定；而"证据确凿"允许监察机关运用一定的推定规则来降低证明的难度。

（三）职务犯罪的证明标准

对于被调查人涉嫌职务犯罪，应当移送起诉的监察案件，《监察法》第45条第1款第4项对其证明标准进行了明确规定，即"监察机关经调查认为犯罪事实清楚，证据确实、充分"，和《刑事诉讼法》第162条规定的侦查终结的证明标准一致。但是二者也有一点明显的不同：刑事诉讼法的表述为"做到"事实清楚，证据确实、充分；而《监察法》第45条第1款规定的是监察机关"认为"事实清楚，证据确实、充分。一个是"做到"，一个是"认为"。有学者提出，刑事诉讼法对侦查终结提出了相对客观的要求，监察法则充分凸显检察机关对监察机关移送证据审查主动性一面，乃为"实质性审查"，这符合证明标准动态递进的客观规律。① 笔者赞同这一观点。对于职务违法行为的处置，监察机关有最终决定权，但是对于职务犯罪案件，必须按照法定程序宣告被调查人有罪，也即需要接受检察机关和审判机关的审查。"如果监察机关经调查处置职务犯罪的证明标准的条文采用客观性表述，就会侵犯人民法院的法定职权，

---

① 参见占善刚、王译：《监察调查证据规则衔接探讨》，载《理论月刊》2019年第10期。

既不符合监察机关的职责定位和程序定位,也不符合以审判为中心的刑事诉讼理念。"①

事实上,监察程序和司法程序在认识层面有着诸多相似性,均是由感性认识不断走向理性认识的动态过程。从认识论的角度而言,证明过程即为一个认识过程,在这个过程中,随着认识手段的不断深入,所获得的证据也不断丰富,审查判断证据的主体也变得多元化,对证据的要求也随之越来越高。根据《监察法》第 36 条的规定,监察机关内部设立问题线索处置、调查、审理等部门,各个部门之间应当互相制约。换言之,线索处置、调查、审理构成了监察程序的三个不同阶段,且三种职责必须由三个不同的部门来行使,后者有权否定前者所给出的结论。这一理念和以审判为中心的诉讼制度不谋而合。为了避免"侦查中心主义"所带来的程序虚化倾向,侦查机关的案卷笔录和起诉意见不应被天然地认为真实、全面、合法。同样,为了避免"调查中心主义"在监察案件中重演,监察机关的案卷材料必须接受检察院、法院的审查;对于仅涉及职务违法的案件,调查部门的案卷材料应当接受审理部门的审查。

(四) 疑案的处理规则

监察程序同司法程序均是认识过去事件的法律程序。既然监察调查是为了查明过去发生的事实,而过去的事情不会重演,这必然存在疑案如何处理的问题。在刑事司法中,审查起诉阶段和审判阶段存在"疑罪从无"原则,即对于无法确认有罪也无法确认无罪的案件,按照存疑有利于被告人的原则,作出证据不足不起诉决定或者宣告无罪。在侦查阶段,"疑罪是否从无"缺乏法律的明确规定,通说认为,侦查机关没有疑罪从无的权力,只有检察机关和审判机关享有这一权力。在监察程序中,同样存在大量的疑案,而且由于公职人员的腐败行为通常缺乏犯罪现场,其反调查意识又较强、手段隐蔽,有些案件查不清楚是必然的,尤其是"一对一"的案件。面对这样的疑案,法律不应要求监察机关"逞强",相反,科学确立疑案的处理规则反而更有利于监察机关对疑案的处理。

《监察法》第 45 条第 2 款规定:"监察机关经调查,对没有证据证明被调查人存在违法犯罪行为的,应当撤销案件。"此条只解决了

---

① 梁坤:《论监察案件证明标准的三大特征》,载《地方立法研究》2020 年第 1 期。

没有任何证据的问题。笔者认为,"存疑有利于被调查人"的原则同样适用于监察案件中。这里的"没有证据"应当理解为"没有充分证据"。监察调查在证据问题上和刑事诉讼的对接不仅仅应当是一种正面对接,还应当包括反面对接,也即没有证据或者证据不足的情况的对接。① 具体而言,如果职务犯罪无法达到"事实清楚,证据确实、充分"的程度,但可以达到"事实清楚、证据确凿"的标准,监察机关可以决定政务处分,但不可移送起诉。同理,如果只达到"高度盖然性"的程度,监察机关只能进行谈话提醒等诫勉措施。

那么,如果被调查人涉嫌的情形较为严重,"降格处理"可能导致放纵违法犯罪,监察机关是否可以决定长期调查并挂案呢?笔者认为,除非情节十分严重或者影响十分恶劣,监察机关不宜长期调查并挂案。长期挂案调查的弊端有三:第一,侵犯被调查人的合法权益,不利于人权保障;第二,不利于稳定社会关系,严重降低国家监察的高效性和权威性;第三,容易导致监察人员的懈怠和不作为。对于确实不宜结案需要长期调查的案件,可以确立"调查中止"制度,也即由监察机关负责人决定中止调查,解除公职人员的被调查人身份,但充分布控并定期启动复查,在发现新的证据或线索时及时重启调查,以解决疑难案件。

四、监察证据与刑事证据的分野

由上述分析可知,监察案件的证明标准和刑事案件的证明标准并不相同,前者讲究梯度性、层次性,后者则追求实质真实和动态统一。事实上,监察证据和刑事证据有诸多不同,不仅仅在证明标准这一个问题上,在其他证据问题上也存在类似分野。例如,在证明责任上,刑事诉讼由于无罪推定原则的要求,实行控方承担被追诉人有罪的证明责任,辩方通常不承担自身无罪的证明责任,因此推定规则受到严格适用。但是在监察案件中,推定规则是被允许的。再如,在供述自愿性问题上,刑事诉讼尤其注重口供的自愿性、真实性、合法性,不仅在法典中规定了"不得强迫任何人自证其罪"条款,还设置了值班律师制度、认罪认罚具结书制度,以及被追诉

---

① 汪海燕:《审判中心与监察体制改革——以证据制度为视角》,载《新疆社会科学》2018年第3期。

人的反悔权等，充分保障口供的自愿性。但是在监察案件中，这些制度尚付之阙如。

监察证据之所以不同于刑事证据，原因有三。其一，国家监察和刑事诉讼的价值追求不同。国家监察的目的是打击腐败，因此讲究权威和高效；而刑事司法更加注重正当程序。其二，国家监察和刑事诉讼的主体和构造不同。监察机关是行使国家监察权的反腐败机关，和党的纪检监察部门合署办公，监察的对象是所有公职人员。公职人员由于享有一定的职权，具有公共性和职务性，其实体权利和人身自由通常会受到一定的约束。在监察程序中，公职人员的权利也会受到相应的克减，典型的例证便是贿赂推定规则和律师帮助权受限。在刑事诉讼中，公、检、法机关是行使司法权的专门机关，无罪推定是不可动摇的准则，被追诉人是诉讼的主体，不是审判的对象，其享有完整意义上的辩护权甚至沉默权。主体和构造的不同决定了二者取证程序必然有所不同。其三，国家监察和刑事诉讼针对的案件类型不同。国家监察办理的是公职人员的职务违法和职务犯罪案件，其特点是高度隐蔽性，通常没有犯罪现场，属于典型的"四知"——天知、地知、你知、我知。而刑事诉讼办理的是普通刑事犯罪，有犯罪现场和被害人，可以通过获取实物证据来逐渐摆脱对口供的依赖。

可见，监察证据和刑事证据有着巨大的分野。在未来的监察体制改革中，应当充分认识到监察证据制度的重要性和特殊性并加以完善。

非法口供排除的实效反思与模式转型

刘玲胜军*

引 言

在刑事案件中，口供系还原案件真相便捷、高效的途径，亦是获取其他证据、防止犯罪损害结果扩大最有效的方式。① 中国语境下的法文化传统和民族心理的熏陶，② 加之侧重打击犯罪和维护社会秩序"控诉文化"的催化，③ 办案机关对口供的重视逐渐异化为"口供依赖""由供到证""口供中心主义"等司法乱象，为实务中屡禁不止的违法取证提供了动因。对此，典型的程序性制裁措施，非法口供的排除仍是目前可诉诸的有效路径。尽管立法层面已表明对违法取证的否定性评价和坚决遏制的决心，④ 理论期待与司法冷遇的矛盾冲突仍未取得根本性的改观。应当说，此种现象的重要成因在于自白任意性理念的缺失、审查标准操作性不强和证据合法性调查程序流于形式。从排除理念的角度考察，我国非法证据排除制度并非借助法治秩序发展而自然形成的司法制度，是冤错案件外部压力催生下借鉴域外经验发展而成的，⑤ 因而缺失自白任意性规则和程序正

---

* 中国政法大学刑事司法学院博士研究生。

① 参见施鹏鹏：《口供的自由、自愿原则——法国模式及评价》，载《比较法研究》2017年第3期。

② 参见汪海燕：《论美国毒树之果原则》，载《比较法研究》2002年第1期。

③ 参见董坤：《审查批捕中非法证据的实证考察与理论反思》，载《法商研究》2014年第6期。

④ 参见郭志媛：《非法证据排除范围界定的困境与出路——兼谈侦查讯问方法的改革》，载《证据科学》2015年第6期。

⑤ 参见闫召华：《"名禁实允"与"虽令不行"：非法证据排除难研究》，载《法制与社会发展》2014年第2期。

义观作为法理基础,指引法庭拒绝采纳不正当手段取得的口供。从排除模式角度考察,现行立法确立的绝对排除模式,主要存在"痛苦规则"一个核心标准,绝对排除和例外不排除两条主线,即针对刑讯、威胁、非法拘禁获取口供的绝对排除,针对重复性供述的原则排除和例外不排除。首先,"痛苦规则"的判断基准限定了非法口供的范围,无法为判断不同类型口供的证据能力提供足够的解释力。① 其次,理想化的强制排除与司法冷遇之间的悖反长期存续,尚未有效根除"不能排""不敢排"的问题。② 最后,针对重复性供述的"原则+例外"模式的封闭性,与前后供述因果关联的复杂程度不相对称,法定的例外情形也为重蹈美国"两步讯问法"的覆辙埋下隐患。囿于绝对排除的失灵,多数学者主张引入个案分析的裁量排除。③ 然而,裁量排除同样面临制度落空的风险,如质疑者提出鉴于绝对排除的失灵,在匮乏强制力保障的前提下,如何防止裁量模式异化为"裁量不排除"成为新的问题。从排除程序的角度考察,通过对裁判文书的观察表明排除程序的运行机制受阻,调查程序的启动条件、证明机制、审查方式有待进一步完善。对此,应深入探索排除模式转型背后的价值冲突,从根本上认识制度架空的深层原因。

正如法治取决于条件,而条件的具备只能是逐渐性的,即有一个长期的量变过程。④ 探索转变非法证据排除制度"有名无实"的现状,也一直受到顶层设计的高度重视。自 2010 年"两高三部"颁布的"两个证据规定"⑤ 初创排除规则为开端,借助刑事法治文明的进程,伴随刑事诉讼法三次修改,多部司法解释性文件⑥的出台,

---

① 参见董坤:《非法拘禁型供述排除规则研究》,载《中国法学》2019 年第 5 期。

② 参见左卫民:《"热"与"冷":非法证据排除规则适用的实证研究》,载《法商研究》2015 年第 3 期。

③ 参见牟绿叶:《论重复性供述排除规则》,载《法学家》2019 年第 6 期。

④ 参见龙宗智:《相对合理主义及其局限性》,载《现代法学》2002 年第 4 期。

⑤ 《关于办理死刑案件审查判断证据若干问题的规定》和《关于办理刑事案件排除非法证据若干问题的规定》(以下简称《非法证据排除规定》)。

⑥ "司法解释性文件"的内涵解读,详见汪海燕:《非法证据排除规则的解释学检视》,载《中国刑事法杂志》2018 年第 1 期。

对非法口供的认识原理和制度构建均逐渐呈现理性化和精细化的发展特点。党的十八届四中全会为贯彻严格排除非法口供,杜绝违法取证奠定了环境土壤和制度契机,提供了落实排除规则的条件和动力。① 在严格实行排除规则的司法改革背景下,本文试图从实践出发,以裁判文书为研究样本,对非法口供的排除模式进行实效观察,客观展示难以落实排除规则的制度缺陷和实践瓶颈,理性阐述排除模式转型的有效径路。

一、实践观察:基于2010—2019年样本的量化分析

(一) 文书范围与样本选取

非法证据排除规则已正式确立10年,在制度构建和司法适用中均积累了一定的经验。2012年正式纳入刑事诉讼法后,已有学者对非法口供排除规则的威慑效果进行调研,得出效果有限且未来将会减损的结论。而自"两高三部"2017年发布的《关于办理刑事案件严格排除非法证据若干问题的规定》(以下简称《严格排除非法证据规定》)扩大非法口供的范围以来,多数学者仅从法教义学的角度对法律文本的立法表述和意义空间进行诠释,鲜有对实践适用细节的考察。对此,有必要结合具体案例从实证研究的角度考察实践运行效果,并与严格排除阶段前的调研报告相对照,重新审视非法口供排除规则的发展路径。本文的观察范围确定为在北大法宝网上公布的裁判文书,"非法证据排除"为关键词组,匹配方式为"同义词",文书类型为判决书,案件类型为刑事案件,共收集审结年份为2010—2019年近10年间的裁判文书9608余份。为直观、清晰地认识"严格排除"阶段后申请事由、排除数量等相关变量的发展趋势,深入考究不同类型的非法口供在调查程序的启动、证明机制和排除情况。第二次检索以首次筛选后的总体样本为基础,使用"刑讯逼供""威胁、引诱、欺骗""重复性供述"分类抽取样本。并使用裁判文书中惯用的"侦查机关非法拘禁""侦查机关非法限制人身自由"②

---

① 参见杨宇冠:《我国非法证据排除规则的特点与完善》,载《法学杂志》2017年第9期。

② 为了准确匹配样本,防止匹配"非法拘禁罪"案例的干扰,本文使用"侦查机关非法拘禁""侦查机关非法限制人身自由"为关键字段筛选排除非法拘禁型口供的相关案例。

为关键词，意图抽取出非法拘禁型口供的案例，遗憾的是未收集到以此为申请事由的有效样本。需要说明的是，检索功能和识别技术的限制使上述文书掺杂少量冗余数据，在逐一阅读案例时已去除干扰数据。经对近年裁判文书的分析，笔者认为在司法实践中，口供排除规则呈现"严而不厉"的柔性特点，在调查程序启动、审查标准、审查方式、证明机制等方面存在较大的完善空间。

（二）数据呈现：排除申请和排除理由的分析

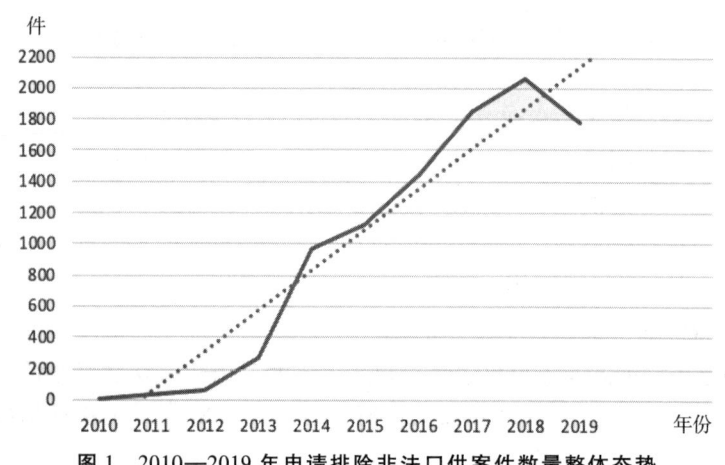

图1　2010—2019年申请排除非法口供案件数量整体态势

如图1所示，案例判决文书涉及"非法证据排除"的案件总量在10年间呈上升趋势，2012年后增长幅度较大，由2012年不足100件骤增至2014年966件。2014—2016年，以每年约400件的幅度平缓增长。涉及非法口供裁判文书数量的整体走势，也与中国裁判文书网的数据统计结果基本一致，即2014年后呈现逐年增长的趋势。①这种波动一方面体现了实践层面对非法证据排除制度法典化的现实回应，另一方面也反映了法治政策的变更逐渐引导排除非法证据的意识增强。例如，2012年刑事诉讼法修改后，犯罪嫌疑人、被告人辩护权等诉讼权利得到进一步保障。同年年底"两高"司法解释将刑事诉讼法的原则性规定具化为操作性规则，辩方通过申请排除非法证据行使辩护权的积极性较高，案件数量明显上升。又如，伴随重大冤错案件的平反引发社会的广泛关注，2014年十八届四中全会

---

① 参见林雄主编：《刑事司法大数据蓝皮书》，北京大学出版社2020年版，第422页。

通过的决定对"严格司法"提出具体的要求和措施,加大治理违法取证的从严尺度促使案件数量显著提升。虽然 2018—2019 年间案件数量有明显的下降趋势,但 2017—2019 年案件数量都在 1700 件以上(最低 1781 件,最高 1849 件)。《严格排除非法证据规定》增加了非法口供的种类,也引起 2018 年审结的数量达到近十年的最高点,占比近 10 年总案件数量 21.45%。

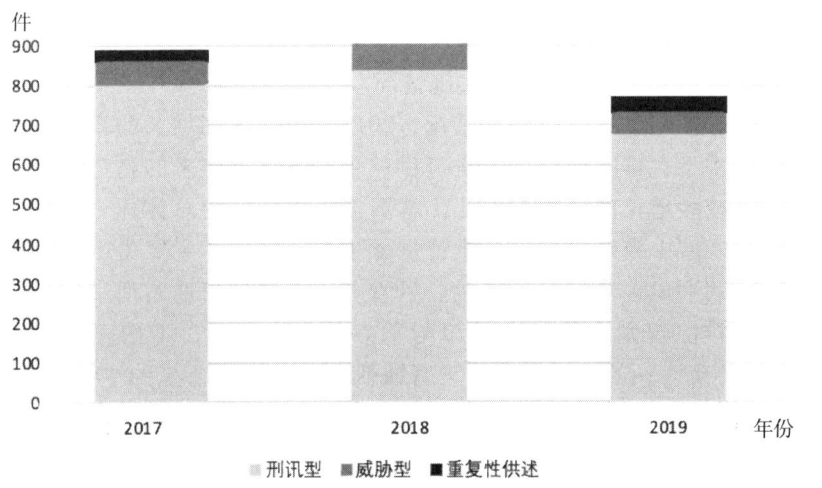

图 2 2017—2019 年申请排除理由分布情况

图 1 样本库涵盖了实践中常见的辩方申请排除非法口供的理由,图 2 是基于图 1 总样本库的再次抽取。根据裁判文书所涉的申请理由进行分类,形成了 2012—2019 年申请排除事由的统计数据。从图 2 反映的情况看,2012—2013 年间刑讯型案件数量有一定的波动,但 2013 年后呈现明显的涨幅,也与整体的案件数量发展走向相一致。图 2 的统计结果在各类申请事由形成强烈对照,虽然同步录音录像等监督机制为杜绝刑讯发挥了一定的作用,但数据表明刑讯或变相刑讯仍为近 10 年内申请排除非法口供最多的理由。2016 年之后达到每年 1000 件以上的数量,最高占比 47.02%,最低占比 39.15%。与此相一致的是,2013—2017 年源于中国裁判文书网的数据显示刑讯亦占据所有排除理由之首。① 相较其他几类非法口供,虽然 2014 年

---

① 参见林雄主编:《刑事司法大数据蓝皮书》,北京大学出版社 2020 年版,第 428 页。

后数量有所增加，但是波动幅度较为轻微。直至2016年后，案件数量才出现相对明显的变化。2016—2018年间威胁型口供和重复性供述的案件数量上升趋势较大，威胁型口供由2016年的45件增长至2017年的100件、2018年的141件。重复性供述每年案件未突破100件，但是2018年数量相当于2017年数量的两倍。尽管变换"侦查机关非法拘禁"等多种字段抽取非法拘禁型口供的样本，仍仅抽取到2015—2019年间每年一件申请排除的案例，且均为未发现违法取证行为的案例。因此，难以从实务中抽取案例以真实反映《严格排除非法证据规定》第6条实施情况。

综合图1和图2反映的情况，2013—2019年间增长的案件数量主要集中于对排除刑讯型非法口供的申请，且近年来的趋势仍未出现明显减缓增长的迹象。因此，就数据库中抽取的总体样本，可以推断出实践中控辩双方对口供证据能力的争议点，主要集中于取证人员使用刑讯手段取得的口供。尽管有论者曾提出遏制刑讯作为非法证据排除规则实施的突破口与重点是本末倒置、不切实际的方案，①不可否认的是，刑讯仍是腐蚀侦查阶段程序公正的主要原因。紧随其后的是威胁型口供和重复性供述，约占比4%，而非法拘禁等限制人身自由的手段在实务中则较为鲜见。通过梳理图2和图3的统计数据，可以得出基本的结论：刑讯和威胁是辩方提出的较为常见的程序性争议，重复性供述的证据能力也逐渐受到关注。总体而言，立法上的进步对增强非法证据排除意识和规制违法取证取得了一定的成效。然而，即便辩方及时提出了排除申请，但在逐年增长的案件数量中，切实排除非法口供的数量仍需进一步量化，以客观反映实务人员的审查方式和排除结果。

（三）深层比较：排除情况和程序运行的分析

为使样本更加契合目前实务人员排除非法口供的实况，以《严格排除非法证据规定》的出台为节点，本文选取2017—2019年间的审结案作作为样本，借助对程序运行的观察，分析实践中排除程序的实然样态，反思导致排除规则虚置的主要成因。如图2所示，自2014年以来申请排除刑讯型口供的案件数量近千件，但申请排除的案件数量与实际排除的案件数量形成强烈的反差。2017年中级法院

---

① 栗峥：《非法证据排除规则之正本清源》，载《政治与法律》2013年第9期。

和高级法院审理的申请排除刑讯型口供的案例约 200 件，法院决定排除的案件仅有 10 件（约占 5%）。2018 年中级和高级法院审理申请排除刑讯型口供约 241 件，法院决定排除的案件仅有 7 件（约占 2.9%）。2019 年中级和高级法院审理申请排除刑讯型非法口供约 131 件，没有法院采纳排除申请的案件。威胁手段在申请排除非法口供的理由中占据一定的数量，在 2017 年后数量有所提升。2017 年基层法院和中级法院共审理约 62 件，法院决定排除的案件只有 2 件（约占 3.22%）。2018 年基层、中级和高级法院共审理约 74 件，法院决定排除只有 1 件。2019 年基层、中级和高级法院共审理约 54 件，没有决定排除的案件。重复性供述的排除比例相对较高，2017 年基层、中级和高级法院共审理约 22 件，法院决定排除 12 件（约占 54.54%）。2018 年基层、中级和高级法院共审理 62 件，法院决定排除 9 件（约占 14.5%）。2019 年基层、中级和高级法院共审理 40 件，法院决定排除 6 件（约占 15%）。而以非法拘禁作为排非理由的案件，2017—2019 年保持在每年一件的数量，法院均作出不予排除的决定。经统计 2017—2019 年间非法口供的排除率基本在 3%—10% 间波动，而 2013—2017 年排除比稳定在 9% 左右。① 数据表明辩方申请排除的案件数量每年递增，但排除比率仍然没有显著升高的迹象。有学者曾在 2017 年分析了浙江省两级法院的统计数据，指出在极为有限的启动排除程序的案件中，法院最终排除非法证据的案件比例也颇低。② 不可否认的是，人权保障的加强和讯问环境的改善一定程度上减少了非法取证的案件数量。在部分案例中，法院通过观看讯问同步录音录像、侦查人员出庭作证、审查入所体检记录、同监室人员证言等方式，得出经核实不存在违法取证现象的结论，或经前述方式审查后得出无法排除非法取证可能性的结论。也有法院组织召开庭前会议解决程序争点，③ 经控辩双方详述理由和充分辩论后，控方撤回非法口供。但在未排除的案件中，并非所有

---

① 参见林雄主编：《刑事司法大数据蓝皮书》，北京大学出版社 2020 年版，第 424 页。
② 参见陈瑞华：《论侦查中心主义》，载《政法论坛》2017 年第 3 期。
③ "程序争点"是指为保证庭审顺利、持续、集中进行，对诉讼过程中具体程序安排、决定的异议，包括排除非法证据。详见汪海燕：《庭前会议制度若干问题研究——以"审判中心"为视角》，载《中国政法大学学报》2016 年第 5 期。

案件达到"全部排除合理怀疑"的证明标准，大部分案件由于存在调查程序启动困难等问题导致证据合法性审查流于形式化。

在调查程序启动上，具体表现出以下问题：其一，混淆初步提证责任和证明责任，提高了进入调查程序的门槛。启动包含申请启动和职权启动两种方式，申请启动是由权利人提出 2017 年《人民法院办理刑事案件排除非法证据规程（试行）》（以下简称《排非规程》）第 5 条第 1 款①所规定的相应线索或材料，申请方履行初步的提证责任即可。② 而在案例中审判人员以"辩方无相关证据证实"为由，③ 未启动调查程序。其二，无法提供线索或材料的案件，审判人员在决定是否启动调查程序时，过分倚重卷宗笔录，先入为主的现象也较为突出，如有法院以多次供述内容一致和稳定为由决定不启动调查程序，④ 另有法院以排除非法证据申请无法推翻其他证据形成的证据链条而不予启动调查程序。⑤

在调查程序上，具体表现出以下问题：其一，审查过程较为封闭，对形成调查结论的说理不充分。我国立法构建了"诉讼化"色彩浓厚的程序性争议解决机制，⑥ 要求庭前会议或庭审阶段的调查都在控辩审三方在场的诉讼构造下进行，判决书中的实际情况却与立法规定大相径庭。在无其他证据证明取证合法性的条件下作出推论，如书面审查公安机关出具的文件，直接作出不予排除口供的决定。⑦ 其二，审判人员形成调查结论的认定标准不尽一致。调查程序启动后，控方履行证明责任可能择取一种或多种方式。部分案件控方提供讯问录音录像、体检记录、提讯登记等证据材料，提请侦查人员

---

① 《排非规程》第 5 条第 1 款规定，"线索"是指内容具体、指向明确的涉嫌非法取证的人员、时间、地点、方式等；"材料"是指能够反映非法取证的伤情照片、体检记录、医院病历、讯问笔录、讯问录音录像或者同监室人员的证言等。

② 参见陈光中主编：《证据法学（第四版）》，法律出版社 2019 年版，第 246 页。

③ 参见江苏省高级人民法院（2016）苏刑再 7 号判决书等。

④ 参见四川省成都市武侯区人民法院（2018）川 0107 刑初 317 号判决书等。

⑤ 参见湖南省凤凰县人民法院（2017）湘 123 刑初 155 号判决书。

⑥ 参见熊秋红：《非法证据排除规则的体系性建构》，载《人民法院报》2017 年 7 月 3 日第 2 版。

⑦ 参见浙江省永康市人民法院（2018）浙 0784 刑初 319 号判决书等。

或其他人员出庭说明情况，而部分案件仅由公诉人员作出合理解释。不同案件中控方以同种方式举证能否有效阐释非法证据的疑点，实践中得出的结论也往往相悖。例如，对于讯问录音录像不完整、灭失的情况，有法院认为难以听清讯问内容的录音，无讯问过程直接交由被告人签名确认的笔录，检察机关的解释说明无法排除非法取证的可能。① 而另有法院认为侦查人员出庭说明讯问过程，能够排除非法取证的可能。② 甚至侦查人员无须出庭，侦查机关加盖公章的书面说明足以有效解释存储设备被循环覆盖而无法提取的同步录音录像，从而否定排除非法证据的申请。③ 其三，证明责任分配不明。一方面，控方未提出任何证明材料而仅进行相关解释，法院反认为辩方无充分的证据证明存在非法取证，体现了其对承担说服责任方的认识偏差。另一方面，控方的证明未达到证明标准的案件，法院违背了审判中立原则，结合其他证据以支持控方的证明。如侦查人员只对监视居住期间录音录像灭失作出合理解释后，法院以羁押期间多份有罪供述的一致性排除非法取证的可能性。④ 其四，审判人员更重视证据间的相互印证，一旦被告人的口供与其他证据形成完整的证据链则形成采纳供述的心证，而忽视对证据合法性疑点的审查。如对合性犯罪中，判决文书着重阐释供述与共犯的证人证言的高度重合，而未开展调查活动。

在审查标准和证明机制上，法院的说理多数停留在"无法排除合理怀疑"层次上，而鲜有结合不同类型口供的审查标准而详细论证取证行为是否违法的情形。仅有极少数案例考量了判断基准，如郭某故意杀人案中，法院就公安机关无法对连续羁押作出合理解释而形成无法排除非法取证的内心确信后，充分论述侦查机关四天三夜不允许被告人睡觉，属于采用"变相肉刑的恶劣手段，使其遭受难以忍受的痛苦而违背意愿作出的供述"，从而得出排除侦查阶段全

---

① 参见安徽省宣城市宣州区人民法院（2017）皖1802刑初178号判决书，江苏省徐州市中级人民法院（2017）苏03刑初124号判决书等。

② 参见江苏省徐州市泉山区人民法院（2017）苏0311刑初228号判决书等。

③ 参见新疆维吾尔自治区克拉玛依市乌尔禾区人民法院（2016）新0205刑初11号判决书等。

④ 参见江苏省徐州市泉山区人民法院（2017）苏0311刑初228号判决书等。

部供述的结论。以上足以说明,尽管顶层设计提出严格排除非法口供的要求,若上述流于形式化的审查方式未受到根本性触动,则非法口供范围的扩大和排除规则的操作性增强都是徒劳的。当然,部分案例中审判人员仅依据书面说明而非侦查人员出庭作证,即对证据合法性的形式化审查并非证据调查的特有问题,也是长期以来卷宗中心主义、庭审形式化突出问题的体现。若要改善甚至是解决排除规则形同虚设的问题,仍需要从推进庭审实质化、强化程序正义理念等维度共同推进。

二、排除瓶颈:绝对排除模式虚置的成因

(一) 调查程序启动条件的误读

在职权主义诉讼传统的语境下,证据合法性调查程序的启动包含申请启动和依职权启动两种方式。尽管立法赋予了审判机关主动调查的权力,笔者整理的裁判文书未发现依职权启动的案例,有实证数据显示2013—2017年全国法院依职权启动的比例仅占0.58%,[①]另有学者在西部中基层法院的调研结果显示,启动调查程序的实例中不存在依职权启动的情况。[②] 可以说,司法实践中往往难以期待审判机关主动开启调查程序,申请启动成为常态。根据申请启动的要求,权利主体提出异议应提交相关线索或者材料。为了提供更明晰的规则指引,《排非规程》第5条列举了线索和材料指代的具体内容。同时,如在异议时未及时提供相关线索或材料,《排非规程》第10条第2款增设了审判机关作出不予启动决定的前置告知程序。对于辩方提交相关线索或者材料行为的定性,虽然国内学者的表述有所差异,如将其称为"提证责任"[③] 或"提出质疑的权利"[④],但共通之处在于辩方提交符合要求的线索,及时行使举证权利即可启动调查程序,而非证实非法取证存在的证明责任或说服责任。虽然辩

---

① 参见林雄主编:《刑事司法大数据蓝皮书》,北京大学出版社2020年版,第413页。

② 参见王彪:《非法口供排除规则威慑效果实证分析》,载《河北法学》2015年第1期。

③ 参见陈光中主编:《证据法学(第四版)》,法律出版社2019年版,第246页。

④ 参见顾永忠:《检察权的行使与举证责任的承担》,载《人民检察》2017年第5期。

方不负担证明自身无罪的责任，但在诉讼程序中有权提出无罪或罪轻的主张而形成"合理疑点"。疑点形成责任是相对于争点形成责任的称谓，旨在通过积极行使辩护权对指控进行反驳，该责任的不当行使会导致诉讼主张得不到支持的后果，但并非辩方自证其罪。① 辩方有权出于防御危险的必要性而提出实体上和程序上的抗辩，如程序上的阻却证据能力。在英美证据法中，与说服责任相对应的另一概念是提证责任（burden of production），即被告人提出证据所反驳的事实使法庭相信该事实存在的责任。② 在我国台湾地区，被告人也可依防御起见，而提出正当化事由或阻却违法事由作为犯罪不成立之理由。③ 笔者认为，立法本意在于权利主体提交线索或材料，对口供收集的合法性提出质疑，属于程序上的"疑点形成责任"。由上文的实证考察可知，大部分未启动调查程序的审判机关认为"辩方无充分的证据证实存在违法取证，故对辩护意见不予以采纳"，显然"证实"一词混淆了疑点形成责任与证据合法性说服责任之间的关系。实际上，疑点形成责任是启动调查程序的前提，而证据合法性证明责任是程序启动后，由控方负担的排除证据疑点的责任。审判机关的理解偏差无形中提高了调查程序启动的门槛，阻碍了非法口供排除程序的有效运行。

（二）证明方式的解释冲突和效力不明

从 2010 年"两个证据规定"正式确立非法证据排除制度，到 2012 年最高人民法院《关于适用〈中华人民共和国刑事诉讼法〉的解释》（以下简称 2012 年《高法解释》）配套操作性规则，直至 2017 年《严格排除非法证据规定》的实行，控方可使用的证明方式在条款内容上有所改变。有必要从条款本身出发，对法定的调查方式进行梳理，分析条文背后的立法意图。2010 年《非法证据排除规定》

---

① 参见黄维智：《合理疑点与疑点排除——兼论刑事诉讼证明责任的分配理论》，载《法学》2006 年第 7 期。
② See Peter Murphy, supra note 7, p. 103.
③ 参见蔡墩铭：《刑事证明与举证》，载《军法专刊》1996 年第 7 期。

第 7 条①中主要包含出示讯问笔录、侦查机关书面说明、播放原始讯问录音录像，提请讯问人员或其他在场人员出庭作证的举证方式。2012 年《刑事诉讼法》第 57 条第 2 款再次确认了控方可提请侦查人员出庭作证的规定，2012 年《高法解释》第 101 条与 2010 年《非法证据排除规定》第 7 条的内容相类似，另要求侦查机关书面说明材料不能单独作为依据。而《严格排除非法证据规定》第 31 条增列了出示提讯登记、体检记录等证明材料，但剔除了侦查机关书面说明。直到 2017 年 11 月的《排非规程》第 20 条首次明确加盖公章的说明材料不具有作为证明材料的资格，然而，2019 年修订后的《人民检察院刑事诉讼规则》（以下简称《高检规则》）第 410 条文本内容与《非法证据排除规定》第 7 条基本趋于一致，对侦查机关书面说明的效力语焉不详。由于刑事诉讼法对证明方式的语焉不详，相关司法解释责无旁贷地发挥起增强条文可操作性、弥补法律空白的功能。但不同制定机关出台的司法解释间条文内容相互冲突，引起实践操作不规范和混乱问题。根据法条竞合的基本原理，可分为异位阶的法条冲突和同位阶的法条冲突，应先明确上述条文是否属于同位阶的法条冲突。虽然司法解释制定主体和参与部门存在差异，但都为行政机关或司法机关，制定部门间不存在上下级隶属关系，故不属于一般意义上的异位阶法律冲突，但又不完全符合同位阶法律冲突的情形，新法优于旧法和特殊优于一般的解释原理也无法适用，需另寻冲突解决的方法。《非法证据排除规定》和《严格排除非法证据规定》都属于最高人民法院、最高人民检察院、公安部等多机关制定的"联合解释"，《排非规程》和《高检规则》分别由最高人民法院和最高人民检察院作为解释主体。基于以审判为中心的基本原则，最高人民法院出台的司法解释应具最高的执行力。是故，《排非规程》第 20 条的执行效力高于《非法证据排除规定》第 7 条，控方无权使用书面说明作为证明材料。2012 年《高法解释》和《排

---

① 2010 年《非法证据排除规定》第 7 条规定："经审查，法庭对被告人审判前供述取得的合法性有疑问的，公诉人应当向法庭提供讯问笔录、原始的讯问过程录音录像或者其他证据，提请法庭通知讯问时其他在场人员或者其他证人出庭作证，仍不能排除刑讯逼供嫌疑的，提请法庭通知讯问人员出庭作证，对该供述取得的合法性予以证明……经依法通知，讯问人员或者其他人员应当出庭作证。公诉人提交加盖公章的说明材料，未经有关讯问人员签名或者盖章的，不能作为证明取证合法性的证据……"

非规程》均由最高人民法院制定，故2012年《高法解释》第101条和《排非规程》第20条间的法条冲突可适用同位阶法律冲突，遵循新法优于旧法的原则而优先适用《排非规程》第20条，从而否定书面材料的效力。近年的案例显示控方仍习惯使用侦查机关的书面证明，甚至存在检察人员代替侦查人员进行合法性说明且排除非法取证疑点的案例。由此可见，侦查机关的情况说明也可被视为"历史遗留问题"，先前立法的应允和司法解释间的冲突，使其一度成为证明取证合法的重要方式。

不同证明材料的证明力，以及单一或组合证明材料的证明作用也是排除规则失灵的症结所在。在探讨证明材料的证明力之前，可以从反向先分析证据合法性的证明标准，《刑事诉讼法》第60条规定了"确认或不能排除存在非法取证"的证明标准。立法技术上的缺陷导致实务人员认为存在两种证明标准，事实上由于控方在调查程序中履行的是对取证合法性的证明责任，因而不适用"确认"这一证明标准，而是应达到排除合理怀疑的证明程度。毋庸讳言，排除合理怀疑是英美证据法中刑事定罪采用的标准，也是除"绝对确定"外最高等级的证明标准。既然立法对取证合法性确立了如此严格的证明标准，那么控方仅凭一种或几种书面材料能否达到排除合理怀疑的效果是值得深思的。曾有学者逐一分析了2010年《非法证据排除规定》第7条规定的讯问笔录、录音录像、侦查人员作证三种证明方法的作用，指出非法取证很难在讯问笔录和侦查人员的证言中体现，且同步录音录像未在全国推行，三种证明方式要么用处不大，要么缺少配套机制而无法发挥作用。[①] 其实，与证据理论所划分的直接证据和间接证据相类似的是，不同证明材料的证明效果存在差异。同步录音录像作为能够最大程度还原讯问程序的过程性证据，无须经过推理和假设就能发挥直接证明的作用。如检察机关播放完整性不足的录音录像且无法作出合理解释，可直接引起不能排除合理怀疑的效果。尽管司法解释在此基础上增设了证明方式，但提讯登记、体检记录等材料都可视为办案人员制作的书面材料，只能发挥有限的辅助证明作用。2012年《高法解释》第101条规定了侦查机关的书面材料不能单独作为证明取证合法性的根据，即"孤

---

① 郭志媛、董满清：《非法证据如何证明？——兼评〈非法证据排除规定〉》，载《西部法学评论》2010年第5期。

证"不足以形成调查结论,那么可以大胆地推定,控方只单独提供其他书面材料也是未达到证明标准要求的。

表1 刑事诉讼法和司法解释条文规定的变化

序号	年份	异	同
①	2010《非法证据排除规定》第7条		讯问笔录、录音录像、侦查人员等出庭、侦查机关书面说明
②	2012年《刑事诉讼法》第59条		仅规定侦查人员等出庭
③	2012年《高法解释》第101条	增侦查机关的书面说明不能单独作为根据	其他同①
④	2017年《严格排除非法证据规定》第31条	增提讯登记等;证明方式中删侦查机关的书面说明	其他同①
⑤	2017年《排非规程》第20条	增不能使用侦查机关的书面说明	其他同④
⑥	2019年《人民检察院刑事诉讼规则》第410条		同④

(三)印证检验方法的误用

从证据属性的角度看,非法口供基于失去证据能力而应被排除在诉讼程序之外。然而在审判机关对证据合法性进行检验时,存在着一以贯之的司法审查逻辑。得出调查结论的核心不在于控方提供的证据能否达到排除合理怀疑的标准,而是口供的内容能否与其他证据相互印证,形成完整的证据链。尽管对于通过口供提取到了隐蔽性很强的物证、书证的案件,2012年《高法解释》第106条[①]规定采取了较为审慎的态度,要求采纳口供应排除逼供的可能性。但若其他客观证据补强了口供的真实性,则审判机关往往驳回辩方排

---

① 2012年《高法解释》第106条规定:"根据被告人的供述、指认提取到了隐蔽性很强的物证、书证,且被告人的供述与其他证明犯罪事实发生的证据相互印证,并排除串供、逼供、诱供等可能性的,可以认定被告人有罪。"

除非法口供的申请。诚然，经过历史经验的沉淀，印证是实践中占据重要地位的检验、判断证据的方法。饶有趣味的是，印证系检验证据证明力的方式，而非口供的证据能力。因此，在证据合法性的调查程序中，审判机关并没有重视辩方的线索或相关材料，更不是将控方举证的材料作为心证形成的依据。一般情况下，其直接跳过了审查口供证据资格的环节，而跨越到了证明力的审查程序。那么，为审查非法口供所设置的程序和制度也是形同虚设的。实然的情况是，即便辩方顺利启动了调查程序，审判机关的关注重点是判断口供和案卷材料中的其他证据是否存在矛盾，而非对审前程序合法性的核查。笔者认为，印证方法的误用也是由我国对口供排除规则的定位所引起的。在中国的司法传统中，刑讯所取得的虚假口供是导致冤错案件的主要肇因，真实取向是排除非法口供的核心目的。毫无疑问，审判机关进行司法审查的初衷偏离了权利取向，通过检验与其他证据的印证情况从而排除虚假口供的可能性则成为审查工作的重心。在此意义上，鲜有审判人员基于判断标准对取证手段进行详细说理的裁判文书也就不足为奇了。

通过上文的阐述，可以得出基本的结论：非法口供排除规则虚置的背后隐藏着深层次的原因，审判人员在证明理论上的知识欠缺和专业性不足，使审判阶段的核查程序在启动、证明、调查等多个环节运行不畅。立法规定本身也存在着根本性的缺陷，法律解释间的冲突体现了立法者暧昧不明的反复态度。一方面，入所体检记录等直接证明作用较弱的书面材料效力不明，且鲜有书面材料的制作者出庭说明情况的案例；另一方面，缺失完整性的录音录像、所外提讯引起的合理怀疑，其他证明材料作出合理解释后即可抵消。可以说明，立法对违法取证还是采取了较为宽容的态度。

三、体系解读：一元审查标准下的绝对排除

通过对研究样本中排除非法口供的裁判文书考察，多数样本除了简单一句"无法排除非法取证的怀疑"，难以直观地发现审判人员基于审查标准而对取证行为进行解析的过程。尽管同步录音录像的灭失无法真实还原讯问的情境，使审判人员的演绎推理缺失小前提作为必要条件。对于能够呈现违法取证手段的案件，也没有发现审查标准被充分地适用。也许可以略显武断地推定，与其诟病审查标准限缩排除范围和操作困难，不如评价其为实然层面的架空。审查

标准作为排除程序的核心,有必要对审查标准和排除模式进行法律解释。需要说明的是,尽管认定重复性供述的基本逻辑是先依据痛苦规则认定先前取证行为属于刑讯,再判断讯问过程是否符合例外情形,若不满足例外条件则排除重复性供述。笔者认为其核心判断标准仍依附于"痛苦规则",尽管存在客观性更强的例外条件,但实质上属于绝对排除模式。可称为"原则排除+例外不排除"的绝对排除模式。就此而言,非法口供的排除模式可归纳为一元审查标准下的绝对排除模式:一种适用于刑讯型、威胁型口供,另一种适用于重复性供述,且尚未规定非法拘禁型口供的审查标准。

(一)绝对排除模式一:"痛苦规则"+供述自愿性

《严格排除非法证据规定》第2条规定的"使犯罪嫌疑人、被告人遭受难以忍受的痛苦",延续了2012年《高法解释》中"剧烈痛苦"的立法表述。由此可以看出,尽管制度设计上细化列举了常见的刑讯手段,但判定刑讯型口供的关键仍限定于"痛苦规则"。与刑讯型口供的审查标准相似的是,威胁手段也需对犯罪嫌疑人、被告人造成精神上的痛苦。2012年《高法解释》第95条对"剧烈痛苦"的表述引用了《禁止酷刑和其他残忍、不人道或有辱人格的待遇或处罚公约》第1条第1款[1]规定关于"酷刑"的定义,其中包含了威胁所达到"酷刑"的效果。那么,若从广义上理解"痛苦规则",威胁取证对被追诉人的精神痛苦也归属其中。相比于刑讯手段的"外化于形",精神强制的客观化将可能成为更加困扰实务人员的认定难题。此外,虽然法律文本中"迫使被告人违背意愿供述"的内容体现了自白自愿性的意味,但需依附于"足以造成被追诉人痛苦",并非将自愿性作为排除非法口供的认定标准。《欧洲人权公约》第3条的禁止酷刑和不人道或有辱人格的待遇,也包括精神上的强制。在 Gäfgen v. Germany 案[2]中,被警方拘留的人受到如果不透

---

[1] 《禁止酷刑和其他残忍、不人道或有辱人格的待遇或处罚公约》第1条第1款规定:"酷刑是指为了向某人或第三者取得情报或供状,为了他或第三者所作或涉嫌的行为对他加以处罚,或为了恐吓或威胁他或第三者,或为了基于任何一种歧视的任何理由,蓄意使某人在肉体或精神上遭受剧烈疼痛或痛苦的任何行为,而这种疼痛或痛苦是由公职人员或以官方身份行使职权的其他人所造成或在其唆使、同意或默许下造成的。"

[2] Gäfgen v. Germany, judgment of 1 June 2010 at paragraphs 162–188.

露失踪儿童的下落,就会受到"无法忍受的痛苦"的威胁,欧洲人权法院认为这种威胁虽然没有实施,但构成了不人道待遇。在此意义上,刑讯和威胁的区别在于造成何种形式的痛苦,都需遵循"痛苦规则"的判断标准。

(二)绝对排除模式二:原则排除+例外不排除

根据《严格排除非法证据规定》第5条,重复性供述是受到先前刑讯手段影响,而作出的与其内容相似或相同的重复性供认。审查重复性供述需包含以下步骤:首先基于"痛苦规则",审查取证手段是否属于刑讯,其次判断是否符合例外情形,笔者将其称为原则排除+例外不排除的绝对排除模式。除了"痛苦规则"本身的弊端外,排除模式易重蹈美国"两步讯问法"的覆辙,即"变更主体例外"的潜在风险是侦查人员首次讯问使用非法手段,再更换讯问人员收集犯罪嫌疑人可能处于恐惧支配下的重复供述。而对于非法拘禁型口供,《严格排除非法证据规定》第4条①仅将非法拘禁明确为限制人身自由的具体方式,尚无审查标准。从体系解释上,非法拘禁型口供位列刑讯型、威胁型口供之后,但在法律文本上删除了"遭受难以忍受的痛苦而违背意愿作出供述"的表述。由此可以推断,立法者倾向于"痛苦规则"并非影响非法拘禁型口供证据能力的充分条件。诚然,刑讯和威胁对被追诉人产生的压制是不言自明的,而非法限制人身自由和口供之间的因果关系并不明显。② 在判定是否非法剥夺人身自由时,《欧洲人权和治安公约》(警察和其他执法人员手册)强调对不同因素进行评估,如限制个人的空间大小、限制时间的长短、丧失自由的性质、时长、影响和法律依据是重要的考量因素。③ 综上,审查标准作为支撑排除模式的根基,若意图使立法上对非法口供的发展得以在实践中取得实效,则应通过增强判断标准的客观性等方式破除绝对排除和虚置的困局,对此将在下文详述。

---

① 《严格排除非法证据规定》第4条规定:"采用非法拘禁等非法限制人身自由的方法收集的犯罪嫌疑人、被告人供述,应当予以排除。"

② 参见董坤:《非法拘禁型供述排除规则研究》,载《中国法学》2019年第5期。

③ See Jim Murdoch, Ralph Roche, The European Convention on Human Rights and Policin, p. 43 – 45.

表2 不同类型非法口供的审查标准和排除模式

非法口供类型	审查标准	排除模式
刑讯型	"痛苦规则"+供述自愿性	绝对排除
威胁型	"痛苦规则"+供述自愿性	
非法拘禁型	未明确	
重复性供述	"痛苦规则"+例外情形	原则排除+例外不排除

四、转型径路：从僵化模式走向弹性模式

（一）制度契机：非法口供排除的观念转化和功能定位

1."严格排除"的理念转向

我国排除非法口供的制度建构经历了宣誓化、确立化、细则化和严格化的发展脉络，不同阶段有其特定的历史背景和立法考量。其间或有迂回，或有策略摇摆，整体上与司法实际紧密结合，核心理念和程序规则都取得较为显著的进步。遗憾的是，尽管2012年刑事诉讼法将其纳入其中，但排除非法证据的案例并不多见。①党的十八大为推动法治建设，深化司法体制改革作出重要部署。党的十八届三中全会和十八届四中全会决定分别提出了"严格执行"和"健全落实"非法证据排除制度的相关要求。其中，严格实行非法证据排除规则被视为关键环节，对深入推进改革具有重要的牵引作用。②以《严格排除非法证据规定》出台为节点，标志着非法口供的排除正式进入新阶段，实现了从"初步确立"走向"严格实行"的制度愿景。③应当说，为走出排除规则难以取得实效的瓶颈，在规范层面取得了重大突破和创新。梳理排除非法口供的发展脉络，能够显现出制度设计始终围绕落实排除的核心难题，几经完善配套措施。绝对排除在长期失灵和无法支撑新型口供的双重困境下，有必要立足于从"侦查中心主义"走向"审判中心主义"的目标，在严格排除

---

① 参见戴长林主编：《中国非法证据排除制度》，法制出版社2017年版，第19页。

② 参见戴长林主编：《中国非法证据排除制度》，法制出版社2017年版，第21页。

③ 参见卞建林、谢澍：《我国非法证据排除规则的重大发展——以〈严格排除非法证据规定〉之颁布为视角》，载《浙江工商大学学报》2017年第5期。

的制度愿景下重新审视传统口供排除模式的缺陷，从而确保排除规则取得实效。

2. 程序正义观的价值取向

证据规则兼具真实取向和权利取向双重功能维度，真实取向旨在防止司法误判，权利取向以人权保障为核心要义。① 我国非法口供的排除规则以真实取向为制度设立的初衷，也被称为虚伪排除说或真实发现说，即非法求刑取得的证据本身之虚伪度或然性高，以此不可靠的口供作为定案依据必然引起冤案丛生。② 然而，虚伪排除说自身的局限导致其难以实现理论自洽性。一方面，适用范围仅限于非法言词证据，无法合理解释非法实物证据的证据能力；另一方面，对于"真凶"受到外部强制而作出的有罪供述，该学说也无法提供排除依据。虽然真实发现说在排除非法口供的理论学说中已被边缘化，但基于口供作为发现和引导其他证据的重要来源，规范层面和实践层面仍将追求案件真相作为重要的考量因素，当存在其他客观性较强的证据印证非法口供的真实性时，极易动摇排除口供的决心。是故，如果无法树立办案人员的程序正义观，加强人权保障意识，仅将价值功能限定在防范冤错案件，则难以真正实现"有非必排"。《严格排除非法证据规定》作为非法证据排除制度发展的重要节点，其中相关条款已显现程序正义的价值导向。如排除非法拘禁手段获取的口供体现制度设计者对人身自由进行保护的立法倾向。③ 因此，应借助程序正义观和尊重基本人权的价值导向，转变办案人员"不枉不纵"的传统思维，形成严守程序合法性的规范意识，从而破除排除规则虚置的困局。

3. 自白任意性标准的确立

为了防止司法解释规定难以付诸实际而再次沦为"纸面上的条款"，应探寻便于实务人员适用的判断基准。基于证据排除规则的普通法渊源，目光也随之及于英美法系国家的成熟经验。自白任意性规则源于18世纪后期的英国，该规则可概括为："如果自白是非任

---

① 参见张建伟：《排除非法证据的价值预期与制度分析》，载《中国刑事法杂志》2017年第4期。

② 参见董坤：《检察机关排除非法证据问题研究》，中国检察出版社2018年版，第6页。

③ 参见张建伟：《排除非法证据的价值预期与制度分析》，载《中国刑事法杂志》2017年第4期。

意的，它就是不可采纳的。如果自白是任意的，原则上是可以采纳的。"① 近年来普里默斯·伊芙·布伦斯克指出，美国自白法则正处于崩溃状态，重新回归自白任意性原则，配套的"自愿性检测机制"增强自白任意性标准的客观性是自白法则的未来走向。尽管大陆法系国家匮乏健全的证据规则体系，在欧洲人权法院的压力下，法国也形成了独具特色的口供排除模式。2011 年法国立法对口供的自由、自愿原则进行了确认，形成了以判例为主导、"相对无效为主、绝对无效为辅"为判断基准和中立司法官作为主要权力机构的非法口供排除体系。② 自白任意性规则具有复杂的价值基础，其中，人格尊严和意志自由的价值取向，能够引导实务人员严格排除非正当手段取得的口供。是故，应理性看待自白任意性规则、口供自由、自愿原则的演变历程，合理借鉴确立自白任意性标准的成熟经验。

（二）未来走向："绝对排除为主，裁量排除为辅"

1. 绝对排除的判断基准与检测机制

多数学者对《严格排除非法证据规定》作出了正面的肯定性评价，认为非法证据排除制度取得了新的突破，切实执行必然取得良好的法治效果和社会效果。非法口供排除程序运行不畅的现实表明，排除申请很难取得审判人员的关注。那么，尽管立法层面上增设的非法口供都采取了绝对排除的强制模式，法院对非法口供的审查不具有实质性的意义，排除程序流于形式化的问题未得到触动的情况下，非法口供的严格排除和绝对排除就无从谈起。在此意义上，破除审查过程虚化的难题，应强化审判机关结合非法口供的判断基准，作出有针对性的分析和论证说理，保持在调查阶段的中立性，突出对调查结论的决定性作用。基于前文的分析，目前我国明确了刑讯型、威胁型、非法拘禁型和重复性供述四种非法口供。除了未对非法拘禁型设置判断标准外，其他三种类型的判断要件可概括为"痛苦规则＋供述自愿性"或"痛苦规则＋例外情形"。即违法取证的手段要能够引起剧烈痛苦，迫使其违背意愿作出的供述。从功利主义角度，有必要重新探寻判断基准。在未来非法口供排除模式的发

---

① 转引自 Phipson and D. W. Elliott, Manual of the Law of the Evidence, Sweet & Maxwell, 1980, p. 183。

② 参见施鹏鹏：《口供的自由、自愿原则——法国模式及评价》，载《比较法研究》2017 年第 3 期。

展中，应尝试走"绝对排除为主、裁量排除为辅"的模式，在判断标准上去除供述自愿性对痛苦规则的依附，改采自白任意性标准的径路，我国不少学者也曾对此进行呼吁。

为了避免笔者的设想过于理想化，有必要了解美国自白法则的发展近况。自白任意性标准的模糊性和开放性，促使美国法院在规则和标准间摇摆，当频繁重复出现需要提供明晰指导的情况时，法院会注入具体规则而实现一定时期内的平衡。例如，著名的米兰达规则即为提高标准客观性下的产物。近年来，美国联邦最高法院通过 Davis v. United States① 等判例，实际上取消了宪法第五修正案、第六修正案给予犯罪嫌疑人的保护，仅留下宪法第十四修正案正当程序条款下的自愿主义。因此，自白法则重新从适用米兰达警告等客观规则回归到自愿性检测，司法判例揭示了自愿性检测的两条主线，即"警察方法的攻击性"和"犯罪嫌疑人受到的影响"，也被称为"道义主义"和结果主义。② 第一种检测方式关注取证方法对正当程序的侵犯，而不管对供述的影响。可将此种方式比喻为"一见即知"的方式。如 Brown v. Mississippi 案中法院认定警察将被告人吊在树上取得的口供非自愿，并非出于对口供可靠性的考虑；在 Ashcraft v. Tennessee③ 案中连续 36 小时的警察讯问本身就是强制性的。第二种检测方式关注警察的常用策略容易引起虚假口供的问题，其历史根源可追溯至 1783 年的 King v. Warickshall④ 案，指出恐惧的折磨所逼出的认罪应当被拒绝。如儿童、认知障碍的成年人等特殊群体更容易认错，警察策略可能增加虚伪供述的可能性。对于同一案件中警察的行为兼符合两种情形，则需要区分开并进行二次分析。虽然英美法系国家证据规则的构建基础和司法环境与我国存在差别，但是上述自愿性检测机制不失为宝贵的经验。笔者认为，道义主义减轻了审判机关形成结论的逻辑负担，避免陷入寻求取证方式和犯罪嫌疑人心里状况因果关联的困局，也有助于树立实务人员的程序正义观。在坚持对非法口供采取绝对排除的强制态度下，应探索为审

---

① See 512 U.S. 452 (1994).
② See Primus, E. (2015). The future of confession law: Toward rules for the voluntariness test. Michigan Law Review, 114 (1), 1–56.
③ See 322 U.S. 143 (1994).
④ See 168 Eng. Rep. 234 (K.B.) (1783), p. 234–235.

判机关提供较为明晰的规则指引。

2. 裁量排除的引入

非法口供排除模式的转型需遵循二维主线，一是增强绝对排除的刚性；二是引入裁量排除，形成"绝对排除为主，裁量排除为辅"的排除模式。一方面，对非法口供仍应表明绝对排除的决心，强调审判机关裁量认定的能力。另一方面，对重复性供述情况较为复杂的非法口供，理应适用个案权衡的裁量排除模式。其实，基于法律规范的主题个别地或类别地被确定，相应的规范被称为严格规范与裁量规范。由于任何法律规范的运用都含有裁量的空间，这种区分只是程度性的，两种规范只是在严格或裁量程度上大一些。因此，绝对排除和裁量排除之间不是非此即彼的完全对立关系，审判机关在得出结论前会经历裁量认定的过程。在此意义上，裁量排除可以作为绝对排除的有益补充。伴随重复性供述在立法层面的明确，对审判人员审查证据提出了更高的要求。重复性供述的证据能力受到诸多因素的影响。在具体的个案中，刑讯手段、审讯环境等多重因素影响持续效力的产生、延伸和消解，被追诉人的自然状态，如前科情况、教育程度、法律知识储备等个体基本情况也决定了在后续审讯时的抗压能力，鉴于持续效力延续的复杂性和多变性，唯有立足于审判权的司法判断权属性，综合个案情形考量持续效力的存续与否，方是准确、公正认定重复自白的证据能力之道。如机械化适用"原则加例外"模式易被侦查机关作为规避排除规则的侦查策略，美国"两步讯问法"的现象正是例证。我国公检法三机关同质性较高，更换主体并非有效阻断因素。长远看，引入裁量排除模式有助于发挥法官的主观能动性，培养审判人员在审查证据方面的逻辑思维和说理论证能力，突出审判机关对证据采纳的决定性作用。同时，弥补成文法传统的缺陷，灵活权衡个案中的多重价值。就此而言，笔者认为应在审查重复性供述时逐步适用裁量排除模式。

（三）模式转型的配套机制

1. 证据合法性审查程序的规范

实现非法口供的排除，应配套规范证据合法性的调查程序。徒法不足以自行，健全诉讼程序是落实制度的必要条件。在程序启动上，辩方限于履行疑点形成责任，仅需提供非法取证的人员、时间、地点等相关线索或材料，不宜对开启调查程序设置过于严苛的条件。在证明方式上，异位阶法律解释冲突遵循"以审判为中心"的要义而行，同位阶法律解释冲突依照新法优于旧法的原则。可以从以下几个层面规范控方履行证明责任：其一，贯彻审判阶段的直接言词原则，废除侦查机关书面说明的证明资格。其二，司法解释条款进一步细化不同种类证明材料的证明力，明确审判机关不得依据入所体检记录、采取强制措施和侦查措施文件等单独书面材料形成调查结论。其三，为杜绝"无故外提""所外讯问"的现象，引导取证人员重视同步录音录像的制作，消解外提讯问和后期任意地裁剪、拼接录音录像的情形，确实完整性的录音录像应直接引起无法排除合理怀疑的后果，不允许任何其他材料的替代证明。在证明标准上，保留无法排除合理怀疑作为单一的证明标准，防止确认使实务人员形成辩方负有证明责任的误解。非法口供排除规则需要法官的解释、推理、适用而获得生命力，能够取得怎样的实践效果依赖于法律条文的使用者，法律的实践效果受制于审判人员的理论素养和业务水平。在此意义上，应强化审判人员关于证据能力、证明力等证明理论的知识储备和推理能力，重视对证据审查程序、认定非法口供过程的说理解释，确保判决的公正性和说服力。

2. 典型案例的指导与约束

英美法系国家判例法传统的优势在于，生动的个案更具时效性和灵活性，允许法官考虑案件的具体情况，通过能动解释澄清非法口供的范围。甚至可以说，法官在判例中阐释、提炼的裁判规则丰富、推动了非法口供排除规则的发展和演变。尽管判例并非传统成文法国家的法源，但从判例中抽象、归纳出的裁判规则，在大陆法系国家同样发挥了补充和细化法律的重要功能。在法国，生效的法规大部分来自判例汇编。① 在口供自由、自愿原则下，构建了以判例为主导的非法口供排除规则体系，下级法院的类案判决若违背上级法院判决的基本法理，则会面临被撤销的风险。在德国，判例的发展历程也与法律发展规律相吻合，以卡尔·拉伦茨为代表的学界主流观点认为判例不具有强制法官援用法律的约束力，但在判例中所表达和承载的法律解释与具体化具有拘束力，判例可被理解为法律的认识渊源。② 发展指导性案例制度有助于弥补立法的不足，适度约

---

① 参见徐国栋：《民法基本原则解释》（增订本），中国政法大学出版社2001年版，第335页。

② 参见高尚：《德国判例使用方法研究》，法律出版社2019年版，第41页。

束审判权的专断或滥用。我国案例指导制度可追溯至 2010 年《最高人民法院关于案例指导工作的规定》出台，但典型案例的实际作用仅限于法官参照适用。那么，指导性案例对统一非法口供的裁量尺度，总结频繁出现的违法取证行为，提炼相应的司法规则和程序，促使相同的案件得到类似处理的作用也会被减损。前文论及的法国、德国的实用经验提供了重要的启示意义，作为助力非法口供排除模式转型的配套机制，推行典型案例具有一定的可行性和必要性，其对司法实践的指导和约束，可督促审判人员借助案例提升释法和逻辑推理的能力。关于如何完善我国案例制度，以及应选取何种案例使用的方法，本文限于主旨和篇幅，在此不作赘述。

我国技术侦查证据使用研究

孙 珊*

人类社会进入21世纪以后,科学与技术发展迅猛,尤其是借助于通信产业的迅猛发展,刑事犯罪活动也日渐呈现出比以往更高科技性、强隐蔽性、反侦查性等特点,这也对侦查机关的侦查手段和取证工作提出了更高的标准和要求。在现实样态的挑战和破案压力下,同时也基于技术进步带来的更多技术性的侦查手段,侦查部门在常规侦查手段之外,对采取这一类具有主动性、直接性、监控性、隐蔽性等特点的技术侦查措施就有了更强的内在驱动力。[①] 布兰德雷大法官在奥姆斯特德诉合众国案(Olmstead v. United States) 中早已预见,技术的进步会带来窃听和监视的增多,[②] 未来侦查机关将运用更多的技术侦查措施是侦查权适应社会发展的必然趋势。

为回应侦查和诉讼活动应用技术侦查证据有效指控并打击犯罪的困境和需求,我国在2012年刑事诉讼法修改时首次增加了"技术侦查"一节,将技术侦查措施纳入刑事诉讼的立法体系,并赋予了技术侦查证据法定地位。在构建中国刑事证据制度体系和证据规则体系的过程中,需要关注到技术侦查证据是一类具有相当特殊性质的证据种类,但相较于犯罪手段和侦查措施的快速更迭,我国关于技术侦查证据的法律规定和适用规则仍然停留在非常原则和粗疏的阶段。2016年"两高三部"出台发布的《关于推进以审判为中心的刑事诉讼制度改革的意见》中提出,要"完善技术侦查证据的移送、

---

* 国家"2011计划"司法文明协同创新中心、中国政法大学证据科学研究院博士生。
① 参见王东:《技术侦查的法律规制》,载《中国法学》2014年第5期。
② 277 U.S. 438, 473 (1928).

审查、法庭调查和使用规则以及庭外核实程序"[①]，覆盖了刑事诉讼全流程。最高人民法院在2019年发布的"第五个五年改革纲要"中提出"确保庭审发挥实质性作用"的改革目标，其中指出要"落实和完善技术侦查证据的随案移送和法庭调查规则"[②]。这些有关技术侦查制度的司法改革任务被一再重申，也从侧面反映出相关理论研究的不足以及制度立法的缺失，导致滞后并桎梏于司法的实践探索。若要考察技术侦查证据的使用规则，从一般性的证据使用问题出发而后根据技术证据的特殊性进行专门性的剖析与探究是一种可行且必要的研究路径。这一路径能够让我们清晰辨明技术侦查证据的特殊性质和例外机制的来源，同时考虑到未来将会出现越来越多样化和复杂化的技术侦查手段，立法和司法解释必然滞于其后，因此总结技术侦查证据使用问题之特殊性，形成制度化的专门模式，利用从一般到个例的演绎推理方法，是避免司法失灵的有效方式。

一、证据裁判原则下证据的使用

关于技术侦查证据的相关研究和文献，动辄以技术侦查证据的使用问题统而概之，但讨论的重点仍然集中于技术侦查证据制度中的证据资格、证据形式与载体、庭外核实、非法证据排除等几大核心问题，并未对何为"证据的使用"展开基础性的理论论述。诚然，证据的使用是一个老生常谈的指代和用语，并非法理上的专有名词，并且广泛地讲，证据的使用囊括了司法活动中在证据被收集后一切围绕证据展开的程序和行为，可以泛指证据制度中所有问题。但要就技术侦查证据这一具有特殊性质的证据种类来讨论其使用问题，仍然应当放置于普适性的证据使用体系的语境下进行比较研究，以助益于技术侦查证据制度的体系化建构。

(一) 刑事诉讼中"证据使用"的含义

在当事人主义国家，刑事诉讼的概念往往特指庭审阶段，但在

[①] 最高人民法院、最高人民检察院、公安部、国家安全部、司法部《关于推进以审判为中心的刑事诉讼制度改革的意见》（法发〔2016〕18号）第3条。

[②] 《最高人民法院关于深化人民法院司法体制综合配套改革的意见——人民法院第五个五年改革纲要（2019—2023）》（法发〔2019〕8号）"推进刑事诉讼制度改革"。

职权主义国家，如非特别说明，刑事诉讼涵盖了从侦查到上诉审的全部司法程序。① 因此在我国的刑事诉讼构造中，证据的使用，贯穿于刑事诉讼的全过程，从诉讼程序分阶段来看，包括了证据被收集后的侦查阶段、审查起诉阶段的证据审查与移送，以及庭审阶段的举证、质证、认证活动。具体来说，广义上的证据使用，指的是侦查及其他司法机关在刑事诉讼中依法审查、运用证据并作出相关诉讼决定，也包括当事人及其辩护人、诉讼代理人向办案机关提交有关证据并据此提出诉讼主张、作出诉讼行为的活动。而狭义的"证据使用"，是指审判活动中，对于公安司法机关收集的证据材料以及当事人及其辩护人、诉讼代理人提交的证据，依照法定程序进行调查，以确认其是否具有证据资格、可否作为定案依据的诉讼活动。基于对《刑事诉讼法》第 154 条的文本释义，该条是关于采取"技术侦查措施"一节规定的技术侦查措施和其他侦查措施收集的材料作为证据使用以及相关保护措施的规定，是指狭义的"证据使用"。因此，本文也是从狭义的角度研究技术侦查证据的使用问题。

（二）"证据使用"的属性要件

1. "证据使用"的目的

"证据使用"的目的是对向法庭提供的证据依法进行审查，以确认其是否具有法定的证据资格，能否作为定案的依据。《刑事诉讼法》第 50 条规定，"可以用于证明案件事实的材料，都是证据"，并且"证据必须经过查证属实，才能作为定案的根据"，表明了证据在刑事诉讼程序中存在三个层次的形态，从"证明案件事实的材料"到"证据"，再到"定案的依据"，这其中要跨过两步经过人为审查判断的证据认证程序。证据使用的目的就是滤清证据的源头，阻断不当证据进入法庭，并对进入法庭的证据进行实质性的查证和核实。证据使用的目的蕴含于证据裁判原则之中，证据裁判原则的确立旨在规避司法的任意性，确保在案件事实和裁决结论之间具有某种确证关系。而案件事实的回溯性推演必须建立在真实且可靠的诉讼证据以及符合基础规律的经验法则之上，以具有证据能力且经质证程序的证据重构的法律事实再涵摄于立法规范的法律要件，从而推理得到排他性的裁判结论，才具有法定效力和既判力。根据我国现行

---

① 参见施鹏鹏：《"新职权主义"与中国刑事诉讼改革的基本路径》，载《比较法研究》2020 年第 2 期。

法律采用的证据"材料说"概念,任何与案件事实相关的材料都可以作为证据,同时依据我国确立的法定证据种类制度,需要符合法定的取证主体、取证手段、取证程序以及证据的表现形式,才具有在法庭调查程序之前初步的证据能力,亦即证据资格。具有证据资格即具有了进入刑事诉讼的资格,经过取证机关初步的关联性审查后"进阶"为诉讼证据,而这些证据能否成为判决定案的依据,还需要根据刑事诉讼法和证据规则进行审查判断。

2. "证据使用"的对象

"证据使用"的对象包括侦查及其他司法机关收集以及当事人及其辩护人、诉讼代理人向法庭提交的拟作为定案依据的证据材料,而由侦查及其他司法机关或当事人及其辩护人、诉讼代理人已经收集但未向法庭移送或提交的证据不属于"证据使用"的对象。证据收集程序是刑事诉讼中的基础性程序,在侦查阶段收集的证据属于侦查秘密,任何证据都可以被收集和取证,但是否被移送公诉机关仍取决于侦查机关的自由裁量。同样,按照"控审分离"的诉讼构造原则,侦查机关和公诉机关作为共同的控方,在将侦查终结后由侦查程序及审查起诉阶段取得的能够证明犯罪嫌疑人有罪或者无罪的证据和案卷材料移交法庭之前会先行进行考量,首先确保形成了相对完备的指控证据链条,再统筹决定移送哪些证据、以何种形式移送证据。经公诉机关审查起诉移交法院的证据也意味着具备了初步的证据能力,具备了成为法庭调查程序中实质的调查对象的法律资格。而没有被提交法庭的证据材料,即不属于证据使用的对象。尽管控方几乎完全承担了指控犯罪的举证责任,但有时当事人及其辩护人、诉讼代理人也会提交一些证据材料以证明相应的案件事实,这些都是审判程序中证据使用的对象。

3. "证据使用"的方式

首先,证据使用不包括证据收集活动,证据的使用一定是以收集的证据为前提随后开展的诉讼活动,并包含对证据收集合法性的审查。证据使用的方式包括依法移送相关的证据材料,在庭审中或必要时在庭外依法对相关的证据材料进行法庭调查等相关诉讼活动。其中,证据的质证是法庭审判阶段法庭调查程序中的核心环节,亦是庭审活动的中心和重心,在我国的立法体例以及学理解释中,质证采扩大解释,不仅包括言词证据,也涵盖了所有的证据类型,①但对除证言类证据之外的其他证据并没有明确规定具体的质证方式。从大陆法系通行的证据二阶层属性来看,以法庭调查程序为界,分别重点对证据能力和证明力进行审查和判断。②证据能力强调从法律规范的层面来对控辩双方证据收集的合法性进行判断和评价,审查取证主体、取证手段、取证程序、证据表现形式以及取证对象是否符合法定的程序性规范。而证明力则考察证据所具有的内在事实,通过经验和逻辑推理能够对待证事实发挥的证明价值和证明作用。一般只要通过侦查机关合法的取证行为取得的符合我国刑事诉讼法规定的八种证据形式的证据都天然地具备了证据资格,证据资格相当于证据的入门级属性。移送法庭,经举证并且控辩双方辩驳质证以及司法机关审查评价的证据,如果不存在被排除的法定事由和情形,将由诉讼证据转为诉讼中终局性质的定案依据。

根据控辩平等对抗、程序正义的刑事法治要求,所有的证据都要经过移交法庭、公开审查以及庭上质证,应当遵循公开、当庭、直接的基本原则。但在刑事司法中,也确实存在一些特殊的涉密证据,在法官审查权、辩方质证权保障与保密需求之间存在复杂的冲突,如果遵循证据一般原则下的使用方式,可能会泄露侦查秘密甚至国家秘密,或威胁到某些公民或特殊人员的人身安全。最典型的就是技术侦查证据。因此在这类涉密证据的使用上,存在一些一般证据使用方式不能时的例外制度安排,如卧底、线人保护性作证,证据开示时公共利益豁免制度,以及庭外核实程序等,以实现涉密信息保护与公民权利保障价值目标的平衡。

二、我国技术侦查证据的特点与使用现状

技术侦查证据并非法定命名的证据类型,亦非法定的八种证据类型框架中的专门一种。其法源和条文依据来自现行《刑事诉讼法》第154条"采取侦查措施收集的材料在刑事诉讼中可以作为证据使用",因而技术侦查证据即是刑事诉讼中通过技术侦查措施获取的材

---

① 参见杨宇冠、刘曹祯:《以审判为中心的诉讼制度改革与质证制度之完善》,载《法律适用》2016年第1期。

② 参见黄翰义:《证据能力与合法调查证据的程序》,载《约旦裁判时报》2012年第18期。

料，广义上也包括隐匿身份实施侦查和控制下交付获得的证据。①

（一）技术侦查证据的特点

除了与一般证据种类共同具有的基本属性，技术侦查证据本身体现出不同于一般证据种类的客观性、保密性及衍生性的特点。

1. 客观性

《刑事诉讼法》第154条规定技术侦查手段获取的证据"可以"作为证据使用，而并非"应当"，反映出技术侦查证据虽然在刑事诉讼活动中不可或缺，同时与一般侦查手段获取的证据有着显著的区别。技术侦查措施一般是采取技术手段通过秘密监控的形式获取犯罪信息，尤其是在现行犯犯罪过程中自然形成，是一种被动记录的方式。最典型的如秘密监听、秘密录音录像、邮件通信检查、行踪监控等，因隐秘而不被犯罪嫌疑人发觉，能够客观、真实地记载和体现犯罪嫌疑人的主观动机或犯罪行为、方式等。相对于其他证据种类具有较高的客观性、稳定性和可靠性，不受侦查人员的主观影响而变更其内容和形态，属于证据体系中的客观证据。②

2. 保密性

由证据收集的一般规则来说，只要是由侦查机关侦查行为获取的证据都是直接作为证据使用而无须赘言，技术侦查证据自2012年刑事诉讼法首次被赋予法定的证据资格，是针对此前2000年《公安部关于技术侦察工作的规定》出于对侦查秘密的保护，禁止将技术侦查所收集的证据材料直接作为证据使用，也不准在法庭上予以出示的规定的变更。具体的技术侦查措施包括监听、行踪监控、秘密录音录像、秘密搜查等形式，技术侦查与其他侦查措施的关键性区别在于技术性和隐蔽性，因此，保密性是技术侦查措施的生命线。而如果通过技术侦查获取的证据材料进入法庭予以出示并接受公开的质证和审查，也极有可能暴露技术侦查的技术信息或特殊侦查人员身份。因此技术侦查措施自身固有的监控性、秘密性、危险性、技术性等特殊属性，共同决定了技术侦查措施对于侦查工作具有重

---

① 刑事诉讼法在"技术侦查措施"一节第153条规定了隐匿身份侦查和控制下交付，因此在我国隐匿身份侦查和控制下交付也属于广义的技术侦查措施范围。

② 参见刘滨：《浅论技术侦查证据的法律实务问题》，载《法学杂志》2019年第6期。

大价值的同时对技术保密性也有极高的要求，直接将技术侦查获取的证据材料交由法庭接受质证不利于对侦查技术和侦查秘密，以及特殊侦查人员的保护。因此保密性也是技术侦查证据的核心特点，从而影响了技术侦查证据在刑事诉讼中的使用。

3. 衍生性

技术侦查措施往往可以在犯罪事实发生时就对犯罪嫌疑人的犯罪行为进行监控，同时衍生出丰富的其他证据，比如毒品犯罪中通过监听获得的犯罪嫌疑人交易的时间地点，抓捕时现场收集、固定物证，即线索转化的衍生性体现。但进入审判阶段的技术侦查证据衍生性主要体现在将技术侦查措施获取的材料原件衍生为其他的证据形式，实务中最常见的就是监听录音衍生为翻音材料、情况说明、通话内容摘要等形式，在使用技术侦查证据的案件审判中，原始语音的使用比例极低，绝大多数案件中审判人员都是使用书面材料予以认定。① 因此衍生性也成为技术侦查证据的重要特点。

（二）我国技术侦查证据使用的现状及存在的问题

技术侦查证据的特殊性源于它的取证方式不同于一般的侦查手段，而是通过被概括定性为技术侦查措施的强制侦查手段收集并固定下来。② 基于技术侦查措施本身具有的技术性、秘密性、强制性、法益侵害性等特殊性质，通过技术侦查手段获取的材料一旦成为追诉活动中指控犯罪的证据，也就天然地在合法性、真实性与可靠性上存在较大的质疑和较高的风险。因此技术侦查证据的使用在理论基础和规范方式上都区别于普通常见的证据种类，但由于传统观念的影响和立法的不足，技术侦查证据在司法活动中的使用存在诸多问题和偏差。

1. 技术侦查证据移送审查程序缺位

在我国刑事司法实践中，技术侦查证据一般仍被视为和用作获取案件线索的侦查手段，而非取证手段。只有在一些排除了技术侦查证据而无法达到证明标准的严重犯罪案件中，技术侦查证据才发

---

① 参见程雷：《技术侦查证据使用问题研究》，载《法学研究》2018年第5期。经作者以中国裁判文书网检索案例所做的实证研究表明，73例样本案件中原始语音的使用比例不足3%。

② 参见詹建红、张威：《我国侦查权的程序性控制》，载《法学研究》2015年第3期。

挥补足指控证据证明标准的作用，由侦查手段的功能转化为诉讼证据，这也形成了技术侦查证据在刑事诉讼中的"最后使用原则"。侦查部门在应用技术侦查措施和移送技术侦查证据这两项司法活动中，以侦查终结为中点呈现出双向割裂的样态。具体言之，在侦查终结前的诉讼程序这一横向轴中，侦查机关倾向于强调"根据侦查犯罪的需要"① 而优先考虑适用技术侦查措施以有效、快速侦破案件。② 而在侦查终结后的案件移送审查和提起公诉的活动中侦查机关又倾向于适用"最后原则"，只有在技术侦查证据作为指控被告人有罪的关键性证据，缺乏该技术侦查证据就无法形成完整且坚固的有罪证据链条时才不得不将技术侦查证据向后续诉讼程序移送，但移送的方式又大打折扣，通常采用"转化"的形式。目前司法实务中对于技术侦查证据的最后使用原则远未形成规范化的规则和运行方式，呈现出五花八门的样态。有的侦查机关常常借助于模糊性的立法要求，以出于保密为由拒绝移送技术侦查证据及相关手续材料，甚至仅供法官单方庭外到公安技侦部门查阅或调阅。这样做，一方面未经移送、未当庭出示经受质证的审查核实，实际上剥夺了辩护方的知情权和质证权；另一方面却在事实上强化了法官内心的定罪倾向，③ 背离了证据裁判原则。

2. 技术侦查证据的"转化使用"不规范

技术侦查获取的材料在实际司法活动中并存着"直接应用"与"转化使用"双轨模式，④ 但在具体的司法实践活动中，直接运用仅限于无法转化的极其有限的技术侦查证据，而转化后使用是技术侦查证据显现于庭审活动中的主流样态。

在 2012 年刑事诉讼法修改之前，技术侦查证据缺乏合法的证据资格无法作为诉讼证据。2012 年刑事诉讼法修改后，尽管已经赋予技术侦查证据在诉讼中的证据资格，但囿于封闭式的法定证据种类，其通常还是转化为物证、书证、视听资料、电子数据的形式进行举

---

① 参见《刑事诉讼法》第 150 条。
② 参见刘梅湘：《监控类技术侦查措施实证研究》，载《华东政法大学学报》2019 年第 4 期。
③ 参见张素莲：《技侦证据在刑事审判中的适用及完善建议》，载《法律适用》2017 年第 11 期。
④ 参见董坤：《实践的隐忧——论特殊侦查中的证据转化》，载《中国人民公安大学学报（社会科学版）》2013 年第 3 期。

证和质证。① 在提交法庭的情况下，具体案件中的某一技术侦查证据，往往以不同的证据形式作为载体予以呈现，如最常见的监听手段获取的材料可以转化为监听录音、录音文字转化记录（或称为"翻音材料"），甚至是由侦查机关单方面出具的技术侦查报告、情况说明等形式。这也反映了技术侦查证据制度供给相对薄弱，缺乏明确有效的规则指引和制约规制。虽然技术侦查证据的转化使用避免了侦查技术措施泄露的风险，但是这样的转化使用违反了最佳证据规则，不利于对相关证据客观性、合法性的审查认定。即使经过法庭调查程序，在缺失技术侦查证据原件予以核对、侦查人员又缺席庭审接受质证的情况下，辩方只能从记录性文件中寻觅程序规范瑕疵，实际上变相剥夺了辩护方的质证权利，也大大削弱了诉讼程序的公正性。

3. 技术侦查证据法庭审查顺位被倒置

技术侦查证据的审查与一般证据的审查确有不同，但并不存在完全相反或对立的规则区别，《刑事诉讼法》第154条不仅包含了技术侦查证据可以作为证据使用的规定，而且还包含了使用中的顺位规则，即依照位阶顺序适用的三种审查方式。按此规定，首先是依照一般证据审查规则的一般模式，由控方在法庭中依法正常举证，供辩方依法进行质证，法官通过主持、指挥庭审活动亲自调查技术侦查证据，查明案件事实。其次是保护性审查模式，在一般模式不宜采取的情况下，采取变声、隐匿信息、片段展示等方式出示技术侦查证据，仍然由辩方进行质证，对辩方的质证权做到了基本的和形式上的保障，这也是实践中最频繁采用的审查方式。② 最后是当采取保护性措施仍然无法避免泄露技术侦查的保密性信息或者侦查人员身份信息时，即只有在穷尽了其他证据调查方法后，才可以采取的庭外核实模式，即最后审查原则。但在司法实践中，这一最后审查方式却居于技术侦查审查方式的第二顺位，常常出现由审判人员单方对技术侦查证据进行庭外核实。这种顺位倒置的审查方式几乎完全剥夺了辩方的质证权，不仅不符合《刑事诉讼法》第154条的

---

① 参见刘滨：《浅论技术侦查证据的法律实务问题》，载《法学杂志》2019年第6期。

② 参见李章仙：《技侦证据使用问题研究》，载《山东警察学院学报》2016年第3期。

规定，而且与整体的刑事诉讼程序是不自洽的。

三、我国技术侦查证据使用的改革与完善

以审判为中心的刑事诉讼制度改革要求对证据裁判原则的贯彻和细化，所有作为定罪量刑的依据的证据都应当经过法庭的举证、质证程序，而不允许于庭审外"隐秘"存在，并据其"决定"被告人的有罪判决。与纠纷解决型国家不同，我国审判中心主义的改革仍然是以实体真实为追求的目标和导向，①"在刑事诉讼的整体系统中，审判之所以应居于中心环节，就是基于其所内嵌的庭审'装置'具有多方参与性，且有举证、质证和辩论手段，因为被发现是发现真相和查明事实的最佳'场域'……"② 因此庭审程序是评价判断技术侦查证据取证合法性、证据资格的最佳程序结构和场域，更深刻的效应在于反向督促侦查权的审慎行使，使其更加关注和敬畏公民的人格和隐私权利。技术侦查证据的使用绝不是以单个证据的审查或排除为目标，而是要实现制度化体系化来加以规制，以实现刑事诉讼打击犯罪和保障人权的双向目标的平衡。

（一）技术侦查证据使用的原则

根据证据裁判原则，所有的证据都应当经过法庭调查程序，依法查证属实，才能作为定案的依据，因此，凡作为定案依据的技术侦查证据都应当作为证据使用对象，依法移送、审查。所谓依法，首先是基于现代刑事法治、证据裁判原则的要求。我国在司法解释等相关规范性条文中以"认定案件事实，必须以证据为根据"对证据裁判原则予以阐明，并成为当下以审判为中心的刑事诉讼制度改革的重要环节和内容，审判阶段对刑事诉讼的构造和结果具有决定性作用，因而侦查、审查起诉、审判三大阶段都要以庭审活动的要求为标准和目标。要真正地贯彻审判中心主义，发挥审判阶段倒逼侦查和公诉阶段的各项司法活动合法进行的机制性功能，实现审判在诉讼制度正当程序中的巨大作用，就势必要把证据裁判原则置于诉讼制度的核心和中枢位置。只有经由审前阶段的证据准备，审判

---

① "绝不允许脱离案件的客观真相满足于所谓的法律真实"，参见周强：《必须以审判为中心的诉讼制度》，载《人民日报》2014年11月14日。

② 李奋飞：《论刑事庭审实质化的制约要素》，载《法学论坛》2020年第4期。

阶段由控辩双方当庭举证、质证后被法庭予以采纳的证据,才能够作为认定案件事实的依据,法官据此通过科学化、法定化的司法证明原理和模式进行公正裁决,这才是实现以审判为中心的应有之义。

其次,依据刑事诉讼法的要求,庭前检察机关要将所有的证据材料随卷移送法院,物证应当当庭出示,以供质证,而在法庭审理过程中,有关定罪量刑有关的事实证据都应当进行调查和辩论。虽然刑事诉讼法中同样对技术侦查证据的庭外核实程序作出了授权性规定,但仍然是在以上移送、示证和质证的原则规范的框架之内运行。基于以上法定审判活动中证据使用的基本原则,也可以推知技术侦查证据使用的基本原则:技术侦查证据如果要作为指控某项犯罪证据链条中的一环,就必须依法移送开示,由辩方知悉相应的证据内容,不论庭上或庭外核实均充分尊重辩方的辩论与质证权利,最后才能作为合法的定案依据。

(二)技术侦查证据使用的规则

1. 原则上应当公开审查

技术侦查证据应当尽量公开审查,但不宜公开的应当不公开。通过技术侦查手段收集的证据首先具备了在诉讼中的"使用资格",能够进入刑事诉讼程序成为指控证据体系的重要内容,但不是直接作为检方决定逮捕、提起公诉甚至是法院裁判的依据。技术侦查证据基于取证的特殊性而具有不同于其他一般证据的使用规则和特征,但并不意味着其可以豁免一般证据的证据调查程序,相反,由于技术侦查的侵权性和危险性,应当更加强调诉讼原理的重要性,通过控辩双方的充分质证来审查和判断技术侦查证据的合法性和证据质量。只要是欲作为指控犯罪定案依据的技术侦查证据,都应当公开出示进行审查,技术侦查证据必须向辩方开示,使其知晓证据内容。移送并提交法庭的技术侦查证据,除非双方没有异议,都应当在法庭调查程序中接受控辩双方的实质化质证。首先是和一般证据一样的一般质证模式,必要时对技术侦查证据采取保护措施进行举证,在庭审中的质证不能充分核实技术侦查证据时,可进行庭外核实,但在庭外就取证手段、技术、特殊侦查人员等敏感信息核实过后,仍然应当将相应的证据内容进行当庭质证,经过法定的证据调查活动才能获得作为定案依据的程序性授权。但考虑到现实中确实存在不宜公开审查的涉及重大侦查秘密甚至国家秘密的技术侦查证据的情形,应当确立证据开示的公共利益豁免制度,对技术侦查措施的技术手段和过程予以保留,或者由法官逐案权衡,不宜公开审查。

2. 原则上应当原状审查

技术侦查证据应当尽量原状审查,不宜原状审查的应当转化审查。技术侦查证据的使用首先来源于功能性转化。在其他侦查证据不能建立有效的犯罪指控的证据链条时,技术侦查获取的材料由侦查线索和手段的功能定位"转化"为直接用于犯罪指控的证据体系中的关键性证据,"补足"不完整的证据链条。在诉讼过程中的形态和载体又常常存在形式转化,在保障特殊侦查人员以及特殊侦查信息的保密性上发挥了重要作用,技术侦查证据转化使用有其必要性和便利性。但必须认识到,技术侦查证据无节制地转化使用不利于对强制侦查权的制约和监督,尤其是将技术侦查所获取的证据材料完全"变形",以侦查机关单方面制作的情况说明、工作说明等书面材料的形式移送提交,作为传闻证据,其真实性、可靠性具有极大风险,而辩方也几乎无法有效质证。《刑事诉讼法》第154条作为一条授权性条款,其意味着技术侦查证据转化程序不再是必经的程序,只要是提交于法庭、被法官所采证的技术侦查证据都将列明于裁判文书,成为定罪证据体系中的昭明一环。因此,技术侦查证据应当有限转化,原则上应当出示获取的技侦证据原件和原始录音录像,以保护技术侦查措施以及特殊侦查人员为目的导向,可转化为完整的翻音材料等。若确实无法避免泄密风险时,可以允许使用原始证据的衍生品,或转为庭外核实,但庭外核实仍然应当保障控辩双方的共同参与。

3. 原则上应当庭上审查

技术侦查证据应当尽量庭上审查,必要时可以在庭外核实。案件审理中,庭上核实是所有证据的原则性程序要求,技术侦查证据也不例外。但在庭上审查不能充分调查技侦证据的内容时,或在穷尽其他调查方式的前提下,可以采用庭外核实的方式予以核实。近年来,我国大力推动以审判为中心的诉讼制度改革,不断强化庭审实质化,最高人民法院于2017年发布的《人民法院办理刑事案件第一审普通程序法庭调查规程(试行)》第36条中就庭外核实规定法官可以召集公诉人和辩护律师到场共同核实。就技术侦查证据的审查和核实呈现出进一步保障辩方的质证权、强化控辩对抗的改革方向,无疑也指明了未来庭外核实程序的构造趋势。

4. 必要时应当采取特殊方式审查

在可能危及人身安全或产生其他严重后果的情形下,应当采用特殊方式对技术侦查证据进行审查。技术侦查证据由侦查机关移送检察机关审查起诉进入正式的刑事诉讼环节,制度设计导向与实践取向呈现出一种"补足"性的转化适用规则,这也是导致技术侦查证据来源和形式不同于其他侦查证据的内在因素。补足性就意味着技术侦查证据一般不属于犯罪指控证据体系中的"第一梯队",而是在不可缺少的情况下才予以披露进入侦查机关随案移送的证据清单。在技术侦查证据不能原状审查,或以一般审查方式会产生其他严重后果的情况下,应当采取保护性措施进行审查,隐去技术侦查的方式与方法,仅披露不含保密信息的证据内容,或对特殊人员出庭时采用变声、遮挡等不会暴露其身份信息与特征的方式。而在某些情况下,对技术侦查证据本身的审查无法避免地要披露一些重要的侦查技术或其他保密性信息,尤其是秘密侦查下获取的证言可能暴露卧底警察和线人的身份信息,即使以转化后的书面证词提交法庭也会产生严重的后果。在这种情况下,基于公共利益豁免原则,可以对辩方的质证权设置一定程度的限制。对一些可能危及人身安全或产生其他严重后果的技术侦查证据的法庭调查要求应当在保密要求和质证权保障之间寻求平衡,控方可以主张公共利益豁免而拒绝开示和当庭质证,由法官个案裁量,采取特殊方式在庭外予以单向审查,但应保障辩护律师的知情权。

最后,由于技术侦查证据的特殊性和隐蔽性,建立规范化的技侦证据审查制度需要发达的辩护制度作为保障,凭借律师的专业能力发现技术侦查证据使用中可能存在的问题,反向形塑侦查机关的规范取证行为,保障公民自由权利,维护社会安全。

行政证明可诉性的司法审查标准

贺昱辰[*]

一、问题的提出

行政证明是指行政主体向申请人提供的具有公权力背书的信息载体文件，在社会经济生产、生活中，其往往是后续相关行政行为的启动条件或重要参考因素，相比其他证明，其拥有的行政主体公信力提升其在社会范围内的认可度，因此在实践中承担着重要的功能。但行政证明在行政法学中属于较为边缘的概念，相关理论研究并不多，对其定义、性质、权利救济方式和可诉性等基本问题仍然处于分歧较大的状态。[①]

由于行政证明多发生在行政程序等启动前，行政程序中数据较难收集，因此作者通过对行政证明相关案例进行收集，以"行政诉讼""行政证明"为关键词，在裁判文书网中进行检索，在得到的435份案例中，[②] 按照各年度案件所占比例，筛选出131份裁判文书，剔除分类错误案件后，剩余116份行政证明相关生效裁判文书，作为本文案例样本进行分析，从司法实践角度归纳出行政证明行为性质、权利救济启动条件等，梳理其可诉性审查标准，并对提升利害关系人诉权保护制度性构建提出完善的建议。

行政证明作为自然人、法人和其他组织与行政机关办理事务中的重要一环，可能在某些情况下直接或间接影响着其他事项的办理

---

[*] 中国政法大学宪法学与行政法学专业博士研究生。

[①] 知网中以行政证明为关键词搜索，相关学术论文仅有15篇，最后搜索时间是2020年9月25日。

[②] 裁判文书网，https：//wenshu.court.gov.cn/website/wenshu/181217BMTKHNT2W0/index.html？pageId = 2178de1ff7fca46fb079482fecd2c019&s8 = 04，最后访问时间：2020年9月25日。

结果,① 但其行为的法律性质一直处于较为模糊的状态,行政证明可诉性的司法审查标准存在裁判分歧较大的情况,这导致部分利害关系人难以通过司法途径救济自身权益。作为公众合规、便利办事关键的行政证明,明确其性质及可诉性司法审查标准,对保护公众权益、提升行政机关依法办事能力、规范行政证明实践应用、提升司法公信力,具有非常重要的现实意义。

(一)行政证明性质认定混乱

行政机关和法院对行政证明的性质认定存在较大分歧。116份裁判文书中,行政机关明确认为行政证明属于行政行为的案例有8个,占比仅6.90%;行政机关认为行政证明不属于行政行为,因此也不属于行政诉讼受案范围的有39个,占比33.62%;行政机关未对行政证明行为的性质进行阐述或答辩的案例有69个,占比59.48%。各法院对证明行为是否属于行政行为的认定也有较大区别。其中,法院明确表示行政证明是行政行为的有38个,占比32.76%;而其余78个(占比67.24%)案例中,法院并未直接阐述行政证明的性质,而是绕开行政证明的性质界定问题,直接对证明行为作出的主体是否适格、救济是否超出起诉时效、行为结果是否对当事人造成了权利义务的实际影响展开论证,进而判断该行政证明是否属于行政诉讼的受案范围,以及证明程序和实体上是否有值得救济的内容。由此可见,行政机关认定行政证明行为是行政行为的比例远远低于法院,但无论法院或者行政机关,明确认为行政证明行为属于行政行为的比例均在1/3徘徊,与总体相比仍然属于少数。

同在认可行政证明属于行政行为的案例中,也有将行政证明与行政确认或者其他行政行为进行区分的情况,如平凉市甲房地产开发有限责任公司、平凉乙房地产开发有限责任公司与平凉市自然资源局行政确认一案,法院认为行政证明与行政确认有明显区别,行政证明行为是指行政机关对其掌握的事实状态或法律关系现状所做出的观念表示行为,行政证明行为中没有行政机关的意思表示,只是对已存事实状态的复述或说明,而行政确认行为是指行政主体对既存的法律事实和法律关系进行审查、认定并宣示其法律效力的行

---

① 参见胡建淼:《从行政法视角看"证明我妈是我妈"——行政证明的法定化》,载《人民法治》2017年第3期。

政行为;① 太原市规划和自然资源局、曲某某与刘某行政确认一案中，法院认为行政证明是不同于其他具体行政行为的一种独立的行政行为，认为行政证明行为最主要的特征是具有证明性，这种证明行为不赋予相对人权利义务的非设定性，即行政证明行为不赋予相对人权利，也不为相对人创设义务，只是以特定的形式，为相对人证明涉及人身、财产或者其他相关事项。② 也有将行政证明认为是临时性许可的，如珠海市香洲某某股份合作公司诉珠海市香洲区人民政府行政证明纠纷一案中，法院认为，珠海市香洲区人民政府依据《广东省农村集体经济组织管理规定》颁发粤农集字第040256001000号《广东省农村集体经济组织证明书》属于临时性的行政许可。

在法院否认行政证明是行政行为的案例中，有直接将行政证明定性为事实行为的，③ 也有将其直接归纳为准行政行为的。④ 可见，法院在行政证明的性质认定上，不仅未对行政证明的行为种类形成统一认识，也难以对行政证明向行政法律行为、行政事实行为或者学理概念准行政行为进行归类，概念的不明晰将影响法院对此类型案件的审判结果，不利于当事人的权利救济。

（二）审查标准差异较大导致案件难以进入实体审理

从判决结果来看，共有94个案例以裁定驳回结案，占比81.03%，其中，一审55个，占比47.41%，二审15个，占比12.93%，一审和二审共有70个案例以裁定驳回结案，占比60.34%；27个再审审查与审判监督程序裁判文书中，共有24个以驳回结案，占比20.69%。被法院撤销证明或确认证明无效的共16个，占比13.79%，这些案例均为一审案例；发回重审的案例共6个，占比5.17%，其中二审3个，占比2.59%，再审、审判监督程序3个，占比2.59%。

从裁判文书结果来看，绝大多数行政证明类案件多以驳回结案，造成这样判决结果的原因主要有：法院认为该类行为不属于《行政诉讼法》第12条规定范围；⑤ 法院认为案件中行政证明对原告未产

---

① 参见（2019）甘0826行初24号。
② 参见（2019）晋01行终279号，（2019）晋0107行初119号。
③ 参见（2017）豫0192行初14号。
④ 参见（2016）苏1281行初1号。
⑤ 参见（2019）浙1081行初113号。

生实际影响;① 法院认为被诉行为合法且有效;② 法院认为被诉行政行为已经超过了诉讼时效;③ 法院认为被告主体不适格,无权限开具相应证明④。我国法院在审理行政案件时遵循的逻辑是先程序后实体,⑤ 这样的审理逻辑适用于行政证明类案件时,可能导致行政证明类案件基于行政证明不属于行政行为而直接被排除出行政诉讼受案范围,造成原告维权难以进行。同时,2018年最高人民法院《关于适用〈中华人民共和国行政诉讼法〉的解释》(以下简称《最高法解释》)第1条第2款第10项规定,对公民、法人或者其他组织权利义务不产生实际影响的行为,不属于人民法院行政诉讼的受案范围。行政证明对原告是否可以造成实际影响,在行政证明类案件中的认定存在极大分歧,裁判观点主要可以分成两类:一类认为应通过该行政证明相关联的事件的结果,如拆迁补偿、其他诉讼结果等对原告的影响进行判断;另一类则认为应该判断行政证明本身的内容是否真实,虚假证明潜在的影响也属于"产生实际影响"的范畴之内。

行政证明授权来源一般有三类:(1)法律法规明确授权;(2)规章、规范性文件等低层级文件授权;(3)法院等司法机关要求行政主体出具证明配合其他案件。

统一规范行政证明开具,法律尚处于起步阶段,在未被法律法规明确规定前,其授权来源包括法律、法规、部门规章、地方政府规章等。⑥ 在案例样本中,有部分案例涉及的其他司法程序中,法

---

① 参见(2019)浙0781行初289号。
② 参见(2016)鲁0683行初69号。
③ 参见(2017)鄂0502行初53号。
④ 参见(2016)豫0322行初35号,原告要求被告镇政府开具《林权证明》。
⑤ 参见张祺炜、金保阳:《无效行政行为的司法审查标准与程序规则》,载《人民司法(应用)》2017年第7期。
⑥ 参见(2015)行监字第445号。案件中证明书开具依据是《广东省农村集体经济组织管理规定》(2013修订)第18条的规定:村集体经济组织证明书是农村集体经济组织的身份证明,县级人民政府或者不设区的市人民政府免费向农村集体经济组织颁发组织证明书,具体工作由农业行政主管部门负责。该规定是政府规章。在实践中,证明的设定权限也可能来源于规范性文件,如《石家庄市建设局关于2010年度市管建筑业企业资质监督检查情况的通报》中明确规定,监督检查不合格企业及未参加监督企业,在未整改合格前,暂时取消其投标资格,不办理资质增项、升级手续,不办理出市证明和其他各种建设行政证明手续。

院、公安局等要求行政机关等出具证明阐明一定事实,如果认为该类型的案件也属于行政证明,则司法部门也成为行政证明开具权力来源之一。① 由此可见,授权行政主体开具行政证明的法律层级广泛,涵盖法律到规范性文件,广泛的法律、法规等授权造成行政证明种类繁多,加大了统一监管的难度,统一的上位法的缺位也导致法院对于行政主体开具证明的法律依据难以进行评判,法院普遍认为可以行政法规授权各类行政机关开具或拒绝开具证明。2019 年 10 月发布的《优化营商环境条例》第 44 条第 1 款规定:"证明事项应当有法律、法规或者国务院决定依据。"该规定对于证明事项在优化营商环境语境下的法律授权限制在法律、法规和国务院决定,但显然该类语境的范围要小于实践生活中涉及的行政证明。

二、行政证明法律属性剖析及纠纷类型

行政行为的性质是研究某类行政行为首要解决的问题,但行政证明行为的性质在理论层面的认定处于明显分歧的状态,但普遍都将行政证明行为归纳为单独的行政行为,从而对其与行政确认、行政许可甚至行政处罚等行政行为的区别与联系进行探讨。② 要理解为什么行政证明的法律属性难以被准确定位,需要从我国行政行为理论通说的缘起与局限性作为突破口,同时,其在诉讼中的纠纷模式也将成为辅助理解行政证明法律属性的重要方式。

(一) 行政证明在行政行为通说理论框架之下的定位困境

在行政证明相关的理论研究中,学者为给行政证明行为找到一个合适的行政行为分类,将行政证明与行政确认、行政许可、行政登记等行政行为进行区分,③ 这恰巧陷入了现代行政行为分类理论的原始陷阱之中。行政行为是一个枢纽性、基础性的概念,该概念最早由奥拓迈耶运用概念法学的方法提炼、概括出来,随后被各国法

---

① 参见 (2016) 川 1321 行初 32 号、(2016) 赣 0302 行初 72 号。该案中,涉案的行政证明均为其他法院为查证案件事实,要求行政机关依据职权或依据对事实情况的了解出具相应的证明。

② 参见罗鹏飞:《行政证明的法定化问题研究》,中国政法大学 2019 年硕士学位论文。

③ 参见刘海燕:《行政证明行为的可诉性研究》,苏州大学 2008 年硕士学位论文。

学家依据本国情况进行一定尺度的借鉴后移植于本国的行政法学理论中，因而，该概念本身就是有一定差异性的。① 我们目前接触到的行政行为理论通说主要是1989年行政诉讼法立法确立且迅速形成的，该理论并不能解决行政行为在分类上的分歧，② 事实上，该理论对于一些新型行政行为是无法进行涵盖或解释的，如行政协议等。③ 理论层面过于强调行政行为的法律属性，导致部分行政行为按照分类会被划出行政法律行为范畴外，从而失去行政法律行为的特征。④

显然，某些行政证明行为中公定力、确定力、拘束力和执行力的缺失令其被排除在传统行政行为之外，使之处于难以界定性质的尴尬境地。值得一提的是，马怀德教授在《行政诉讼原理》一书中介绍准行政行为这一日本和我国台湾地区行政法学中的概念时，着重对符合准行政行为欠缺某个或某些意思表示要素、效果要素特点的证明性行政行为进行了阐述，明确行政证明行为包括证明、鉴定、认证、公证，是介于行政行为和行政事实行为之间的一种准行政行为。⑤ 这一观点对行政证明的理论研究产生了深远的影响，尽管文中其他段落明确表示，"由于理论上对准行政行为缺乏比较准确的定性，所以该类行为在实践中具有较大的争议"，但这并不妨碍其他教材沿用此观点，⑥ 以及在关于行政证明的研究之中，将行政证明行为定性为"准行政行为"⑦。该观点将行政证明定性为准行政行为后，实际上也是将行政证明与行政确认等行政法律行为进行区别，或者说，该说法仅仅将行政证明局限在行政主体向申请人出具的不直接

---

① 参见马怀德主编：《行政法与行政诉讼法》，中国法制出版社2015年版，第120页。

② 参见杨海坤：《中国行政法基本理论》，南京大学出版社1992年版，第252页。

③ 参见章志远：《行政法学总论》，北京大学出版社2014年版，第152—159页。

④ 参见叶必丰主编：《行政法与行政诉讼法》，中国人民大学出版社2019年版，第34页。

⑤ 参见马怀德主编：《行政诉讼原理》，法律出版社2003年版，第196—199页。

⑥ 参见姜明安主编：《行政法与行政诉讼法》，北京大学出版社2015年版，第321—322页。

⑦ 参见于立深、刘东霞：《行政诉讼受案范围的权利义务实际影响条款研究》，载《当代法学》2013年第6期。

产生法律效果的类型中。

行政行为理论通说的固有缺陷并非只体现在行政证明行为的界定中,最高人民法院发布的《关于规范行政案件案由的通知》中,规定了以具体行政行为的种类或性质作为案由的第二要素,但基于行政实体行为、行政程序行为在实践中会发生竞合、吸收,也导致该以案由为命名案件的文件在执行层面效果有限,当事人和人民法院都没有严格按此起诉和立案。① 理论是为了更好地指导实践,对于行政诉讼司法实践而言,行政证明的可诉性司法标准却因为行政证明行为的性质定义不清造成了一定的困扰。行政证明行为作为一种兼具行政程序行为和行政实体行为属性的行为,与行政确认、行政许可等行政行为,可能有竞合、吸收等情况出现,通过对案例样本的梳理、归纳,司法案例中法院对行政证明行为类型的认定情况表现为,行政证明行为可能构成与行政确认、② 行政许可、③ 行政登记④等行政行为竞合、吸收,构成行政法律行为,但还有一部分行政证明是处于独立的状态之下,单独构成行政事实行为或所谓的准行政行为。⑤

(二) 行政证明在司法案例中涉及的类型及纠纷模型

当事人通过司法途径救济的行政证明涉及的行政管理范围和诉讼纠纷类型具有明显的特征,从表现形式来说,有情况说明、证书、在其他人提供的内容文本上签章等。就案件涉及的类型来说,主要有6大类型。其中,涉及土地、房屋、拆迁、城乡规划的案件共47个,占比40.52%,是各类案件中数量最多的;涉及当事人经济、工伤、劳动纠纷的案件共32个,占比27.59%,涉及行政登记(婚姻、户籍等)的案件共13个,占比11.21%;涉及犯罪记录的案件5个,占比4.31%;涉及其他案件的行政证明16个,占比13.79%。显然,原告通过诉讼渠道对自身权利义务进行救济的,主要集中在民生重点领域,如土地、住房、拆迁、经济纠纷、劳动纠纷等,也有行政

---

① 参见胡建淼:《行政法学》,法律出版社2015年版,第132—134页、第159—160页。

② 参见(2018)苏0691行初609号。

③ 参见(2016)陕行再2号。

④ 参见(2019)陕0303行初1号。

⑤ 参见(2016)苏1281行初1号。

证明主要应用的行政登记方面,其他方面也有对林权权属等进行救济的内容。

行政证明诉讼中,原告、被告、第三人及涉及证明的其他司法机关的关系也呈现出比较明显的特点。诉讼纠纷模型可以分为三大类。

第一类是最简单的作为、不作为类证明案件,权利义务主体较为简单清晰,一般是行政主体经相对人申请后,依据自身职权或所掌握的情况,向相对人出具或者拒绝向相对人出具载有一定证明内容的文本,该证明会导致相对人接下来要进行的事项受到影响,从而引发了诉讼。

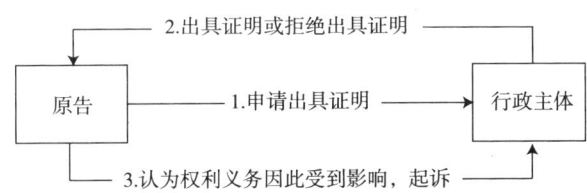

图1 模型一

第二类是行政主体经相对人申请后,依据自身职权或所掌握的情况,向相对人出具载有一定证明内容的文本,或者通过签章形式对其他非行政机构出具的文本进行确认,第三人向行政机关提起申请,行政机关根据申请出具相应证明后,诉讼中第三人以此为依据进行了其他事项,该事项结果导致原告认为其权益被侵犯,因此提起诉讼。

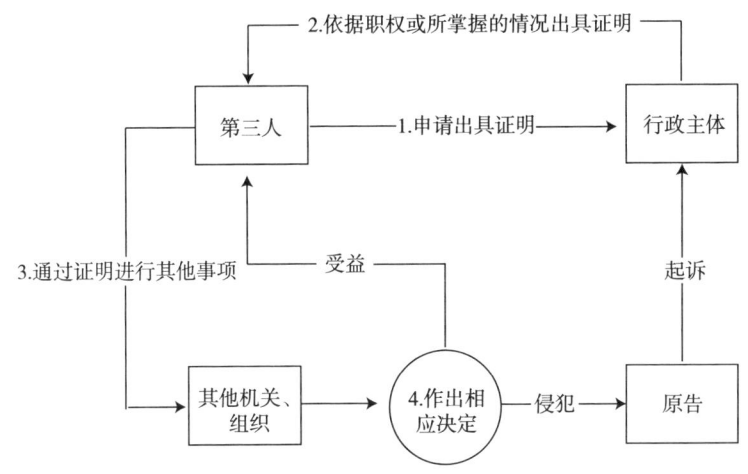

图2 模型二

第三种类型是司法案例中较为特殊的一种，对其定性也存在较多争议，即行政主体是依据他案司法机关（以法院为主）的要求，依职权或者依据掌握情况出具情况说明，他案司法机关对该案件参考该证明可能作出不利裁决，导致本案原告认为其权益被侵犯，进而起诉行政主体。

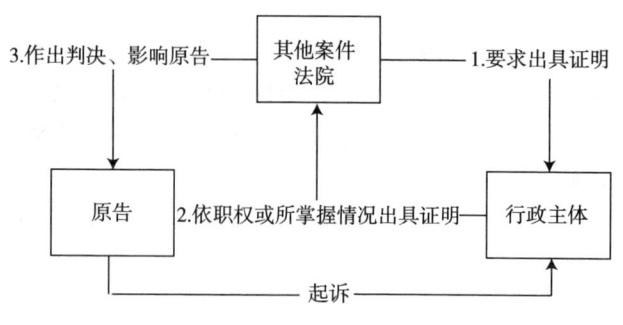

图3　模型三

从上述三类纠纷模型中可以看出，由行政证明所产生的影响不一定直接作用于行政证明的相对人，更多可能是对第三人的权利义务造成了影响，实践中，这样具有隐匿性的行政证明即便存在"重大且明显"违法的情况，也可能因为该证明实际侵害的权利人知晓这一事项时已经超过最长诉讼期限，使当事人丧失权利救济的途径，这也要求行政诉讼法对此类行政行为可诉性加强回应。

三、行政证明可诉性的司法审查标准差异

经统计，116个案例中，共有94个案例裁定驳回诉讼请求，占比81.03%，这些案件中，除了法院认为行政主体行为符合法律授权且程序合法的16个（占比13.79%）外，其余的，法院均以行政证明不属于行政诉讼受案范围，未对原告造成实际影响，其他司法程序中证明救济应通过其他法定程序进行，超过法定起诉期限等理由驳回诉请。

（一）行政证明行为性质对其可诉性的影响

我国1989年《行政诉讼法》第2条规定："公民、法人或者其他组织认为行政机关和行政机关工作人员的具体行政行为侵犯其合法权益，有权依照本法向人民法院提起诉讼。"其中明确行政诉讼受案范围应是"具体行政行为"，但随着时间推移，扩张行政诉讼的受

案范围已经成为一种明显趋势，2014年行政诉讼法从法律层面对该趋势进行了回应，明显扩大了受案范围，降低了原告起诉资格，扩大了诉权保护范围。①但对于行政证明而言，其本身行为理论归属的不确定性与对原告权利义务间接性二者叠加，成为法院判定行政证明不可诉的重要因素。行政证明因性质不属于行政行为而被排除出行政诉讼的受案范围，该问题早就引起了关注，有法官提出行政机关可能假证明之名作出具体行政行为，从而在事实上给相关人员权益造成不利影响甚至侵害相对人权益，并指出，在此情况下应认定证明为具体行政行为，赋予相对人寻求救济的权利。②在行政诉讼法扩大受案范围，淡化行政行为才是受理标准的背景下，行政证明这一可能存在多种性质的行政行为应当注意避免以其本身性质将其排除出行政诉讼范围。但这一观点仍然被众多行政机关奉为答辩时的首要理由。参考前文统计数据，除了8个行政机关主动承认证明行为为行政行为外，行政机关明确答辩行政证明并非行政行为以试图摆脱诉讼不利后果的案例共有39个。例如，施某某、台州市路桥区人民政府某某街道办事处行政证明一案中，被告辩称："《证明》并非行政行为，不属于行政诉讼调整范围。"③其余的案例中均未表明行政机关对行政证明行为是否属于行政行为进行阐述。例如，河南某置业有限公司诉太康县毛庄镇人民政府乡政府行政证明一案中，被告辩称出具的证明对原告的权利义务不产生影响，不侵犯原告的合法权益，并未对证明的性质进行阐述。④

（二）"产生实际影响"的评价位阶规律

《最高法解释》第1条第2款第10项规定，对公民、法人或者其他组织权利义务不产生实际影响的行为不属于人民法院行政诉讼的受案范围。第69条第1款第8项规定，行政行为对其合法权益明显不产生实际影响的，已经立案的，应当裁定驳回起诉。可见，"产生实际影响"是行政证明进入实体审理的重要标准，但产生实际影

---

① 参见杨海坤、张琳：《行政诉讼制度目的论辨析》，载《学术交流》2016年第8期。
② 参见王丽园、王银江：《行政证明不属于行政诉讼受案范围》，载《人民司法（案例）》2008年第8期。
③ 参见（2016）浙1003行初51号。
④ 参见（2018）豫1621行初41号。

响的标准并未被明确阐明,这导致在行政证明类案件的审理过程中,法院一般持有两种观点进行评判,一种是"影响既定说",一种是"影响潜在说"。

"影响既定说"倾向于对证明内容进行实质性审查,是指法院认为行政证明对原告确实已经造成了不利后果,且该后果是由行政证明引起的,则该案属于行政诉讼法受案范围,但如果证明尚未对原告产生实际影响,或相关后续行为仍然在处置进程中,则直接按照《最高法解释》第1条第2款第10项或者第69条第1款第8项的规定,将诉请驳回。基于此观点进行审理的案件需要从两方面对证明的影响进行进一步判定:一是判定是否存在"实质影响"的情况。行政证明案件涉及的不利影响是指原告的社会名誉和评价降低、① 财产权遭受侵犯、② 期待可得利益降低、③ 其他事项难以继续进行④。若原告切实存在此情况,则进入第二阶级的判断,即影响是否与行政证明存在因果关系。法院需要对行政证明的内容进行实质审理,并判断该证明在其他民事、行政主体的相关后续行为中,是否属于必然导致该结果。如果最终结果不是必然由"证明"记载的事项导致,则仍不属于行政证明产生的"实质影响";如果最终结果是依据该"证明"作出的结果,则需要第三阶段判断,即对行政证明所载的内容来源进行分析,如果该证明是行政主体非依照既定记载,进行了新的调查等,则认定该行政证明与"实质影响"有必然的因果关系,因为其创设了新的认定内容;如果该内容来源于既定事实、既定记载,且该内容无其他证据推翻,则认定该"行政证明"与"实际影响"无必然的因果关系,因为行政证明的来源也足以造成相应的后果,行政证明只承担载体的功能。⑤ 该种审判观点的逻辑在于,以"产生实际影响"作为行政救济逻辑起点,且该损害是必然

---

① 参见(2018)青0105行初12号。该案中,原告要求撤销《徐某某是劳教(劳改)犯的行政证明》。

② 参见(2019)晋0107行初119号。该案中,原告依据的房产证明被撤销。

③ 参见(2017)苏0703行初8号。该案中,原告要求撤销《拆迁调查表》,该表是拆迁补偿款金额确定的主要依据。

④ 参见(2016)陕行再2号。该案中,因被告不出具《零排放证明》直接导致原告无法延长生产许可。

⑤ 参见(2017)皖08行终85号。

由"行政证明"造成的,否则在针对行政证明的诉讼案件中,并无所谓"诉的利益"存在。①

"影响潜在说"倾向于对证明开具的程序审理,是指法院更加聚焦行政证明程序是否正当,同时判定本身内容是否会对原告产生潜在的、尚未发生但未来可能会发生的影响。该种观点同时审视行政主体出具证明的合法性和合理性,对"实际影响"的判定仅停留在涉及原告诉权的层面。针对这样的行为为公民提供的法律保护,通常称为预防性法律保护或预防性诉讼。② 此种审理观点的逻辑基点在于,即便是尚未对原告产生"实质影响"的证明,其记载的内容不实,或者开具的程序不符合法定规定,便会对涉及证明的主体造成一种潜在的影响,而这种潜在影响很可能在未来通过其他的主体依此作出的决定而变为"实质影响",出于对法治权威的保护、行政主体公信力、权威性的维护以及对当事人利益的保护,避免诉累等情况,有必要将此类影响划定为"实质影响"的组成部分,将行政证明案件审理的主要焦点放在行政证明开具程序和内容真实性上。理论上,法定授权情形下开具的行政证明是应符合客观事实、客观记载的,但行政实践中,由于我国行政证明开具程序存在规定空白,证明的时效性、是否可以听证等程序性问题尚无明确规定,造成行政证明的真实性、救济途径仍需要制度性保障。

无论是"影响既定说"还是"影响潜在说",均是围绕行政证明程序和实体方面对其可诉性进行的审查,其逻辑显然摆脱了行政证明的行为,更加关注行政证明的合法性和合理性以及其"实际影响"的后果。

(三) 民行诉讼证据规则的冲突与耦合

法院对前文所述模型三的行政证明是否属于行政诉讼范围的判决观点存在明显分歧,即将行政机关向审理其他民事案件的法院出具的"情况说明"等行政证明作为民事证据使用时,涉及该类行政证明的权利救济是否应依托行政诉讼。法院的主流审判观点是不属于行政诉讼管辖范畴,而将其纳入民事诉讼证据救济规则之中,主

---

① 参见王珂瑾:《行政诉讼中"诉的利益"》,载《法学论坛》2012年第3期。
② 林三钦:《行政诉讼上"诉讼类型"之研究》,中国台湾地区"行政院科学委员会"专题研究计划成果报告,2003年,第15页。

要理由是，一方面，民事审判法院对行政主体出具的证明也有质证和判断的过程，并非直接采纳；另一方面，该证明作为民事证据，如果原告认为其不应被采纳，应通过民事诉讼规定进行相关救济，因此排除该类模式的行政诉讼可诉性。① 另外一种审判观点则认为，尽管该证据被应用到其他民事案件中，但证明本身符合行政主体作出行政行为的要件，仍然属于行政诉讼范畴。②

该类型案件可分为两类进行探讨。第一类是行政证明是行政主体基于职权作出的。最高人民法院《关于适用〈中华人民共和国民事诉讼法〉的解释》（以下简称《民事诉讼法解释》）第114条规定："国家机关或者其他依法具有社会管理职能的组织，在其职权范围内制作的文书所记载的事项推定为真实，但有相反证据足以推翻的除外。"由此可见，本类型案件中的行政证明虽然在庭审中也面临民事诉讼证据质证规则的约束，但基于行政主体的公信力，行政主体依据职权出具的行政证明将被推定真实有效，其证明力度大于普通的民事证据。基于此证据规则，主流审判观点认为行政证明也要经质证后才可能被民事审理法院采纳，而将其排除出行政诉讼的范畴，要求原告通过民事证据救济途径进行，可能增加当事人司法救济途径上的障碍。《民事诉讼法解释》第90条规定："当事人对自己提出的诉讼请求所依据的事实或者反驳对方诉讼请求所依据的事实，应当提供证据加以证明。"在民事诉讼中，证明责任主要依据"谁主张，谁举证"，举证责任方将承担举证不能的不利后果，在民事诉讼的证据架构中，民事案件的当事人如果主张不认可行政机关的行政证明，则应由其提出行政证明的相反证据。而行政行为利害关系人对行政行为有质疑的举证本身就是非常困难的，基于此原因，行政

---

① 参见（2019）渝0233行初32号。该案中，法院认为《情况说明》仅仅是对被告和重庆市忠县三峡运贸有限责任公司对本单位职工的移民安置补偿过程相关情况进行了阐述，对原告的权利义务并不会产生实际影响，不具有法律上必然的约束力，也不是具有行政证明力的行政行为。

② 参见（2020）湘01行终488号。该案中，法院认为行政机关出具证明的行为，一般对当事人的权利义务不产生实际影响，不属于行政诉讼的受案范围，但对当事人的权利义务产生实际影响的，根据最高人民法院《关于适用〈中华人民共和国行政诉讼法〉的解释》第1条的规定，属于可诉的行政行为。本案中，被上诉人出具的证明已作为人民法院生效裁判认定事实的根据，对上诉人的权利义务产生实际影响。

诉讼法规定：被告对作出的具体行政行为负有举证责任，应当提供作出该具体行政行为的证据和所依据的规范性文件。因此，在涉及行政证明的案件中，民事案件当事人将陷入天然举证困难中，证明涉及的利害关系人可能面临举证不能的困境而遭受民事案件败诉的结果。此时，对行政证明提起行政诉讼是利害关系人的救济方式之一。

第二类是行政证明是行政主体基于非自身职权而作出的，一般表现为某类事项的经过等"情况说明"。《民事诉讼法解释》第115条规定："单位向人民法院提出的证明材料，应当由单位负责人及制作证明材料的人员签名或者盖章，并加盖单位印章。……必要时，可以要求制作证明材料的人员出庭作证。单位及制作证明材料的人员拒绝人民法院调查核实，或者制作证明材料的人员无正当理由拒绝出庭作证的，该证明材料不得作为认定案件事实的根据。"对该法条的理解，应该从文义解释角度对单位进行明确，这里所指"单位"应该是与第114条所指的"国家机关或者其他依法具有社会管理职能的组织"对应，本意上是排除了有法律授权、具有管理职能的单位，但是当国家机关或者其他依法具有社会管理职能的组织作出了非依据职权的证明时，应当适用第115条的相关规定。对此类"情况说明"，由于排除了行政机关依法行使行政职权的可能，因此，基于其更强的普通民事证据，且如果继续将其纳入行政诉讼的范围中，可能涉及无法对其合法性、合理性进行审查的情况，与我国目前的行政诉讼审查制度发生冲突，因此，本文认为，该类行政证明案件确实不宜通过行政诉讼进行审理。

（四）行政证明纠纷产生与起诉时效的特殊性

根据2000年最高人民法院《关于执行〈中华人民共和国行政诉讼法〉若干问题的解释》第41条第1款的规定，最长起诉期限为2年，而2018年《最高法解释》第64条第1款则将最长起诉期限修改为1年。在案例样本中，有因为行政证明作出时间超过最长起诉期限的情形，法院对此处置的方式是依法予以驳回。① 由于行政证明高概率与后续事件进行关联的特殊性，对于利害关系人而言，往往是通过后续事件才得知行政证明的存在，一定程度上阻碍了利害关系人对其自身权利通过行政复议或者行政诉讼进行救济，法院也可

---

① 参见（2016）黑行申173号。

能面临明知行政证明具有违法或者无效等情形,仍然依法驳回原告诉请。针对无效行政行为的起诉时效问题,虽然有学者认为,即便行政行为无效,也会随着时间的推移衍生出其他法律关系,如果无限期地处于可被攻击状态,显然不利于法的安定性和社会关系的稳定。① 但也有学者提出反对观点,认为针对无效行政行为诉讼时效应根据行政行为的性质进行区分对待。② 从实践层面来说,对于行政主体违反法定程序超越职权开具具有"重大或明显"情形的行政证明,往往因为利害关系人并不知晓其权利被侵犯,而处于救济不能的状态,即无法适时通过行政复议或行政诉讼撤销该证明或宣告该证明无效,这导致一些明显违法的行政证明仍然持续对利害关系人产生影响,在行政机关不主动补救的情况下,利害关系人的权益若因此被侵犯,其实也会损害以政府机关为主的行政主体的公信力和权威性。

四、行政证明司法审查路径的优化

主观诉讼倾向于通过司法途径解决行政主体未依法行政造成个人合法权益损害的问题。③ 对于目前行政证明类案件普遍因各种原因被排除在司法途径保护之外的情况,结合主观诉讼的目的,以及我国目前主观诉讼与客观诉讼相平衡的趋势,应当对行政诉讼关于行政证明类案件司法审查的标准进行规范统一,确保同案同判,协助解决纠纷,加强行政主体依法行政,规范行政主体出具行政证明的行为。

(一)优化行政证明受理诉求判定位阶

行政诉讼法淡化了行政诉讼受案范围中对具体行政行为的要求,转而聚焦行政主体实施行政行为是否对相对人或利害关系人造成了实际影响,凡实际影响公民权益的所有行政行为都应纳入行政诉讼

---

① 参见余凌云:《行政法讲义》,清华大学出版社 2010 年版,第 230 页。
② 参见曹淑伟:《确认行政行为无效诉讼的期限研究》,载《行政法学研究》2017 年第 4 期。
③ 参见赵宏:《法治政府与行政诉讼中的权利保护》,载《治理研究》2020 年第 4 期。

受案范围保护,[①] 但从行政机关自身对行政证明性质的认定来看,以及部分法院的裁判观点来看,判定行政证明属于行政法律行为仍然被认为是行政诉讼提起的前置位阶要素。

对此,应当对法院和行政机关进行引导,避免二者对行政证明复杂的性质分类进行分析,特别是在起诉条件审查中,并不需要引入对行政证明进行具体的性质判定,如前文所述,行政证明的外壳之下可以是行政确认、行政许可或者其他行政行为,并且也可能伴随复杂的行为竞合、吸收,但无论其理论性质如何,都应通过对行政证明是否造成实际影响进行可诉性判定,行政证明是否对原告产生了实际影响,才应该是行政证明案件起诉受理的第一判定位阶。

(二)实际影响因素的双层逻辑考量

行政证明作为由行政主体作出的嵌入行政公权力背书的证明,不仅在司法程序中带有较强的证明力度,在现实生活中也具有较强的证明力,更容易被采信和利用。在行政证明类案件中对"实际影响"进行审查的过程中,应当对"实际影响"进行既定和潜在双重审查,如果案件中相对人的权利已经基于因果关系被行政证明影响,则该案自然属于行政诉讼法规定的"产生实际影响"范畴,应当将其纳入受案范围。[②] 即便行政证明尚未对相对人产生影响,也不能必然说明该证明应当被排除在行政诉讼的受案范围之外,应当对行政证明的内容进行判定,通过对行政主体出具该证明的程序是否合法、是否依据已有档案和资料出具该证明等多维度的判断,证明出具程序合法、内容真实有效,避免行政证明出具程序或者内容存在瑕疵,却因为尚未在其他事项中展现出对利害关系人的损害而被排除出行政诉讼受案范围,这不仅客观上保护了原告的合法权益,也有助于行政主体合法依规出具证明,提升行政证明的公信力。

同时,对于出具行政证明的行政机关而言,也应当通过一定的手段将潜在的影响限定在固定的时期之内,如在行政证明书上告知其可以在一定期限内通过法定途径进行权利救济,但超过固定时限

---

① 参见贵州省高级人民法院课题组:《行政诉讼受案范围若干疑难问题研究——基于贵州省 2013 年至 2017 年行政诉讼案件统计分析》,载《中国应用法学》2018 年第 6 期。

② 参见张红梅:《对当事人权利义务产生实质影响的程序性行为具有可诉性》,载《人民法院报》2019 年 6 月 6 日。

未进行权利义务救济的，可以视为其对自己自身权利的放弃。

（三）民行交叉时救济路径应偏向有利于当事人的方式

目前，法院对行政机关出具的相关证明并未进行法定职权或事实情况说明的区分，这导致相关案件中，行政部门出具的证明产生了高于普通证据的效力，但同时并未赋予当事人相应的权利救济途径，对此应当从证明的权利来源进行区别，并分别赋予相对人对应的权利救济渠道。

第一类，对于有法定授权依据下出具的证明应遵循赋予双向权利救济的方式。《民事诉讼法》第67条规定："人民法院有权向有关单位和个人调查取证，有关单位和个人不得拒绝。"该法条赋予了人民法院向行政机关调查取证的权利，并要求有关单位配合协助相关工作，但并不能因为该类行政证明伴随着后续的其他司法行为等，就以此认为该行政证明本身不构成独立的行政行为。只要行政行为满足行政主体依法定职权作出行政决定的要件，就应当纳入行政法的救济途径之中，包括行政复议和行政诉讼，进而回归到对其"实际影响"的审查中。

如果将其排除出行政诉讼的受案范围，令其通过民事途径进行救济，利害关系人可能直接面临举证不能而直接承担由此带来的败诉效果。从制度设计层面来看，行政诉讼中举证责任倒置是立法者考虑到了原告与被告之间对抗时，面临取证困难等情况下，对原告给予的特别保护，① 但如果当事人通过民事诉讼相关程序启动对该证据的对抗，在无举证责任倒置的特别保护下，应当由其自行举证对其主张进行支持，其相关权益显然将被置于不利地位。尽管为保护当事人，确保特别的举证责任规则的实行，立法者确立了民事证据规则中可以适用其他法律中举证责任的规定，但基于《民事诉讼法》第114条中关于国家机关或依法有管理职能的组织出具的证明推定有效的规定，人民法院一般情况下更倾向于采纳第114条中的规定，这导致通过民事诉讼规则解决行政证明问题明显不利于当事人，因此应当允许当事人自主选择救济途径，确保当事人的相关合法权益受到保护。审理民事案件的法院对此类证据的举证责任应进行重新

---

① 《行政诉讼法》第34条规定，被告对作出的行政行为负有举证责任，应当提供作出该行政行为的证据和所依据的规范性文件；被告不提供或者无正当理由逾期提供证据，视为没有相应证据。

划分，质证时在相对人提出质疑时，应当要求该类行政证明的开具主体提供相应的依据，包括法定授权的依据等，确保行政主体是在法律规定权限和程序要求下出具此类证明的。

第二类，对于非依托行政职权的证明，则因为其并未被赋予行政主体的管理职权，因此该类证据应当视为普通的民事证据，并通过民事案件证据规则进行处置，这点在《民事诉讼法解释》中对单位证据的处理中也得到了印证。法院在审判时应当注意区分该类证明的性质更加偏向于民事主体作证，避免因出证单位的行政性质就认为其民事证明也具有相当的公信力。

（四）起诉时效扩张与法定程序优化

行政证明在实践中难以被利害关系人及时发觉的问题是造成该类诉讼纠纷的主要成因，而该事实造成的另一个问题是利害关系人经常面临超过最长起诉期限，难以进行权利救济。对此，首先，立法者应当对该类行政行为的特点进行分析，并集中研究相关的案例，明确该类案件带来后果后，平均能被利害关系人知晓的时限，并依据该时间明确其合理的行政诉讼起诉期限。其次，仍然需要对行政证明的开具程序予以法定化。根据对案例样本的分析，可知土地、房产、确权类案件因行政证明引起较多纠纷，主要是因为行政证明的内容涉及了其他相关人员的合法权益，但相关人员却在补偿等程序开始前无从知晓证明的存在。行政证明开具程序法定化，应当规定当行政证明开具可能涉及第三方利益时，行政主体应当尽到审慎义务，通过主动调查、重要证明事项公示等方式，避免开具不符合实际情况的证明，也避免该类证明对其他利害关系人产生影响。

五、结语

经过梳理行政证明相关案例可知，目前我国法院处置该类案件的方式仍然存在司法审查标准不统一的问题，这造成部分案件难以进入实质审理阶段，或者即便进入实质审理阶段，法院也存在对"实际影响"认定标准不统一，导致行政证明类案件利害关系人在我国难以通过诉讼途径表达其诉求，纠纷难以得到解决。究其原因，主要是法院、行政主体在对行政证明的性质认定问题上存在一定的分歧，造成该问题的理论原因是我国行政行为的分类本身对程序性行政行为、事实行政行为及一些新型行政行为的划分是存在缺陷的，因此针对此类案件，应当跳出固有理论分类的藩篱，直接通过对其

"实际影响"进行审查,应当关注行政证明对利害关系人造成的潜在影响。对于另案中司法机构要求行政主体出具的证明,应赋予当事人自主选择权利救济渠道的权利,对涉及行政证明的事项应当同时尊重民事诉讼法和行政诉讼法的证据规则,当二者发生冲突时,应选择有利于利害关系人的规则。同时,对于无效行政行为的诉讼时效等问题,也应当针对行政证明的特性予以一定的特殊规定。行政证明的开具程序进行法定化是化解行政证明纠纷的重要方式,通过规范授权规则、开具程序、调查公示方式等路径,确保行政证明的开具主体适格,出具符合法律规定,具有一定的时效性以确保行政证明的权威性和公信力,在以后的社会生活、经济发展中持续发挥作用。

● 比较研究

认罪认罚从宽制度与辩诉交易制度的本质区别及角色比较

孙 锐[*]

我国的认罪认罚从宽制度与美国的辩诉交易制度有一定的相似性,但在本质上却存在很大的差别,这种差别对这两种制度中各方角色的地位、作用、职责等都有着深刻的影响。

一、认罪认罚从宽制度与辩诉交易制度的本质区别

认罪认罚从宽制度与辩诉交易制度都具有当事人主义的控辩协商的外观,但认罪认罚从宽制度实质上通过控辩协商实现对被追诉人合道德行为的职权主义评价,具有明显的当事人主义与职权主义相混合的特征。

（一）辩诉交易制度的本质属性——控辩双方各取所需、不涉及道德评价的"交易"

在辩诉交易制度中,控辩双方均有通过协商所期望获取的利益和为了获取期待利益而需要承诺的对价。

被告人的期待利益是要获得较轻的指控或量刑,所需承诺的对价则是要作出有罪答辩或不申辩的答辩,并放弃一系列的程序性权利,包括：由陪审团审判的权利；在审判中要求控方排除合理怀疑地证明其有罪的权利；在审判中进行或不进行证明的权利；在审判

---

[*] 国家检察官学院副教授。

中跟控方证人对质、提供辩方证人及要求强制其出庭的权利等。①

公诉人的期待利益则是要避免审判负担和败诉风险，所需承诺的对价包括降格指控或撤销部分指控、向法官提出较轻的量刑建议或在量刑过程中保持沉默（不提反对意见）、承诺某个特定的刑罚或刑罚类型（如缓刑）。②

可见，控辩之一方的期待利益正是对方的对价，而双方都可以不承诺对价为筹码来与对方进行讨价还价的谈判。也正因为如此，辩诉交易不仅要遵守联邦刑事诉讼规则的相关规定，还要遵守合同法的原则，③ 其本质上就是一场各取所需的交易。

该交易与被告人的认罪悔罪态度没有直接关系。检察官给予被告人较宽缓的起诉，不是因为被告人的认罪态度良好，而仅是出于对其放弃审判及与之相关的一系列权利的补偿。这在被告人选择作出"不申辩的答辩"或"阿尔弗德答辩"时更为明显。"不申辩的答辩"是指被告人对起诉书作出不予申辩的声明，但是并不承认有罪，而当这种答辩被接受时，它的实际效果相当于作出了认罪答辩。④ "阿尔弗德答辩"是指被告人在声称自己无辜的同时作出认罪答辩。⑤ 在北卡罗来纳州诉阿尔弗德案（North Carolina v. Alford）中，联邦最高法院裁定，如果存在"支持答辩的强有力的事实基础"，那么接受声称自己无辜的被告人所作出的认罪答辩就是合宪的。⑥ 由此可见，检察官对作出"认罪答辩"与"不申辩的答辩"的被告人予以宽缓的起诉，并非出于对其认罪态度（在"阿尔弗德

---

① *ABA Standards for Criminal Justice*, *Pleas of Guilty*, 2 (Third Edition), the American Bar Association 1999, p.2.

② RIC Simmons, *Learning Criminal Procedure*, west publishing coporation, 2015, p.1288. 如果公诉人承诺某个特定的刑罚，则答辩必须在法官同意的基础上作出，否则协议是无效的。此种类型的辩诉交易比较少见。

③ RIC Simmon*Learning Criminal Procedure*, west publishing coporation, 2015, p.1288.

④ Wayne R. LaFave, Jerold H. Israel, Nancy J. King, *Criminal Procedure*, West Academic Publishing, 2016, p.1247.

⑤ "不申辩的答辩"是一种与"认罪答辩"并列的独立的答辩形式，对是否有罪不予申辩，但其实际效果相当于认罪答辩；"阿尔弗德答辩"是"认罪答辩"中的一种特殊情况，是在声称无辜的同时作出认罪答辩。

⑥ Wayne R. LaFave, Jerold H. Israel, Nancy J. King, *Criminal Procedure*, West Academic Publishing, 2016, p.1234—1235.

答辩"和"不申辩的答辩"中,被告人并没有在实质上承认自己有罪)的"奖励",而是出于对其放弃审判及相应权利的"补偿"。换句话说,被告人的"认罪答辩"或"不申辩的答辩"仅与程序选择和利益取舍有关,而与道德评价无关,因此,无法以奖励的方式予以评价,只能以交易的方式给予"对价"。

(二)认罪认罚从宽制度的本质属性——国家专门机关对被追诉人[①]合道德行为的"奖励"

与辩诉交易具有明显的交易属性,控辩双方各取所需、不涉及道德评价不同,认罪认罚从宽制度虽然在形式上也要进行控辩协商,但是在实质上却主要是要实现国家专门机关对被追诉人合道德行为的"奖励"。

首先,从立法表述的内在逻辑及其所反映出来的立法者对认罪认罚从宽制度的功能定位上,可以看出认罪认罚从宽制度是对被追诉人认罪认罚的"奖励"。《刑事诉讼法》第15条规定:"犯罪嫌疑人、被告人自愿如实供述自己的罪行,承认指控的犯罪事实,愿意接受处罚的,可以依法从宽处理。"该规定在逻辑内涵上显然是以被追诉人认罪认罚为起点的,也即先有被追诉人认罪认罚的良好表现,才有"可以依法从宽处理"的结果,前者是获取奖励的条件,后者是对满足条件者的奖励,至于如何达成"认罪认罚"的条件,则在所不问。而"交易"的逻辑内涵则更关注于如何达成"认罪认罚",即应当是先有"可以依法从宽处理"的要约,再有"认罪认罚"的承诺。由此可见,至少从立法表述上来看,立法者对认罪认罚从宽制度的功能定位就是对被追诉人认罪认罚的良好表现的一种制度性奖励。有学者指出,"认罪认罚从宽滥觞于'坦白从宽、抗拒从严'和'宽严相济'的刑事政策,是在新的历史条件下对其中宽缓一面的发展。"[②] 从这个角度也可以看出认罪认罚从宽制度的职权主义色彩和"奖励"性质。

其次,从认罪认罚从宽制度所具有的明显的道德评价属性上,也可以看出该制度实际上是职权主义的"奖励",而非当事人主义的"交易"。

---

① 这里含犯罪嫌疑人、被告人,下同。
② 熊秋红:《认罪认罚从宽的理论审视与制度完善》,载《法学》2016年第10期。

诚然,"奖励"本身也带有一定的"交易"特征,但与只涉及利益选择、不涉及道德评价的纯粹的"交易"不同,"奖励"具有明显的道德评价属性和公益取向。对被"奖励"的一方而言,其也需要付出相应的代价才能换取"奖励",但这种代价必须是符合道德导向的;对给予"奖励"的一方而言,其也能从"奖励"制度中获益,但这种利益是公益性质的。

在认罪认罚从宽制度中,一方面,被追诉人所要付出的代价是自愿如实供述自己的罪行,承认指控的犯罪事实并愿意接受处罚。这一条件的设置具有明显的道德评价属性,可以并且需要给予职权主义的"奖励"。另一方面,国家专门机关通过被追诉人的认罪认罚所能够得到的"利益"也具有明显的公益属性,更侧重于"坦白从宽""宽严相济"等国家刑事政策的落实,而非检察官个人工作负担及风险的减免。尽管节约司法资源也是认罪认罚从宽制度重要的价值追求之一,但根据"两高三部"《关于适用认罪认罚从宽制度的指导意见》(以下简称《意见》)第7条第2款的规定,"犯罪嫌疑人、被告人享有程序选择权,不同意适用速裁程序、简易程序的,不影响'认罚'的认定"。可见,即便不能节约司法资源,也要给予认罪认罚的被追诉人以"从宽"的处理。"从宽"的根本原因在于被追诉人认罪悔罪态度良好,而与他的程序选择及能否节约司法资源没有直接关系。由此也可看出,与辩诉交易制度中一方放弃权利、一方给予补偿的"等价交换"不同,认罪认罚从宽制度更加强调的是对被追诉人认罪认罚态度的"奖励",而非对其节约司法资源的"补偿"。

最后,从认罪认罚从宽制度中控辩裁三方的关系与结构上,也可看出认罪认罚从宽制度本质上是一种职权主义的"奖励"。辩诉交易制度具有典型的当事人主义特征,作为交易主体的控辩双方是平等对抗与协商的关系,法官则是中立的第三方。而在认罪认罚从宽制度中,如果说被告人在审查起诉阶段与检察官进行协商、签署认罪认罚具结书、同意检察机关量刑建议的情形,具有一定的当事人主义特征,那么被告人在审判阶段才选择认罪认罚,并由法官直接给予其从宽处理的情形,则显然不属于当事人主义的范畴。因此,从当事人主义出发,是无法对认罪认罚从宽制度的本质属性作出一以贯之的解释的,而从职权主义出发,则可以明显地看出认罪认罚从宽制度一以贯之的"奖励"属性,也即被追诉人在不同的诉讼阶段上认罪认罚,将获得不同程度的"奖励",在侦查阶段即予以认罪认罚,将可能获得公检法三机关联合给予的最大限度的"奖励",在审查起诉阶段认罪认罚,将可能获得检法两机关联合给予的较大程度的"奖励",在审判阶段才认罪认罚,则可能获得法院给予的较小程度的"奖励"。

我国的认罪认罚从宽制度与美国的辩诉交易制度在本质属性方面的上述区别对其各方角色的地位、作用、职责等均有深远的影响。

二、认罪认罚从宽制度与辩诉交易制度中的检察官

我国的认罪认罚从宽制度与美国的辩诉交易制度中的检察官,最明显的区别在于,后者能够从辩诉交易中获得直接的"利益",因而具有适用辩诉交易制度的强大的内驱动力,这种内驱动力甚至是过于强大了,从而蕴含着风险。我国检察官从认罪认罚从宽制度中获得的直接"利益"则非常有限,其当前对该制度的适用主要是出于考核排名等外部压力的推动,欠缺内在的积极性。

(一)辩诉交易制度中的检察官——强内驱动力的交易受益者

美国检察官在辩诉交易中能够获得己方所需要的期待利益,因此具有适用该制度的强烈的内驱动力。

一方面,美国检察官具有通过辩诉交易来避免败诉风险的内驱动力。与我国法官和检察官的心证来源基本一致(主要都来源于卷宗),因此容易形成一致的判断不同,美国的法官或陪审团成员跟检察官的心证来源是完全不同的,因此更容易形成与检察官不同的判断。检察官的心证来源于审前的、全面的、单方的证据调查,法官或陪审团成员的心证则来源于法庭上经过各种证据排除规则排除后的、在双方交叉询问下展开的证据调查,因此后者更容易形成与前者不同的判断,也因此,如果进行审判,美国检察官将面临更大的败诉风险。为了避免此种败诉风险,美国检察官宁可给予被告人较轻的起诉或承诺为其争取轻缓的处理,以换取被告人的认罪答辩。

另一方面,美国检察官具有通过辩诉交易来减轻指控负担的内驱动力。美国的审判程序非常繁冗,检察官的指控要获得法官或陪审团认可的难度也非常大,因此,为了使指控能够在辩方的激烈对抗下达到排除合理怀疑的标准,无论是在庭前的准备,还是在庭上的指控中,检察官均面临着沉重的工作负担,需要耗费大量的时间和精力。相对而言,通过辩诉交易取得被告人的认罪答辩则相对容

易。而"不论案件量有多么少,总是存在某种减少其刑事案件工作量的利益驱动"①,这也形成了推动检察官进行辩诉交易的内驱动力。

但是这种强烈的内驱动力也可能导致检察官以不适当的方式诱导被告人作出认罪答辩,例如通过过度起诉的方式来使被告人陷于实际上无法选择的境地:要么接受检察官的交易条件,要么面临报复性的严厉指控。在博登基尔舍诉海耶斯(Bordenkircher v. Hayes)一案中,检察官威胁被告人说,如果被告人不就目前的指控——一个将被判处2—10年监禁的买卖伪造器具的罪名——作出认罪答辩的话,他将根据《惯犯法案》指控,指控的罪名中将加上该被告人以前的两起犯罪,而这种指控将使其被判处终身监禁。虽然联邦最高法院最终以5:4的比例认定检察官此种做法并不违反宪法第十四修正案关于正当程序的规定,但对此持反对意见的鲍威尔法官认为,基于本案检察官所运用的"筹码"的严厉程度,检察官的行为已超出了法律允许的辩诉交易的策略范围。② 可见,虽然对于博登基尔舍案中检察官的行为是否违宪存在争议,但是检察官因为强大的内驱动力而可能采取不正当的手段来诱导或迫使被告人作出认罪答辩,这一风险是客观存在的。

(二)认罪认罚从宽制度中的检察官——弱内驱动力的"奖励"提议者

当前,我国认罪认罚从宽制度的适用主要是依靠上级检察机关下达的任务所形成的外在压力来推进,检察官们自身对该制度的适用仍缺乏内在的积极性。究其原因,主要还是由于检察官们在对认罪认罚从宽制度中扮演的只是"奖励"提议者的角色,而在提议给予被追诉人"奖励"的同时,其自身并没能从该制度的适用中获得实在的"利益"。

一方面,我国检察官的败诉风险很小,因此检察官们不具有通过适用认罪认罚从宽制度来避免败诉风险的动力。在我国,即便不

---

① 参见[美]乔治·费希尔:《辩诉交易的胜利——美国辩诉交易史》,郭志媛译,中国政法大学出版社2012年版,第33页。

② 434 U. S. 357, 98 S. Ct. 663, 54 L. Ed. 2d 604 (1978). Wayne R. LaFave, Jerold H. Israel, Nancy J. King, *Criminal Procedure*, West Academic Publishing, 2016, p. 1209—1210.

适用认罪认罚从宽制度,多数犯罪嫌疑人也会作出有罪供述,而由于证人、鉴定人出庭制度并未得到严格落实,法官和检察官心证的形成都主要受卷宗和有罪供述的影响,因此,检察官败诉的概率很小,也就缺乏为了避免败诉风险而适用认罪认罚从宽制度的动力。

另一方面,认罪认罚从宽制度的适用并没能真正减轻,反而增加了检察官的工作负担,因此检察官们也不具有为了减轻工作负担而适用该制度的动力。在适用认罪认罚从宽制度的案件中,检察官需要为犯罪嫌疑人提供值班律师、与犯罪嫌疑人及其律师进行协商、制作并要求犯罪嫌疑人签署认罪认罚具结书、提出量刑建议、说服法官接受量刑建议、在无法说服法官时调整量刑建议、在法官不采纳量刑建议或被告人提出上诉时可能予以抗诉等,其工作量和工作难度实际上都大幅增加。而由于普通程序中的证人、鉴定人出庭制度并未严格落实,因此速裁程序,尤其是简易程序与普通程序的区分度不大,在庭审阶段减轻检察官工作负担方面的作用也非常有限,不足以让检察官们产生为了避免适用普通程序而适用认罪认罚从宽制度的动力。

因此,要保障认罪认罚从宽制度能够长期持续有生命力的发展,应当对辩诉交易制度有所借鉴,使得检察官不仅是"奖励"的提议者,也是制度的受益者。

一方面,需要各地检察机关积极探索具体的工作机制及措施,以提高认罪认罚从宽案件的办案效率,切实减轻检察官的工作负担。另一方面,对控辩双方就事实及证据问题存在争议的非认罪认罚案件,① 应严格落实证人、鉴定人出庭制度,以突显认罪认罚从宽制度在节约司法资源和降低败诉风险方面的功能。证人、鉴定人出庭制度的落实,会使得这部分案件的办理需要更多的司法投入,同时会使得法官的心证真正来源于法庭上控辩双方的举证、质证,而这又会增加检察官的指控难度和败诉风险。由此,认罪认罚从宽制度在节约司法资源、减轻工作负担、降低指控难度和避免败诉风险等方面的功能才会凸显,检察官也才会产生适用该制度的内在积极性。

值得指出的是,无论是在适用率考核排名的强大的外部压力下,还是在减轻工作负担、避免败诉风险的内驱动力下,检察官都可能

---

① 如果控辩双方对事实及证据无争议,只是就法律适用或量刑有争议,虽然也不属于认罪认罚案件,但亦没必要要求证人、鉴定人出庭。

以不适当方式诱导甚至迫使被追诉人认罪认罚。因此，一方面要强化律师的帮助和法官的审查，避免被追诉人违背意愿或出于误解地认罪认罚；另一方面要保障拒绝认罪认罚的被追诉人获得公正的审判，而非报复性的定罪与重罚，使得不愿意认罪认罚的被追诉人敢于拒绝认罪认罚。

三、认罪认罚从宽制度与辩诉交易制度中的被追诉人

我国的认罪认罚从宽制度与美国的辩诉交易制度均非常强调对被追诉人的权利保障，但是由于这两种制度在本质上的不同，因此被追诉人的地位也存在很大的差别。

（一）辩诉交易制度中的被告人——地位脆弱的"交易主体"

在辩诉交易制度中，被告人和检察官是交易的双方当事人，被告人与检察官一样是交易的主体，有通过交易想要获取的利益，也有为实现交易所不得不支付的对价。其主体性地位主要表现在两个方面：一方面，从交易过程来看，辩诉交易制度对被告人在交易中的自愿性与明智性予以了相对充分的保障，包括由律师提供有效的法律帮助，由法官对被告人接受交易从而作出认罪答辩的自愿性与明智性予以审慎的审查等；另一方面，从交易结果来看，即使被告人拒绝交易，也不一定就会被判处有罪和更重的刑罚，而是也可能被判无罪，因此，被告人享有选择接受或拒绝交易的自由。如果被告人拒绝交易，案件就会进入审判程序，而如前文所述，由于各种证据规则的适用、证人在法庭上的表现及陪审团成员心证的难以预测，案件存在被判无罪的可能，而这是被告人在交易中真正能具有主体性地位和自由选择权的前提。

但是，值得指出的是，被告人的这种主体性地位又是相对脆弱的。一方面，从交易过程的参与度来看，为了避免检察官可能对被告人施加压力及出于诉讼效率的考虑，辩诉交易的谈判是在检察官与辩方律师间展开的，尽管被告人在会谈时在场并没有被禁止，但他一般都不会在场，由此可能会出现一些沟通上的问题，甚至可能会出现辩方律师故意欺骗或隐瞒的情况。例如，由于辩方律师的故意或者过失，使得被告人相信检察官为了获取被告人的认罪答辩已经同意了某种实际上并不存在的让步，或者辩护律师因担心本来主张自己无罪的被告人会接受辩诉交易而隐瞒检察官的

交易邀约。①

另一方面，从选择交易结果的自主度来看，在某些情况下，如果不接受交易将使被告人面临过分的风险，则其实际上就只能接受交易，而缺乏真正自主选择权。例如，在美利坚合众国诉杰克逊（United States v. Jackson）一案中，被告人对《联邦绑架法》中关于死刑只有在"陪审团的裁定予以相应建议"时才能适用的规定提出了质疑，因为这意味着"那些放弃在陪审团面前予以争辩的权利的被告人可以确定他不会被执行死刑；而那些天真到要争取陪审团的无罪判决的被告人则面临这样的预警：如果陪审团认定他有罪，且不愿饶他一命，那他就得死"。最高法院最终判定《联邦绑架法》中的这一规定"无疑是处罚了"那些主张自己宪法权利的人，因此是违宪的。② 写博登基尔舍判例的最高法院法官斯图尔特坚称："对作出认罪答辩的被告人的每一起罪行所判处的刑罚，都是作出无罪答辩后被认定犯有同样罪行的被告人所判处刑罚的一半"，州立法机关作出这样的规定将是"明显违宪的"。③ 在科比特诉新泽西州一案（Corbitt v. New Jersey）中，因选择审判程序而被判处终身监禁的科比特提出，如果其选择不争辩的答辩，那么其将被判处不超过30年的监禁，而选择审判程序则可能被判处终身监禁，这样的处罚体系是违宪的。最高法院最终并没有支持科比特的上诉。④ 但是这些案件都揭示出了一个问题，即与接受交易相比，如果选择审判将导致被告人面临过分的风险时，其自主性其实是大打折扣的。

（二）认罪认罚从宽制度中的被追诉人——地位复杂的"被奖励对象"

如前文所述，我国的认罪认罚从宽制度在本质上是国家专门机

---

① Wayne R. LaFave, Jerold H. Israel, Nancy J. King, *Criminal Procedure*, West Academic Publishing, 2016, p. 1235.

② 390 U. S. 579, 88 S. Ct. 1209, 20L. Ed. 2d 138 (1986). Wayne R. LaFave, Jerold H. Israel, Nancy J. King, *Criminal Procedure*, West Academic Publishing, 2016, p. 1205.

③ Wayne R. LaFave, Jerold H. Israel, Nancy J. King, *Criminal Procedure*, West Academic Publishing, 2016, p. 1207.

④ 439 U. S. 212, 99 S. Ct. 492, 58L. Ed. 2d 466 (1978). Wayne R. LaFave, Jerold H. Israel, Nancy J. King, *Criminal Procedure*, West Academic Publishing, 2016, p. 1206.

关对被追诉人认罪认罚的合道德行为的一种"奖励",从这个角度来看,被追诉人实际上是"被奖励的对象"。但是同时,认罪认罚从宽制度也涉及控辩协商,因此,被追诉人同时又是控辩协商的主体。由此可见,认罪认罚从宽制度中被追诉人的地位是比较复杂的。

从协商的角度来看,被追诉人的主体性地位缺乏实质性。一方面,从协商过程来看,在我国认罪认罚从宽制度的司法实践中,除少数地区采取检察官、犯罪嫌疑人及值班律师三方共同参与协商的模式①以外,绝大部分地区的协商都是直接在检察官与被追诉人之间进行的,协商基本达成一致,需要签署认罪认罚具结书时,律师才予以介入。此种协商,被追诉人虽然直接参与协商过程,但囿于诉讼地位的劣势和法律知识的局限,其实际上很难具有真正的主体性地位。另一方面,从协商结果来看,基于前文分析过的原因,如果被追诉人不选择认罪认罚,则其被定罪并被处以更重刑罚的概率是非常大的,被判无罪的概率则非常小。因此在绝大多数的情况下,被追诉人实际上并非在"认罪认罚从而获得从宽处罚"和"不认罪认罚从而可能被判无罪"之间选择,而是在"认罪认罚从而获得从宽处罚"和"不认罪认罚从而无法获得从宽处罚"间选择,也即"认罪认罚"实际上是唯一对其有利的选择,而在这种情况下,很难说被追诉人是具有选择的自主性的。

但从"奖励"的角度来看,被追诉人作为"被奖励对象"的地位却又是非常强势的。虽然根据《刑事诉讼法》第15条的规定,对于认罪认罚的被追诉人,是"可以"而不是"应当"从宽处理,但是,从刑诉法将其确立为一项基本原则的立法导向和《意见》的相关规定来看,"认罪认罚从宽"实际上是被作为一项被追诉人的权利保障来推进的。"从宽"是原则,"不从宽"则是例外,而例外的理由仅与犯罪的危害程度和恶劣影响有关,与检察官的胜诉概率无关。因为胜诉概率与道德评价无关,是否给予"奖励"则仅与被追诉人是否认罪认罚及犯罪本身的恶劣程度等涉及道德评价的因素有关。换句话说,美国检察官认为胜诉的把握较大,是可以选择不进行辩诉交易的;而我国的检察官则不能因为胜诉把握大就拒绝对被追诉人适用认罪认罚从宽制度,只要被追诉人认罪认罚,除非存在犯罪性质和危害后果特别严重、犯罪手段特别残忍、社会影响特别恶劣

---

① 如北京市海淀区人民检察院、福建省福清市人民检察院等。

等特殊情况，检察官都要给予其依法从宽的"奖励"，无权拒绝。

要强化被追诉人在协商中的主体性地位，一是要强化律师帮助和法官审查，以防止检察官强制或以不适当的方式诱导被追诉人认罪认罚；二是要保障拒绝认罪认罚的被追诉人能够获得公正审判，使其是在"认罪认罚从而获得从宽处罚"和"不认罪认罚从而可能被判无罪或轻罪"之间选择，而不是在"认罪认罚从而获得从宽处罚"和"不认罪认罚从而无法获得从宽处罚"之间选择。

四、认罪认罚从宽制度与辩诉交易制度中的律师

在我国的认罪认罚从宽制度与美国的辩诉交易制度中，律师都要为被告人提供法律帮助，但是其提供帮助的方式并不相同。

（一）辩诉交易制度中的律师——直接进行协商的谈判代理人

辩诉交易是美国对抗式刑事司法程序中的重要环节，交易的背后仍然是控辩对抗，但是，与审判环节中的直接对抗不同，辩诉交易是以协商与合作的形式呈现的，更像是一种合同行为，① 因此，如果说在审判程序中，辩方律师扮演的是针对指控提出质疑与辩解的辩护人角色，那么在辩诉交易中，辩方律师所扮演的则更像是代表被告人与检察官进行协商的代理人角色。

少数情况下，检察官会与尚未被指控的潜在的被告人在其首次到庭前就直接进行交易。② 被告人在"明智且有行为能力"的条件下也可以放弃获得律师帮助的权利。③ 但在绝大多数情况下，交易谈判是在检察官与律师之间，而非检察官与被告人之间展开的，律师实际上是作为被告人的代表而直接与检察官进行协商的。当然，最终的决定仍要由被告人作出，律师应当就被告人所面临的选择及其可能导致的结果与被告人做充分的沟通，并向其提出恰当的建议，以保障被告人选择的明智性。如果被告人可以证明律师表现欠佳且

---

① 辩诉交易不仅要遵守联邦刑事诉讼规则的相关规定，还要遵守合同法的原则。RIC Simmons, *Learning Criminal Procedure* . 1288.

② 此种情况正在变得越来越普遍。Wayne R. LaFave, Jerold H. Israel, Nancy J. King, *Criminal Procedure* , west publishing coporation, 2015, p. 1229 – 1230.

③ Johnson v. Zerbst, 304 U. S. 458, 58 S. Ct. 1019, 82L. Ed. 2d 1461 (1938). Wayne R. LaFave, Jerold H. Israel, Nancy J. King, *Criminal Procedure* , West Academic Publishing, 2016, p. 1229.

对其造成了损害，那么就可以证明其获得律师帮助的宪法性权利受到了损害，① 从而可以请求相应的救济。

在与检察官的谈判方面，律师的表现是否欠佳其实很难界定。因为谈判的艺术是非常微妙和个人化的，很难予以直接的司法监督，试图就辩方律师在谈判的过程中如何适当履职制定详细的标准，是不切实际的。② 但是，在与被告人进行充分的沟通和提出恰当的建议方面，因律师失职而给被告人利益造成损害的例子并不鲜见。在拉弗莱尔诉库珀（Lafler v. Cooper）一案中，辩方律师错误地告知他的当事人其所涉嫌的事实不能被证明构成其被指控的犯罪，从而建议被告人拒绝辩诉交易。被告人听从了律师的意见，却在审判中被认定有罪。法院最终裁定检察官应当为被告人重新提供最初的认罪协议。③ 在密苏里诉弗莱依（Missouri v. Frye）一案中，辩护律师没有把检察官提出的交易邀约告知被告人，导致邀约过期，之后被告人只好依据对其没有那么有利的交易作出认罪答辩。法院将案件发回给下级法院，由下级法院来确定被告人是否因律师的错误受到了损害。④

此外，就律师在他的委托人表明认罪答辩倾向时是否负有对相关事实进行调查的职责，法院尚未达成完全一致的意见。但是近年来，法院更倾向于认为，辩方律师没有会见证人或以其他方式调查案件将影响律师帮助的有效性，如果发现律师的调查本应发现能够极大地强化辩护的事实或者由于没有进行此种调查而损害了被告人明智地、自愿地作出认罪答辩的能力，那么被告人的认罪答辩就不能成立。⑤

总之，在辩诉交易中，辩方律师实际上扮演着被告人的谈判代

---

① Joshua Dressler, George C. Thomas Ⅲ, *Criminal Procedure Principles, Polices and Perspectives*, West Academic Publishing, 2017, p. 1154.

② Joshua Dressler, George C. Thomas Ⅲ, *Criminal Procedure Principles, Polices and Perspectives*, 1158.

③ 132. S. Ct. 1376（2012）. RIC Simmons, *Learning Criminal Procedure* west publishing coporation, 2015. p. 1288.

④ 132. S. Ct. 1399（2012）. RIC Simmons. *Learning Criminal Procedure*, west publishing coporation, 2015. p. 1288.

⑤ Wayne R. LaFave, Jerold H. Israel, Nancy J. King, *Criminal Procedure*, West Academic Publishing, 2016, p. 1233.

理人的角色,其直接代表被告人与检察官进行谈判,这一角色使其在辩诉交易中实际上发挥着核心的作用,也因而承担着包括事实调查在内的非常广泛的义务,但是,一旦律师失职,其给被告人利益带来的损害也是非常大的。

(二)认罪认罚从宽制度中的律师——介入程度不一的法律帮助人

如前文所述,辩诉交易只涉及程序选择和利益取舍,不涉及道德评价,因此在辩诉协商中,律师可以作为被告人的代理人与检察官进行谈判。而在认罪认罚从宽制度中,"从宽"是对被追诉人认罪认罚的具有道德评价性质的"奖励","认罪认罚"应当是被追诉人悔罪的反映,认罪认罚从宽制度中的协商同时也是考察被追诉人悔罪情况的过程,不能由律师代理,因此律师在认罪认罚从宽制度中只能从侧面为被追诉人提供法律帮助,其可以参与协商,但是却不能直接代理被追诉人进行协商。

当前,在认罪认罚从宽制度的司法实践中,值班律师作为法律帮助人的介入程度并不相同,大体可以分为以下几个层次:

其一,在被追诉人作出认罪认罚的决定后介入,实为其签署认罪认罚具结书的见证人。律师为被追诉人提供的法律帮助应有助于其在是否认罪认罚方面作出自愿、明智的选择,因此,从逻辑上说,律师应当是在被追诉人作出选择之前即为其提供法律帮助。但是,《刑事诉讼法》第36条和《意见》第10条第2款均规定,被追诉人自愿认罪认罚,没有辩护人的,人民法院、人民检察院、公安机关(看守所)应当通知值班律师为其提供法律帮助。也即值班律师提供法律帮助的对象是已经决定认罪认罚而没有辩护人的被追诉人,值班律师的介入时机实际上是在被追诉人决定认罪认罚之后。

其二,在被追诉人与检察官协商的同时介入,在协商中为被追诉人提供同步的法律帮助。例如,北京市海淀区在检察官第一次讯问犯罪嫌疑人时,就要求值班律师在场,检察官与犯罪嫌疑人就认罪认罚的问题进行协商,值班律师当场即可为犯罪嫌疑人提供法律帮助。

其三,在被追诉人与检察官协商前介入,在协商前即为被追诉人提前提供法律帮助,并在协商时在场继续为其提供同步的法律帮助。例如,福建省福清市要求值班律师至少在协商前一天就要提前会见犯罪嫌疑人,为犯罪嫌疑人提供法律帮助。在检察官与犯罪嫌疑人进行协商时,不仅要保障值班律师在场,而且要保障值班律师与犯罪嫌疑人单独沟通的权利。

目前,从全国的情况来看,律师实际上只是扮演见证人角色的情况还广泛存在,其根源有主客观两方面的原因:从客观上来看,在相当一部分地区,值班律师短缺的问题在短期内还难以有效解决,而数量极为有限的值班律师无力承担更深入、广泛的法律帮助职能;从主观上来看,由于认罪认罚从宽在我国实质上被视为是对被追诉人的"奖励",因此我们对其中可能蕴含的风险重视不足,导致对值班律师提供法律帮助的重要性也重视不足。因此,我们应对认罪认罚从宽所可能蕴含的风险及律师提供法律帮助的重要性加以重视,采取积极措施,促进值班律师由见证人向法律帮助人的转变,使其能够为被追诉人提供更有效的法律帮助。

为了保障值班律师能够真正有效地为被追诉人提供法律帮助,至少可从如下几个方面着手:其一,保障值班律师能够在被追诉人作出是否认罪认罚的决定之前就为其提供法律帮助,从而使其能够在律师的帮助下作出真正自愿、明智的决定。2019年"两高三部"《意见》第10条第1款虽然基本沿袭了试点办法的表述,但又在第3款中规定:"人民法院、人民检察院、公安机关(看守所)应当告知犯罪嫌疑人、被告人有权约见值班律师,获得法律帮助,并为其约见值班律师提供便利。犯罪嫌疑人、被告人及其近亲属提出法律帮助请求的,人民法院、人民检察院、公安机关(看守所)应当通知值班律师为其提供法律帮助。"这实际上是将通知值班律师提供法律帮助的对象从没有辩护人且认罪认罚的被追诉人,扩大到了没有辩护人本人及其近亲属提出法律帮助请求的被追诉人,而后者不以认罪认罚为前提,其目的就是保障被追诉人在作出选择之前就可以获得值班律师的法律帮助。这方面,福清和海淀的做法都具有一定的参考意义,但在各地的具体落实还要结合当地的实际情况来进行积极的探索。

其二,保障值班律师能够在了解案情的基础上为被追诉人提供法律帮助。由于刑事诉讼法将值班律师的职责界定为提供"法律帮助",而非"辩护",因此,对于值班律师能否阅卷及享有辩护律师的其他权利,实践中存在一定的争议。《意见》第12条第2款则明确规定:"自人民检察院对案件审查起诉之日起,值班律师可以查阅案卷材料、了解案情。人民法院、人民检察院应当为值班律师查阅案卷材料提供便利。"福建省福清市检察机关则进一步将阅卷规定为值班律师的义务,要求值班律师在会见犯罪嫌疑人之前必须阅卷,以保障其能够在充分了解案情的基础上为犯罪嫌疑人提供有效的法律帮助。

其三,采取措施保障值班律师认真履责,防止其不尽职尽责地为被追诉人提供法律帮助。例如,要求值班律师填写意见书,就案件的罪名、适用法律条款、量刑及适用程序等提出具体意见;再如,对值班律师的履职情况予以考评,包括是否阅卷、是否会见被追诉人、是否为被追诉人提供具体意见、被追诉人对其提供的法律帮助是否满意,等等。

五、认罪认罚从宽制度与辩诉交易制度中的法官

在我国的认罪认罚从宽制度与美国的辩诉交易制度中,法官的职责也大不相同。

(一)辩诉交易制度中的法官——对事实进行有限审查的答辩接受者

在辩诉交易制度中,被告人的认罪答辩是控辩双方进行交易的结果,法官的职责在于审查被告人的认罪答辩是否自愿、明智及有无事实基础,从而作出是否接受答辩的裁定。这种审查要以听审的方式进行,可称为"答辩听审程序"①,其与审判程序有着根本的区别。

在审判程序中,控辩双方对被告人是否有罪存在争议,审理的目的就在于确认被告人是否有罪,以解决这一争议,因此审查的重点就是被告人是否实施了犯罪或者是否存在犯罪事实;而在答辩听审程序中,控辩双方对被告人是否有罪并无争议,审查的目的在于确认被告人的认罪答辩或不申辩的答辩能否为法官所接受,因此审查的重点是被告人是否具有答辩能力、是否自愿和明智。至于事实问题,则并非其审查的重点。尽管近年来,许多司法区域为法官接

---

① 法官对被告人的认罪答辩予以审查并决定是否接受的环节,可发生于传讯时或传讯后到审判前,甚至判决前的任何阶段,传讯时的认罪答辩未必是辩诉交易的结果,有可能是被告人直接作出的;传讯后的认罪答辩则基本都是辩诉交易的结果。传讯后,法官对被告人认罪答辩的审查程序并没有一个明确的名称,这里称其为"答辩听审程序"。

受认罪答辩增加了判断答辩准确性的附加义务，例如，在联邦司法程序中，"法官在就认罪答辩作出决定前，必须先确认该答辩有无事实基础。"许多州也都作出了类似规定。① 但通常情况下，对答辩的事实基础的确认并不是宪法所要求的。②

在对事实基础的审查方面，与审判程序相比，答辩听审程序的要求非常有限。

首先，在是否需要就事实问题予以证明方面：在审判程序中，由于控辩双方对被告人是否有罪的问题存在争议，因此检察官必须承担证明责任，即要对被告人的犯罪事实予以证明；在答辩听审程序中，由于控辩双方对被告人是否有罪的问题不存在争议，因此检察官无须对被告人的犯罪事实予以证明，法官只需要审查被告人的答辩有无事实基础即可，而后者在美国不属于"诉讼证明"的范畴。

其次，在证据调查方式和所须遵循的规则方面：在审判程序中，诉讼证明必须遵循严格的证据规则，所有的证人、专家证人都要出庭以言词方式接受控辩双方的质询，审前调查中形成的各种书面材料均不能进入法庭成为证据；而在答辩听审程序中，法官对答辩事实基础的审查方式则包括询问被告人、检察官或辩护律师，审查认罪协议、量刑前调查报告、预审笔录、警方证词或综合使用这些方法，③ 无须证人或专家证人出庭接受质询，不受传闻证据规则的约束。在司法实务中，法官核实事实的手段通常就是审查起诉书内容，并在被告人作出认罪答辩之时确认起诉书所记载的事实。④

最后，在确认裁判事实所要达到的标准方面：在审判程序中，控方对被告人有罪的证明必须达到使法官排除合理怀疑的证明标准，法官才能认定被告人有罪；而在答辩听审程序中，不存在诉讼证明，

---

① Wayne R. LaFave, Jerold H. Israel, Nancy J. King, *Criminal Procedure*, West Academic Publishing, 2016, p. 1255.

② Wayne R. LaFave, Jerold H. Israel, Nancy J. King, *Criminal Procedure*, West Academic Publishing, 2016, p. 1256.

③ Wayne R. LaFave, Jerold H. Israel, Nancy J. King, *Criminal Procedure*, West Academic Publishing, 2016, p. 1255.

④ Jenia lontcheva Turner, "Judicial Participation in Plea Negotiations: A Comparative View", American Journal of Comparative Law, Vol. 54, No. 1 (2006), p. 212 – 23.

也就无所谓"证明标准",至于法官对答辩是否存在事实基础的确认,其标准则远低于检察官在审判程序中要证明被告人有罪所需达到的标准。① 在被告人声称无辜但仍作出认罪答辩,也即阿尔弗德答辩的情况下,联邦法院没有明确陈述此种答辩的事实基础应达到何种强度,但是可以看出,其认为,在被告人否认犯罪的情况下,对事实基础的确认程度的要求是远大于其他情况的。② 换句话说,在被告人作出普通的认罪答辩的情况下,对事实基础的确认程度的要求还要更低。在一些州的地区法院,法官认为,凭借被告人的口头陈述及对被告人答辩时的察言观色,就可以认定认罪答辩的事实基础。③ 美国没有为答辩听审程序确立很高的"证明标准",一方面是出于诉讼效率的考虑,另一方面则是由于其对庭外书面记录的可靠性持怀疑态度,因此不认为法官通过询问被告人和查阅庭外的书面记录,能够达到排除合理怀疑的标准。

在对被告人的答辩能力、答辩的自愿性与明智性的审查方面,答辩听审程序的要求则颇为严格。法官不仅要就相关问题对被告人予以系统化的询问,而且负有周全的告知义务。根据《联邦刑事诉讼规则》第 11 条的规定,法官必须告知被告人其答辩所针对的每一项指控的意义,并确定被告人是否理解。州的程序中也都有类似的要求。④ 除了指控的性质外,《联邦刑事诉讼规则》第 11 条还要求法官向被告人告知如其答辩被接受将导致的后果,包括实体法上的后果和其将放弃的一系列的程序性权利,并确定其是否理解。

---

① 值得指出的是,在审查起诉阶段,检察官只有在根据自己所调查的证据确信被告人有罪的情况下,才能与被告人进行交易,其心证标准实际上是要达到排除合理怀疑的程度的,只是因担心由于证据规则的运用、证人在庭上的表现不可控、陪审团判断的不可预测等原因而可能导致败诉,才选择与被告人进行交易。至于法官,则因其没有机会进行全面、深入的证据调查,因而在心证程度上反而不对其作过高的要求。

② Wayne R. LaFave, Jerold H. Israel, Nancy J. King, *Criminal Procedure*, West Academic Publishing, 2016, p.1257.

③ 参见向燕:《我国认罪认罚从宽制度的两难困境及其破解》,载《法制与社会发展》2018 年第 4 期。

④ Wayne R. LaFave, Jerold H. Israel, Nancy J. King, *Criminal Procedure*, West Academic Publishing, 2016, p.1249.

(二)认罪认罚从宽制度中的法官——对事实进行简化调查的案件裁判者

根据《意见》的相关规定,认罪认罚案件可以根据不同情况分别适用速裁程序、简易程序、可适当简化的普通程序审理。与美国的答辩听审程序不属于审判程序不同,这些简化程序与普通程序共同构成了我国的刑事审判程序体系,属于刑事审判程序的组成部分。

美国答辩听审程序审查的对象是被告人的认罪答辩,只要该答辩系自愿、明智作出,且具有事实基础,即可被法官接受,其对事实基础的审查是附着于对答辩的审查之上的,仅是为答辩是否可被接受提供判断依据,不具有独立意义;我国的简化审判程序审查的对象则仍是案件本身,只有案件事实清楚,证据确实、充分,被告人的认罪认罚才有意义,认罪认罚从宽制度的道德评价功能才能实现,其对案件事实的调查虽然有所简化,但该调查不是附着于对认罪认罚的审查之上的,相反,对认罪认罚的审查仍是附着于对案件事实的调查之上,也即只有在确认被告人的犯罪事实的基础上,才能对其认罪认罚的选择作出评价。

因此,法官在适用于认罪认罚案件的简化程序中,仍然是案件的裁判者,要对被告人是否确实实施了犯罪行为作出判断。这些简化程序在证明方式上可以简化,在证明标准上则不能降低。

从证明方式来看,在证人、鉴定人普遍不出庭的情况下,适用于认罪认罚案件的简化程序与普通程序相比,其简化的程度非常有限。在证人、鉴定人不出庭的情况下,审判程序无论在多大程度上简化,其实际上都主要是以案卷证据作为裁判基础的。而认罪认罚从宽制度从某种程度上弥补了案卷证据的缺陷,因为其至少有被告人的当庭供述,在能确认被告人认罪认罚的自愿性与明智性的基础上,以案卷证据作为裁判基础的风险远小于在被告人不认罪的案件中以案卷证据作为裁判基础。因此,如果说在所有案件中均要求证人、鉴定人出庭的做法是不现实的,那么至少,在被告人就事实或证据存在争议的非认罪认罚案件中必须落实证人、鉴定人出庭制度,因为在这类案件中以案卷证据作为裁判基础的风险更大,无法弥补。也正因为如此,有学者指出的,认罪认罚所带来的程序简化应当以普通程序的正当化为前提。①

从证明标准来看，在证人、鉴定人不出庭的情况下，案件能否达到证明标准，实际上取决于庭外书面证据，也即案卷的情况，而庭审程序的简化并不影响案卷证据的确实、充分，也并不必然影响法官的心证，因此，在认罪认罚案件中，没有必要，也不应当降低证明标准，只是因为被告人认罪认罚，使得案卷证据的缺陷得到了弥补，法官的心证得到强化，从而使得证明标准更容易达到。而在非认罪认罚案件中，由于缺乏被告人认罪认罚这一弥补案卷证据缺陷的条件，因此，至少在控辩双方就事实或证据问题存在争议的案件中，必须落实证人、鉴定人出庭制度，其达到证明标准的难度将会更大，但证明标准本身则与认罪认罚案件并无区别。

至于对被告人认罪认罚的自愿性、合法性予以审查的环节，其实际上是对案卷证据缺陷的弥补，因此，不仅要保障被告人认罪认罚的自愿性，还要保障其明智性，也即使被告人对于自己所承认的罪行有充分的理解。《意见》第39条虽然对法官审查核实的重点予以了较详细的规定，但仅要求法官告知被告人"享有的诉讼权利和认罪认罚的法律规定"，如此笼统的告知义务恐难保障被告人对自己所承认犯罪的充分理解。我们认为，这里至少应当要求法官告知被告人其所被指控的犯罪的基本的构成要件。例如，如果被告人就诈骗罪认罪认罚，法官应当告知被告人，这不仅意味着其承认了用虚构事实或隐瞒真相的方法骗取了数额较大的公私财物，而且意味着其承认了非法占有的目的。如果被告人否认非法占有的目的，则不构成认罪认罚。这在当前律师帮助不足，被追诉人可能就自己并不理解的犯罪予以认罪认罚的现实背景下尤为重要。只有在被告人充分理解其所承认的内容时，其认罪认罚的行为才能弥补案卷证据的不足。

六、认罪认罚从宽制度与辩诉交易制度中被害人的地位

在我国的认罪认罚从宽制度与美国的辩诉交易制度中，被害人的地位也是非常不同的。

---

① 参见熊秋红：《认罪认罚从宽的理论审视与制度完善》，载《法学》2016年第10期。

(一) 辩诉交易制度中被害人的地位——"交易"的局外人

如前文所述，辩诉交易在本质上就是控辩双方各取所需的"交易"，检察官因被告人放弃陪审团审判等一系列权利而获得减轻工作负担、规避败诉风险的"利益"，被告人则因此而获得被轻缓处理的"对价"。在这场交易中，检察官和被告人各取所需，而被害人则完全居于局外。

在美国传统的教科书中，关于辩诉交易的论述中鲜少提及被害人。但近年来的被害人权利运动改变了这种情况。当前，在辩诉交易制度中，被害人一般拥有两方面的权利：

其一，检察官对于任何预期的辩诉交易都要与被害人进行磋商。在这一方面，联邦及2/3的州都有相应的规定，但这些规定其实很难落实。尽管有些州要求法官在接受答辩时要对检察官予以询问，并对检察官已经履行了被害人权利法案规定的各种义务予以记录，但是，检察官虽然有义务考虑被害人所陈述的观点，却也有权力在最终的分析中予以拒绝，因此检察官传统的起诉裁量权并没有受到实质性的影响。①

其二，法官在接受答辩时首先要允许被害人出庭并就其关于辩诉交易的意见与法庭进行交流。② 没有被害人的同意，检察官无权以被害人不出庭作为交易条件，检察官在答辩协议中关于量刑的某一论述也不能被解释为涵盖了被害人后来独立提出的论述。但是，如果被害人出席答辩听审的权利受到侵害，一般并不会导致答辩听审程序的重新举行。被害人权利条款通常至少会包含如下之一：第一，被害人的权利未能实现，并不导致控辩协议的失效；第二，被害人的缺席并不妨碍法院程序的进行；第三，只有在答辩呈交时到庭的被害人才享有向法庭陈述意见的权利。③

综上所述，尽管随着被害人权利运动的推进，被害人在辩诉交易制度中取得了一些权利，但就交易本身而言，其依然是一个局外

---

① Wayne R. LaFave, Jerold H. Israel, Nancy J. King, *Criminal Procedure*, West Academic Publishing, 2016, p. 1246.

② Wayne R. LaFave, Jerold H. Israel, Nancy J. King, *Criminal Procedure*, West Academic Publishing, 2016, p. 1245.

③ Wayne R. LaFave, Jerold H. Israel, Nancy J. King, *Criminal Procedure*, West Academic Publishing, 2016, p. 1246.

人。其一，被害人不能直接参与交易谈判；其二，虽然检察官在交易过程中应当听取被害人的意见，但是在作出决定时却不必然要考虑被害人的意见；其三，虽然法官在决定是否接受答辩时要听取被害人的意见，但此时交易已经结束，法律也没有规定法官必须要考虑被害人的意见，因此被害人意见的影响力实际上非常有限。

（二）认罪认罚从宽制度中被害人的地位——"奖励"的影响者

如前文所述，认罪认罚从宽制度在本质上是对被追诉人认罪认罚的"奖励"，具有鲜明的道德评价性质，而被害人的意见是对被追诉人进行道德评价的重要的参考依据。因此，《意见》第16条规定："办理认罪认罚案件，应当听取被害人及其诉讼代理人的意见，并将犯罪嫌疑人、被告人是否与被害方达成和解协议、调解协议或者赔偿被害方损失，取得被害方谅解，作为从宽处罚的重要考虑因素。"

不过，由于在认罪认罚从宽制度中，对被追诉人予以"从宽"的条件就是其"认罪认罚"，因此，在是否从宽的问题上，需要考虑的仅是被追诉人是否认罪认罚及其所犯罪行的恶劣程度，只要不是"犯罪性质和危害后果特别严重、犯罪手段特别残忍、社会影响特别恶劣"的，一般都应从宽处理，被害人不同意的，不影响认罪认罚从宽制度的适用。

但在"从宽"的程度方面，被害人的意见则具有重要的参考价值。《意见》第18条规定："犯罪嫌疑人、被告人认罪认罚，但没有退赃退赔、赔偿损失，未能与被害方达成调解或者和解协议的，从宽时应当予以酌减。"不过，实践中也存在因被害人的赔偿请求明显不合理而导致无法达成调解或者和解协议的情况，就此，《意见》第18条同时规定："犯罪嫌疑人、被告人自愿认罪并且愿意积极赔偿损失，但由于被害方赔偿请求明显不合理，未能达成调解或者和解协议的，一般不影响对犯罪嫌疑人、被告人从宽处理。"

应当说，《意见》对于被害人的意见在认罪认罚从宽制度中的作用的原则性规定还是比较合理的，但在具体实践中，如何保障被害人的知情权，如何为其提供有效的法律帮助，如何保障被害人的意见被合理考量，如何在其意见不被接受时提供救济等，均需进一步探索。例如，如果人民法院依据人民检察院的确定刑量刑建议作出判决，而被害人对此判决不服，其请求抗诉权实际上无从实现，那么对于被害人是否应当予以更有效的救济？

在非认罪认罚案件中，被害人与检察官同属控方阵营，共同与辩方对抗，在控方内部一般不存在根本性的分歧，被害人的意见往往可以为检察官的控诉意见所涵盖。但是，在认罪认罚案件中，本来跟被害人一起与辩方对抗的检察官却和辩方走向合作，而在被害人不同意合作的情况下，控方阵营内部实际上就发生了分化，检察官要求合作，被害人则要求对抗，此时，被害人实际上处于孤立无援的境地，因此在认罪认罚案件中对被害人权利的保障实际上比在非认罪认罚案件中更为重要。认罪认罚从宽制度的道德评价属性和社会治理功能也要求对被害人的意见要予以充分的重视。

英国值班律师制度考察
——兼谈我国值班律师制度的完善

翟 薇*

2018年刑事诉讼法确立了值班律师制度。值班律师制度的建立,顺应世界人权发展潮流,彰显司法公正的重要成果,是我国人权保障制度发展和完善的一大亮点。[①] 同时,由于我国正式建立值班律师制度的时间还比较短,该制度的法律定位等问题仍存在争议,在实践中适用的效果也有待改善。作为世界上最早实行法律援助的国家,英国的法律援助制度被许多国家所引进和借鉴。[②] 其中,值班律师制度运行效果良好,已经成为英国法律援助制度一项重要内容。笔者于2019年底随中国政法大学国家法律援助研究院考察团赴英国访问,考察了英国值班律师制度。本文拟就英国值班律师制度的产生发展、运作方式、制度特点进行概述,并对我国值班律师制度提出完善建议。

一、英国值班律师制度的历史演变

英国的值班律师制度经历了萌芽于自发值班律师,产生于治安法庭值班律师资助计划,再拓展到警察局值班律师,并不断加强质量管控的演变发展过程。

(一)萌芽阶段:起源于当庭指定辩护律师

1215年《大宪章》规定"To no one will we sell, to no one deny

---

* 中国政法大学刑事司法学院2019级博士研究生。
① 参见樊崇义:《2018年〈刑事诉讼法〉最新修改解读》,载《中国法律评论》2018年第6期。
② 参见齐树洁主编:《英国司法制度(第二版)》,厦门大学出版社2007年版,第134页。

or delay right tojustice",即我们不出售正义,也不会将任何人拒之正义门外。英国人很早意识到法律不应该成为某个阶层的特权,对穷人需要提供法律救济。"从无记录具体时间的早期开始,曾有过当庭指定辩护律师(dock brief)的习惯做法",① 即"因公诉被传讯的被告人可以不必经过事务律师的参与,当庭直接指定一名出庭律师为其辩护,被告人只需支付 2.23 英镑的费用。随着法律援助制度的确立,这种做法实际被弃用"②。1903 年《穷苦囚犯辩护法案》(the Poor Prisoners' Defence Act)对低于收入限额的被告人提供刑事法律援助,1925 年芬利法官(Mr. Justice Finley)主持的调查委员会报告,提出改进建议:"应该在最早一刻为被告人(the person to be committed)提供法律援助",建议预审法官预审案件时就应该考虑为被告人配备律师。1930 年修改的《穷困囚犯辩护法案》第二部分明确规定针对"简易程序管辖权(summary jurisdiction)、预审权(examining justice)的法庭案件"③ 中低于一定经济条件的被告人,法官可以颁发法律援助许可,同时指定法律援助的律师。而且当时每名巡回法庭书记员和治安秘书都备有愿意为穷苦被告人提供辩护的律师名单,并向该地区大法官的书记员提供一份副本,④ 这表明事实上已初具值班律师制度的雏形,"律师的费用则由县的基金或郡的一般利率基金承担"。⑤

1945 年 5 月拉什克利夫委员会(The Rushcliffe Committee)对各地已有的法律援助不同方式作了全面的梳理后发现,伦敦的律师协会中穷人事务委员会(Poor Person Committees of the Law Society and

---

① Rushcliffe Committee, Report of the Committee on Legal Aid and Legal Advice in England and Wales, May 1945, Cmd 6641, p. 6.
② 《元照英美法词典》,北京大学出版社 2017 年版,第 429 页。
③ Rushcliffe Committee, Report of the Committee on Legal Aid and Legal Advice in England and Wales, May 1945, Cmd 6641, p. 7.
④ Rushcliffe Committee, Report of the Committee on Legal Aid and Legal Advice in England and Wales, May 1945, Cmd 6641, p. 8.
⑤ Rushcliffe Committee, Report of the Committee on Legal Aid and Legal Advice in England and Wales, May 1945, Cmd 6641, p. 8.

the Provincial Law Societies）未处理的法律援助申请数量在不断增大①，从而得出结论"现有免费法律援助机构的总量，不足以满足现在的社会需求。因为立法增多、现代生活复杂性增加，已经导致越来越多的人需要获得专业的法律帮助。"②拉什克利夫委员会据此提出了全新的法律援助组织思路：（1）由郡县基金改为国家国库统一资助，由律师协会制定计划，选择"全国范围内的适当小镇和城市设立法律援助中心。所有法庭都应该提供法律援助，不限于刑事审判，还包括民事审判；法律援助计划的费用应由国家负担；出庭律师和事务律师都应就其服务获得足额报酬，法律援助是国家援助，而非律师的义务劳动"③。（2）放宽法律援助许可的授予条件，不再强调经济贫困的法律援助限制，"法律援助应当适用于所有刑事法庭审理的案件，只要出于司法正义是必要的。法律援助中弃用'穷人'的概念，以'受援助人'的概念作为替代"④。艾德礼政府接受了拉什克利夫委员会的建议，通过了1949年《法律援助和咨询法案》（Legal Aid and Advice Act 1949）。该法案使英国建立了第一个国家资助的法律援助体系。

值班律师计划所称的"计划"实际是1974年《法律援助法案》第15条第（1）款所列的"资助计划"。英国法援体系包含许多具体的资助计划，根据1974年《法律援助法案》第15条的规定，在符合本法案本部分规定的情况下，律师有责任根据其在大法官批准和财政部同意下制定的计划作出安排，以确保按本法案本部分的要求提供咨询、协助和法律援助。上述条款创制的任何计划都可以通

---

① 报告附件二的表格1显示，伦敦的律师协会穷人事务委员会的工作量在增加，积压未处理的申请数在增加，律师协会在1937年度没来得及处理的申请增加了100件，而在1944年没来得及处理的援助申请增加了4479件。Rushcliffe Committee, Report of the Committee on Legal Aid and Legal Advice in England and Wales, May 1945, Cmd 6641, p. 45.

② Rushcliffe Committee, Report of the Committee on Legal Aid and Legal Advice in England and Wales, May 1945, Cmd 6641, p. 23.

③ Rushcliffe Committee, Report of the Committee on Legal Aid and Legal Advice in England and Wales, May 1945, Cmd 6641.

④ Rushcliffe Committee, Report of the Committee on Legal Aid and Legal Advice in England and Wales, May 1945, Cmd 6641.

过随后创制的新版本计划所变更或替代"。① 基于这样的设计，多年间，英国的"刑事法律援助主要包括了绿色计划、法律援助以及值班律师计划等内容"②。其中绿色计划、刑事法律援助计划，分别侧重于对一般意义的法律咨询扶助和专门的诉讼代理。值班律师计划则不同。1982 年的《法律援助法案》第 44 章第 1 条第（1）款规定，"在该计划下设立的委员会，安排律师为本部分规定适用的案件，在治安法庭出庭进行法律咨询、案件代理。在法律援助基金之外，或者由大法官决定，对律师按照本计划安排提供的咨询及代理提供补偿"，③ 即由值班律师为在治安法庭初次出庭的当事人提供"最初一公里"法律帮助。

（二）发展阶段：以增加警察局 24 小时值班计划而拓宽覆盖面

20 世纪 90 年代以前，英国的值班律师计划都限于治安法庭案件的咨询与代理，直至 1984 年英国通过了《警察与刑事证据法》（Police and Criminal Evidence Act 1984），值班律师制度才延伸到了警察局程序之中。

"1984 年《警察与刑事证据法》毫无疑问是自 19 世纪创制 '现代'警察制度以来，规制警察侦查行为、保护嫌疑人程序权利的最重要的法律"，④ 在警察的权力与公众的权利和自由之间寻求适当的平衡。1984 年《警察与刑事证据法》第五部分第 58 条第（1）项规定，"被警察局或其他场所逮捕并羁押的人，在任何时候有权在提出要求后私下咨询律师"，⑤ 由此法律上赋予了被追诉人不问经济状况，在警察局无条件获得法律咨询的权利。为了使得上述规定落到

---

① The Law Society, *Legal Aid Handbook 1984*, London: Her Majesty's Stationery Office, 1984, p. 33.

② 齐树洁主编：《英国司法制度》（第二版），厦门大学出版社 2007 年版，第 140 页。

③ The Law Society, *Legal Aid Handbook 1984*, London: Her Majesty's Stationery Office, 1984, p. 67.

④ Ed Cape, Defending *Suspects at Police Stations: the Practitioner's Guide to Advice and Representation* (Seventh Edition), Hampshire: Legal Action Group (2017), p. v.

⑤ 条款原文为：A person arrested and held in custody in a police station or other premises shall be entitled, if he so requests, to consult a solicitor privately at any time。

实处,"1985 年 7 月 23 日,大法官宣布额度超过 2000 万英镑的资金用于警察局值班律师计划"①。

有趣的是警察局的 24 小时律师值班计划的建立,反过来又带动了治安法庭值班律师计划的进一步推广。据 1984 年版英国律师协会《法律援助手册》,当时仍有部分地区的律师并没有获得法定值班律师计划的资助,手册提出"多数现存的自愿值班律师计划应当在 1984 年底并入法定值班律师计划中来"②。由于警察局遍布各个基层社区,为了推行警察局 24 小时值班的改革,更多乡村区域设立了基层值班律师委员会,有了这一负责主体更为积极主动地推广治安法庭值班律师计划的覆盖面。根据律师协会、大法官咨询委员会的《法律援助第 36 年度报告(1985—1986)》显示,"98% 的治安法庭过去只有自愿值班律师计划,现在转入法律规定的值班律师计划中来,其中'繁忙的法院'有 68% 转为了法定值班律师计划,'不太繁忙的法院'从过去仅 2% 有法定值班律师计划(截至 1985 年 3 月 31 日),转为现在 32% 有法定值班律师计划(截至 1986 年 3 月 31 日)"。③ 至此,值班律师计划涵盖警察局、治安法庭的版图基本形成。

(三)成熟阶段:强化质量管控

英国 1999 年《接近正义法》(Access to Justice Act 1999)是英国法律援助史上的重要法律文件。"该法的支持者和批评者都将其描述为 50 年来法律服务领域最重大的变革。"④ 根据《接近正义法》的规定,"在任何可能的情况下,私人执业的律师都可以通过集体合同的方式获得报酬,并预先确定律师的服务价格"。⑤ 政府提供薪资

---

① The Law Society, *Legal Aid – 36th Annual Report of The Law Society and the Lord Chancellor's Advisory Committee (1985 – 86)*, London: Her Majesty's Stationery Office, p. 16.

② The Law Society, *Legal Aid Handbook 1984*, London: Her Majesty's Stationery Office, 1984, p. 9.

③ The Law Society, *Legal Aid – 36th Annual Report of The Law Society and the Lord Chancellor's Advisory Committee (1985 – 86)*, London: Her Majesty's Stationery Office, p. 15.

④ Lord Goodhart and Lord Bingham, HL Deb vol 595 cols 1119 and 1123 respectively, 14 December 1998.

⑤ Access to Justice Act, § 13 (2) a (1999).

给受薪律师,虽在英国学界引发对律师独立性的争议,但是律师的独立性并不必然取决于取酬方式,而取决于是否遵守职业道德。《1999年接近正义法》推动了大举使用私人律师从事值班律师计划,并且规定了法律服务委员会(Legal Service Commission, LSC)作为管理机构,统一管理英格兰和威尔士的值班律师计划。

LSC将全新的刑事合同引入了英国刑事法律援助体制中,建立了律师资格考试、律所资格认证的制度。为保证提供合格的刑事法律援助服务,律师协会制定了一个认可计划,要求每一个希望从事刑事法律援助的律师个人必须经过一个附加的资格考试,考试内容涉及在警察局的审讯和治安法院出庭等部分。"只有那些通过LSC资格认证并与之签订刑事合同的律师事务所,才能提供刑事法律援助服务。"① LSC提高了值班律师计划的参与门槛,也加强了服务过程的质量管控,无论是与LSC签约的私人律师,还是直接受LSC雇佣的律师,都受LSC规定的行为规则的制约,满足质量标准。根据LSC 2007—2008年度报告,"截至2008年3月31日,2230家律所签约从事犯罪辩护服务,比上年度减少11.1%。服务律所数量减少,是因为提供少量法律援助服务的律所被市场淘汰或者被其他律所吞并,留下少数律所承担了比以前更多的工作量。LSC致力于提供高质量的刑事辩护服务,未来签约律所数量还将进一步减少,但不会影响公众对刑事法律援助的需求"。② 该报告反映了包括值班律师计划在内的法律援助正在往减少律所数量、提高律师服务质量的方向发展。

2013年4月1日,新设立的法律援助机构(Legal Aid Agency, LAA)取代原法律服务委员会,管理法律援助包括值班律师计划。根据2013—2014年的法律援助年报,刑事案件的法律援助体系如下:

---

① Neil Rickman, "Reform of Legal Aid in England and Wales", *Fiscal Studies* No. 3, 1999, p. 275.

② Legal Service Commission, "Annual Report and Account 2007/2008", London: *Legal Service Commission*, 2008, p. 24 – 31.

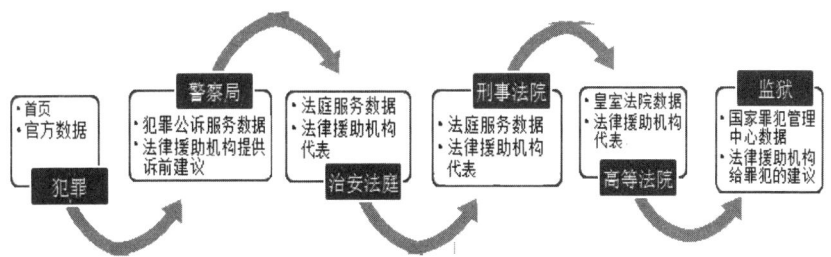

图 1 英国刑事诉讼程序及法律援助流程①

在以上英国刑事诉讼程序的进程中,法律援助包括值班律师计划发挥着重要的作用,这从下述 2013—2014 年的有关统计数据中足以看出。

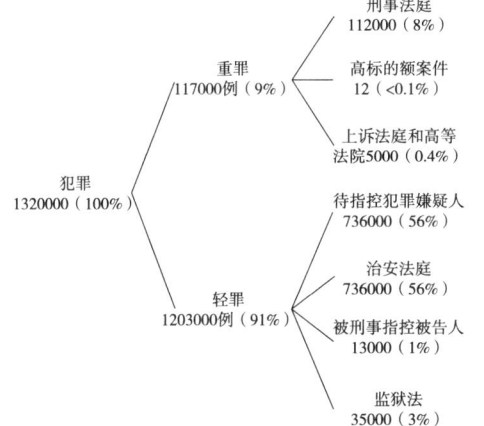

图 2 2013—2014 年英国刑事法律援助工作量分解②

上述图例中,LAA 的法律援助覆盖了从警察局、治安法庭、刑事法庭、上诉法庭和监狱执行的刑事诉讼各阶段,其中在警察局、治安法庭的法律帮助是由值班律师计划提供的,在该年度内共完成了 115 万起案件,占全年刑事法律援助工作量的 88%,可见值班律师制度发挥着重要作用。

二、英国值班律师制度的运行方式

如前所述,英国的值班律师由警察局值班律师和法庭值班律师

---

① Legal Aid Agency, *Legal Aid Stastics in England and Wales* (2013 - 14), London:Ministry of Justice Statistics bulletin, p. 11.

② Legal Aid Agency, *Legal Aid Stastics in England and Wales* (2013 - 14), London:Ministry of Justice Statistics bulletin, p. 12.

两部分组成,其运行情况各具特点。

(一)警局值班律师

那些被逮捕并羁押于警察局内的公民以及应警方要求到警察局协助警方进行调查的公民,有权要求一名由政府支付工资的律师为其提供法律咨询服务,① 因为按照《1984年警察与刑事证据法》的规定,所有犯罪嫌疑人都有获得值班律师为其提供咨询服务的权利,只要犯罪嫌疑人提出申请,无须审查其所被指控的罪名,值班律师就会通过当面交谈或电话的形式(通常是两种方式兼而有之)为其提供免费法律咨询。

警察须口头或者书面告知犯罪嫌疑人有权得到国家的免费法律援助。无论收入多少和涉嫌罪名轻重,犯罪嫌疑人都可以要求委托并会见自己的私人律师,或者寻求公设辩护人办公室的律师的帮助,也可以会见值班律师。从1986年开始,值班律师制度开始扩展适用于那些被逮捕并羁押于警察局内的公民以及应警方的要求到警察局协助警方进行调查的公民。目前,警察局值班律师制度适用于英格兰和威尔士境内100%的警察局,且为24小时全天候服务,服务地点仅限于警察局内。在任何时间内只要犯罪嫌疑人申请值班律师服务,值班律师就可以通过电话或者会见的方式提供法律服务。一般来讲,在较大的警署,比如伦敦查林十字街警署,一个或者更多的值班律师会一直在警署值班,而在郊区或者乡村的较小的警署,值班律师主要通过电话方式提供法律服务。在侦查阶段,犯罪嫌疑人可以听取在警察局里24小时值班的值班律师的建议。律师到警察局服务的方式有两种:一种是犯罪嫌疑人自行指定;一种是律师轮值。辩护律师电话中心在案件发生时联络值班律师,犯罪嫌疑人当然也有权找自己的私人律师。较简单的案件可以电话法律咨询,或由律师亲自或指定授权代表人前往警察局会见犯罪嫌疑人。值班律师服务的提供程序一般是由辩护律师呼叫中心(Defence Solicitor Call Centre,DSCC)在案件发生时联络律师(也可由当事人自行指定私人律师),如案情比较简单,可通过电话进行法律咨询,或由律师亲自或指定授权代表人前往警察局会见当事人。值班律师在警察局提供法律咨询和帮助时,警察不得在场,会见时间至少不应少于10

---

① 参见顾永忠、李逍遥:《论我国值班律师的应然定位》,载《湖南科技大学学报(社会科学版)》2017年第4期。

分钟或其他合理时间。在没有律师或授权代表人陪同的情况下所开展的讯问笔录没有证据效力，因此，值班律师制度不但具有维护当事人权益的积极作用，同时也是确保诉讼程序顺利进行的重要保障。①

警察局的值班律师服务仅在警察局内提供，值班律师在警察局对犯罪嫌疑人除有安定作用外，主要工作在于协助犯罪嫌疑人知晓与争取自身合法的权利，例如律师可以建议犯罪嫌疑人行使沉默权。另外，律师也可以了解警察预计对犯罪嫌疑人控告什么罪名、有何证据。律师与犯罪嫌疑人见面时，警察不能在场。律师可以随时查看笔录及其他记录，并教导犯罪嫌疑人获得应有的权利。从证据的证明能力来讲，没有律师或授权代表人陪同的讯问笔录不具有证据效力，法官通常会要求陪审团不要把这份纪录作为书面证据。一旦犯罪嫌疑人踏出警察局，就不能接受"值班律师计划"提供的法律服务，"最初一公里"的法律服务已经完成。

（二）法庭值班律师

法庭值班律师是指在治安法庭内为被控刑事犯罪却没有聘请律师或者仅仅是因为其还没有接触自己律师的被告人，在首次出庭日提供律师咨询或者代理服务的制度。英国法律规定，被告人第一次出庭时，必须有律师在场，因此当被告人没有私人律师时，就可以由法院人员协助，寻求法院值班律师的服务。法庭值班律师制度的内容主要是针对治安法庭中的被控诉方，法院值班律师既可为其提供法律咨询，又可以代理被控诉方提出保释申请，甚至能够代理被控诉人首次出庭并提出即时有罪抗辩等。该项法律援助亦没有案情条件和经济条件标准的资格要求。②

LAA 将法院分为两种：繁忙的法院和不繁忙的法院。根据 LAA 的界定，繁忙的法院指那些每年处理非交通案件（包括成年被告人和未成年被告人）超过 1250 宗的法院。在繁忙的法院，如果被告人以前没有参与过庭审，是第一次出庭，值班律师就必须在场。若法院每天等待律师会面的被告人平均超过 7 人，LAA 还将指派另一名

---

① 参见高贞：《英国法律援助制度及借鉴意义》，载《中国司法》2012 年第 2 期。

② 参见于儒恒：《法律援助值班律师制度的域外考察及启示》，载《法制与社会》2019 年第 27 期。

律师到法院值班。这种律师在场的安排被称作"出席计划"，其优点在于保障更多的刑事案件被告人能够及时获得法律援助。但问题是，即使没有被告人需要援助，LAA也必须为律师的到场付费。在不繁忙的法院，值班律师只有在需要的时候才会被法院传召。值班律师的服务，一方面，可以让被告人及早了解对他不利的证据，及早认罪，节省诉讼成本；另一方面，律师必须让被告人知道认罪的法律后果，防止其轻率认罪，以保障其合法权益。与警察局值班律师的服务类似，法院值班律师的职责包括监督有无超期羁押、发现有无对被追诉人有利的证据，为被告人决定是否认罪提供法律建议等。

（三）值班律师的服务质量保障

律师通过自愿报名的方式参加值班律师计划，并通过专门考试获得资格后才能按照名单排列顺序轮流开展值班活动。所有值班律师都要参加严格的持续性职业培训，以掌握法律的发展、保证律师良好的职业道德、有效遏制警察滥用权力。值班律师的报酬由国家法律援助经费开支。①并且，英国制定了严格的律师值班资格考试、对律所质效评价的制度，从律师个人资质上把控入门门槛，从律所单位投标要求、费用结算质效评价的角度进行日常管理，管控服务质量。

值班律师办公室和值班律师开展工作要接受法律援助机构的监督和管理，要向法律援助机构负责，并定期向法律援助机构报告工作开展情况。值班律师开展值班活动是基于法律援助机构的委派，由法律援助机构指派到值班律师办公室为当事人提供相关法律援助服务。法律援助机构要指定专人负责监督和管理值班律师活动。

初期警察局律师值班制度实施执行的并不太理想，在有些地方甚至濒临崩溃的边缘，原因在于：值班律师体制的运用率相当低，据统计只有20%的犯罪嫌疑人能获得法律咨询与协助；律师针对犯罪嫌疑人的回应率相当低，有些律师甚至根本不愿回应，尤其是在夜间；有些律师即便能出现在警察局，也只是简单地提供法律咨询后就离开，而没有坚持到对犯罪嫌疑人的讯问，据统计，值班律师在场参与警察对犯罪嫌疑人讯问的只有14%。总之，有些值班律师在取得薪酬的同时似乎并未尽其职责，而警方似乎也没有太大的热

---

① 参见白春花：《法律援助值班律师制度比较研究》，载《河南司法警官职业学院学报》2008年第4期。

情告知犯罪嫌疑人应有的权利。

鉴于此，1993年《关于刑事司法的皇家委员会报告》提出：在将来的警员培训活动中应该增加如何提醒犯罪嫌疑人可以获得律师咨询与协助的内容，律师公会要明确值班律师对在警察局内的犯罪嫌疑人提供有效的法律帮助的义务。① 通过多方努力，近年来情况有了很大的改善，警察、律师参与值班律师制度的积极性和主动性很高，工作效率有了很大提高，使得警察局值班律师制度发挥了其应有的作用，法庭值班律师制度同样有很大进步。

（四）值班律师的经费来源及服务报酬

英国法律援助的经费基本上都来源于中央政府，刑事法律援助案件的经费则完全由中央财政承担，此外，有一小部分资金来自受援人的分担费用和法律援助案件胜诉后由法律服务委员会从败诉的对方当事人处收取的费用。② 最初，值班律师的工作时间区分了咨询帮助时间与空闲等待时间，不同时间段采取不同的计费标准。如伦敦在2004年时咨询帮助时间与在途等待时间的值班律师补贴标准分别是每小时56.2英镑和每小时52英镑（均指常规工作时间内）。③ 但2012年改革后，根据预定的值班表，目前值班律师从早上9：30到下午4：00到治安法院值班；无论值班时段是否有案件需要援助，按每天350英镑左右的标准收费。值班律师的补贴与经费来源是值班律师制度良好运转的前提，值班律师的经费充沛与否直接影响值班律师工作的质量和法律援助制度的整体建设。英国与时俱进地明确值班律师补贴的计费方式、补贴标准以及经费来源，保障了值班律师制度的持续运转。

通过对英国值班律师制度运行方式的介绍，我们可以发现：一方面，警局律师值班制度和法庭律师值班律师在运行过程中具有各自的特色，如警局值班律师的服务地点仅限于警察局内，而法庭值班律师服务的地点主要是在治安法庭内；另外，法庭值班律师不同

---

① 参见郭婕：《法律援助值班律师制度比较研究》，载《中国司法》2008年第2期。
② 参见高贞：《英国法律援助制度及借鉴意义》，载《中国司法》2012年第2期。
③ 参见郑旭、闫玉姣：《英美值班律师制度的借鉴与启示》，载《社会科学动态》2018年第7期。

于警局值班律师的另一特色就是被告人在治安法庭的第一次出庭时必须在场。另一方面，无论是警局律师值班制度还是法庭值班律师制度，由于都属于值班律师制度的共同组成部分，当然具有很多的共性，这些构成了值班律师制度的显著特点。

三、英国值班律师制度的特点

英国的值班律师制度经过长期实践已发展成熟，是高辩护率和高财政投入政策下的"锦上添花"之举，具有以下特点：

（一）应急性

值班律师的特殊性就在于"值班"二字，在警察局和治安法院设立值班律师是为了确保服务对象能在第一时间获得法律服务，突显值班律师"应急性"的特点。

（二）一次性

值班律师提供的法律服务是一次性的，也就是在当事人需要的时候提供一次"应急性"的服务，此后服务对象完全有时间自己委托律师或申请常规的法律援助律师，值班律师不再为其提供服务。"一次性"实质上是从"应急性"派生出来的。

（三）无条件性

值班律师的服务是无条件的，只要需要就无条件提供，不需要具备什么条件，也不需要申请。而常规的法律援助是需要申请并具备一定条件才可以获得。

（四）衔接性

由于值班律师的服务是应急性、一次性的，因此对于其后的法律服务就需要及时衔接，或由当事人自己委托律师，或由其向法律援助机构申请常规法律援助。

（五）灵活性

英国值班律师的值班方式根据服务对象和服务场所不同是灵活多样的。在警察局的值班律师虽然是24小时值班，但不需要到警察局"坐守值班"，而是等候电话通知，并且提供法律咨询既可以当面提供，也可以电话提供；治安法院的值班律师则需要到法院"坐守值班"，但视法院大小、案件量需求量大小，采取天天值班方式或定日值班方式。

四、对中国值班律师制度的启示和借鉴

（一）英国值班律师制度对我国的启示

英国的值班律师制度起步较早且发展得较为成熟，有很多值得借鉴的地方，我国的值班律师制度与英国的设计初衷一致，由于国情不同，我国的司法实践也呈现出不同特点。

1. 我国值班律师制度仍待强化"应急性"的作用

英国值班律师计划保障"第一公里"应急法律服务，如英国警署实行24小时的律师轮流值班制度，即在任何时间内只要犯罪嫌疑人需要值班律师服务，值班律师就可以通过电话或者会见方式提供法律服务；在治安法庭，被告第一次上庭则值班律师必须出庭在场，即值班律师的"出席计划"，保障刑事案件被告人能够及时获得法律援助。

我国值班律师名为"值班"，并不能像医院急诊室的值班医生那样，在犯罪嫌疑人、被告人到案的第一时间为他们提供"应急性"法律服务。我国法律援助机构根据法律咨询需求量和当地律师资源状况，合理派驻值班律师到人民法院、看守所法律援助工作站值班，律师值班方式是相对固定专人值班或者不固定人员的轮流值班，值班形式是现场值班和电话、网络值班相结合。与英国值班律师满足应急需求不同，我国的值班律师主要服务于认罪认罚从宽制度，并非为满足被追诉人的应急需求而设立，而是为了配合认罪认罚从宽中被追诉人认罪的顺畅进行而设立。"2019年，全国法律援助值班律师共转交法律援助申请5.5万余件，提供法律帮助案件近40万件，其中参与认罪认罚案件近34万件。"① 值班律师办理的案件有八成是认罪认罚案件，并没有起到"应急性"法律服务的作用，这也是我国值班律师最突出的问题。

2. 我国值班律师不限于一次性法律服务

英国的值班律师提供应急性的服务，在满足紧急需求之后，值班律师就退出服务，案件转而由犯罪嫌疑人或者被告人进一步聘请的私人律师或者申请的法律援助律师接续办理。我国值班律师服务

---

① 《〈法律援助值班律师工作办法〉发布》，载法制网2020年9月4日，http://www.legaldaily.com.cn/index_article/content/2020-09/04/content_8298753.htm。

范围远不止"应急性"服务,是一种普通辩护律师的替代制度。

目前,我国值班律师制度是在犯罪嫌疑人没有委托辩护人,也没有申请法律援助律师情况下的一种法律援助的补充形式。认罪认罚从宽制度对法律帮助提出了更高的要求,犯罪嫌疑人、被告人在权利和程序技能上都处于弱势地位,为了维持控辩力量相对平衡,有必要强化律师帮助,需要值班律师提供相应服务。为了防止无罪的人被迫认罪,或者因为事前不了解认罪后果而错误认罪,2018年刑事诉讼法明确规定了值班律师的工作职责:为犯罪嫌疑人、被告人提供法律咨询、程序选择建议、申请变更强制措施、对案件处理提出意见等法律帮助。值班律师在犯罪嫌疑人、被告人接受侦查、审查起诉、审判多阶段、多方面提供法律服务。

2019年"两高三部"《关于适用认罪认罚从宽制度的指导意见》第13条规定,对于被羁押的犯罪嫌疑人、被告人,在不同诉讼阶段,可以由派驻看守所的同一值班律师提供法律帮助。对于未被羁押的犯罪嫌疑人、被告人,前一诉讼阶段的值班律师可以在后续诉讼阶段继续为犯罪嫌疑人、被告人提供法律帮助。可见,我国值班律师制度不止提供"一次性、应急性"的法律服务,值班律师是对一个案件负责到底的辩护律师。

3. 我国的值班律师并不是英国法意义上的"值班律师",也不是完整意义上的辩护律师

我国的值班律师制度相关法律文件的内容在充实完善中有了一定的发展变化。值班律师制度是舶来品,值班律师在我国经历了从无到有的相对漫长的孕育期。这场中国化的早期探索,为值班律师的发展奠定了基础。[①] 2019年《关于适用认罪认罚从宽制度的指导意见》明确了对犯罪嫌疑人、被告人辩护权的保障和被害方权益的保障。该指导意见规定,办理认罪认罚案件应当保障犯罪嫌疑人、被告人获得有效法律帮助,应当听取被害人及其诉讼代理人意见,法律援助机构可以在人民法院、人民检察院、看守所派驻值班律师,并赋予了值班律师更为具体的权利,例如值班律师可以会见犯罪嫌疑人、被告人,自人民检察院审查起诉之日起,值班律师可以查阅案卷材料。2020年9月4日最高人民法院、最高人民检察院、公安

---

① 参见樊崇义:《值班律师制度的本土叙事:回顾、定位与完善》,载《法学杂志》2018年第9期。

部、国家安全部、司法部联合印发《法律援助值班律师工作办法》（以下简称《值班律师办法》），细化了值班律师的职责，明确了值班律师制度的资金保障，对完善值班律师制度具有重要作用。全国值班律师覆盖面已经很广，能够满足对值班律师的需求。"截至目前，全国法律援助机构在检察机关设置法律援助工作站1760个，天津、重庆、云南等地检察机关实现了法律援助工作站全覆盖。截至2020年6月底，全国97.7%的在用看守所已经建成法律援助中心驻看守所工作站。"①

简言之，从2016年试点的初步探索，到2018年刑事诉讼法修改正式规定值班律师制度，再到2019年《关于适用认罪认罚从宽制度的指导意见》的发布，值班律师制度得到了一定的发展与完善，相关制度的内容也发生了一定的变化：值班律师制度扩大适用于所有类型的刑事案件，从承担认罪认罚具结书签署在场但同时给予较少执业权利，转变为逐渐被赋予越来越多的实质性量刑协商的职能。《值班律师办法》按照值班律师的工作职责、法律帮助工作程序、律师权利保障的体例展开，围绕法律帮助功能实现，规定了律师的权利义务，尤其是"实质性参与"。《值班律师办法》第8条规定，对值班律师提出的四类认罪认罚案件的意见，检察院应当记录在案并附卷，未采纳值班律师意见的，应当说明理由。上述规定要求检察院承担认真审查值班律师意见的义务。第28条第1款则进一步规定，值班律师提供法律咨询、查阅案卷材料、会见犯罪嫌疑人或者被告人、提出书面意见等法律帮助活动的相关情况应当记录在案，并随案移送。因而，值班律师的意见可能进入庭审程序的审查范围，增加了律师、检察院双方记录交叉核对、审查的可能，从而更能实质性影响量刑协商的结果。随着值班律师制度的拓展，也将进一步推动我国辩护律师制度的整体发展。

我国值班律师制度适应新需求，实质性参与量刑协商。根据《关于开展刑事案件律师辩护全覆盖试点工作的办法》的规定，对于

---

① 《五部门有关负责人就〈法律援助值班律师工作办法〉答记者问》，载法制网2020年9月4日，http://www.legaldaily.com.cn/index/content/2020-09/04/content_ 8298782.htm。

所有刑事案件，均要求律师介入提供辩护。① 而且理论界对于值班律师的角色定位一直存在很大的争议。从我国现行刑事诉讼法的具体规定来看，刑事法律援助辩护律师的形式与职责、权限同委托辩护律师是一致的。

值班律师已经成为我国刑事法律援助的重要组成部分，但是目前法律文件中值班律师是不同于法律援助辩护律师的，也不同于委托辩护律师。随着我国刑事诉讼格局由原来单一的对抗模式转为对抗与合作并行的二元模式的转换，② 值班律师制度成为合作模式下的重要补充。值班律师的角色定位可以梳理为以下几种模式：③ 一是"法律帮助者"而非"辩护人"，主张值班律师不属于法律文本中的"辩护人"，建议将"法律援助律师"分为"法律援助值班律师"与"法律援助辩护律师"并由前者提供初步性的法律帮助。④ 二是"分阶段的'准辩护人'"，主张在侦查阶段强调"法律帮助者"的身份，在审查起诉阶段强调"准辩护人"的身份并赋予如阅卷权等相应权利。⑤ 三是主张值班律师的应然定位是辩护律师，并不是主张值班律师在诉讼中享有一切诉讼权利，而是应当赋予、保障其享有履行法定职责所应享有的诉讼权利。⑥

我国的值班律师制度与英国值班律师制度既有很多相似的地方，也有一些不同之处。在司法实践中，我国的值班律师并不是纯粹意义上的值班律师，有时还需要承担辩护律师所应当承担的某些工作。⑦ 因此，值班律师的角色定位需要重新思考和定位。

---

① 参见王迎龙：《论刑事法律援助的中国模式——刑事辩护"全覆盖"之实现径路》，载《中国刑事法杂志》2018年第2期。

② 参见郭志媛：《认罪认罚从宽制度的理论解析与改革前瞻》，载《法律适用》2017年第19期。

③ 参见顾永忠：《追根溯源：再论值班律师的应然定位》，载《法学杂志》2018年第9期。

④ 参见王迎龙：《值班律师制度研究：实然分析与应然发展》，载《法学杂志》2018年第7期。

⑤ 参见姚莉：《认罪认罚程序中值班律师的角色与功能》，载《法商研究》2017年第6期。

⑥ 参见顾永忠：《追根溯源：再论值班律师的应然定位》，载《法学杂志》2018年第9期。

⑦ 此处的辩护律师包括法律援助辩护律师和委托律师。

（二）英国值班律师制度的借鉴意义

我国的值班律师并不是英国法意义上的"值班律师"，也不是完整意义上的"辩护律师"；我国值班律师更不是提供"一次性"的法律服务，而是承担部分辩护任务。对于我国值班律师制度的定位和发展，笔者认为：

首先，我国值班律师应当名实相副地为当事人提供应急法律服务。值班律师属于刑事法律援助律师的大体系中的一个门类，服务对象、服务范围和服务方式较为特殊。值班律师更为适当的援助范围应该是犯罪嫌疑人、被告人急需律师而又无法委托或申请法律援助律师的"第一公里"的期间，如同英国的制度，让值班律师回归"急诊医生""应急性法律服务"的制度初期定位，在第一次讯问或采取强制措施时，犯罪嫌疑人或被告人没来得及聘请辩护律师的，可以由值班律师提供法律帮助。

其次，值班律师的职责还应属于广义范围内的辩护行为。为填补现阶段我国大量刑事案件审判阶段没有辩护人的空白，实现刑事援助全覆盖，我们还需要承认值班律师的辩护人地位并赋予其相关权利，充分发挥值班律师的作用。在值班律师履行具体职责的过程中，还需提高法律援助质量。一方面，优化法律援助的组织管理，完善值班律师与法律援助律师制度的衔接，在刑事司法体制改革的大背景下，推广辩护律师全覆盖。另一方面，推广运用根据《适用认罪认罚从宽制度的指导意见》推进值班律师逐渐向辩护律师过渡。就法律规定解读，认罪认罚从宽案件中的值班律师，逐渐需要向法律援助律师制度过渡，将从侦查、审查起诉和审判各个环节、陪同认罪认罚具结书签署、对检察院量刑建议表达意见等权利，都一体地归属到法律援助的辩护律师名下，只有辩护律师才能够名正言顺、充分切实地承担起认罪认罚犯罪嫌疑人、被告人的辩护工作。值班律师制度依托认罪认罚从宽制度，但同时值班律师制度的跨越式发展也需要适当跳出认罪认罚从宽制度。

论刑事缺席审判制度的局限及其补正
——以反腐败国际追逃追赃为视角

李华伟[*]

刑事缺席审判是指在审判日，被告人本人未到庭，由法庭主持进行的开庭审理制度。[①] 刑事缺席审判制度在我国的构建与反腐败斗争有密切联系。进入21世纪以来，随着全球化的发展，我国与国际社会的合作不断增强，人员、资金、技术交流融通日益密切，在推动经济社会迅速发展的同时，随之而来的还有腐败分子外逃情况日益加剧。缺席审判制度的缺位常常使得外逃现象发生后大量被转移境外的资产即便唾手可得也不得不中止诉讼。随着反腐败工作的不断推进，刑事缺席审判制度在我国日益受到重视。首次集中研讨出现在2003年，时值我国签署《联合国反腐败公约》，围绕国际追逃和反腐败国际合作，学者们普遍认为刑事缺席审判制度在我国应当得以构建，为缺席审判在我国的创设提前做了理论预热。2012年刑事诉讼法修订，设立违法所得没收程序，允许对潜逃境外腐败分子的涉案财产实施没收。对于增设该特别程序的初衷，立法者作如此阐释："为严厉惩治腐败犯罪、恐怖活动犯罪，并与我国加入的联合国反腐败公约及有关反恐怖问题的决议的要求相衔接，需要对犯罪所得及时采取冻结追缴措施。"[②] 对外逃人员实施追赃，是收紧法网、挽回国家与人民损失，摧毁外逃人员经济基础，迫使其回国受

---

[*] 中国政法大学证据科学院2017级博士研究生，北京市人民检察院第十一检察部主任。

[①] 参见陈卫东：《论中国特色刑事缺席审判制度》，载《中国刑事法杂志》2018年第3期。

[②] 参见王兆国：《关于〈中华人民共和国刑事诉讼法修正案（草案）〉的说明》，载《全国人民代表大会常务委员会公报》2012年第2期。

审的重要渠道。① 在一定程度上，违法所得没收程序之所以被增设于刑事诉讼法中出于对外逃的犯罪嫌疑人、被告人追赃的需求。② 但需要厘清的是，违法所得没收程序从严格意义上并不属于刑事缺席审判制度，即便其部分体现了刑事缺席审判的基本精神。具体而言，违法所得没收程序所适用的情形包括特定案件中犯罪嫌疑人或被告人在潜逃以及死亡等条件之下非法财产的没收，并不牵涉对被告人的定罪量刑，此类情形下对犯罪嫌疑人或被告人追究刑责仍然应当按照普通刑事诉讼程序进行。③

2018年10月修订的刑事诉讼法首次将缺席审判制度写入立法，推动这一制度入法的一个重要因素依然是推进反腐败斗争的需要。党的十八大以来，我国的反腐败工作取得了全方位、开创性的业绩，反腐败无禁区、全覆盖、零容忍，"打虎""拍蝇""猎狐"，积极开展海外追逃，不敢腐的目标初步实现，不能腐的笼子越扎越牢，不想腐的堤坝正在构筑，反腐败斗争压倒性态势已经形成并巩固发展。④ 反腐败永远在路上，为了给境外追逃追赃提供进一步的制度支持，更持续深入地推进反腐败工作，刑事诉讼法明确了对贪污贿赂等犯罪可以实施缺席审判。通过缺席审判开展国际追逃追赃的重要前提是我国的刑事缺席审判能够得到国际社会的认可，否则不仅无法实现国际追逃、打击腐败犯罪的目的，还可能成为敌对势力攻击和批评的目标。因此，研究域外缺席审判制度，梳理该项制度所适用的领域及规则，进而明确缺席审判的局限之处，在此基础上扬长避短，综合多种手段有效开展国际追逃追赃具有紧迫而现实的意义。

---

① 裴显鼎、王晓东、刘晓虎：《〈关于犯罪嫌疑人、被告人逃匿、死亡案件适用违法所得没收程序若干问题的规定〉的理解与适用》，载《人民司法（应用）》2017年第16期。

② 裴显鼎、王晓东、刘晓虎：《〈关于犯罪嫌疑人、被告人逃匿、死亡案件适用违法所得没收程序若干问题的规定〉的理解与适用》，载《人民司法（应用）》2017年第16期。

③ 参见彭新林：《腐败犯罪缺席审判制度之构建》，载《法学》2016年第12期。

④ 参见习近平：《决胜全面建成小康社会，夺取新时代中国特色社会主义伟大胜利——在中国共产党第十九次全国代表大会上的报告》，人民出版社2017年版，第8页。

一、缺席审判制度在域外的构建

（一）英美法系国家的缺席审判

1. 英国的缺席审判制度

英国普通法中，在被告人缺席的情况下一般不能对案件进行审判。2002年英国上议院在琼斯案判决中对此进行了权威论述："倘若业已成年的刑事被告人，当其处于意识清醒、健全的状态之下，明确知晓审判程序即将来临仍自愿缺席审判，此种放弃出庭的权利应当自动导致对其刑事审判的终止，直到他愿意出庭或者被逮捕，这一切应当是不言而喻的。"① 但同时英国法律也为缺席审判的适用预留了空间，② 如规定了在被告人逃逸或虽经合法传唤但拒不到庭等情况之下，法庭可缺席审判。由此可见，在英国缺席审判是作为例外规则存在，主要适用于被告人逃匿或者经合法传唤不到庭的案件，或者治安案件以及扰乱法庭秩序案件等情形③。

2. 美国的缺席审判制度

美国宪法规定，被告人在审判时出席法庭是不可被剥夺的权利。因此与英国类似，缺席审判在美国同样作为例外而存在，适用范围有明确限定。在刑事案件中仅可适用于"法律不要求到庭"和"初次到庭后放弃到庭"两种情形。④ "法律不要求到庭"，如美国《联

---

① 张吉喜：《论刑事缺席审判的适用范围——比较法的视角》，载《中国刑事法杂志》2007年第5期。

② 《1980年英国治安法院法》第11条对此有详尽规定："当在所确定的审判或延期审判的时间、地点，公诉人出庭而被告人没有出庭时，治安法院可以在被告人缺席的情况下进行审判。"此外，当被告人实施了严重干扰法庭审判或导致庭审无法顺利进行的行为时，为保障后续审理程序的正常运转，法庭可以命令司法警察强行将被告人带离法庭。为兼顾庭审秩序和保障被告人的诉讼权利，此时若被告人未聘请辩护律师，可由法庭指定一名律师为被告人进行辩护。

③ 参见彭新林：《腐败犯罪缺席审判制度之构建》，载《法学》2016年第12期。

④ 参见彭新林：《腐败犯罪缺席审判制度之构建》，载《法学》2016年第12期。

邦刑事诉讼规则》第 43 条（b）（2）的规定。① 而"初次到庭后放弃到庭"则体现在《联邦刑事诉讼规则》第 43 条（c）（1）中。② 被告人自愿与否是美国缺席审判所关注的重点。

（二）大陆法系国家的缺席审判

1. 德国的缺席审判制度

德国刑事诉讼立法原则上要求对席审判，③ 但在特定情况下允许缺席审判。依据《德国刑事诉讼法》第 232 条、第 233 条之规定，对于轻微刑事犯罪④，被告人经申请而不出庭，可对其缺席审判。此外该法第 231 条（b）项⑤还规定了对扰乱法庭秩序案件可以进行缺席审判。

2. 法国的缺席审判制度

法国对缺席审判较为包容，原则上适用于所有刑事案件。对被告人外逃而导致其自始不到庭的案件，法国亦允许缺席审判。《法国刑事诉讼法》第 410 条和第 544 条规定了对轻罪和违警罪案件的缺席审判⑥。对于重罪案件，被告人缺席情况下，适用抗传程序审理。抗传程序本质上属于缺席审判范畴，其规定如果被告人在接到起诉通知后 10 日内未到案或如期到庭，或者在到庭或被捕后又逃逸的，可依据抗传程序对该被告人进行审判，且被告人不得对依据抗传程

---

① 美国《联邦刑事诉讼规则》第 43 条（b）（2）规定，如果被告人所犯罪行可能被判处罚金或不超过 1 年监禁，或者两者并处，且法院经被告人书面同意，允许提审、答辩、审判或量刑程序在被告人缺席的情况下进行。

② 美国《联邦刑事诉讼规则》第 43 条（c）（1）规定，最初出庭的被告人，或答辩有罪，或作了不予争辩的答辩的被告人在以下情形放弃其出庭权：在审判开始后自愿缺席，无论法院是否告知被告人有义务继续出席审判。

③ 根据《德国刑事诉讼法》第 230 条第 1—2 项的规定，在被告人缺席的情况下，对未到庭的被告人不举行审判；被告人无正当理由缺席的时候，应当命令拘传或者签发逮捕令。

④ 《德国刑事诉讼法》对轻微犯罪的界定以被告人可能被单处或者并罚 180 日额以下的罚金、保留处刑的警告、取消驾驶资格、追缴、没收、销毁或者废弃处分为限。

⑤ 《德国刑事诉讼法》第 231 条（b）项规定，若被告人因违反法庭秩序的行为被带离法庭或被拘押的时候，经法庭认为被告人的在场并非必要，甚至其在场对审判进程有严重影响之虞，可以进行被告人的缺席审判。

⑥ 如《法国刑事诉讼法》第 411 条规定，轻罪案件被告人可向审判长写信请求在其不出庭的情况下进行审判。

序作出的判决进行上诉。①

3. 日本的缺席审判制度

在日本,被告人出庭参审既是一项权利,也是一种义务。一般情况下若公审日被告人未到庭,则不得开庭,但亦有例外。例如,被告人无正当理由拒不到庭、监管人员强制押送又存在明显困难的,以及存在扰乱法庭秩序被勒令退庭等情形,且被告人到庭并无必要或并不实质损害其诉讼权利时,法院可根据实际情况免除其出庭义务。相关规定可以见于《日本刑事诉讼法》第284条、第285条②。

(三) 域外缺席审判制度评析

1. 自愿缺席是缺席审判得以实施的前提条件

从上述国家的法律规定和相关判例看,适用缺席审判的情形主要包括经依法传唤拒不到庭,审判开始时虽到庭后又逃脱或拒绝出庭的,以及轻罪案件被告人自愿或申请不出庭等情形。尽管前述情形各不相同,但贯穿其中的是被告人对审判的缺席必须是自愿的。扰乱法庭秩序,在受到警告后不收敛而被驱逐,属明知而为,同样被视为是自愿缺席。

2. 缺席审判重点在于解决轻罪案件

域外刑事缺席审判主要适用于轻罪案件。之所以将范围限制在轻罪案件考虑到的是此类案件刑罚较轻,实施缺席审判对被告人权益造成的影响相对较小,此种情况下对不愿到庭的被告人进行缺席审判,一定程度上体现了对被告人诉讼主体地位的承认与尊重。

3. 对逃匿境外者的缺席审判较为审慎

因为在该类型缺席审判案件中,司法机关丧失了对被告人的掌控,在一定程度上审理程序亦失去控辩双方对抗的特征,基于此,多数国家对此种情形下的缺席审判均采取审慎的态度,大多数英美

---

① 参见彭新林:《腐败犯罪缺席审判制度之构建》,载《法学》2016年第12期。

② 《日本刑事诉讼法》第284条规定:可能判处50万日元以下罚金或罚款的轻微案件,被告人在公审日不需要到场,但可以使其代理人到场。第285条规定:可能被判处拘留的案件,若法院认为被告人到场对其合法权益的保护无关紧要时,可允许被告人在公审日不到场。

法系国家甚至直接禁止①。按照联合国人权事务委员会的权威解释，对被告人适用缺席审判之前，法院有审查案件并从中证实被告人已经了解案件情况的义务。②而当被告人处于潜逃的状态下，实施缺席审判的正当性前提即被告人自愿这一条件难以满足，法院须查明被告人知悉案件情况并自愿缺席，但在被告人身处境外时，完成缺席属自愿的查证任务难度增大，导致缺席审判难以实施。

二、缺席审判在追逃追赃中的局限性

笔者认为，通过缺席审判实施追逃追赃的前提是缺席判决获得其他国家的认可，而如上文所述，无论英美还是德日，两大法系的主要代表性国家，被告人的自愿性系缺席审判制度运行的重要前提之一。若是被告人潜逃境外时，缺席的自愿性则需要依靠诉讼文书送达来证明。我国刑事诉讼程序中的文书送达方式多样③，然而在被告人逃匿境外时，送达的方式则限于通过刑事司法协助送达、通过外交或领事机构送达、公告送达以及受送达人接受的其他方式等，但这些方式均有其明显的局限性，这就决定了在实施国际追逃追赃中缺席审判制度具有局限性。

（一）刑事司法协助送达的局限性

借助刑事司法协助向境外人员送达诉讼文书是公认的最能保障送达行为合法有效的方式，特别是在受送达人拒绝接受文书的情况下，司法协助程序还能起到证明的作用，相关的文书和证明材料可以作为证明被告人实际知晓的证据，进而达到启动缺席审判所要求的自愿性条件。刑事司法协助因此而成为了一些国家向身处国外的当事人送达文书的重要途径。我国《刑事诉讼法》第 292 条也作出了类似规定。

但由于刑事司法协助中的文书送达是服务性质的，并具有极强

---

① 如美国在《联邦刑事诉讼规则》第 43 条规定，禁止对在审判开始时没有出庭的被告人进行缺席审判，即被告人未出席法庭审判的，不能对其进行缺席审判。

② 参见张吉喜：《论刑事缺席审判的适用范围——比较法的视角》，载《中国刑事法杂志》2007 年第 5 期。

③ 我国刑事诉讼程序中规定的送达方式通常情况下包括直接送达、留置送达、委托送达以及邮寄送达和转交送达等。

的中立性，其目的是保障当事人的知情权与诉讼参与权，而非偏向性地对请求司法协助的追诉方提供帮助。尤其是在送达有关出庭方面的文书时，如果是针对证人、鉴定人，因被送达人在接受传票等通知文书后可以自主决定是否出庭应诉，因而对以证人、鉴定人为对象的文书送达请求一般情况下是被允许的。而当送达的对象是犯罪嫌疑人、被告人的时候，由于送达可能导致缺席审判程序的启动，造成对被送达人不利的法律后果，此时文书送达丧失中立性，这就导致犯罪嫌疑人、被告人往往被排除在刑事司法协助文书送达的范围之外，此即以刑事司法协助向逃匿境外的犯罪嫌疑人、被告人送达文书的局限性之所在。除此之外还有一个重要因素，即借助刑事司法协助送达文书的方式传唤犯罪嫌疑人、被告人前往请求国出庭受审有规避引渡程序之嫌。通常来讲，传唤身处他国的犯罪嫌疑人、被告人出庭受审，请求国须以引渡的方式提出要求，被请求国则须依据引渡条约和本国法律进行审查，从而作出是否同意引渡的决定，这便使得被请求国产生不接受以司法协助方式送达出庭文书的立场。以我国为例，我国在国内法或与他国缔结的刑事司法协助条约中明确规定，被请求方对要求某人作为被告方出庭受审的文书，不负有执行送达的义务[1]。

（二）通过外交或领事机构送达的局限性

通过外交或领事机构送达诉讼文书的方式因其具有简便、快捷的优点而成为国际司法协助的重要途径之一，被国际社会所广泛认可。[2] 如果说刑事司法协助中的文书送达是被请求国根据请求国申请所采取的一项积极行动，那么以外交或领事机构送达文书的方式则算得上是消极行动，这种消极体现在接受国对派遣国以默许或不干预的方式，允许派遣国的领事官员在接受国境内行使一定程度的司法管辖权。

正是这种消极的特点，决定了通过外交或领事机构送达的局限

---

[1] 如我国在《国际刑事司法协助法》第22条第3款规定：对于要求中华人民共和国公民接受讯问或者作为被告人出庭的传票，中华人民共和国不负有执行送达的义务。

[2] 如《维也纳领事关系条约》规定，一国派遣到他国的领事官员有权"依现行国际协定之规定或于无此种国际协定时，以符合接受国法律规章之任何其他方式，转送司法书状与司法以外文件"。

性。首先是送达对象的局限性。通过外交或领事机构实施文书送达的对象范围特定，即只能是派遣国的国民，而当外逃犯罪嫌疑人、被告人取得了接受国国籍时，则不能采用此种方式送达。其次是案件类型的局限性。虽然在刑事案件中也可以有限实施，但通过外交或领事机构送达文书更为常见的还是集中在民商事案件领域。这些局限性同样体现在我国与他国缔结的一些刑事司法协助条约中。如《中国和加拿大刑事司法协助条约》第18条规定："一方可以其派驻在另一方的外交或领事官员向在该另一方境内的本国国名送达文书和调取取证，但不得违反驻在国法律，并不得采取任何强制措施。"正是基于这些条约和法律的规定，在采取外交或领事方式送达时，应严格遵守接受国法律，不得采取任何强制措施和手段，或强制受送达人签收诉讼文书，尤其当受送达人不允许执行送达任务的领事官员进入其住所时，不能强行进入和留置文书。

（三）公告送达的局限性

公告送达一般适用于当事人住所不明，或无法得到相关国家的司法协助，以及采用其他送达方式存在无法克服的障碍的情况。从域外的司法实践看，公告送达常被一些国家用于犯罪资产没收程序中。例如在美国当被送达人下落不明，或采取其他方式无法送达，以及财产权利人不明确等情况，可以在全美范围内发行的《纽约时报》上进行公告送达。公告送达通常适用于民事诉讼程序和刑事诉讼中犯罪资产没收程序中，而后者之所以能适用公告送达，主要系因将犯罪资产没收程序视为一种民事程序，此为其局限之所在。之所以有这种限制，是因为公告送达有时无法实现受送达人"实际知晓"的要求，而被作为在没有其他手段可以实现有效送达的情况下不得不采取的做法，因此不宜在可能对被告人身或财产产生重大影响的刑事诉讼中普遍适用。而从国际追逃追赃的角度看，此种限制的不利后果十分明显。

（四）其他受送达人接受方式的局限性

在犯罪嫌疑人、被告人同意或默许的情况下，文书送达还可以通过其他方式进行，如特快专递、传真、电子邮件、微信等现代化快捷通信方式。此类送达方式的局限性也十分明显，除了要格外注意获取或留存发送和接收的证明外，还有受送达人接受这一主观的前置条件，以及实施时要特别注意遵守犯罪嫌疑人、被告人出逃地国家相关法律，如果存在法律限制或禁止的情况，则不能与之冲突。比如包括我国在内的许多国家不接受邮寄送达，所以即使在受送达人同意的条件下，也不能采用特快专递等邮寄送达的方式。此外还应当注意的是，以通信和网络工具送达文书的方式对操作规程要求极高，一旦操作不恰当，不仅无法保证送达对象与告知范围的准确性，还可能被某些逃匿境外的犯罪嫌疑人、被告人所误导，借由网络传播等方式在缺席审判中混淆视听。

三、对缺席审判追逃追赃局限性的补正

由于缺席审判局限性所在，我们要注重多种手段的综合运用，以有效国际追逃追赃。

（一）违法所得没收程序的适用

缺席审判制度写入我国刑事诉讼法后，出现的一个争议是非法所得没收程序还有没有独立存在的必要。由于缺席审判制度本身附带处置涉案财物的功能，从某种程度上似乎可以涵盖了非法所得没收程序，因此有部分学者认为从反腐败追赃的角度看，缺席审判制度的确立意味着非法所得没收程序失去了独立存在的价值。情况的确如此吗？我们还要从违法所得没收程序制度设计目的出发进行分析，该程序的设立是为了解决被告人不能到案的情况下，如何合法处置其违法所得及其他涉案财产，尤其是在涉职务犯罪案件的犯罪嫌疑人、被告人潜逃境外的情况下，违法所得没收程序独立适用于追赃活动，此时与附属于缺席审判的涉案财产处置相比，具有明显的便捷优势。

首先，从证明标准上看，违法所得没收程序较之于缺席审判的证明标准更低，更易达到。缺席审判由于本质上是实现对被告人的定罪处罚，故仍需采取"事实清楚，证据确实、充分"这一证明标准来对犯罪事实进行审理。[①] 通常来讲，被告人在案的情况下，不仅可通过讯问获取其供述，还可以根据供述进一步获取相关证据，完善案件证据链条。庭审时，由于被告人出席法庭，属于对席审判，通过法庭调查、法庭辩论等程序举证、质证，可以在充分听取被告

---

① 裴显鼎、王晓东、刘晓虎：《〈关于犯罪嫌疑人、被告人逃匿、死亡案件适用违法所得没收程序若干问题的规定〉的理解与适用》，载《人民司法（应用）》2017年第16期。

人供述和辩解的基础上，达到定罪量刑的证明标准。而在缺席审判的情况下，由于被告人未到庭，既无从获取其供述，亦不能根据供述收集相应证据，证明难度增大。特别是职务犯罪案件证明，对口供依赖明显，被告人供述对主观故意、行为形态、因果关系的认定极为关键。但在被告人外逃的情形下，由于缺乏供述，多数案件难以达到"事实清楚、证据确实、充分"的证明标准，因而难以实质推进缺席审判。相比之下违法所得没收程序针对的则是涉案财产，此程序的法理基础在于"不使犯罪分子借由犯罪行为获益"，核心在于查实申请没收的财产与犯罪事实之间存在关联，并对申请没收的财产与违法所得及其他涉案财产的关联性进行核查。[①] 可见，违法所得没收程序并不涉及被告人人身自由以及名誉权的剥夺，本质上是对财产权的确认之诉，这种本质的差异决定了其较之于普通刑事案件的证明标准可以有所降低。以我国为例，违法所得没收程序采用的是高度盖然性证明标准。[②] 证明标准的降低使违法所得没收程序相较于缺席审判更具操作性。

其次，违法所得没收程序所采取的送达方式更为灵活。如上文所述在缺席审判中，公告送达一般不为其他国家所承认。但在我国违法所得没收程序中，公告送达则被作为审前必经程序。根据我国法律规定，公告送达的方式被赋予了送达外逃人员的功能以及发现利害关系人、公示催告利害关系人申请参诉的功能等。基于此，公告内容应当刊登发布在全国公开发行的报纸、信息网络等媒体和最高人民法院官网上。而对潜逃境外的犯罪嫌疑人、被告人还可在公告送达的基础上进行补充送达。关于补充送达，根据掌握联系方式的不同，进一步区分为受送达人是否同意以传真或电子邮件方式收悉两类情形。在已掌握潜逃境外的犯罪嫌疑人、被告人或利害关系人联系方式的情况下，经受送达人同意可采取以传真、电子邮件等方式直接告知公告的内容并记录在案的方式完成送达。而在受送达

---

① 裴显鼎、王晓东、刘晓虎：《〈关于犯罪嫌疑人、被告人逃匿、死亡案件适用违法所得没收程序若干问题的规定〉的理解与适用》，载《人民司法（应用）》2017年第16期。
② 依据最高人民法院、最高人民检察院《关于适用犯罪嫌疑人、被告人逃匿、死亡案件违法所得没收程序若干问题的规定》第17条第1款，申请没收的财产具有高度可能属于违法所得及其他涉案财产的，应当认定为属于违法所得及其他涉案财产。

人不同意以及不掌握受送达人在境外的联系方式的情况下，也可以不补充送达。补充送达的目的在于进一步确认受送达人对公告内容的知悉状况，从而保障其诉讼利益。因而在国际追赃中，在实现缺席审判证明标准有困难，但已经达到违法所得没收证明标准的情况下，可以灵活使用该程序，通过公告或送达人同意的其他方式实施送达，推动程序实施，实现国际追赃。

（二）遣返制度的适用

遣返是指主权国家将违反本国法律的外国公民遣返出境的行为，包括禁止入境、限期离境、驱逐出境等方式①。从国际追逃的角度看，遣返行为属于主权国家的行政管理手段，故而不受引渡条约的限制，具有操作便捷性，具体体现在以下三个方面：一是遣返行为的实施不以与别国签订协议为前提，不受引渡条约中"前置主义"的约束。遣返是基于被遣返人违反了本国法律而实施，是行为国为了维护自身利益采取的行动。二是不受双重犯罪原则制约，这主要是与引渡相对比的角度而言，行为国只需证明被遣返人违反了该国法律即完成证明任务，没有双边都需构成犯罪的要求。三是国际合作路径依赖程度低，遣返作为主权国家实施的行政强制行为，能在一国具体操作下实施完成，无须他国协同，更易于实现。从国际追逃的角度看，遣返还可以实现双赢多赢共赢的效果：站在遣返国的立场，当他国公民违法本国法律，造成社会秩序的不安定，并据此将其遣返出境，能够切实维护该国主权领土和公共秩序；就追逃国来讲收益更为显见，只要向遣返国提供力所能及的帮助，就可较为轻松地实现境外追逃的目的；而从整个国际社会的角度看，遣返顺利实施有助于消除某些国家"腐败分子避难所""避罪天堂"的不良形象和声誉，有利于稳定的国际社会整体秩序的构建。操作的易行和效果的多赢决定了遣返在国际追逃中的重要作用。因此早在20世纪90年代初即有学者指出，遣返正逐渐成为各国处理逃亡犯罪的一种方法。②

为充分适用好遣返制度，我国要注意做好以下方面的工作：一是加强对遣返程序的研究，对主要出逃地国家，重点是美英加澳等

---

① 参见王强军：《利用遣返实现境外追逃问题研究》，载《法学评论》2013年第6期。

② 参见黄肇炯：《国际刑法概论》，四川大学出版社1992年版，第221页。

国法律中规定的遣返原因、实施主体、操作程序、证明标准、目的地选择和确定等重点内容进行详细、全面、系统的研究。二是注重信息传递途径的开辟,除了通过外交、领事、司法、公安等部门间的合作机制外,要充分利用民间团体、协会、商会等渠道,把掌握的外逃人员基本情况全面传递,引起出逃地国的充分注意和警觉;三是全面提供潜逃境外人员的信息,除了外逃人员的姓名、性别、年龄、国籍、身份证件、职业、住所地或居所等信息外,从有助于查找与核实的角度出发,还要提供涉嫌罪名、犯罪事实、基本证据等,对已经被判处刑罚的,还要提供生效的裁判文书;四是积极创造条件成为遣返目的地。通常情况下遣返的目的地包括被遣返人国籍国、遣返前居住地国、出生地国、入境时所乘交通工具所属国,甚至被遣返人本人希望被送返还国,由于遣返目的地的多重性,所以要积极创造符合遣返国法律的条件,使中国大陆成为遣返首选目的地。

(三) 劝返的使用

劝返是在无法适用引渡程序或者当引渡遭遇无法克服的障碍的情况下,在国家的授意或许可之下,对外逃人员采取教育感化说服等方式使其自愿主动回国接受追诉、审判和刑责。① 在国际追逃追赃中,劝返具有两方面的突出优势:一是行为的柔性。劝返活动通过对外逃人员展开说服教育、摆明利害关系,使之心理发生动摇而自愿回国投案,此种方式与引渡、遣返所具有的强制性相比,整个过程没有任何挟制,具有明显柔性色彩。二是追逃国处于主导地位。不论是由被请求国依照移民法规定将犯罪嫌疑人、被告人强制遣返出境,抑或是被请求国对犯罪嫌疑人、被告人提起诉讼,最终作出裁定或拒绝遣返的决定,请求国自始至终处于配合的地位,主要通过提供证据的方式配合被请求国开展相应程序。不同于引渡和遣返活动中被请求国掌握主导权的情况,劝返则以请求国为主导,通过直接接触外逃人员实施说服教育,与之相应,引渡或遣返中的被请求国就演变为发现地国,作为发现地国则只须消极配合即可,无须采取主动措施。

由于劝返是出于自愿,避免了无谓的拖延,因而一旦劝返成功,

---

① 参见张磊:《从胡星案看劝返》,载《国家检察官学院学报》2010 年第 2 期。

外逃犯罪嫌疑人、被告人不仅能够迅速归案,而且归案后大多会主动配合,甚至能积极揭发其他犯罪行为,从而节约司法成本,提升办案效率。统计数据显示,劝返已经成为我国开展国际反腐、开展追逃追赃的有效途径。在落网的前40个"百名红通"人员中,有25个是通过劝返。①

为提升劝返的成功率,应注重从三个方面入手:一是积极创造有利的外部条件。外逃人员之所以在出逃后能够被以说服教育的方式回国,不可否认部分地出于真心悔悟而自愿回国,但大多数是在畏惧和走投无路之后的无奈之举,这种情况以多国对犯罪嫌疑人的排斥为前提。而各国的排斥则要以国家的强制为后盾,一步步恶化其生存状态,积极创造有利的外部条件,迫使其到谈判桌上来,若非客观条件上走投无路,被劝返回国的概率将大大降低。二是准确把握劝返对象心理。劝返以说服教育为主,成功的前提是对被劝返人心理状态的把握,这就要对其个人信息尽可能多地掌握。一般来讲,这些信息除主要犯罪事实、出逃时间、出逃地点外,还包括户籍、出入境证件和记录、原工作和教育背景、家庭成员构成、人际关系情况、医疗信息以及性格特征等。三是注重工作策略。需要意识到外逃人员往往具有心理弱点,只要采取的方式妥当都有被劝返归国的可能。在劝返策略上,一方面要积极换位思考,站在外逃人员的角度以平等的身份和人性化的语言进行沟通,阐明利弊,一步步引导其认可主动回国才是最好出路;另一方面要积极展开对外逃人员亲友的宣传教育,打开劝返的亲情之路,一般来讲外逃人员不可能完全切断与境内亲友的联系,亲友的参与劝返往往能够催化外逃人员心理防线的瓦解从而收获意想不到的效果。

从长远来看,开展境外追逃追赃在设立缺席审判的基础上,还需要进一步提升我国的刑事法治水平。取得他国对我国刑事法治的认可是开展国际追逃追赃的重要前提,但现实中,域外特别是西方发达国家对我国刑事法治存在偏见,认为外逃人员一旦被引渡或遣返回国,将可能面临不公对待甚至严刑峻法。如众所周知的赖昌星案,对其遣返过程长达十余年之久的重要原因就在于加拿大方面对

---

① 参见瞿芃:《天罗地网 插翅难逃——40名"百名红通人员"落网的背后》,载《中国纪检监察报》2017年5月2日。

我国刑事诉讼制度的公正性存在担忧。① 加方在遣返程序中重点关注赖昌星被遣返后是否获得公正以及人道的待遇,是我方的积极努力使加方对我国法治状况产生信任最终促成了成功遣返。② 随着改革开放进程不断推进,我国法治建设也在持续向前发展,党的十八届四中全会通过《中共中央关于全面推进依法治国若干重大问题的决定》,更是将依法治国作为基本方略,使法治建设和人权保护有了更有力的保障。正如学者所言,我国对国际通行的刑事司法合作规则的采纳与顺应以及对先进法治观念和人权保障措施的不断落实,是我国近十几年能够屡屡成功追逃贪官的重要原因之一。③ 因此要适当加强与美国、加拿大等西方国家的法治宣传与交流,积极展示被追逃人员赖昌星、胡星等人归国后受到的公正待遇,以澄清国际社会对我国刑事法治的误解。④ 随着我国国际刑事法治形象的日益提升,反腐败境外追逃追赃之路将越走越顺畅。

---

① 参见张磊:《腐败犯罪境外追逃追赃的反思与对策》,载《当代法学》2015年第3期。
② 参见张磊:《腐败犯罪境外追逃追赃的反思与对策》,载《当代法学》2015年第3期。
③ 参见黄风:《境外追逃需宽严相济》,载《人民日报》2013年1月15日第17版。
④ 参见黄风:《关于美国引渡及遣返外国逃犯制度的考察》,载黄风、赵琳娜主编:《境外追逃追赃与国际司法合作》,中国政法大学出版社2008年版,第292页。

证伪方法在齐默曼正当防卫案事实认定中的运用

郑凯心[*]

齐默曼案是 2013 年美国最受瞩目的一场庭审,有 220 万人签名要求起诉被告人齐默曼,不同意拘捕齐默曼的警察局长被解雇,热度超过当年总统大选。案件发生在 2012 年 2 月,由于齐默曼所居住的社区安全问题严重,他被招募为社区守望者义务执勤。一天夜晚,并不是齐默曼执勤的日子,天空下着雨,齐默曼看到一名穿着帽衫的少年,站在一家的屋檐下向里张望,动作可疑,齐默曼怀疑少年有作案意图,后来齐默曼与少年发生了冲突,齐默曼开枪杀死了少年。在齐默曼案中,齐默曼辩称,他完全是被动的,是遭遇了少年的袭击才开枪的。案件的焦点是齐默曼开枪的那一瞬间是谋杀还是正当防卫?辩方对控方有罪证据的证伪贯穿于庭审的全过程,以确实充分的证据形成了齐默曼的开枪行为是正当防卫的合理怀疑。检察官最终没能以充分的证据排除齐默曼正当防卫的合理怀疑,陪审团只能对齐默曼做出了无罪判决。当然,辩方的成功也依靠来自社会捐款的 100 万美元辩护费的资金支持。在我国正当防卫难以认定的司法背景下,深刻剖析美国齐默曼案件的证明过程,解释证伪方法在认定正当防卫中的作用,论述认定正当防卫的程序,对于提高我国正当防卫的认定率具有启示意义。

---

[*] 中国政法大学证据科学研究院 2018 级证据法学专业博士研究生。本文系河北省社会科学基金项目"刑事案件事实认定原则与方法研究"(HB18FX023)的阶段性成果。本文得到国家留学基金资助。资助项目:"2019 年国家建设高水平公派研究生项目"(联合培养博士生研究生类别)。任务批件号:留金选〔2019〕110 号。

一、证伪方法的内涵及其在正当防卫案件事实认定中的运用

(一) 证伪方法的内涵

证伪方法是哲学家波普尔（Karl Poper）提出来的。他认为证伪主义主张一切知识和理论命题，如果在逻辑上能被经验证伪，那么它才可能是科学的。科学的理论应具有可证伪性，而不仅仅只有证据的支持。① 证实思维所依靠的归纳推理就是从特称陈述到全称陈述的过渡，不管有多少特称陈述，归纳得出的全称陈述仍然是概率性的，不是100%的确实。② 例如，在证实思维下需要收集世界上所有的乌鸦，才能证明"天下乌鸦一般黑"这一结论，而这实际上是绝不可能的，所以根据归纳原理得来的结论是概率性的。为解决这一问题，波普尔提出了以演绎推理为逻辑基础的证伪原则，他认为一个特称陈述虽然不能证明一个全称陈述为真，却可以证明一个全称陈述为假。如对于"天下乌鸦一般黑"这一全称陈述，只要找出一只白乌鸦，就可以证明"天下乌鸦一般黑"是错误的。

波普尔提出，猜想和反驳是科学发现过程的两大环节。科学家根据问题，以提出假说的形式大胆进行猜想，提出的假说要求具有较多的真性内容。假说提出后，就进入反驳阶段，根据经验与证据，排除假说中的错误，修正假说，从而使假说达到较高的确实度。这样，通过猜想—反驳的过程，科学发现便可获得逼真度高的理论。③ 与证实相反，证伪就是对提出的否定性假设进行反驳和否定，如果可以驳倒该假设，那么原命题就暂时安全。证伪的过程实质就是对提出的理论批判检验的过程，证伪的本质在于批判。④ 通过不断地试错和证伪，可以逐渐精确地找到某一理论的适用范围，从而保证所接受理论的假性内容减少或不增加。正是需要通过批判来对理论进行审查，批判就是力图检验并推翻这些理论，要达到该审查目的，

---

① 参见吴晓红：《可证实原则与可证伪原则的不对等性》，载《广西社会科学》2004年第8期。

② 参见刘立霞：《移送审查起诉的证明标准探析——以证伪思维为视角》，载《河北法学》2008年第6期。

③ 参见［英］卡尔·波普尔：《猜想与反驳——科学知识的增长》，傅季重、纪树立、周昌忠、蒋弋为译，上海译文出版社2005年版，第4页。

④ 参见文援朝：《波普尔的错误观述评》，载《北京邮电大学学报（社会科学版）》2001年第4期。

我们必须去做实验、去进行观察，通过对理论进行批判，从而保障所获得的理论具有较高的确实度。① 可见，批判和批判的讨论是我们接近真理的唯一手段，而证伪则是批判地认识事物的科学方法。

（二）证伪方法在正当防卫案件事实认定中的运用程序

对案件事实的证明既需要证实的方法也需要证伪的方法，证伪的方法更有助于发现证明中的错误。所以，证伪思维及方法在案件事实证明活动中必不可少，只有这样才能克服单向思维的局限，更准确地认定案件事实。犯罪构成三阶层理论认为，构成要件符合性、违法性与有责性是犯罪构成的主要部分。构成要件符合性是指被告人的行为符合刑法中关于该类犯罪的规定，控方需要证明实施该行为的主体、行为的实施过程与结果等；违法性是指被告人的行为是否被法律所容许，即是否存在违法阻却事由，如是否存在正当防卫、紧急避险等；有责性是在满足前两个条件的情况下，从主观方面以及期待可能性等方面进行判断，行为人是否需要承担责任。② 在刑事案件正当防卫的事实认定中，控方承担指控犯罪成立的证明责任，应完成犯罪的构成要件的证明；辩方应证明被告人可能存在正当防卫的合理怀疑，即存在违法阻却事由，辩方证明正当防卫的标准是构成合理怀疑。辩方的证明相对于控方的犯罪指控来说，是一种证伪。控方要完成指控被告人犯罪的证明责任，就要排除正当防卫的合理怀疑（这也是一种证伪），并进一步完成有责性的证明。若无法排除正当防卫的合理怀疑，根据案件事实存疑有利于被告人的原则，应该认定被告人的行为构成正当防卫。

二、辩方运用证伪与证实的方法形成齐默曼正当防卫的合理怀疑

（一）辩方运用证实的方法形成被害人马丁是第一侵害人的合理怀疑

1. 被害人不良品格证据与被告人辩解相印证，证明被害人是第一侵害人

品格证据是指证明某些诉讼参与人的品格或品格特征的证据，

---

① 参见［英］卡尔·波普尔：《猜想与反驳——科学知识的增长》，傅季重、纪树立、周昌忠、蒋戈为译，上海译文出版社2005年版，第310—311页。

② 参见赵威、王译：《三阶层犯罪体系司法适用之路径分析——以"于欢故意伤害案"为范例》，载《政法学刊》2018年第4期。

是用于证明一个人在特定情形下会基于其已有的一定的品格或品格特征来从事特定行为的证据。① 例如，一个经常撒谎的人往往比一个诚实的人更容易说假话。威格莫尔曾说过："当一个谋杀案中被告人的辩护主张是自卫时，争议焦点也就转变为死者是不是攻击的发起者；在此情况下，死者的性格将会或多或少影响到人们确信的形成……"② 当被告人声称自己是正当防卫时，被害人品格证据就可以证明被害人可能是率先攻击者。有关被害人不良品格的证据具有很大的证明价值，它有助于法官在案件事实存在争议时确定谁是第一个侵害者。

  不法侵害的现实存在是正当防卫的起因条件。不法侵害是指违背法律的侵犯，既包括犯罪行为，又包括一般违法行为。不法侵害对象包括人身权利、财产权利及其他权利。谁是第一个侵害者涉及正当防卫的前提：不法侵害是否存在的问题。很多被害人已经死亡的案件，可以将被害人不良品格证据作为补强证据。在被害人死亡的案件中，由于被害人存在不良品格，在这场冲突中，被害人很可能是按照他的不良的行为方式来行事的，即被害人先前的不良品格导致了他此次的行为惯性，那么他很可能是在与被告人的冲突中的第一个攻击者。俗话说"江山易改、本性难移"，一个人的品格是很难发生较大改变的，品格的倾向性意味着被害人的一贯品格对调查被害人在这次案件中将采取何种行为具有重要的影响。如果一个拥有暴力品格的被害人，在遇到冲突时往往倾向于以暴力的方式去处理问题，那么在此次冲突中，被害人也更可能去采用暴力的方式。在本案中，齐默曼是在一个下着雨的夜晚开枪射击杀死了马丁，没有摄像头，没有人目击开枪，死者已逝。是谁最先挑起冲突，成为疑点。齐默曼辩解称，那是一个下着雨的夜晚，他发现小区里有个头戴连衫帽的陌生人，站在一家居民屋檐下向里张望，那个陌生人的动作非常可疑，感觉好像是吸毒了。马丁死亡后血液里被检验出吸食大麻的残留，根据调查发现，当晚马丁正处于停学期间，原因是学校发现他携带大麻。这正好与齐默曼的辩解相印证。证据证明马丁具有不良的品格，因为有逃课和在门上写淫秽字句等违反学校

---

  ① 参见刘立霞、路海霞、尹璐：《品格证据在刑事案件中的运用》，中国检察出版社2008年版，第11页。

  ② 易延友：《证据法学——原则 规则 案例》，法律出版社2017年版，第145页。

纪律的行为，马丁曾两次被勒令停学。另外，马丁的手机短信里有枪支交易的信息，在社交媒体上还有马丁抽大麻、展示枪支的照片。虽然，本案中马丁的不良品格证据和短信记录被法官禁止在法庭上出示，但是美国《联邦证据规则》404（B）规定"在遵守规则412规定的限制条件情况下，被告可以提供所称犯罪被害人相关品性特点的证据……"① 本案案发时，马丁的身高1米80，他从5岁开始打橄榄球，是橄榄球队里最好的球手之一，不难推出他的体格健硕，训练有素。如果允许出示马丁的不良品格证据，再加上马丁具有良好的身体素质证据，就会使陪审团产生这样的推论：被害人的行为和其品格一般是一致的，马丁很可能会对齐默曼使用暴力在先，马丁的不良品格证据印证了齐默曼关于马丁是第一侵害人的辩解，陪审团有理由形成马丁是第一侵害人的合理怀疑。

2. 辩方运用证伪方法排除马丁受到袭击的证人证言

辩方对于控方提出的齐默曼袭击马丁的证人证言进行了证伪。瑞秋是马丁的朋友，是马丁死前最后一个与马丁通话的人。瑞秋的证言证明：马丁当晚很害怕，告诉瑞秋正准备回家，却受到齐默曼的攻击。瑞秋作证说马丁在电话里告诉她，一个白人正在跟踪他，并表示很快会"甩掉"这个白人。后来瑞秋在电话里听到马丁与齐默曼的对话，还有电话耳塞掉地上的声音以及马丁不停地喊"放开我，放开我"，这时电话突然挂断了。瑞秋再打过去也没人接。三天后她听说马丁死了。辩护律师问瑞秋："你能确定最后的声音中，是谁在打谁吗？"瑞秋回答她无法判断。

因为瑞秋曾多次说谎，导致对她证言可靠性的怀疑。瑞秋说自己16岁，实际她是19岁；瑞秋说她在迈阿密大学念书，但经过调查学校没有此人；瑞秋说她因为生病住院了，所以没能出席马丁的葬礼，当庭被证明她生病住院是谎言。检方向法庭提交了一封信，是瑞秋写给马丁妈妈的信，信中写了她与马丁通话的过程。但是瑞秋在法庭上却不会念这封信，瑞秋一会儿说字迹太潦草她看不清，一会儿又说是她口述别人替她写的。

最大的疑点在于，瑞秋的证言还与电话录音矛盾。齐默曼和马丁的电话记录显示，齐默曼与911通话时，瑞秋正在与马丁通话，

---

① 王进喜：《美国联邦证据规则条解》，中国法制出版社2012年版，第78页。

从他们的电话记录显示的通话时间来看,在挂断电话之前有2分钟的重合时间。在2分钟的重合时间里,911的工作人员在电话里并没有听到马丁的声音,证明瑞秋的证言不真实,加上瑞秋的一系列撒谎行为证明她具有不诚实的品格,所以瑞秋的证言未被采信。

(二) 辩方证明马丁对齐默曼的不法侵害正在进行

不法侵害正在进行是指不法侵害已经开始且尚未结束的期间。不法侵害正在进行是实施正当防卫的前提条件。

齐默曼辩解称,当马丁发现齐默曼后,上来就朝齐默曼脸上打了一拳,在打斗过程中,马丁将齐默曼压在了身下,抓起齐默曼的头撞向水泥地,齐默曼大声呼叫"救命",马丁将拳头塞到齐默曼嘴上,并威胁要杀死他。当齐默曼在地上挣扎时,马丁发现了齐默曼插在右腰上的手枪,马丁上来抢枪,齐默曼一边挡住马丁,一边拔出枪向马丁射击,齐默曼认为自己开枪是被迫的自卫行为。齐默曼陈述的案情与马丁的尸检报告、专家证言以及齐默曼的伤口、现场物证等印证。马丁的尸检报告显示,子弹入口是左前胸,子弹穿过心脏,停留在肺,并未打穿背部,是面对面射击。

控方质疑齐默曼的辩解,认为根据他们两个人的年龄与体重等情况,应该是齐默曼在打斗中占据上风。因为齐默曼是29岁,体重90公斤,而且齐默曼还参加过武术培训,而马丁只有17岁,体重72公斤。控方认为即便是齐默曼在打斗中没有占据上风,应该也有条件逃跑,不应该开枪杀死马丁。此观点也随即被辩方证明是错误的。辩护律师当庭传唤了齐默曼的健身武术教练,教练作证称,齐默曼当时的身体状况不好,齐默曼身体肥胖,脂肪多,肌肉少,健身的主要目的是减肥,而且齐默曼刚刚开始学习格斗,他还不会有效出拳。辩护律师问,如果用1到10这个数字范围来评价齐默曼的格斗能力,教练会如何选择。教练说,齐默曼的格斗能力只有0.5。而且,案发时,马丁是17岁,已长到1.80米,他从5岁开始一直打橄榄球,是橄榄球队最好的球手之一,身体体能素质较好。以上证据印证了在齐默曼与马丁的打斗中,为什么马丁能占据上风。

在齐默曼案中,辩方的关键证人——一位创伤学专家DR. Vincent. DeMaio的专家证言证明马丁将齐默曼压在身下。他是全美枪伤研究的权威专家,具有大量的实践经验,并且出版过枪伤研究的著作。他作证说,从弹口形成方式和马丁衣服上残留的火药痕迹来看,枪口在射击时紧挨着马丁的衣服,齐默曼与马丁两个人当时距离很近,只有 2—12 英寸（0.05—0.3 米）。而马丁的身体与衣服之间的距离是 2—4 英寸（0.05—0.1 米），专家做了一个俯身向下的动作，说明马丁被射击时应该是俯身向下，身体压在齐默曼的上方，这样才可能形成马丁身体与衣服的距离。

齐默曼的伤口、二人衣服上的污迹证明开枪前可能是马丁袭击齐默曼在先。齐默曼的受伤情况为鼻梁骨闭合性骨折，眼眶淤血，嘴唇和脸颊浮肿，后脑部头皮开放性损伤，后脑部伤痕形成方位符合齐默曼仰面倒地与水泥地碰撞造成的，而且如果将头砸向水泥地也会形成致命伤。在案发现场，警察发现齐默曼夹克衫背部全湿并沾有碎草。以上证据证明齐默曼曾经脸朝上躺在地上，并受到过他人的暴力攻击。在案发现场，警察还发现马丁是脸朝下躺在草地上，马丁已经死亡。马丁的衣服背部没有与地面摩擦的痕迹，马丁的牛仔裤膝盖部有接触湿草地形成的污迹。马丁身上除了枪伤和左手指关节的轻微挫伤，没有其他伤痕。证明可能是马丁将齐默曼压在身下，对齐默曼实施暴力伤害在先，齐默曼在感受到生命受到威胁的情况下，开枪向马丁射击。

（三）辩方证明齐默曼的开枪行为可能是激情防卫

激情防卫是指行为人在因不法侵害而产生的恐惧、愤怒等激烈情绪作用下实施的防卫行为。[①] 激情的产生往往与被害人的过错具有一定的因果关系，激情又是发生防卫行为的重要诱因。现代心理学认为，激情的行为发展机制大致包括三个阶段：（1）产生激情阶段。这时情绪体验左右人的行为，导致意志力减弱，身体的表情动作越来越失去控制，动作开始发生紊乱。（2）人因激情导致行为失控，发生了失去理智的行为。（3）激情平息阶段。激情爆发以后，情绪出现平静和身体感到疲劳，表现出对一切事物漠不关心。[②] 激情防卫的核心是行为人的防卫行为是在激情的作用下实施的。大多数行为人在面临现实的、紧迫的不法侵害时，尤其是感受到自己的生命受到威胁时，并无理性思维，只能仓促地进行决定，其防卫的手段、限度等难免超出必要限度，对于此类激情防卫的处罚，应当从轻减

---

① 参见袁彬：《激情防卫的类型及其处罚——于欢故意伤害案的法理分析》，载《法律适用》2017 年第 4 期。

② 参见叶奕乾等主编：《普通心理学》，华东师范大学出版社 1997 年版，第 355 页。

轻,甚至免除刑罚。《德国联邦刑法典》第 33 条规定:"如果行为人出于慌乱、恐惧或者惊吓而超越防卫的界限,那么,他不受处罚。"①《挪威一般公民刑法典》第 48 条第 4 款规定:"仅由于攻击造成的激情或者惊愕而导致的自我防卫超过限度,不能处罚。"②

在不法侵害正在发生时,防卫人被恐惧、愤怒的情绪包围,无法要求其像正常人一样科学、冷静地作出决策,在防卫手段和防卫限度方面难免超出一定的强度,出现反抗程度与攻击强度不对等的情况。在齐默曼案中,对于齐默曼实施射击行为时是否处于激情状态之下,在法庭上播放了一位邻居打给 911 的报警电话的录音,他是在听到打斗声后报警的,在录音的背景音里,能听到有人在呼叫"help",38 秒的时间里,持续呼叫了 14 次"help",呼叫"help"声极为恐惧,能感知到呼救的人生命受到严重威胁,正极力地寻求救助。

短暂的打斗能产生这么强烈的恐惧感吗?如何能判断这个人恐惧的真实性?辩方传唤了专家证人 Dennis Root。Dennis Root 是一位武器和自卫培训专家,他认为打斗在开始时非常关键,如果没有在 30 秒里占上风或者结束一场打斗,就可能成为这场打斗的受害者。在齐默曼案中,当晚打斗持续了近 40 秒,Dennis Root 说被压制的打斗者会产生强烈的恐惧和焦虑情绪。这位专家的证言证实了被压制者恐惧的合理性与真实性。那么呼叫"help"的又是谁呢?辩方申请的证人所作的证言证明了齐默曼是呼叫"help"的人。该证人参加过越南战争,他结合自己战争中的经历,认为人在恐惧的情况下声音会发生很大变化,一名壮汉的声音听起来像一个小姑娘的尖叫。他是齐默曼的朋友,熟悉齐默曼的声音,在庭审现场听 911 报警电话录音时,他忍不住掉泪了,坚定地声称"help"是齐默曼的声音。他的证人证言影响了陪审团成员,结合齐默曼身体上的创伤证据,陪审团成员相信是齐默曼在呼叫"help"。这意味着,当齐默曼扣动扳机的瞬间,他真切地感受到自己生命受到迫在眉睫的威胁,根据美国正当防卫的法律规定,只要加害行为正在进行,受害者有合理的恐惧认为自己的生命正受到严重威胁,就可以进行正当防卫,不

---

① 《德国联邦刑法典》,冯军译,中国政法大学出版社 2000 年版,第 14 页。

② 《挪威一般公民刑法典》,马松建译,北京大学出版社 2005 年版,第 13 页。

管是否给受害者造成严重伤害的后果。本案中齐默曼的射杀行为应当属于激情防卫。

在齐默曼案件中,被告人的辩解、专家证言、现场物证、鉴定意见、被害人不良品格证据、被告人激情防卫的证据相互印证形成了齐默曼开枪是正当防卫的合理怀疑。齐默曼开枪是正当防卫的辩方观点,对齐默曼开枪是故意谋杀的控方指控是一种证伪。

三、齐默曼案中控方未能成功运用证实与证伪方法

(一)控方证明齐默曼开枪构成谋杀的证据不足

控方一再指责齐默曼带枪的行为不正常,提出社区守望者一般是不带枪的。认为齐默曼日常生活中随时带枪,是因为他非常想当上警察,虽然被拒绝一次,还想继续申请,希望将来有朝一日能当上警察。而且,齐默曼对自己发现的嫌疑分子有随时开枪的思想准备。但是,此观点被辩方证明是错误的。辩方证明了齐默曼带枪的原因,有一次在小区中,一只走失的斗牛犬将齐默曼的妻子逼到一个角落,他认为带枪会更安全一些。控方认为齐默曼带有种族歧视,具有谋杀的故意。齐默曼认为不跟踪马丁,马丁就会逃脱。因为齐默曼有过一次跟踪丢了可疑人员的经历。就在几周前,齐默曼发现一名黑人青年窥探一家住户的房屋,他报警后,遵从警察的命令,原地待命,没有跟踪,但警察到达时嫌疑人逃走了。几天后,该名黑人青年撬门进入这家房子,偷走了笔记本电脑和首饰等财物。检方认为,齐默曼不想再次让马丁逃走,再次使自己产生挫败感。所以这次他继续跟踪马丁,故意挑起争斗,并趁机射杀了马丁。齐默曼谋杀马丁的观点只是控方的推理,缺乏充分的证据证明,而且也与专家证言以及案发现场的物证相矛盾。

(二)控方没能完成"排除一切合理怀疑"证明齐默曼有罪的责任

在刑事诉讼中,无论是倾向于有罪或是无罪的怀疑,均为有分量的怀疑,该怀疑应该是有证据证明的合理怀疑,它是通过证明案件的一系列细节形成一个个疑点。[①] 疑点主要存在用证据进行推论的

---

① 参见龙宗智:《中国法语境中的"排除合理怀疑"》,载《中外法学》2012年第6期。

过程中，扎根于具体案件细节之中，是确确实实存在的"点"。疑点的存在能够对司法证明产生一定的影响，这种影响被称为"疑点效应"。正如证据之间可以形成完整的证据链条来证明案件事实的存在，那么"疑点"之间也可以结合在一起，否认案件事实的存在。"疑点"的集合又叫作"疑点群"，只有疑点群最终能够达到无法排除的程度，那么案件才能最终作出正确的判决。从疑点到疑点群，构成排除合理怀疑的概念和评价标准，将"排除合理怀疑"从抽象的概念转化为司法证明的具体方法。对"合理怀疑"更为细致的解释即融贯且真实。① 它的逻辑模型为：（1）合理的怀疑形成的疑点群，疑点之间首先要具有融贯的特性；（2）合理的怀疑不但需要其他疑点的支持，而且也需要证据的证明。

具体而言，怀疑之间相互一致，此种怀疑与彼种怀疑之间逻辑上相一致，没有逻辑上的冲突；同时各个怀疑之间构成一个完整的体系，可以形成一个自圆其说的故事②。齐默曼案中，警察在到达现场时，马丁脸朝下倒在地上，已经死亡，身上有枪伤，齐默曼就站在马丁的尸体旁边，齐默曼手里还拿着枪，承认马丁是自己开枪打死的。控方可以形成这样一个案情事实版本：

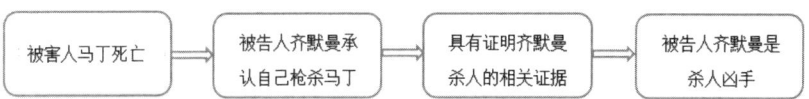

而被告人齐默曼辩解自己是先受到来自被害人马丁的攻击才进行的正当防卫时，自己完全是被动的，陪审团也许会产生疑问：被告人的辩解是否真实性呢？谁率先挑起冲突，被告人在反抗时是否感受到自己的生命安全受到威胁，被告人开枪是否构成正当防卫？此时，陪审团的怀疑还停留在主观阶段，尽管这些怀疑之间具有融贯性，根据伤口的专家证言、齐默曼身上的伤情和衣服上的污迹以及邻居的电话录音等证据，辩方可以构建一个这样的案情故事版本，与控方的版本形成对比：

---

① 参见栗峥：《排除合理怀疑的本土类型与法理建构》，载《中国社会科学》2019年第4期。
② 参见栗峥：《超越事实——多重视角的后现代证据哲学》，法律出版社2007年版，第110—114页。

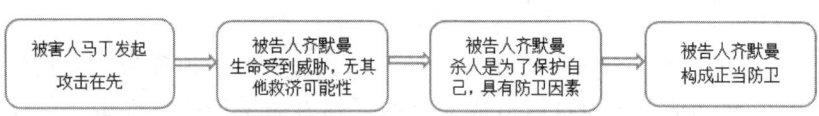

我们可以看出，辩方构建的案情故事版本的完整性和一致性，丝毫不输给控方的案情故事版本。美国西北大学证据法学家艾伦教授曾说过：控方有一个案情故事，辩方也有一个案情故事，哪个故事更似真，哪一方便赢，这就是最佳解释推论的观点。根据排除合理怀疑的证明标准，如果有似真的犯罪案情同时也有似真的无罪案情，被告人就是无罪的。① 但是辩方提出的推论框架仅仅起到一个提出合理怀疑的作用，至此，我们需要引入合理怀疑的第二个逻辑框架，即外来证据的支持。用相关的证据来佐证辩方怀疑的合理性，证据信息是来源于案情的客观存在，证据证明正是对整个怀疑体系进行佐证的最好方式。② 具体而言，对于辩方的故事版本，需要有关于被害人不良品格的证据、专家证言、伤情鉴定、现场物证等进行证明，这些证据均可以用来佐证辩方关于被告人正当防卫的主张。而且由于辩方证明齐默曼正当防卫的证据确实、充分，导致控方试图排除齐默曼正当防卫的努力没有成功。

在齐默曼案庭审即将结束时，辩护律师向陪审团陈述：按照法律规定，只有在"排除一切合理怀疑"的情况下，才能判齐默曼有罪。在刑事案件中，"排除合理怀疑"是指法律对于裁判者认定案件事实的心证程度上的要求。③ 正当防卫案件与一般案件相同，也采取"排除合理怀疑"的证明标准。"排除合理怀疑"除了要求控方从正面上进行案件事实构建，即要求证明犯罪的证据达到确实、充分的程度，还要从反面上进行解构，发现证明中的所有合理怀疑并进行消除性检验。④ 实际上"排除合理怀疑"的过程就是证伪方法的运用。"排除合理怀疑"的证明责任由控方承担，并且不可转移，要求

---

① 参见［美］罗纳德·J. 艾伦：《证据与推论——兼论概率与似真性》，张月波译，张保生校，载《证据科学》2011年第5期。

② 参见桑本谦、戴昕：《真相、后果与"排除合理怀疑"——以复旦投毒案为例》，载《法律科学》2017年第3期。

③ 参见［日］新堂幸司：《新刑事诉讼法》，林剑锋译，法律出版社2008年版，第385页。

④ 参见龙宗智：《中国法语境中的排除合理怀疑》，载《中外法学》2012年第6期。

控方对指控的犯罪，所有实质性的要素都达到确信无疑的程度。被告人在被证明有罪之前推定为无罪，在对其进行的有罪证明时若存在合理怀疑，他就应该得到无罪的判决，并且这种对于指控的犯罪进行的证明应当要达到确信无疑的标准。在本案中，控方如果想指控齐默曼的行为构成谋杀罪，而不是正当防卫，就要达到"排除一切合理怀疑"的证明标准，哪怕控方证明了齐默曼的行为极大可能构成谋杀罪，但只要陪审团认为还有疑虑齐默曼的行为是正当防卫，就必须判他无罪。然而，在举证过程中，控方的证据不够充分、论证不够严密，对于齐默曼谋杀的罪名没有达到"排除一切合理怀疑"的标准，很多观点都被辩方反驳掉了，没能排除齐默曼的射杀行为构成正当防卫的合理怀疑，陪审团最后对齐默曼作出了无罪判决。

● **博士生论坛**

我国刑事缺席审判适用范围再思考

谢亚平*

2018年10月26日,第十三届全国人大常委会第六次会议通过了关于修改刑事诉讼法的决定,新修改的刑事诉讼法将缺席审判程序作为单独一章纳入第五编特别程序中。根据全国人大法工委沈春耀主任针对刑事诉讼法修改草案所做的说明,缺席审判制度设立的主要目的是满足国家反腐败和国际追逃追赃的需要。故此,在缺席审判程序的适用范围上,刑事诉讼法主要集中于贪污贿赂犯罪案件和危害国家安全犯罪、恐怖活动犯罪案件,并通过五个条文专门规定了适用程序。与之相比,被告人患有严重疾病和被告人死亡案件的缺席审判程序的规定则较为简单。有学者认为,这两种情况下进行缺席审理只是排除审判障碍的方式,不应放在缺席审判特别程序中,贪污贿赂犯罪才是缺席审判特别程序的适用对象。① 上述事实似乎已经表明,我国的刑事缺席审判制度是为国际追逃追赃而生,也必将在国际反腐败、反恐等方面发挥重要作用。新刑事诉讼法通过后,有媒体直呼"缺席审判让外逃贪官没有侥幸空间",② 甚至认为

---

* 中国政法大学司法文明协同创新中心诉讼法学专业2018级博士研究生。

① 万毅:《刑事缺席审判制度立法技术三题——以〈中华人民共和国刑事诉讼法(修正草案)〉为中心》,载《中国刑事法杂志》2018年第3期。

② 杨宜桐:《建立缺席审判制度让外逃贪官没有"侥幸空间"》,载 http://www.chinanews.com/gn/2018/10-30/8663259.shtml,访问日期2020年11月1日。

"缺席审判或将终结贪官外逃现象"①。

然而，司法实践表明情况并非如预想的那样。新的刑事诉讼法实施已经两年，通过缺席审判程序审理案件寥寥无几，且无一例涉及反腐败追逃追赃，均属于为"排除障碍"而进行的缺席审理。②在反腐败的严峻形势和新刑事诉讼法出台背景下，不少学者对缺席审判的适用范围持保守态度。笔者认为，应当立足于当前的司法实践和刑事诉讼法修改后的实施背景，重新思考缺席审判程序的定位，全面考量缺席审判程序的适用范围，使缺席审判程序更符合实践需要。

一、争论中的缺席审判适用范围

（一）限制论与扩张论

自缺席审判概念在国内出现之日起，其适用范围问题就一直被讨论，但从未形成定论。在我国理论界，最早公开提出建立缺席审判的构想是针对自诉案件中下落不明的被告人，目的是保障被害人或自诉人的合法权益。③随着《联合国反腐败公约》的通过，构建以反腐败追逃追赃为目的的缺席审判制度成为许多学者的研究对象；与此同时，也有一些学者坚持认为应当在更大范围内适用缺席审判程序，由此形成了两种截然不同的态度。一种观点认为应当严格限制缺席审判的适用，特别是只能针对个别类型的严重刑事犯罪案

---

① 袁莹：《缺席审判或将终结贪官外逃现象》，载http://dy.163.com/v2/article/detail/E1PNIU1F0512CN4M.html，访问日期2020年11月1日。

② 这六个案例分别为：2018年11月13日厦门思明区法院审理的"刘某销售假药案"；2018年12月13日嘉兴市平湖市法院审理的"刘某贩卖毒品案"；2018年12月13日南宁上林县法院审理的"王某交通肇事案"；2018年12月25日宜宾屏山法院审理的"吉某某盗窃案"；2019年3月15日邢台清河法院审理的"王某危险驾驶案"；2019年5月15日丹东振兴区法院审理的"孙某甲贪污案"。

③ 邓晓霞：《刑事自诉案件应增设缺席判决的规定》，载《人民检察》2001年第11期。

件;① 另一种观点则认为,可以适当扩大缺席审判的适用范围,除增加在轻罪案件中可以适用缺席审判程序外,缺席审判适用情形可以扩大至被告人逃跑、下落不明、扰乱法庭秩序被强制带出法庭等。② 前一种可称为限制论,后一种称为扩张论。除此之外,也有个别学者认为,贪污贿赂犯罪本身具有轻重之分,"在'老虎、苍蝇一起打'的反腐决心下,轻罪或重罪都可以是刑事缺席审判程序的适用对象"③。由于该观点本质上认可轻、重犯罪均可适用缺席审判程序,并提出我国"列举+概况"式的立法能够"为今后扩大适用范围预留空间",因此笔者将其归为扩张论观点。

限制论的主要理由是缺席审判具有"权利克减"的属性,是有天然缺陷的制度,为维护审判的公正性不能轻易启动缺席审判。刑事缺席审判是一项侧重效率、克减公正的制度设计,实质上剥夺或限制了被告人的诉讼权利,与程序参与原则有一定的内在紧张关系。④ 同时,缺席审判与刑事诉讼基本原理、原则乃至基本制度造成冲击甚至损害。⑤ 因此"作为对席审判制度的重要补充,刑事缺席审判制度应当设置在合理的适用范围内,以降低因缺席审判对司法

---

① 具体内容参见陈光中、胡铭:《〈联合国反腐败公约〉与刑事诉讼法再修改》,载《政法论坛(中国政法大学学报)》2006年第1期;王敏远:《刑事缺席审判制度探讨》,载《法学杂志》2018年第8期;彭新林:《腐败犯罪缺席审判制度之构建》,载《法学》2016年第12期。

② 具体内容参见杨宇冠、高童非:《中国特色刑事缺席审判制度的构建——以比较法为视角》,载《法律适用》2018年第23期;王新清、卢文海《论刑事缺席审判》,载《中国司法》2006年第3期;刘林呐:《刑事缺席审判程序之中法比较》,载《中国检察官》2018年第23期;肖沛权:《价值平衡下刑事缺席审判制度的适用》,载《法学杂志》2018年第8期;欧卫安、汪筱文:《我国刑事缺席审判制度构建思考》,载《人民检察》2004年第9期;邓思清:《刑事缺席审判制度研究》,载《法学研究》2007年第3期;张吉喜:《论刑事缺席审判的适用范围——比较法的视角》,载《中国刑事法杂志》2007年第5期;赵琳琳:《我国刑事缺席审判程序的多维度探析》,载《中国政法大学学报》2019年第2期。

③ 樊崇义:《腐败犯罪缺席审判程序的立法观察》,载《人民法治》2018年第13期。

④ 参见彭新林:《腐败犯罪缺席审判制度之构建》,载《法学》2016年第12期。

⑤ 参见王敏远:《刑事缺席审判制度探讨》,载《法学杂志》2018年第8期。

公正所带来的克减"。① 除此之外，犯罪嫌疑人、被告人逃匿、死亡的违法所得没收程序与缺席审判程序均为国际追逃追赃而设立，前者在适用范围上采取了严格限制的思路，缺席审判程序应当与之相匹配，以实现"对人"和"对物"之诉的衔接。

扩张论的依据主要来源于对国外刑事缺席审判制度的考察。许多学者从比较法的角度研究了域外刑事缺席审判制度后发现，域外不以特定类型犯罪作为缺席审判的专门适用范围，且考虑到对被告人的权益影响相对较小适用较多，域外缺席审判主要着眼于轻罪案件。也有个别国家如法国，规定了也可以在重罪案件中进行缺席审判。在被告人潜逃、扰乱法庭秩序、故意使自己丧失受审能力以及在轻罪重不愿意参与庭审等情形下，可以适用缺席审判，这主要与被告人参与审判的意愿相关。如果被告人主动放弃或者有意逃避出庭，法院在进行出庭必要性的考量后可能同意进行被告人缺席的审判，如日本、美国、德国和英国都有相关的规定。

可见，限制论者以权利克减为由主张慎用缺席审判，扩张论者则结合域外经验，跳出国际追逃追赃的思维限制，认为被告人的意愿、出庭的必要性以及客观可行性等因素才是决定缺席审判适用范围的关键。

（二）对争论的评价

适用范围之争的背后，反映的是两种截然不同的立法逻辑。可以说，正是这两种不同的逻辑带来了不同的立场。

限制论是一种"家长逻辑"。在这种逻辑下，被追诉人必须被严格保护起来，要尽可能减少司法对其人权的不利影响；当由于某些原因不得不削减其部分权利时，必须十分谨慎和克制。在充斥着"家长逻辑"的刑事诉讼程序中，被追诉人处于被动受保护的状态，要被削减权利时也是被"家长"衡量之后自行削减。从始至终，被追诉人缺乏参与性和主动性，像是被"家长"严密保护的"孩子"。

扩张论则是一种"成年人逻辑"。扩张论视被追诉人为具有独立意识的理性成年人，将参与诉讼方式的选择权交由被追诉人自己行使，并认为当其违反规定时要承担不利的后果。在这种逻辑下，涉嫌轻罪的被追诉人有权选择出庭或不出庭应诉；如果其故意逃避审

---

① 陈光中、肖沛权：《刑事诉讼法修正草案：完善刑事诉讼制度的新成就和新期待》，载《中国刑事法杂志》2018年第3期。

判或故意使自己处于无法受审的状态，法庭不会过分保护其出庭权，而视为其已经放弃该权利。

可以肯定的是，上述两种逻辑本质上都遵循尊重和保障人权的价值目标。"家长逻辑"与我国刑事诉讼追求人权司法保障的价值目标关系甚大。"家长逻辑"强调缺席审判会克减被追诉人的权利，被追诉人因无法出庭，质证、辩论的权利受损，因此要尽可能保障被追诉人出庭的权利。同时，"家长逻辑"的背后，还暗藏着对权力可能侵犯人权的不可控风险的担忧，担心一旦"潘多拉的盒子"被打开，就会造成对人权的不可预料的践踏，因此必须把权力关进笼子。"成年人逻辑"则通过赋予被追诉人选择权来保障其行使诉讼权利的自由性，而保障权利行使的自由性也是保障权利的表现。从人权保障的角度来看，这两种主张都经得起考验，没有绝对的好坏之分。

问题在于，哪种逻辑更符合当下的中国实际？笔者认为，我国在设定刑事缺席审判适用范围时，应当在吸收"家长逻辑"合理性的同时，逐渐过渡到"成年人逻辑"。

二、我国缺席审判适用范围的立法选择与评价

（一）我国缺席审判适用范围的立法选择——限制论为主

在2018年刑事诉讼法修改过程中，围绕缺席审判制度的适用范围是否应该严格限制的问题，曾有过反复的意见，最终将适用范围限定在三大类：一是贪污贿赂犯罪案件，以及需要及时进行审判，经最高人民检察院核准的严重的危害国家安全犯罪、恐怖活动犯罪案件，犯罪嫌疑人、被告人潜逃境外，犯罪事实已经查清，证据确实、充分且依法应当追究刑事责任的；二是因被告人患有严重疾病无法出庭，中止审理超过6个月，被告人仍无法出庭，被告人及其法定代理人申请或同意继续审理的；三是被告人死亡但有证据证明其无罪的以及依审判监督程序审理的案件中，被告人死亡的。

从修法过程看，罪名的增减充分体现了限制论的思想。刑事诉讼法修改草案二审稿增加"严重的危害国家安全犯罪、恐怖活动犯罪案件"，且删去了一审稿中"贪污贿赂等犯罪"中的"等"字，将适用的罪名范围完全限制在三种罪名中，从而防止被克减权利的主体扩大。虽然在后续的审议过程中，仍有代表主张继续扩大适用范围，如有常委会组成人员建议把网络诈骗、国际电信诈骗等也纳入缺席审判范围，但最终并未入法。可见，立法者十分重视将缺席

审判限定在特定的罪名范围内。

缺席审判程序的设定也体现了限制论的立场。其一，对危害国家安全和恐怖活动犯罪案件适用缺席审判，刑事诉讼法设置了严重程度、及时审判必要性、经最高人民法院核准等十分严苛的条件。其二，将"潜逃境外"改为"在境外"，并明确规定要将文书送达被告人，事实上是将被告人限定为"在境外且下落明确的被告人"。在此情况下，对在境外但下落不明的被告人也就不能进行缺席审判。由此可见，立法者对适用缺席审判程序审理案件十分谨慎。

缺席审判程序的设置同样遵循限制论的"家长逻辑"。"家长逻辑"的一个重要表现是对权利的"极力保护"。缺席审判程序设计中，重新审理程序的设计体现了这一点。根据2018年《刑事诉讼法》第295条第2款的规定，罪犯在判决、裁定发生效力后到案的，人民法院应当将罪犯交付执行刑罚，罪犯对判决、裁定有异议的，人民法院应当重新审理。为了保护或弥补权利，可以在无论原裁判是否有错误、原判决是否事实清楚、证据是否充分的情况下，直接否定其效力，将审判程序归零重启。可以说，为了保护被追诉人的出庭权，不惜一切代价，俨然一派"家长"作风。

第二类缺席审判具有扩张论的特点。在被告人患有严重疾病无法出庭的情况下，其在符合案件中止审理超过6个月仍无法出庭的条件下，拥有一定的选择权。即使这种选择的自由度十分狭窄，但被告人或者法定代理可以提出申请，这就与被动接受的权利有本质的差别，此时被告人被视为可以平等看待的理性成年人。对于有学者认为的对重病被告人缺席审理只是排除审理障碍的方式，笔者认为，这并不否认被告人在审判中"缺席"这一特征。在刑事诉讼中，被追诉人完全地参与与其有关的诉讼活动，才是完整意义上的审判。在被告人缺席的情况下进行审理，当然属于缺席审判。

（二）对我国缺席审判适用范围立法的评价

我国立法在缺席审判所能适用的案件类型上极尽克制，秉承限制论的立场，但不够彻底，且存在操作真空。

第一，限制论不彻底。2018年刑事诉讼法修改草案审议过程中，将"潜逃境外"改为"在境外"，主要是为了降低控方的证明难度。"潜逃"具有明显的主观判断倾向，控方不仅要提供证据证明被告人有躲避追诉的主观意图，还要证明被告人是偷偷离境的，这些都缺乏明确的判断标准。改为"在境外"则只需要对被追诉人的事实状态进行证明即可，大大降低了证明的难度。但是，这也扩大了适用的对象范围。"潜逃境外"只适用潜逃的行为人。"在境外"则无论是否潜逃，只要被追诉人在境外即可，带有默认潜逃的"有罪推定"倾向。

第二，"在境外"的规定实践操作存在真空。虽然《刑事诉讼法》第292条明确规定，要将传票和起诉书副送达被告人，暗含了被告人须"在境外且下落明确"。但是，结合第291条的规定看，情况又变得复杂。第291条规定，法院审查后，对于起诉书中有明确指控事实、符合缺席审判程序适用条件的，应当决定开庭审判。二者结合起来看，只要被追诉人在境外，无论下落是否明确，不影响案件的受理，但进行顺利审理并作出判决，须以文书送达被告人（被告人下落明确）为前提。为确保诉讼顺利进行，法院很大可能会要求检察机关在起诉时能够提供被告人的确切住址。但是如果提起公诉时被告人在境外，且能够确定其住址，但审判时被告人已经离开的，在不明确其离开后回到国内还是去往其他国家的情况下，缺席审判程序很可能面临悬而未决的状况，这与程序设立的初衷相违背。

第三，案件类型过分限制，不能满足现实需求。我国的刑事缺席审判程序与违法所得没收程序有着紧密的联系，两种程序都是伴随着反腐败和国际追逃追赃的需要而产生的，在功能上存在竞合，在立法态度上也非常相近。正如立法者所解释的那样，违法所得没收程序的设置就是在我国缺席审判制度尚未建立的情况下，为了打击犯罪、及时保护国家利益和被害人利益，对特定重大犯罪案件的违法所得进行及时追缴、与联合国反腐败公约等要求相衔接而增加的制度。① 2012年设置违法所得没收程序时也十分保守，规定仅在贪污贿赂犯罪、恐怖活动犯罪等重大犯罪案件中犯罪嫌疑人、被告人逃匿，通缉一年后不能到案，或者犯罪嫌疑人、被告人死亡的情况下才能适用。随着司法实践的需求增加，2016年"两高"通过了《关于适用犯罪嫌疑人、被告人逃匿、死亡案件违法所得没收程序若干问题的规定》，将适用范围扩大至危害国家安全、走私、洗钱、金融诈骗、黑社会性质的组织、毒品犯罪案件和电信诈骗、网络诈骗

---

① 参见郎胜主编：《中华人民共和国刑事诉讼法释义（最新修正版）》，法律出版社2012年版，第613页。

犯罪案件，增加了8类之多。同时，犯罪嫌疑人、被告人"因意外事故下落不明满二年，或者因意外事故下落不明，经有关机关证明其不可能生存的"，按照"逃匿"启动违法所得没收程序。"因意外事故下落不明"明显不同于"逃匿"，司法解释通过法律拟制的方式扩大了违法所得没收程序的适用范围。从违法所得没收程序基于实践需要的扩张可以相信，缺席审判也很可能存在这样的需求。有学者就曾指出，"实际上存在很多同样严重破坏社会主义法治的罪行，而这些罪犯也潜逃国外而造成案件无法审理，只能搁置，被破坏的社会关系也无法恢复"。① 因此，在适用范围的设定上有必要进行适当扩大，从而满足司法实践的需要。

第四，第二类缺席审判缺乏具体的程序规定。对被告人患有严重疾病中止审理超过6个月仍无法出庭的案件进行缺席审判，被告人及其近亲属"同意继续审理"缺乏可操作的具体标准，例如没有规定控诉方为获得"同意"应当履行的权利告知义务，对"同意"的方式是书面或口头也未予以明确。

第五，对死亡被告人案件以审判监督程序进行缺席审理，不属于缺席审判。从"缺席"的表面含义看，是指被告人在审判时不在场。"缺席"的潜在含义是被告人具有出庭的可能性而不出庭或无法出庭，并不包含自始不具备出庭可能的缺席。这与不能对在实施犯罪行为过程中死亡的人启动追诉程序属于同样的道理。被告人在审判过程中死亡的，被告人并非自始不可能出庭，且对有证据证明无罪的被告人作出无罪判决，符合刑事审判围绕被告人是否构成犯罪而展开的目的。但是，对已经死亡的被告人启动审判监督程序，是要对自始不能出庭的被告人进行审判，不符合缺席审判的要求。

三、确定我国缺席审判适用范围的原则

我国缺席审判适用范围的确定，缺乏明确的标准和原则，造成应当缺席审判的不能缺席审判，可以缺席审判的又存在操作上的困难。我国缺席审判适用范围的确定，首先，承认被告人享有出庭权，遵循被告人出庭自愿性优先原则；其次，被告人的出庭权并非可以不受任何限制，个别情形下，也可以通过适当限制被告人的出庭权，

---

① 李佳澍、虞宗麟、罗海敏：《论我国刑事缺席审判制度的适用与完善》，载《法学》2019年第2期。

进行缺席审判,但是,这种限制应遵循公正审判的要求,不可突破保障被告人实质性出庭权的底线。

(一)被告人出庭自愿性优先原则

首先,被告人出庭具有自愿性的前提是,被告人享有出庭的权利。这一点是毫无疑问的。在早期国家权力扩张时期,出庭被视为当事人的诉讼义务,不出庭将导致对其不利的后果。随着近代三权分立理念的确立和新自然法学派的兴起,国家权力越来越受到国民权利的限制,出庭被认为是当事人可处分的一项诉讼权利。《公民权利和政治权利国际公约》第14条第3款规定:"在判定对他提出的任何刑事指控时,人人完全平等地有资格享受以下的最低限度的保证:……(丁)出席受审并亲自替自己辩护或经由他自己所选择的法律援助进行辩护。"

其次,权利蕴含了自由意志,这种意志既可以是要做某件事,也可以是不要做某件事,具有可选择性。根据19世纪德国法学家耶林的观点,权利的本质是法律所保护的利益,是人们在自由意志的基础上有目的地对各种利益进行选择的结果。① 选择意味着放弃,也意味着承担相应的结果。被告人基于自由意志选择不出庭,就意味着放弃了出庭质证、亲自为自己进行辩护的机会,也要承担这些机会丧失之后无法补救的后果。事实上,在缺席审判程序中,法庭在对缺席原因进行严格审查时,特别关注被告人是不是基于自由意志而处分了自己的诉讼权利。

再次,自愿性优先,是指在确定是否应当进行缺席审判时,首要也是最重要的考虑因素是被告人对于出庭审判的态度,而不是控诉方、被害人的态度,也不能由法院径行决定。诚然,刑事审判活动是围绕被告人的刑事责任问题而展开的,被告人是可能被定罪量刑的对象。但是,被告人也是诉讼活动的主体。这种主体性不仅体现在被告人享有各项完整的诉讼权利,还体现在被告人能够决定审判活动能否继续。被告人逃跑、患有严重疾病时,案件只能中止。实践中,被告人未经许可中途退庭时,庭审被迫中断。未被羁押的被告人经依法传唤拒不到庭接受审判时,法院只能重新安排开庭。可见,被告人配合审判的意愿直接决定了审判能否顺利进行。

---

① 参见[德]鲁道夫·冯·耶林:《为权利而斗争》,郑永流译,法律出版社2007年版,第43页。

最后，被告人表明是否愿意出庭的方式有明示也有默示。通常，被告人在审判期日出现在法庭上，按照庭审的要求和程序正常行使权利直到审判终结，不论被告人主观上是否情愿接受审判，都可以被告人的行为来确定其具有出庭意愿。但体现被告人不愿意出庭的方式有多种，如被告人向法庭申请或书面同意不出庭，是明示的不到庭；经依法传唤知悉审判内容而不到庭，且没有正当理由的，是以默示方式不到庭；在庭审中，被告人不顾法官警告，扰乱法庭秩序，使审判不能顺利进行下去，虽然被告人没有明确提出自己不愿意参与庭审，但其行为已经构成默示的不愿出庭。对于被告人在犯罪后逃跑，审判时仍未归案，是否表明被告人不具有出庭意愿需要具体分析。其一，被告人为逃避审判而逃跑，具有防止被抓捕归案的行为，是不愿意出庭受审的表现；其二，如果被告人逃至境外，客观上导致出席法庭受审的可能性极低，即使被告人未明确提出，也是明示的不出庭；其三，如果在境外的被告人表明了回国意愿，但由于客观上不能控制的原因无法回国接受审判，则又属于具有出庭意愿的不适用缺席审判；其四，如果被告人逃跑具有正当原因，如被告人是患有严重疾病的亲属的唯一抚养人，则不应轻易作出缺席审判的决定，而应当争取在该原因消除后进行对席审判；其五，被告人虽为躲避审判而逃跑，但逃跑后遭遇自然灾害、意外事故导致客观上无法出庭，则无法确定被告人是否具有出庭意愿。总之，判断被告人是否具有出庭意愿的根据是被告人的客观行为。

(二) 出庭权可限制原则

诚然，出庭权是被告人的一项诉讼权利。但是在特定情况下，可以对权利的行使进行必要的限制。对被告人出庭权进行限制的主体是法官，这种限制既可能是不利于被告人的，也可能是为保护被告人利益而进行的。《世界人权宣言》第29条第2项规定："人人在行使他的权利和自由时，只受法律所确定的限制，确定此种限制的唯一目的确在于保证对旁人的权利和自由给予应有的承认和尊重，并在一个民主的社会中适应道德、公共秩序和普遍福利的正当需要。"可见，《世界人权宣言》所提出的是不利的限制，其中限制的条件有两个，一是为了承认和尊重他人的权利和自由，二是为了适应社会的正当需要。在刑事司法实践中，被告人长期下落不明时，案件会被搁置，这会延长诉讼周期、降低诉讼效率，有碍事实查明，制约刑罚威慑功能的发挥。在有的案件中，还会增加被害人的痛苦，制造不安定因素。此时，如果不对被告人的出庭权加以限制，就是损害被害人及时获得正义的权利，限制被告人的出庭权，进行缺席审判，将避免不适当拖延带来的诉讼效率的降低和刑罚功能的减弱，这正是适应社会需要的体现。此外，在对证人进行询问时，被告人应当出庭，这既是为了促使证人在不受压迫的环境下提供证言，也是为了防止对证人的身心带来不利影响。

为保护被告人而限制其出庭权，主要体现在限制未成年人出庭。未成年人一直是各国刑事司法保护的重点。为了保护未成年人的身心健康，本着教育、感化、挽救的方针，应尽可能避免其出庭承受对犯罪行为的反复陈述，减少其心理压力。这种保护性的限制仍然以被告人出庭自愿性为优先。也就是说，如果被告人或其法定代理人没有提出不愿出庭的申请，法院不能强制要求被告人不出庭。

（三）出庭权实质性保障原则

个别情况下，被告人缺席并非自愿或无法判断被告人是否具有出庭的意愿，缺席审判有发生的可能性，此时应当以保障被告人的实质性出庭权为底线。对此，法国的做法值得借鉴。《法国刑事诉讼法典》第412条规定了轻罪程序中，如果传票未送达被告人本人或无法查实被告人收到传讯，法庭可以在被告人没有出庭的情况下进行审判。同时该法规定，如果被告人在一定期限内提出异议，则该缺席判决失去效力，被告人得获得重新审判的机会。出于非因被告人主观原因，法院在被告人不出庭的情况下进行审判，属于限制被告人出庭权的行为。但是，允许被告人提出异议，且具有获得重新审判的机会，能够在实质上保障被告人的出庭权，符合审判公正的要求。可见，在被告人的出庭权被限制后，赋予一定的救济措施有利于实现审判公正。

必须注意的是，笔者从被告人享有出庭权的角度，认为是否进行缺席审判与被告人的出庭意愿有很大关系。但这不意味着笔者同意被告人有权决定是否进行缺席审判。被告人的意愿构成缺席审判的动因，法院负责审查后决定是否进行缺席审判。同时，被告人的出庭意愿并非决定是否可以缺席审判的唯一因素，案件的性质、被害人的意见、能否保证辩护律师出庭等都可能影响缺席审判与否。总而言之，确定缺席审判的适用范围以被告人出庭权为基础，具体设定时还需满足一定的条件。

四、我国刑事缺席审判的适用范围

在确定我国刑事缺席审判的适用范围时，应当由限制论向扩张论逐渐过渡，将适用范围进行有限度的扩张，上述原则正是在这一指导下归纳出来的。此外，我国的缺席审判适用还应当考虑到国情的特殊性，这种特殊性主要指在反腐败高压态势下国际追逃追赃的大形势，以及认罪认罚从宽制度改革。综合考量共通性和特殊性，有助于确立符合我国实际情况的缺席审判制度。

第一，在轻罪案件中，被告人申请或同意不出庭的，可以适用缺席审判程序。虽然学界对于轻罪有不同的认识，但主张轻罪案件适用缺席审判的呼声较高。正如有的学者所提出的那样，"某些轻微刑事案件，由于控辩双方在开庭审理前或者在开庭审理的初期已达成对罪刑认识的一致或者协调，某一方的缺席并不会构成对直接言词原则的违反，尤其是对于被告人而言，此时之出庭义务可视为一种额外的负担。从有利于被告人的诉讼原则出发，缺席审判是合法合理的"。① 至于轻罪的范围，有的学者将轻罪限定为依法可能判处管制、拘役或单处罚金的案件；② 也有学者认为，可能判处判处1年有期徒刑以下刑罚或单处罚金的犯罪案件；③ 还有学者认为轻罪指可能判处3年以下有期徒刑、缓刑、拘役、单处罚金或者剥夺政治权利的刑事案件，④ 个别学者虽认为轻罪可以适用缺席审判，但并未给出轻罪的界定范围⑤。杨宇冠教授认为自诉案件、轻微交通违法犯罪案件、轻微伤害案件、醉酒驾驶案件等轻微犯罪案件，可以考虑进

---

① 欧卫安、汪筱文：《我国刑事缺席审判制度构建思考》，载《人民检察》2004年第9期。

② 参见赵琳琳：《我国刑事缺席审判程序的多维度探析》，载《中国政法大学学报》2019年第2期。

③ 参见张吉喜：《论刑事缺席审判的适用范围——比较法的视角》，载《中国刑事法杂志》2007年第5期。

④ 参见邓思清：《刑事缺席审判制度研究》，载《法学研究》2007年第3期。

⑤ 参见王林清、卢文海：《论刑事缺席审判》，载《中国司法》2006年第3期。

行缺席审判。① 笔者认为，在我国，轻罪案件应当是可能判处3年有期徒刑以下刑罚以及单处罚金的案件。这是因为，我国刑法中大多数犯罪的最低刑罚档以3年有期徒刑为基准，在决定是否应当缺席审判时可操作性更强。此外，可能判处3年有期徒刑以下刑罚的被告人适用缓刑的可能性较大，审前羁押率相对较低，往往还在从事正常工作，对缺席审判的需求较高。

此外，对于符合速裁程序审理的案件，如果被告人申请或同意不出庭，可以进行缺席审判。在认罪认罚从宽制度改革和速裁程序试点过程中，有学者曾提议选择对抗性较低、对诉讼效率要求较高的快速审判程序，作为被告人出庭义务例外的突破点，建立缺席审判制度。② 不过有学者认为，"认罪认罚从宽案件诉讼效率经由缺席审判而进一步提升的空间有待实践验证"。③ 实证研究数据表明，在符合速裁程序审理条件的案件中适用缺席审判程序具有可行性。根据学者的研究，速裁程序试点期间，18个试点城市速裁案件起诉日至审判日的时长平均为6天。④ 有的法院审理时限更短，平均1.8天审结一起速裁程序案件，大多数试点法院平均每个案件的开庭审理时间大约5—10分钟。⑤ 平均不到10分钟的开庭时间，开庭审理的形式意义大于实质意义，被告人是否有必要出庭有待考虑。因此，笔者认为速裁程序审理的案件都可以在被告人同意的情况下进行缺席审判。

第二，未羁押被告人经依法传唤后而不到庭，当被告人知悉审判事项但仍不愿意出庭的，可以进行缺席审判。知悉权的保障是进行缺席审判的前提。正如学者所指出的那样，"缺席审判的正当性主要来源于被告人自愿放弃出庭权，而自愿放弃出庭权的前提是被告

---

① 参见杨宇冠、高童非：《中国特色刑事缺席审判制度的构建——以比较法为视角》，载《法律适用》2018年第23期。

② 参见崔凯：《义务视阈下的被告人庭审在场问题研究》，载《政法论坛》2017年第2期。

③ 初殿清、王晋彦：《认罪认罚从宽制度视角下刑事缺席审判探析》，载《人民法治》2018年第3期。

④ 参见李本森：《刑事速裁程序试点实效检验——基于12666份速裁案件裁判文书的实证分析》，载《法学研究》2017年第5期。

⑤ 参见刘方权：《刑事速裁程序试点效果实证研究》，载《国家检察官学院学报》2018年第3期。

人接到有关开庭信息以及被指控事由的通知"。① 在我国,除特殊原因外,处于羁押状态的被告人一般能够出庭,但未被羁押的被告人则不然。我国刑事诉讼所规定的文书送达方式较多,除了直接送达外,还有邮寄送达、委托送达、留置送达甚至公告送达,被告人很可能没有收到传票。这就要求,在决定缺席审判之前应当与被告人再次沟通以确定其意愿。

第三,被告人未经许可中途退庭或因违反法庭秩序而被带出法庭的,可以缺席审判。我国刑事诉讼法规定,庭审中诉讼参与人违反法庭秩序,经审判长警告后仍然不听制止的,可以强行带出法庭。在没有缺席审判程序的情况下,被告人离开法庭则需休庭,试想,如果被告人故意扰乱庭审秩序以拖延诉讼,而法庭出于保护其庭审在场权的目的而休庭,相当于允许被告人因其不当行为而获利,这十分荒谬。被告人在法庭上再三违反法庭秩序,就应当承担因其不当行为而产生的不利后果。应适用出庭权可限制原则,将此种情况纳入缺席审判程序。被告人未经法庭许可中途退庭的情况与之类似。被告人是具备行为能力的个体,在开庭之始就已经获知法庭是解决其定罪量刑问题的场所,明了其在法庭上依法享有质证、辩护、做最后陈述等诉讼权利,并且知晓应当履行遵守法庭纪律等义务。被告人明知退庭的后果仍然离开法庭,不仅违反了遵守法庭纪律的义务,扰乱了法庭审理秩序,而且放弃了其在随后的法庭审理中本应享有的诉讼权利。被告人有权主动放弃权利,法官有权决定在被告人缺席的情况下继续审理。当然,不论在上述哪种情况下,如果法官认为后续审理需要对被告人进行讯问,以被告人在庭为必要,也可强制被告人回到法庭,但这并不妨碍法官有权缺席审理。需要注意的是,如果强制被告人再次回到法庭进行审理,则被告人天然地恢复了诉讼权利,同时意味着法官放弃了缺席审理程序,不能以被告人先前的离开而否认被告人的诉讼权利。

第四,犯罪嫌疑人、被告人逃跑的,应视情况决定是否缺席审判。在早期关于缺席审判的研究中,逃跑被视为应当进行缺席审判的重要理由。我国刑事诉讼法修改时,最初就将犯罪嫌疑人"潜逃境外"作为贪腐贿赂案件缺席审判的条件,其重要性可见一斑。但

---

① 杨宇冠、高童非:《中国特色刑事缺席审判制度的构建——以比较法为视角》,载《法律适用》2018年第23期。

是,并非一旦犯罪嫌疑人犯罪后逃跑,审判阶段仍未归案,就当然能够进行缺席审判。只有对那些为了逃避审判而逃跑,在得知被起诉的信息后,具有出庭参加诉讼的能力而不出庭的被告人,才能进行缺席审判。至于被告人在境内还是境外,在所不论。如果被告人逃跑具有正当理由,如被告人是患有严重疾病的亲属的唯一抚养人,逃跑是为了照顾该亲属,则不应轻易作出缺席审判的决定。如果法院没有穷尽一切可能告知的途径,被告人无法得知将被审判的时间、地点等信息,也不能启动缺席审判。如果逃跑的被告人遭遇了意外事故导致客观上无法出庭,也不应缺席审判;如果缺席审判了,应当给予被告人重新审理的机会,即保障被告人实质性的出庭权。

第五,基于国际追逃追赃需要,应当适当增加须进行缺席审判的罪名。有学者主张应当尽可能将罪名局限于现有三类罪名的案件中,甚至认为对腐败犯罪的缺席审判范围应当限制为重大的腐败犯罪案件,比刑事诉讼法的要求更加严格。① 但是,仅覆盖贪污贿赂犯罪、恐怖活动犯罪和危害国家安全犯罪案件,不利于打击犯罪和充分发挥缺席审判的惩罚犯罪功能。正如笔者前面所论述的那样,缺席审判与违法所得没收程序在国际追逃追赃方面具有相同的价值目标,后者的适用范围在实践需求的基础上进行了扩大,缺席审判也应当在黑社会性质组织犯罪、毒品、走私、电信诈骗、网络诈骗等案件中发挥作用。事实上,这几类犯罪往往具有跨国性,有的犯罪嫌疑人本身就藏匿国外,有的则长期在国内和其他国家之间流窜,不容易抓捕并进行对席审判。此外,对中国缔结或参加的国际条约中规定的其他犯罪,如非法劫持航空器的犯罪,按照国际条约规定我国有刑事管辖权的,也适用缺席审判。

除了上述几种情形外,缺席审判还适用于被告人因客观原因不能出庭,如我国刑事诉讼法所规定的第二类缺席审判,或为了被告人的利益而限制未成年人出庭,不一一列举。需要注意的是,可能判处死刑的不适用缺席审判。这既是基于死刑犯不引渡的国际刑事法原则,也是基于对死刑案件的慎重态度。

---

① 参见彭新林:《腐败犯罪缺席审判制度之构建》,载《法学》2016年第12期。

结　语

　　尽管本文列举了诸多适宜适用缺席审判程序的情形，但这并不意味着缺席审判在刑事审判中占据主导地位。我国刑事审判应当坚持以对席审判为原则，以缺席审判为例外。在对我国缺席审判案件范围的规定进行考量时，虽然应当认识到反腐案件缺席审判的积极意义①，但更应当明确，追逃追赃并非缺席审判程序设立的唯一目的，在不同的历史时期，缺席审判应当在打击犯罪、促进司法公正和追求诉讼效率之间寻求平衡。在建构刑事缺席审判制度时，"立法者所要做的并非避免'缺席'，而是尽可能避免'不公正的缺席'"。② 因此，应当特别注重对被告人知悉权、辩护权的保障，并赋予被告人一定条件下的异议申请权，从而使缺席审判满足公正性的要求。

---

　　① 参见黄风：《对外逃人员缺席审判需注意的法律问题》，载《法治研究》2018年第4期。
　　② 施鹏鹏：《缺席审判程序的进步与局限——以境外追逃追赃为视角》，载《法学杂志》2019年第6期。

刑民交叉诉讼中的事实认定问题
——以生效裁判事实认定的预决效力为视角

孙 莹[*]

刑民交叉诉讼中的事实认定问题，一般基于同一事实可能被刑事或民事法律予以评价，从而产生某些已决事实在后续涉及刑民交叉诉讼中的证明效力问题，简言之就是生效裁判事实认定的预决效力问题。刑民交叉诉讼涉及实体和程序两个法律领域，实体领域涉及刑法和民法两个方面的部门法，程序领域涉及刑事诉讼和民事诉讼两个方面的部门法，所以该项研究要站在与刑事、民事相关的实体法和程序法的多重视角。[①] 不同的部门法所关注的视角各有侧重，也各自适用相应的证据制度，常常伴随着事实认定问题。如何认定生效裁判已决事实在后续诉讼中的证明效力，这是在刑民交叉诉讼中需要重视的问题。

程序规范、公正高效地解决争端，是纠纷处理机制构建的基本目标，也是本文研究如何构建符合我国实际的刑民交叉诉讼中事实认定模式的研究目标。本文从刑民交叉诉讼中的事实认定这一问题出发，以生效裁判事实认定的预决效力为视角，通过对有关概念和语境的界定，综合司法公正与诉讼效率、司法权威性与诉讼独立性、公众合理期待等考量因素，多方位借鉴域外在立法和司法方面的相关经验，并结合对我国现状的考察情况，对我国刑民交叉诉讼中的事实认定问题进行分析和思考，并提出建议，在一定程度上具有较为积极的意义。笔者期冀这些研究和探讨，对于建立我国生效裁判事实认定的预决效力制度、解决我国刑民交叉诉讼中的事实认定问题能够有所裨益。

---

[*] 中国政法大学司法文明协同创新中心2019级博士研究生。

[①] 参见陈兴良：《刑民交叉案件的刑法适用》，载《法律科学》2019年第2期。

一、问题的提出与概念的厘清

(一) 问题的提出

刑民交叉诉讼是司法领域关注已久的问题,随着社会经济的发展伴随而来的就是法律关系的复杂化,涌现出很多与之前的传统的、典型的民事或刑事案件不同的案件类型。这些案件不仅涉及金额巨大,而且涉及人员众多且地域广泛,往往引发民事和刑事相互交织的复杂法律问题。司法机关办理刑民交叉案件时也常会陷入实体法和程序法的双重困境,在实体上有时难以界定具体案件性质和范围,在程序问题上有时也会出现衔接不畅或处理不当。与之相伴产生的对刑民交叉事实认定问题的研究、生效裁判事实认定对后续诉讼的影响等问题的讨论,也成为学界和实务部门的热点、难点。

刑民交叉案件完全可能出现刑民诉讼程序对事实认定不一致的情形,[①] 矛盾的判决既可能侵犯当事人的权益,也可能拖低了司法效率,更可能动摇司法的权威。但是,关于刑民交叉诉讼中的事实认定问题尚未形成体系性的研究,能够指导实践的理论相对缺乏或者立法的规定简单而抽象,尚需进一步细化完善。并且在司法实务中对于刑民交叉案件关于事实认定方面的处理不一,带来很多问题,也引发不少困惑和质疑,急需立法深入研究和理论指导指引。特别是在民法典施行的大背景下,更加督促裁判者要妥善地处理刑民交叉案件、更加准确地掌握刑民交叉诉讼中的事实认定问题,将权利保障和公正效率落到实处。笔者通过本文的思考和探讨,对刑民交叉诉讼中的事实认定问题提出观点和建议,以期推动建立生效裁判事实认定的预决效力制度,也希望有助于司法实践中刑民交叉案件公正高效裁判。

(二) 概念的厘清

虽然学界和实务部门常使用"刑民交叉"这个用语,但其并不是一个法定概念,也不具有特别清晰和严谨的内涵和外延。关于"刑民交叉"的说法,含义不太清晰。[②] 所以,在探讨刑民交叉诉讼

[①] 参见张卫平:《民刑交叉诉讼关系处理的规则与法理》,载《法学研究》2018年第3期。

[②] 参见周光权:《"刑民交叉"案件的判断逻辑》,载《中国刑事法杂志》2020年第3期。

中事实认定这一话题之前,有必要对相关概念和语境加以厘清。

刑民交叉诉讼指同一事实或行为涉及刑事犯罪、民事违约或侵权,刑事法律关系和民事法律关系出现竞合和牵连、刑事法律责任或民事法律责任出现聚合,进而产生的相互之间存在竞合、牵连或影响的交叉诉讼。刑民交叉案件指既涉及刑事法律关系,又涉及民事法律关系,且相互之间存在交叉、牵连、影响的案件。① 刑民交叉诉讼中的事实认定问题,主要体现为交互影响和预决效力,即生效裁判的事实认定对后续诉讼事实认定的影响和预决效力。

生效裁判事实认定的预决效力区别于既判力。既判力指生效裁判中确定当事人实体权利义务的裁判主文对后续诉讼的约束力。生效裁判的裁判主文与事实认定既有区别又有联系,裁判主文的根据是事实认定,但裁判主文又不等同于事实认定。生效裁判的预决效力与生效裁判事实认定的预决效力有不同含义,虽然主文的约束力必然会推及事实认定的约束力,但其效力程度、条件与机理仍有别于既判力。②

另外,我们还有必要对有关语境进行简要说明。司法实务中出现了不同性质的案件由同一个审判机关进行合并审理的情况,大体分为附带性、非附带性。附带性即刑事附带民事诉讼,在于提高诉讼效益;③ 非附带性比如知识产权案件"三审合一"(刑事、民事、行政)。这些情况都指向案件由同一个审判机关合并审理的语境,这与独立的诉讼交叉语境不同,因此并不是本文讨论的范畴。刑民交叉诉讼的事实认定往往是基于同一事实可能被刑事法律或者民事法律进行评价,而交叉的民事诉讼和刑事诉讼又属于不同审判机关进行审理。在这样的背景下,事实认定便存在交叉或关联,对后续诉讼带来影响,即刑民交叉诉讼中生效裁判认定的事实对于后续诉讼的预决效力,本文所关注的语境也在于此。

---

① 参见何帆:《刑民交叉案件审理的基本思路》,中国法制出版社2007年版,第25—26页。

② 参见龙宗智:《刑民交叉案件中的事实认定与证据使用》,载《法学研究》2018年第6期。既判力是生效裁判中确定当事人实体权利义务的裁判主文对后续诉讼的约束力。生效裁判中的事实认定是裁判主文确定实体权利义务的根据,但它不是既判力的载体本身。

③ 参见陈光中主编:《刑事诉讼法学》,中国政法大学出版社1996年版,第231页。

二、刑民交叉诉讼中事实认定的考量因素

考量因素对于某一问题的研究起到非常重要的作用,这也是笔者对刑民交叉诉讼中事实认定问题进行思考的出发点。

(一) 兼顾诉讼效率和司法公正

在先判决的事实认定对后续诉讼的预决效力,关系到司法效率与公平正义之间的平衡。在诉讼独立的制度下,同一案件事实在交叉诉讼中都需要进行法律认定。对事实认定进行研究,建立交叉诉讼事实认定规则,可避免对同一事实再行审理和裁判,有利于提高司法效率和节约诉讼资源,更好地体现法秩序的统一。对效率的追求不能忽视司法公正,如果发现先前判决认定的事实可能有误,比如后续诉讼当事人提出有效抗辩,或者后续诉讼中出现了足以推翻在先生效裁判认定事实的新证据,即可否定先前判决的事实认定,并在后续诉讼中重新作出事实判定。因此,即使确认先前判决事实认定预决效力,也要否定其绝对性,兼顾效率与公正。

(二) 兼顾司法统一性和诉讼独立性

司法统一性表现在司法权的统一行使和程序机理及证据法则的协调统一。法院统一行使审判权,裁判内容应当无冲突。在诉讼中,控辩双方或原被告双方就事实认定都要遵循证据裁判原则。但司法统一性与诉讼独立性并不对立。刑事诉讼与民事诉讼二者具有不同的任务和功能,相关程序和证据规则也不同,在刑民交叉案件中,不论是刑事法庭还是民事法庭,都有独立裁判权,需以本案的举证、质证与辩论为基础来认定案件事实。研究刑民交叉诉讼中的事实认定与证据使用的问题,需要将司法的统一性和诉讼的独立性都作为考量因素,二者需要兼顾。

(三) 将民众认知的合理期待作为考量因素

法院作出的裁判应当保障公正、高效,同时也必须要符合普通民众认知的合理期待。情理法相融合,这样的生效裁判才具有执行力,也才会使广大民众接纳和信服。在刑民交叉诉讼中,若在先生效裁判所认定的事实被后续诉讼推翻或否定,如果没有特别充分的理由,或者足以推翻前判事实的新证据的情况下,则可能有损司法权威,也打破了普通民众的合理期待。所以,在研究刑民交叉事实认定的问题上,要将公众认知的合理期待作为考量因素之一。

三、刑民交叉诉讼中事实认定问题的域外考察

（一）生效刑事裁判认定事实的预决效力

生效刑事裁判中事实认定对后续民事诉讼预决效力，在两大法系中的表现各有不同。无论从制度层面或理论层面，还是从司法实践层面，大体分有以下几种情况：

第一种情况是"普遍适用"。即确定刑事裁判的权威性，对后续民事诉讼事实认定普遍适用。以法国为例，尽管没有法律明文规定，但法院判例自19世纪以来确认刑事裁判在民事方面具有既决事由的权威效力，无论其是否曾经参加先前的刑事诉讼，但限定于刑事裁判"确定""必要"事实。

第二种情况是"强证明力"。以德国为例，将有罪判决作为公文书，确认其很强的证明力，纳入推定机制，允许当事人反驳。

第三种情况是"推定为真实"。如英国1968年民事证据法有这样的规定，将有罪判决事实推定为真实，设置反驳机制。

第四种情况是"可采证据"。如澳大利亚1995年证据法规定，民事程序中定罪判决证据具有可采性，但不能对抗第三方之人，这是因为第三方很难就该定罪判决提出反对。

第五种情况是"允许采纳"。如美国证据法规定，符合法律规定条件的终局定罪判决证据可作为传闻证据排除之例外的可采证据。

第六种情况是"不承认效力"，即不承认有罪判决事实认定对后续民事诉讼的效力。① 如英国1943年霍灵顿（Hollington）案中，曾否定有罪判决事实认定对后续民事诉讼预决效力，不能对抗案外第三人。该案确立的规则，在实践中受到批评，并为英国制定法所改变。

（二）生效民事裁判认定事实的预决效力

在英美法系国家，民事裁判是在较低证明标准基础上作出的，因此不具有约束刑事裁判的效力，但有例外。② 大陆法系国家则采取民事裁判的已决事由对刑事诉讼没有任何约束力的坚决态度。

---

① 参见齐树洁主编：《英国证据法》，厦门大学出版社2002年版，第661页。不承认有罪判决事实认定对后续民事诉讼的效力。

② 若该民事裁判判处政府方败诉，则出于对被告人的保护与承担证明责任能力的推断，该败诉结果可以用作对被告人有利的证据，并具有约束力。

通过对域外情况的以上考察可以看出，不论是生效刑事裁判还是民事裁判，各国对于生效裁判认定事实的预决效力问题，在其效力强度、适用条件、范围以及作用机制存在明显区别，这种区别在一定程度上体现出了各国根据本国实际情况，在司法公正与诉讼效率、诉讼独立性与司法权威性、民众的合理期待等方面的不同价值考量。

四、刑民交叉诉讼中事实认定问题在我国的现状考察

（一）我国民事诉讼法规定"生效裁判确认的事实"适用"无须举证证明"规则

2020年5月1日起施行的《民诉证据规定（2019修正）》① 第10条规定，已为法院发生法律效力的裁判所确认的基本事实，当事人无须举证证明，当事人有相反证据足以推翻的除外。2021年1月1日起施行的《民诉法解释（2020修正）》② 第93条规定，已为法院发生法律效力的裁判所确认的事实，当事人无须举证证明当事人有相反证据足以推翻的除外。

我们需要注意其中的重要变化，即免证事实从"基本事实"到"事实"的变化。根据《民诉证据规定（2019修正）》第10条，免证事实须符合两个条件：其一是生效裁判所"确认"的事实，其二是"基本事实"。而《民诉法解释（2020修正）》第93条则把"基本事实"改为"事实"，即免证事实须符合一个条件，就是生效裁判所"确认"的事实，并未再限定于"基本事实"。

根据《民诉法解释（2020修正）》第552条，《民诉证据规定（2019修正）》第10条与《民诉法解释（2020修正）》第93条不一致的部分，适用《民诉法解释（2020修正）》第93条的规定。也就是说，我国民事诉讼采用的生效裁判事实认定预决效力机制，可称为"免证事实"机制，即"生效裁判所确认的事实，无须举证"。

（二）规定了"免证事实"的否定规则，即"足以推翻的除外"

如前所述，《民诉法解释（2020修正）》第93条、《民诉证据规

---

① 最高人民法院《关于民事诉讼证据的若干规定》（2019修正），法释〔2019〕19号，本文简称《民诉证据规定（2019修正）》。
② 最高人民法院《关于适用〈中华人民共和国民事诉讼法〉的解释（2020修正）》，本文简称《民诉法解释》（2020修正）。

定（2019修正）》第10条均规定了对于免证事实的例外情形，即"已为法院发生法律效力的裁判所确认的事实，当事人有相反证据足以推翻的除外"。就司法实务而言，立法表述的抽象常常也导致很多方面存在认识和理解上包括操作上的分歧。

另外，免证事实的否定要严格于推定事实。根据《民诉法解释（2020修正）》第93条第3项、第4项及《民诉证据规定（2019修正）》第10条第3项、第4项之规定，法律推定与事实推定的事实都属于免证事实，但是，二者的否定规则还是有非常大的区别的。对于推定事实，当事人有相反证据"足以反驳"的除外；对于生效裁判确认的事实，当事人有相反证据"足以推翻"的除外，即否定生效裁判所确认的事实有更严格的条件。

（三）生效裁判未区分民事与刑事类型，未限定基础事实或主要事实范围，未设定诉讼主体的约束条件

由前文分析可知，我国关于生效裁判事实认定对后续诉讼的证明效力，采取的是概括性规定，且仅在民事诉讼法解释中规定，其他程序未予以明确规范。域外规定则更强调定罪裁判中事实认定预决效力，且对事实范围、能否影响案外第三人，都有严格限制。与之相比，我国《民诉法解释（2020修正）》第93条所确立的机制具有如下特点：第一，从事实范围来讲，未限定事实范围，取消了之前规定的"基本事实"的限定；第二，从生效裁判类型来讲，未限定于刑事裁判或者民事裁判，也未限定有罪裁判或者无罪裁判，未特别强调定罪判决的证明作用；第三，从主体约束范围来讲，未设定诉讼主体的约束条件，无论两诉主体是否同一，只要两诉针对同一事实，均可能发生生效裁判事实认定免证效力。从生效裁判效力能否影响案外第三人来讲，域外有些国家规定不能影响案外第三人，而从我国《民诉法解释（2020修正）》第93条来看，生效裁判确认事实并未排除对案外第三人的影响。可见，《民诉法解释（2020修正）》第93条规定的免证事实，更强调生效裁判事实认定的预决效力，将维护司法统一性和权威性作为更加突出的价值考量。

表 1　生效刑事裁判对后续民事诉讼的效力简况

国家	效力模式	效力范围	当事人限定范围	效力是否及于第三人	当事人能否反驳刑事判决
美国	争点禁反言	必要、基础性的争点	必须是参与刑事与民事诉讼的当事人	不得干涉第三人，除非其明确承认	不能
美国	证据效力（补充）	仅限于判决主文	无	可以干涉	相反证据可以推翻刑事判决
英国	争点禁反言（应用面窄，要求民事诉讼与刑事诉讼主体同一）	必要、基础性的争点	必须是参与刑事与民事诉讼的当事人（交互性原则）	不得干涉第三人	不能
英国	证据效力	仅限于判决主文	无	可以干涉	相反证据可以推翻刑事判决（诽谤罪的判决除外）
法国	特别既判力（刑事判决发生既判力的民事诉讼，要求与刑事判决有直接牵连关系）	不仅限于判决主文，还包括刑事诉讼性质的、必要的事实认定与判决理由	无	可以干涉	不能
德国	证据效力（刑事判决被视为公文书证）	不仅限于判决主文，还包括事实认定与判决理由	无	可以干涉	相反证据可以推翻刑事判决
日本	证据效力（刑事判决被视为公文书证）	不仅限于判决主文，还包括事实认定与判决理由	无	可以干涉	相反证据可以推翻刑事判决
中国	证据效力（刑事判决作为司法认知）	判决主文，及事实理由、事实认定（判决书所认定的事实）	无	可以干涉	相反证据可以推翻刑事判决

（四）刑民交叉诉讼中事实认定问题在我国司法实务个案中的部分体现

在刑民交叉诉讼的个案处理中，不论是刑事法庭还是民事法庭，后诉的裁判者面对生效裁判，一般都会给予充分重视，但生效裁判认定事实在本案中的预决效力，仍要根据具体案情和证据情况对本案事实问题进行分析评判。

［案例1］后续民事审判依据在先刑事案件中认定的事实作出民事裁判。参考裁判文书：（2019）浙07民终6982号、（2017）浙0783刑初274号。民事法院审理认为，生效刑事判决中的定案证据认定案涉借款属于某分公司，但结合公安局的讯问笔录，可以认定通过民事案件原告账号转给某分公司的500万元属于某典当公司，民事诉讼原告对案涉借款并不享有实际的所有权，所以，案涉债权转让未达成真实的债权转让合意，民事诉讼原告不享有案涉债权。

［案例2］后续民事审判认定事实不必然以在先刑事案件中笔录内容为根据，刑事案件中的笔录，在本案民事审理中作为证据使用，并非定案依据。参考裁判文书：（2019）辽06民终1937号。在某案民事诉讼的二审中，上诉人主张一审判决认定佟某某基于对某银行的信任而借钱给王某某的依据，都是王某某在刑事案件中所作的笔录，并且从形式上看，是从笔录中节选的一节，刑事笔录仅仅为刑事案件当事人对该刑事案件所涉及事实的一种陈述，其陈述的内容应视为其个人观点，并不属于经过刑事判决认定的案件事实。民事法院认为，王某某在刑事案件中所作的笔录，在本案民事审理中只能作为本案民事纠纷的证据使用，并非定案依据。

［案例3］后续民事审判依据在先刑事案件中认定的事实作出民事裁判。参考裁判文书：（2019）浙07民再41号。民事法院经再审认为，根据再审查明的事实，某公司的财务账册系因公安机关侦办施某某非法吸收公众存款罪一案而被扣押，现仍保管在公安机关，并未灭失；原一审二审法院所作因某公司股东或控制人未向破产管理人提供财务账册，会计账簿、交易文件灭失，公司无法清算，以致公司被宣告破产、破产清算程序终结的认定已无事实基础。公司在破产程序中未能清算，而案涉相关财务账册在再审审理期间出现后，诉讼过程中公司尚未能进行清算，原告亦未能提供证据证明依据现有财务账册公司仍存在无法清算的情形，因此，原告以公司股东"怠于履行义务"而应承担清算不能责任为由，提起本案原审诉

讼系起诉不适时。依据再审期间出现的新证据，原审认定事实有误、所作裁判结果不当，再审予以纠正，驳回原告的起诉。

[案例4] 民事诉讼的裁判并不必然需要以刑事诉讼认定的事实为依据。参考裁判文书：（2018）赣11民初303号。民事法院认为，并非所有刑民交叉案件都要"先刑后民"。就本案而言，虽检察院指控的三被告犯故意毁损名胜古迹罪一案仍在审理当中，三被告是否构成犯罪尚未判定，但无论是刑事案件还是民事案件，三被告对本民事案件的基本事实并无异议，争议的只是三被告的行为性质的认定，即在刑事诉讼中三被告的行为是否属于"情节严重"抑或"严重毁损"，是否应给予刑事评价的问题，而在民事公益诉讼当中，争议的是三被告的行为是否属于合理利用自然遗迹从事攀岩活动，是否违反相关的法律规定及是否应当承担侵权责任的问题，民事诉讼不必然以刑事裁判认定的事实为依据。

五、对我国刑民交叉诉讼中事实认定问题的建议

部门法之间的关系并非泾渭分明，尤其是刑法与民法在法律史上就是规定在一部法律规范中，两者都是原生地解决个人与个人之间纠纷的私法。① 欧陆法系近代史开启后，随着刑罚权逐渐移到国家，并渐渐形成了刑事司法体系的雏形，民法与刑法之间的区别才慢慢放大，民法是私法、刑法是公法的理念也逐步确立。不过，现实中不少法律问题都处于刑法和民法之间，这就要求我们同时运用民法和刑法的相关理论才能妥善解决，这里包括实体方面和程序方面。这些刑民交叉问题在程序方面常常表现为法律如何衔接，在实体方面常常表现为事实如何认定。笔者结合司法公正和诉讼效率、司法统一性和诉讼独立性以及民众合理期待的考量因素，借鉴域外情况，对我国刑民交叉诉讼中事实认定问题进行分析思考并提出部分建议，以期推动建立我国生效裁判事实认定预决效力制度。

（一）明确生效刑事裁判的事实认定对后续民事诉讼的预决效力

已决事实免证规则是指已为前诉裁判所确认的事实与后诉待证事实属于同一事实时，当事人无须举证证明，后诉法院可依据前诉

---

① 参见马克昌主编：《近代西方刑法学说史》，中国人民公安大学出版社2016年版，第29—32页。

裁判直接予以认定,但有相反证据足以推翻该事实的除外。明确生效刑事裁判事实认定对后续民事诉讼的预决效力制度,即刑事判决已决事实免证规则,其价值考量主要体现在维护司法裁判的统一性和权威性且节约司法资源。在我国建立该制度也具有现实性、可行性。可以说,我国刑事判决在民事诉讼中的预决力体现在免证事实规定,① 虽然民事诉讼法解释并没有区别生效裁判性质,但在司法实践中更重视刑事裁判事实认定的预决效力。这一点与其他国家的制度和实践在某些方面具有一致性,因为刑事裁判更加强调实质真实,也具有更高的证明标准、更为有效的查明案件事实的手段。

我们需要注意,民事裁判者面对刑事裁判所进行的判断,不同于一般的司法认知,与判断和认定有关的自然规律、众所周知的事实等是明显有区别的。已为法院发生法律效力的裁判所确认的事实有时并不简单,特别是案情复杂的刑事案件中,被告人出于种种顾虑和利益取舍权衡作出的各种承诺行为,不可避免地对民事诉讼产生一定影响。如何进行准确的司法认知,便成为一项复杂工作,也是对法官的严峻考验。因此,建立生效刑事裁判认定事实的免证规则,必须设定两个限定条件。

一是免证事实应限定于"要件事实"。通常来说,刑民交叉诉讼中的事实分为实体法事实、程序法事实。刑事案件中,实体法事实包括要件事实和非要件事实。要件事实是指有关犯罪构成的事实;非要件事实是指除要件事实之外的事实,包括量刑事实、排除违法性和可罚性的事实等。民事案件实体法事实分为主要事实、间接事实和辅助事实。主要事实与要件事实基本同义;间接事实和辅助事实属于非要件事实。程序法事实指诉讼中的程序性事项。只有确定刑事责任、影响定罪量刑的"必要事实",才是发生预决证明效力的事实,对于非必要事实不应具备免证效力。

二是免证事实应限定于经过严格证明而产生的刑事裁判。需要明确,并非全部的刑事裁判都具有权威证明效力,必须有所限定。首先,那些经刑事普通程序而形成的裁判,因为其经过刑事诉讼的法庭调查、举证质证、法庭辩论,达到刑事诉讼的证明标准。这类刑事裁判通过严格程序而得到权威的免证效力。其次,根据《刑事

---

① 纪格非:《论刑民交叉案件的审理顺序》,载《法学家》2018 第 6 期。

诉讼法》第214条，适用刑事简易程序的裁判基本达到程序正当性及证明严格性的要求，这类裁判中的事实认定在后续诉讼中也可免证。但是，那些经刑事速裁程序而形成的裁判则要格外留意，这类裁判的证明力不具有当然的免证效力，其可以等同于生效民事裁判。这里面主要考量的是速裁程序的适用以被告人认罪认罚为前提，使之接近于民事诉讼的协调程序及权利处分，速裁程序突出效率价值，一般不进行法庭调查和法庭辩论。此种情况下的有关事实认定尚未能达到刑事程序正当性及证明严格性的要求，在后续诉讼中不应被视为具有免证力。

（二）明确生效民事裁判事实认定对后续刑事诉讼具有证据作用

不少国家和地区的刑事诉讼制度一般不承认民事判决的事实认定对刑事诉讼有预决效力，主要是基于民事判决认定事实的证明标准较低，也受到当事人自主处分诉讼利益的影响。虽然民事裁判的事实认定不具备预决效力，但建议明确民事裁判的事实认定具有证据作用。刑事诉讼中可以把民事裁判作为书证，由当事人提供或由法庭调取，作为刑事诉讼证据纳入刑事案件证据体系，由刑事法庭经过举证、质证和辩论，作出判断。刑事法庭采纳或不采纳民事裁判的事实认定，要在裁判文书中说明理由。

（三）刑事诉讼对特殊类型案件应尊重民事生效裁判，并将其作为预决事实

虽然刑事诉讼具有独立性和程序性，但刑事诉讼程序的推进在有些案件中必须依赖于某些民事上的权利确认，或者民事上法律关系的判断，如涉及知识产权等这类民事法律关系复杂、专业性较强的案件。此种情况下，刑事案件的办案机关应当尊重民事法院所作的事实认定与法律关系判断，并将该事实作为预决事实。需要明确，这种预决效力不是由法律或司法解释赋予，而是根据个案情况决定，同时也应当在法律文书中说明赋予其预决效力的理由。

（四）后续诉讼否定生效裁判认定的事实时应当慎重，且须采用适当方式，推行矛盾裁判的协调程序

无论是从维持秩序角度，还是从维护司法权威角度，还是经济效益角度来看，之后的民事审判不可能忽视之前的刑事判决。处理有关刑民交叉诉讼案件，要将法秩序统一性原理作为重要衡量因素，

维护司法权威，防止司法裁判的严重冲突和相互矛盾。比如民法上被生效裁判认定为合法行为，不应在刑法上被认定为犯罪。① 我国《民诉法解释（2020修正）》第93条、《民诉证据规定（2019修正）》第10条均规定了生效裁判认定事实的否定机制，即"已为法院发生法律效力的裁判所确认的事实，当事人有相反证据足以推翻的除外"。就司法实务而言，立法表述的抽象常常也导致很多方面存在认识和理解上包括操作上的分歧。因此，对足以推翻刑事裁判的事实认定，② 应设立严格标准。后续诉讼否定生效裁判已认定的事实时，应当特别慎重，基于司法权威性和统一性的考量，要保证裁判统一。

但保证裁判统一并不排斥因诉讼性质不同而出现对事实认定的裁判差异，毕竟不同的部门法在解决法律问题时所关注的视角各有不同，审理刑事案件的法官与审理民事案件的法官在事实认定上的思维方式也各有不同，在当事人意思表示真实的情况下，民事法官更注重以法律关系的形式要素来判断事实，而刑事法官更注重行为实质，即"穿透"法律关系的形式要件作实质的事实认定及性质判断。正因如此，不可避免地发生在先生效裁判认定的事实被后续诉讼否定的情况，而且有的案件中在实质真实的证明标准下由刑事裁判否定生效民事裁判认定的事实，往往也有其必要性。必须明确，刑事审判就民事诉讼已判定的同一事实进行否定时应当特别慎重，应当充分说理，并采用适当形式，建议对此类案件推行矛盾裁判的协调程序。具体而言，可以在刑事裁判之前，向民事案件审判法院提供新的证据启动再审，也可以在刑事裁判之后，由民事法庭对原案进行再审。

（五）建立刑民交叉诉讼事实认定中的证据交互使用规则

刑民交叉诉讼中的事实认定问题也关系到民事证据和刑事证据

---

① 参见于改之：《法域冲突的排除：立场、规则与适用》，载《中国法学》2018年第4期。

② 参见龙宗智：《刑民交叉案件中的事实认定与证据使用》，载《法学研究》2018年第6期。足以推翻刑事裁判事实认定的证据事实，主要应包括：（1）刑事裁判生效后，部分事实发生变化，如被害人死亡；（2）当事人发现新的确凿证据，足以推翻裁判认定事实或其中部分事实，如实际作案人被发现、据以定罪的关键证据被证明是伪造的等；（3）证据证明原刑事诉讼中存在司法人员舞弊，诉讼合法性丧失等。

的交互使用。基于证据固有的稀缺属性和诉讼效率的要求，应当构建刑民交叉案件的证据交互使用制度或者构建刑民交叉诉讼中证据交互使用的一些普遍规则，扩张证据用途，有助于解决刑民交叉诉讼中的事实认定问题。在证据交互使用规则里，对于定案根据与非定案根据的效力审查要有所区别，那些证明法律要件事实及影响法律责任的定案根据，较之其他证据，其证明效力应更为突出。另外，要对人证与物证的效力审查有所区别。物证、书证、电子数据、视听资料等在收集程序符合法律规定的情况下原则上可交互使用。但是，对于包括当事人陈述、证人证言、专家意见等证据，则要严格审查、严格限定。理由在于物证相对而言较为客观稳定，其可靠性一般强于人证，毕竟人们的陈述有时会受到相关立场、记忆、认知、表达等因素的影响，有关陈述的可靠性与稳定性较弱。

（六）重视对第三人诉讼权利的保障

在我国《民诉法解释（2020修正）》第93条的现有模式下，第三人对于既有刑事判决的影响是无法逃避的，只能提出证据抗衡之，生效裁判所产生的影响及效力，对于未参加刑事诉讼的第三人来说，无疑增加了其诉讼难度。虽然保障司法权威性仍然是我国刑事判决效力模式追求的重要目标之一，但在制度设计上仍不能忽视对第三人诉讼权利的保障。笔者认为，在建立刑民交叉诉讼中生效刑事裁判事实认定预决效力制度时，基于司法公平公正之考量，应当重视对第三人诉讼权利的保障。关于保障第三人诉讼权利，有两条路径可尝试推行：第一，将刑事判决效力的主体范围限定为参与刑事诉讼的当事人，而对于第三人，其可自由选择是否遵从刑事诉讼裁判；第二，刑事判决对第三人产生效力，但应当扩张第三人的申诉渠道，不仅允许其向人民法院申诉，还应当允许其向人民检察院提起申诉，法院或者检察院应当受理。但仍应注意到，将诉讼效力扩张到未参与诉讼的第三人，即使允许第三人提起申诉，对第三人来讲客观上仍然是加重了其责任，是不够公平的。因此，从长远来看，严格限定刑事判决效力主体范围的模式也许更加公正。

认罪认罚从宽制度中的被追诉人承认
——基于权利视角的分析

刘 妍*

2018年刑事诉讼法将认罪认罚从宽试点成果以法律形式予以固定、发展，从法律层面建构了涵盖整个刑事诉讼的认罪认罚从宽制度。2019年1月至2020年8月，适用认罪认罚从宽制度办结案件1416417件1855113人，人数占同期办结刑事犯罪总数的61.3%。[①]认罪认罚从宽制度自试行以来，控辩双方针对量刑的协商一直是学界讨论的热门话题。[②]有学者甚至认为，认罪认罚从宽制度是"中国版的辩诉交易"。[③]然而，从规范层面看，认罪认罚从宽制度同美国"辩诉交易"制度存在本质不同，其控辩协商内容、范围有限，定义为"法定从宽"制度更为适宜。[④]作为该制度核心的认罪认罚，其法律性质也并非"权力"，而是被追诉人的"权利"，[⑤]更多是对检察机关指控犯罪事实与罪名的一种"承认""认同""无异议"。查尔斯·泰勒在《承认的政治》一书中对"承认"和"认同"作了

---

* 中国政法大学刑事司法学院2018级博士研究生。

[①] 参见徐日丹：《认罪认罚从宽制度：稳健运行成果丰硕》，载《检察日报》2020年10月16日。

[②] 参见樊崇义：《刑事速裁程序：从"经验"到"理性"的转型》，载《法律适用》2016年第4期。

[③] 参见薛应军：《激辩"认罪协商"制度》，载《民主与法制时报》2016年3月10日。

[④] 参见熊秋红：《比较法视野下的认罪认罚从宽制度》，载《比较法研究》2019年第5期。

[⑤] 参见闵春雷：《回归权利：认罪认罚从宽制度的适用困境及理论反思》，载《法学杂志》2019年第12期。

区分。① 诉讼法意义上的被追诉人"承认"或者"无异议"往往指代一种利益授权性的意思表示。② 我国刑法领域,"被害人同意(承诺)理论"广受关注,如"被害人同意能否作为单独的排除犯罪性事由"③"如何运用被害人同意理论分析个罪中的问题"④,且已出现一些系统的研究成果⑤。相比之下,以"自愿""无异议""承认"为特征的被追诉人承认,广泛存在于现行刑事司法实践中,认罪认罚的自愿性、明智性虽然被相关试点文件多次提及,"两高三部"《关于适用认罪认罚从宽制度的指导意见》(以下简称《指导意见》)更在19个条文24处谈及被追诉人的"自愿"问题,占将近1/3的篇幅。然而理论界却对此鲜有涉及,需要通过建构新的诉讼理论系统予以解决、修正。

一、承认的性质:"权利"的理论证成

(一)承认的概念提倡

从认罪认罚从宽制度的试点实践来看,控辩双方针对被追诉人量刑的协商一直以来是保障被追诉人取得认罪认罚从宽制度适用实效的重要机制。⑥ 如前所述,有学者认为,认罪认罚从宽制度是"中国版的辩诉交易"。也有学者认为,我国认罪认罚从宽制度与美国辩诉交易制度的最明显不同在于不允许对罪名、罪数进行协商,控辩双方所能灵活协商的只有"量刑内容",因此我国认罪认罚从宽制度并非"控辩协商制度",而是"法定从宽"制度。

从解释论角度出发,被追诉人承认这一概念,可以有效规避解释上的混乱。认罪认罚从宽制度将我国传统意义上"报应型司法模

---

① 泰勒认为,"认同"表达的是一个人对自己是谁,以及作为人的本质的理解;而"承认"表示我们的自我认同在很大程度上是由他人的承认构成的,如果得不到他人的承认或者只得到他人的扭曲的承认,不仅会影响我们的认同,还会造成伤害。

② 参见孔令勇:《被告人认罪认罚自愿性的界定——基于"被告人同意理论"的分析》,载《法商研究》2019年第3期。

③ 黎宏:《被害人承诺问题研究》,载《法学研究》2007年第1期。

④ 车浩:《盗窃罪中的被害人同意》,载《法学研究》2012年第2期。

⑤ 如车浩:《被害人同意论》,北京大学2007年博士学位论文。

⑥ 参见樊崇义:《刑事速裁程序:从"经验"到"理性"的转型》,载《法律适用》2016年第4期。

式"转变为"协商制司法模式",伴随着诉讼法与刑法理论之间的强烈冲击与逐渐融合,认罪认罚从宽与实体法上的自首、坦白之间的关系,是程序法学者与实体法学者存在分歧的焦点所在。程序法学者认为,认罪认罚从宽是程序性从宽情节,是实体法基础上附加的程序性"从宽",是"从宽"的折上折。而实体法学者认为,《刑事诉讼法》第15条确立了认罪认罚从宽制度,但该条并没有明确"依法"是指诉讼法抑或是刑法。根据罪刑法定原则,只要现行刑法没有对认罪认罚从宽予以确认,认罪认罚就不是法定量刑情节。因此,应构建一个独立于实体之外的程序性从宽情节——承认从宽情节,与实体法"自首"等概念相区分,以避免解释论上的混乱。

从认罪认罚从宽制度的发展实践来看,"承认"是一个更具囊括度的概念,提倡"承认"是构建认罪认罚从宽独立体系的根本要求。一是提倡"承认"概念,有利于合理引进西方国家"控辩交易"理论的最新学说,使"控辩协商"在理论基础上夯实根基,也能与制度提升司法效率的改革初衷相匹配。二是"被追诉人承认"更具包容性,更可以涵盖"自愿""明智"更加符合认罪认罚在我国刑事诉讼体系中的地位,随着社会的发展,认罪认罚从宽制度将在刑事司法中得到越来越广泛的适用。据统计,适用认罪认罚从宽制度办理的案件中,一审后被告人上诉率为3.9%,低于其他刑事案件11.5个百分点。① 认罪认罚从宽制度自成体系是大势所趋,即便以后该制度进行改革,被追诉人承认这一概念也有更纵深的概括性与解释力。在诉讼法学中提倡"被追诉人承认"并不意味着摒弃"认罪""认罚",可把后者看作一种狭义上的"承认"。"被追诉人承认"将更加专注于被追诉人承认权利行使的全过程,深入探析被追诉人承认的具体内容,以形成具有诉讼法内涵、匹配认罪认罚的独立地位的更完备的理论体系。

(二)承认的性质:权力还是权利

目前,检察官主导控辩协商案件是现代刑事司法的发展趋势。② 部分学者将认罪认罚(承认)定义为司法机关的一项权力,显然是

---

① 参见徐日丹:《认罪认罚从宽制度:稳健运行成果丰硕》,载《检察日报》2020年10月16日。

② 参见胡铭、宋善铭:《认罪认罚从宽制度中检察官的作用》,载《人民检察》2017年第14期。

从检察机关在认罪认罚从宽过程中的主导作用来讲的。在控辩协商的过程中,检察机关拥有国家公诉机关、法律监督机关的优势地位,不论在身份优势、信息来源、专业性,都拥有被告人难以比拟的优势地位。然而,实践中"听取意见式"量刑建议模式泛滥①,主要为"事先听取意见模式""事中征求意见模式""事后问询模式"三种模式②。从量刑建议的形成看,这一过程中辩护律师与值班律师发挥的作用十分有限,量刑协商几乎被塑造成"检察官与犯罪嫌疑人的协商"。③ 如果将认罪认罚定义为一种权力,只会将这种认罪认罚从宽制度适用的"值班律师"走过场、"量刑建议"形式化进一步加剧,进一步忽视被追诉人的诉讼利益与诉求。倘若被追诉人对判决的服从难以从法律的强制义务转变为内心的自律服从,也就难以减少对抗,积极修复被损害的社会关系,认罪认罚就难以落到实处。④ 认罪认罚从宽制度是为解决司法实践中"案多人少"的困境而产生,具备实体与程序双重价值,二者相互统一,这是认罪认罚与刑法中"自首""立功"的显著区别,更是认罪认罚从宽制度的独立价值所在。因此,被追诉人承认罪与罚,作为一种权利,亦是从程序与实体两层面进行探讨。

根据《刑事诉讼法》第 15 条,犯罪嫌疑人、被告人自愿如实供述自己的罪行,承认指控的犯罪事实愿意接受处罚的,可以依法从宽处理。该条至少传达以下信息:(1)"自愿",即被追诉人对认罪认罚具有决定权,既可以承认、也可以反悔,这与权利的概念相匹配。(2)"可以依法从宽"。对此,有学者认为,认罪认罚的"实体从宽"是基于刑法的法定从宽情节,认罪认罚并不必然导致实体从宽。另有学者认为,实体从宽是程序从简的目的所在,如果在实体

---

① 参见闫召华:《听取意见式司法的理性建构——以认罪认罚从宽制度为中心》,载《法制与社会发展》2019 年第 4 期。
② 详见闵春雷:《回归权利:认罪认罚从宽制度的适用困境及理论反思》,载《法学杂志》2019 年第 12 期。
③ 参见陈瑞华:《刑事诉讼的公力合作模式——量刑协商制度在中国的兴起》,载《法学论坛》2019 年第 4 期。
④ 参见朱孝清:《认罪认罚从宽制度中的几个理论问题》,载《法学杂志》2017 年第 9 期。

不从宽,程序从简便会损害被追诉人的权益。① 笔者认为,认罪认罚从宽本身就具有实体法与程序法上的双重价值,承认不仅会引起"实体与程序"上的"从宽从简",同时具备刑法与刑事诉讼法上的双重法律意义。(3) 此外,《刑事诉讼法》第 174 条以规范法的形式赋予被追诉人"承认"或者"不承认"行为的保障,也是权利的保障特征的直观反映。

认罪认罚的准确定性应当为一种权利。这意味着:是否承认以及承认的生效应以他人合法权利为界限,需要相关部门通过实体法、程序法予以保障。被追诉人承认权利的行使,以被害人的合理权利为范围,以司法公正为底线,该权利保障既不能过宽,也不能过窄。"被追诉人承认"作为权利的正当性主要源于:(1)诉讼主体地位。被追诉人对认罪认罚的程序适用具有自主决定权,其"自愿承认"是启动认罪认罚程序的前提。(2)控辩合意之达成。认罪认罚从宽制度需要控辩双方协商一致,就从宽的实体处罚与从简的程序处理达成一致意见,并通过"具结书"予以确认,这一过程基于双方"合意",并非检察机关依职权为之,充分尊重被追诉人意愿。(3)刑事诉讼法、《指导意见》等相关规定对被追诉人"自愿性"进行了多次强调,同时,多处规定公检法部门的"权利告知",以确保被追诉人对认罪认罚的性质与后果的清晰认知。因此,认罪认罚从宽制度应当回归权利,从权利保障的角度出发,深入探究影响"被追诉人承认"权利的各项要素,建构"被追诉人承认理论",实现对承认权利更深层次的保障。

二、被告人承认的权利构成

"被追诉人承认"是对诉讼进程中被追诉人认罪认罚以及相关行为的抽象,落脚在承认的整个成形时期,着眼于对被追诉人承认的承认权限、承认能力、意思自愿、法律认知等内容展开深入探究。

(一)承认权限

承认权限主要指被追诉人具有处分权的诉讼权益与实体权益,被追诉人既不能就公共权益进行承认,也不能就他人的行为事实予以承认。基于认罪认罚从宽制度的设立初衷(平衡社会矛盾,快速

---

① 详见闵春雷:《回归权利:认罪认罚从宽制度的适用困境及理论反思》,载《法学杂志》2019 年第 12 期。

解决纠纷），被追诉人若"认假罪""顶包认罪"，则将因"超范围承认"导致承认处分权的丧失。具体来说，承认权限包含：一是承认客体应当为客观存在的事实，以"承认的真实"为前提，当承认客体虚假时，该"承认"权利则因基础虚假而自始不成立。二是被追诉人对承认客体必须具有法律上的地位（权利），也即被追诉人对承认的事实具有处分权，承认内容仅限于"自身所为"之事实，避免"顶包认罪"的情形。比如，甲乙共同入室盗窃，甲乙分工协作，甲在外望风，乙入室窃取财物，在乙入室盗窃时发现室内有一美女正在熟睡，遂即实施了强奸行为，该强奸行为当时甲不知情。因此，盗窃事实为甲乙共同的犯罪行为，因此甲具有"承认"的处分权，但对"强奸事实"部分，甲因不知情而不具备犯罪主体地位，没有承认权限。

（二）承认能力

被追诉人进行认罪认罚，要求其自身具有承认能力，该能力以承认主体具备足够的理性为依归。如何界定被追诉人的"承认能力"，参照刑法"被害人同意理论"或可有所启发。从上位概念来看，责任能力来源于"能力"一词，但区别为刑法意义上的责任能力既强调目的（认知）能力，也强调处分（控制）能力。因此，作为下位概念的"承认的责任能力"，要求认知能力与控制能力具有刑法与诉讼法上的双重意义。承认能力判断可参照以下标准：第一，承认主体是否具有控制能力。该控制能力是指由被追诉人所实施的，对牵涉自身刑事法益与诉讼法益的行为的支配与控制，支配或控制自己作出或者不作出承认的行为的能力。控制能力的判断，可参照"被害人同意"的责任能力与"民事行为能力"，结合被追诉人的年龄、智力与精神状况予以综合判定。具体来说，控制能力主要是：（1）身体的自我控制能力，被追诉人作出认罪认罚决定时人身处于相对自由的状态，是承认决定自愿的前提；（2）意思表达的自我控制能力。第二，认知能力。认知能力主要指被追诉人行为作出时的明智能力，明知自己的行为将造成诉讼利益的克减、实体量刑的从宽等后果，该行为外化为被追诉人作出"承认"意思表示时是否"明智"，表现为被追诉人是否能认知到"承认"作出后，所直接导致的从宽处理的一系列后果。

（三）意志自由

被追诉人承认有效性，要求承认主体具有意志自由，基于"内心确认"与"自愿"作出承认的意思表示。第一，被追诉人对指控事实达成内心确认。"内心确认"主要反映被追诉人的悔罪认罪态度，社会危险性与被追诉人对所涉罪名的态度息息相关。若被追诉人承认仅仅是基于罪罚策略衡量下的利益选择，则其经过刑事教育后恢复善良的可能性更小，再犯可能性就更大。在认罪认罚程序中，内心确认的判定标准主要有：（1）被追诉人对犯罪事实是否达到内心确认。具体来说：一是犯罪事实的行为主体达到内心确认，即"犯罪事实系自身所为之"。二是对主要犯罪事实需要达到内心确认。（2）被追诉人对指控事实是否违反刑法形成内心确认，也即对"行为构罪"达成内心确认。参照内心确认程度由低到高，内心确认可概括为"认事、不认罪""认罪、认彼罪""认罪、认指控罪名"。第二，被追诉人承认的意思表示必须出于自愿。"承认"的主体，需要对要承认的行为内心是默认并赞同的，意思自愿要求被追诉人作出承认时必须基于对指控犯罪事实的内心确认。具体而言：一是意思支配自由，被追诉人的意思支配自由是意思自愿的基础，该项要求"承认"基于被追诉人具有"承认"的选择空间。二是意思表达自由，即"自愿承认"，排除一切身体或者精神上的非法"意思强制"。根据《刑事诉讼法》第56条的规定，以"刑讯逼供等非法方式"收集的犯罪嫌疑人、被告人供述，应当予以排除。由于"意思自愿"的判定存在较强的主观性，需要将"内心确认是否自由"的正面判断，结合"办案机关是否有刑讯逼供和威胁、引诱、欺骗"的反面考量，进行综合考量分析。

　　需要指出，绝对、纯粹的自愿在司法实践中是不存在的。认罪认罚带来的"程序从宽从简"与"实体从宽"本身就是一种对被追诉人是否"承认"的外在诱惑，更不用提办案机关对被追诉人造成的诸多显性、隐形强制与压力。认罪认罚从宽制度在各国广泛传播的根源在于各国司法实践普遍面临"案件激增，人手不足，资源不够"情形下诉讼参与人对于诉讼效率、有利结果的不懈追求。① 当前诉讼实践中供给侧结构性矛盾依旧严峻，若限定"承认"必须在绝对、纯粹自愿下作出，认罪认罚从宽的适用将大幅度缩水。因此，认罪认罚从宽制度应当在保障被追诉人承认基本自愿前提下，根据

---

① 参见沈德咏：《严格司法与诉讼制度改革》，法律出版社2017年版，第224—225页。

效力程度辅之以匹配的承认效力保障机制，进一步实现司法资源的有效配置。

（四）法律认知

法律认知是指被追诉人对认罪认罚的性质及法律后果等的认识与理解，能就认罪与不认罪对自身利益的影响进行有效权衡，从而作出选择。法律认知主要是针对案件所涉罪名与刑罚的价值判断，具体有"认事不认罪""认罪认彼罪""认罪、认指控罪名"等情形。被追诉人是否具有基础法律认知，是承认有效性的重要内容与基础条件：（1）法律认知是确保认罪认罚的承认具有自愿性、明智性的前提；（2）法律认知是被追诉人与检察机关进行量刑协商的知识支撑；（3）法律认知有利于被追诉人与律师进行合理沟通，以提升决策的科学性；（4）法律认知有利于对检察机关形成隐形制约，以保障被追诉人获得公正从宽。

刑罚之所以能够对社会产生威慑力，最基本的一点是行为人对自己的行为后果有清晰的认知。对被追诉人的法律认知予以充分保障，让其明晰且理解承认的实体与程序后果，是被追诉人承认具备有效性的必要条件。在认罪认罚案件中，诉讼程序保障被追诉人法律认知主要通过以下途径实现：一是根据刑事诉讼法、《指导意见》第10条和第22条的规定，办理认罪认罚案件，应当保障被追诉人获得法律帮助的权利，保障被追诉人与律师间的有效沟通与互动。二是检察机关的权利告知与证据开示，只有保障被追诉人对涉案信息的全面、系统了解，才能使其在法律认知支配下，作出准确的罪罚策略选择。

三、权利视野下认罪认罚从宽制度的优化

目前，刑事诉讼法、《指导意见》和"两高两部"《关于在部分地区开展刑事案件速裁程序试点工作的办法》（以下简称《刑事速裁办法》）等相关法律文件对被追诉人承认的效力保障已经进行明确规定，已形成以"自愿性"为核心的承认权利保障机制。回归权利视野，认罪认罚从宽制度的进一步发展应当重视对被追人承认的权利保障，解决保障不足、律师法律帮助"流于形式"和"见证人化"问题，完善承认的效力保障措施，逐步探讨法官主导下的认罪认罚独立程序。

（一）完善权利告知，加强权利告知的及时性、有效性

被追诉人知悉并理解认罪认罚的性质及后果，是其认罪认罚明智性的主要表现，也是其认罪认罚自愿性的必要保障。尽管由自愿性、明智性及事实基础构成的认罪认罚自愿性判定标准已经在美国的刑事司法实践中取得实效，但是该标准能否被我国所接受仍需斟酌。① 被追诉人进行认罪认罚，要求承认主体必须具有承认能力，要求被追诉人知悉且理解认罪认罚的性质与后果。在实践层面，控辩协商过程中被追诉人了解认罪认罚从宽的性质与后果，大多来源于控方审前的告知。在规范层面，《刑事诉讼法》第 36 条、《指导意见》第 10 条对"告知"和"听取意见"制度作出原则性规定。同时，《刑事诉讼法》第 120 条第 2 款、第 173 条第 2 款对"告知""听取意见"作出进一步保障规定。被追诉人对承认事项的法律认知的明智性保障，是承认"自愿性"的基础，更是认罪认罚得以从宽的法律基石。

司法实践中的权利告知程序存在如下问题：（1）权利告知时间滞后，导致告知对被追诉人承认价值与意义大幅度减损；（2）权利告知形式化，内容针对性不足，被追诉人难以从中获得有效信息。因此，必须从法律层面入手，注意以下方面：第一，进一步明确规定权利告知的时间节点，提高权利告知的及时性。从保障认罪认罚有效性的角度出发，权利告知的时间节点可以与告知被追诉人法律帮助权的同步，这样既避免程序烦琐，又实现司法资源的优化配置。第二，进一步调整权利告知的方式，避免权利告知的形式化，提高告知内容的针对性。一是确保被追诉人对所涉案件具备基本的法律认知，主要包含指控犯罪事实所涉及的罪名的性质、构成要件、与相邻罪名的区分与判定。二是对被追诉人"承认"所导致的程序后果与实体后果进行积极释明，在程序方面主要为"如何从快、如何从简，与普通程序之间的大致区分"，实体后果方面主要为"最低量刑与最高量刑，被害人对补偿的具体要求，从宽的大致幅度与对应承认情形"。第三，应当在法律的层面区分不同诉讼阶段权利告知的具体内容，相关法律仅规定了"应当告知""认罪认罚的性质与后果"，但对具体内容并没有进一步的划分，以致审判阶段的二次权利

---

① 参见纵博：《以威胁、引诱、欺骗方法获取口供的排除标准探究》，载《法商研究》2016 年第 6 期。

告知多流于形式，有必要将审判阶段的权利告知内容进一步细化。如可以根据认罪认罚案件的具体类型，设置不同的评判标准，针对性审查"认罪认罚"的性质，以及产生的"后果"，厘清告知的程度与内容，综合评判审判机关对被追诉人权利告知的有效性。

（二）保障被追诉人获得律师帮助的权利，完善律师在场制度

从美国宪法第六修正案来看，被追诉人在聆讯阶段具有律师帮助权。① 根据"米兰达规则"，警察在对被追诉人进行拘留讯问之前必须作出米兰达警告，保障被追诉人知悉享有律师帮助或被指定律师的权利，且讯问时可以要求律师在场。② 美国法律从宪法的高度对被追诉人在辩诉交易过程中获得律师帮助的权利进行了制度化规定，充分体现对被追诉人获得律师帮助实效性的重视与保障。从《刑事速裁办法》第4条可以看出，我国已确立了被追诉人获得法律帮助的权利，也初步构建了认罪认罚时律师的在场制度。但我国所谓的"律师在场制度"与美国"米兰达规则"中确立的律师在场制度存在实质不同。司法实践中，我国被追诉人的律师帮助权难以得到充分的保障，律师更像"走过场"的"见证人"：一是律师到场时间较晚，准备工作仓促；二是律师会见权难以充分保障，被追诉人与律师没有足够的时间与渠道进行沟通交流；三是被追诉人获得法律帮助的权利保障缺失，实践中值班律师到场的时间节点主要在"签署具结书"时。基于其介入时间的滞后，值班律师能否有效帮助被追诉人对指控的犯罪事实与罪名予以罪罚策略的准确认同，实践中评估难度较大。

笔者认为，对被追诉人获得法律帮助权利的保障，其保障时间应当前移至被追诉人承认内心确认的形成时期，使被追诉人在律师的帮助下提升其对指控事实与罪名的法律认知。这才是提升被追诉人承认有效性的根本道路。

（三）加强被追诉人承认效力审查，完善以法官为主导的认罪认罚独立程序

认罪认罚程序独立化是世界刑事诉讼制度发展的趋势。"单一的刑事特别程序不可能成为案件审理的唯一程序，定分止争的方式和

---

① See Michigan v. Jackson, 475 U.S. 625 (1986).
② 参见［美］罗纳尔多·V. 戴尔卡门：《美国刑事诉讼——法律和实践》，张鸿巍等译，武汉大学出版社2006年版，第410页。

程序也不可能同一化。"① 我国认罪认罚从宽制度是"嵌用"刑事速裁程序、简易程序、普通程序的一项集合型的诉讼程序,并不具有独立性。有学者指出,这种"嵌用制模式"易导致多种诉讼程序间的混同,阻碍认罪认罚从宽制度改革的实质跃升,因此应当构建独立的认罪认罚从宽诉讼程序。②

第一,完善承认效力审查机制,将承认效力审查纳入庭审的专门审判对象。为确保案件审理的准确性,防范冤假错案的发生,提前确定案件是否应当按照简易、速裁程序进行庭审裁判,人民法院有必要在庭审前对被追诉人承认的自愿性及相关问题进行预先审查。③ 预先审查认罪认罚自愿性不可缺位,有必要将之纳入庭审专门审判对象,加强对承认自愿性的实质审查与形式审查。实质审查主要侧重于对事实认定与量刑建议的实质审查,审查控辩双方达成的协议是否具有充足的证据支撑,指控的犯罪事实与量刑情节是否大致相当,即是否实现了"罪责刑相适应","承认从宽"是否具有基础的科学性与合理性。形式审查主要为:(1) 被追诉人作出承认是否自愿,是否受到非法强制。(2) 被追诉人对承认的性质与可能造成的后果是否了解,获得案件相关信息的渠道是否通畅等。(3) 被追诉人获得法律帮助的程度,对指控犯罪事实与罪名应受处罚的了解程度,对指控罪名的相近罪名及处罚的了解程度,对程序从宽中舍弃的具体权利的了解。(4) 是否有相应的犯罪事实与证据支撑。

第二,逐步确立法官主持下的认罪认罚独立程序。认罪认罚从宽程序的独立化,是基于宽严相济刑事政策的程序法定化要求、"嵌用"司法模式的权益弊端、域外认罪程序的普遍独立化规律、我国诉讼程序体系的多远层次性发展品格等多方面因素共同决定的。④ 我国认罪认罚从宽制度的集合模式的立法设计,有利于尽早启动认罪

---

① 陈超:《意大利刑事特别程序研究》,西南政法大学 2009 年博士学位论文,第 46 页。

② 参见樊崇义:《认罪认罚从宽协商程序的独立地位与保障机制》,载《国家检察官学院学报》2018 年第 1 期。

③ 参见孔令勇:《论刑事诉讼中的认罪认罚从宽制度——一种针对内在逻辑与完善进路的探讨》,载《安徽大学学报》2016 年第 2 期。

④ 参见樊崇义:《认罪认罚从宽协商程序的独立地位与保障机制》,载《国家检察官学院学报》2018 年第 1 期。

认罪认罚从宽诉讼程序。① 笔者认为，应逐步设立由法官主导的认罪认罚独立程序，充分发挥法官"居中裁判"作用。现行条件下，可以先行探讨由法官主导的重罪案件认罪认罚确认程序。依托庭前会议独立设置认罪认罚确认程序，由法官主持，控辩双方进行充分的证据开示，明确争议问题；审查被追诉人的承认能力、承认权限、法律认知；认罪认罚的自愿性；事实根据是否充分；量刑建议是否明显不当等问题。若不存在以上问题，则可适用普通程序简化审理，解决被追诉人的量刑问题。

综上，承认的界定与效力判断，是认罪认罚从宽制度的核心问题，更是重大疑难问题，当前诉讼法理论无法为这一问题的解决提出可行性方案。因此，有必要参照刑法中的被害人同意理论，在诉讼法范畴内构建被追诉人承认理论，展开对认罪认罚的深入探讨，搭建"被追诉人承认"评价体系，并根据承认具体情形的不同在标准上进行细微调整，"承认"权利要件越充足，则承认的效力越高。根据《指导意见》的相关规定，认罪认罚"从宽"标准的考量，一直围绕着"承认内容""承认方式""承认时间""承认主动性""承认稳定性"等问题展开，其实质即为承认效力的综合判断问题。对此，应根据承认具体情形区分不同效力层次，为构建阶梯性的承认从宽的幅度标准与效力保障机制提供参照系。进一步总结认罪认罚的实践经验，对"承认"的效力评价进行数据建模，以智能技术进一步细化被追诉人承认的层次性从宽幅度标准，这有助于实现认罪认罚从宽制度"节约司法资源、提升司法效率"初衷，更是刑事司法贯彻落实习近平法治思想"以人民为中心"理念，促进"案结事了""化解社会矛盾"的具体体现。

---

① 参见闵春雷：《回归权利——认罪认罚从宽制度的适用困境及理论反思》，载《法学杂志》2019年12期。

认罪认罚从宽制度中"竞合式辩护"问题探讨

郭 泉[*]

认罪认罚从宽制度设立的初衷之一便是通过贯彻宽严相济的刑事政策以减少对抗,[①] 过于强调对抗性的辩护方式可能无法与制度运行兼容,也难以取得良好的效果。但律师每一次全力投入的辩护行动,通过对案件细节的抽丝剥茧和辩护策略的缜密研究,将关切到当事人的切身利益,最终可能惠及整个法治环境。有学者将控辩审三方比作黑格尔哲学中的正反合关系,其中指控意见是肯定,辩护意见是否定,裁判结果是包含两者的合题。[②] 认罪认罚案件则是通过将这一关系前置于审前阶段,通过控辩之间否定、否定之否定的论辩,最终形成控辩合作之命题的过程。因此,认罪认罚案件的律师辩护行动呈现出以论辩、商谈的形式与控方展开适度对抗的竞争式辩护和谋求互惠性的合作式辩护交叉运行的局面。这种竞争与合作都是附条件和相对的。竞争并非单纯为了赢得对抗以压倒对方,而更多体现出一种在相互论辩的形式中寻求事实真相的稳定状态;合作则多建立在以自身利益最大化为前提的有限度合作。站在博弈论角度,控辩双方这种竞争中有合作、合作中有竞争的博弈被称为竞合博弈。[③] 职是之故,笔者将这种辩护行动总结为"竞合式辩护",

---

[*] 中国政法大学司法文明协同创新中心博士研究生。

[①] 张智辉:《认罪认罚从宽制度适用的几个误区》,载《法治研究》2021年第1期。

[②] 胡云腾:《为刑事辩护制度健康发展提供有力司法保障》,载 http://www.legaldaily.com.cn/fxjy/content/2019-04/17/content_7833226.htm,最后访问时间:2020年7月2日。

[③] 陈常燊:《互惠的美德——博弈、演化与实践理性》,上海人民出版社2017年版,第137页。

并从"论辩—互惠商谈"视角试析之。

一、"竞合式辩护"的基本蕴含

公平正义是司法的核心价值所求,为保证案件处理结果能够体现公平正义,刑事诉讼程序不应当成为司法机关的"一言堂",案件处理结果应当是建立在综合考虑代表不同利益主体的诉求基础上,各诉讼参与方通过理性论辩、商谈最终达成的共识。基于此,律师作为代表被追诉人的诉讼主体,需要通过辩护的方式依法维护被追诉人的各项权益。不认罪案件中,控辩双方存在诉讼目标上的根本冲突,检察机关力求对被追诉人定罪、量刑,通过行使控诉职能要求法官对被追诉人所有涉嫌犯罪的行为进行否定性评价;被追诉人则希冀说服法官给予出罪的评价,实现有罪至无罪、重罪至轻罪的处理结果。律师作为被追诉人的代理人,以推翻控方出示的证据或提出的控诉意见为目标,控辩双方展开激烈的庭审交锋成为刑事诉讼的主基调。而在认罪认罚案件中,控辩双方由于对案件事实等基础性问题不存在分歧,多数情况下法律适用问题也形成了共识,仅仅在量刑问题上可能存在心理预期的差异。此时,只要能够完成定罪目标,检察机关已无必要在量刑问题上与被追诉人针锋相对,律师便因此具备与检察官展开合作的辩护空间,力争与控方取得对被追诉人从轻处罚的量刑合意,甚至争取到不起诉的处理结果。但这种合作式辩护并非全然排斥富含竞争性因子的论辩商谈,区别仅仅在于此时的竞争并非面对第三方裁判者的激烈交锋,而是控辩双方共同引导事实真相浮出水面的充满合作意味的意见交换。这种竞争旨在通过提出差异化辩护意见以实现与控方的良性互动,不断在案件的细分领域取得控方的认可和理解,最终积累形成能够影响案件走向的共识,实现控辩双方的合作共赢。

司法裁判必须同时具备判决的自洽性和合理的可接受性,裁判结果的自洽性表明其根据法律秩序作出;合理的可接受性要求在同案同判的基础上因为充分的论辩而被参与者合理接受,裁判结果的作出能够体现出脱离偶然情境的同时与法律制度相符之必然。不论是自洽性抑或合理的可接受性,均强调了司法裁判在作出过程中论辩各方的有效参与。自洽性要求司法裁判的作出过程符合法律秩序,这主要体现在裁判结果符合内部证成的形式理性要求,对于各方已达成共识的案件事实和法律规范,通过演绎推理的方式导出结果;

合理的可接受性则对实质理性提出了要求，即对于内部证成所适用的大小前提通过交互商谈的方式达成共识。认罪认罚案件中的量刑合意由于同时具备检察机关的控诉要求和律师辩护意见的双重属性，并且对于案件的最终处理结果将形成实质性的影响，同样需要具备自洽性和合理的可接受性。此时的量刑合意不应仅体现出检察机关的单方意见，更应代表着控辩双方进行交互商谈后进行批判性反思的结果。"认罪协商之基石在于'对抗基础上的合意'"，① 律师的辩护行动需要以维护被追诉人权益为根本出发点，运用法律知识形成对案件的职业判断，在此基础上将辩护意见与公诉意见进行比照，保留不存在争议的部分，对于存有争议的部分则通过反复的交互商谈达成共识。不论控辩意见占到最终的量刑合意的比例如何，协商过程势必存在不同程度的意见领域内的分歧和对抗。是故，尽管认罪认罚从宽制度的合作性司法属性已然具备，律师的辩护行动需要在此基调下展开，但控辩双方在案件认定的某些细分领域并非不存在对抗，甚至合作的本身便是包容不同意见间博弈的求同过程。这种通过发表不同意见引导案件向有利于被追诉人方向发展的行动恰恰能够体现出律师辩护的作用和精髓，而论辩、商谈则是律师辩护内核的外在表征。因此，"竞合式辩护"的基本蕴含包括了辩护主体、辩护目标和辩护方式。

（一）辩护主体的身份限定

认罪认罚案件中，律师辩护的目的是通过导入对案件关键部分的理解和认同，最终形成处理结果上的共识。按照哈贝马斯的法律商谈理论，主体间意欲达成理性共识首先必须具备相应资质，即能够提出可理解性、真诚性、真实性和正确性商谈表达的"先验共识能力"。② 其中真诚性、真实性和正确性作为行动有效性三要素贯穿于主体间的论辩过程中，呈现出经验性的特点。可理解性则要求通过可理解的表达使听话人能够揣测出说话人的意图，而为了使听话人更好领会这种表达，说话人需要使听话人能够理解其表达背后的理由和有效性声称。只有具备了"先验共识能力"的主体才有可能

---

① 郭烁：《二审上诉问题重述：以认罪认罚案件为例》，载《中国法学》2020年第3期。

② 刘晗：《哈贝马斯基于交往的话语理论及其规范问题》，载《上海交通大学学报》2010年第5期。

通过有效的沟通最终达成共识。法律意义与其说完全取决于立法者的个人意志，毋宁说取决于特定法律制度环境下司法运行中通过法律解释进行的凝练，而制度环境某种程序上受制于法律共同体的认识、判断和意图。① 律师辩护便是通过论辩的方式针对现实情境的不确定性和法律规范的不完善性提供的一种合理的解决方案，最终在先验共识能力的引导下与法律共同体达成共识。相比于普遍案件，认罪认罚案件的辩护重心前移至审前阶段，主要于控辩双方之间展开。由于缺乏第三方的居中裁判，自主商谈便成为控辩双方于审前阶段互动的主基调，而此时作为法律共同体的检察官与律师的先验共识能力便成为控辩双方达成案件处理共识的基点。包括检察官与律师在内的法律职业共同体的先验共识能力发端于共同的法律学识熏陶、类似的职业经验浸润以及共同的法治精神信仰，使得共同体成员具备类似的法律技巧和法治观念，相互间在思维模式、处遇方式上潜移默化地趋同，从而强化了成员彼此间的理解和认可，在面对类似情况时更有可能产生相似的判断和评价。这种经过法律专业训练所形成的先验共识能力有助于控辩双方在排除外界干扰和强制的前提下在规则框架内自发进行论辩，如司法实践中法官、检察官偶尔会建议被追诉人聘请律师，初衷便是与律师的沟通更容易彼此的理解和认可。真正意义上的审前阶段的共识只能在检察官与律师之间形成，没有律师参与的控辩协商由于被追诉人缺乏先验共识能力，量刑建议可能演变成检察官单方意志的产物。即便被追诉人具备一定的法律背景，甚至具有一定的辩护经验，仍难以胜任自我辩护，如曾经作为刑事辩护律师的李庄，同样需要聘请律师为其辩护。② 因此，认罪认罚案件的辩护主体应当由律师担任，无论是值班律师抑或委托律师，均应当承担起与检察官展开论辩的主要职责，而非作为认罪认罚具结书的"见证人"或认罪认罚合法性的"背书方"。

（二）认知纠偏的宗旨聚焦

人们的认知并非总是能够准确地反映自身和客观世界，反而容

---

① ［比］马克·范·胡克：《法律的沟通之维》，孙国东译，法律出版社2008年版，第272页。

② 李奋飞：《论"表演性辩护"——中国律师法庭辩护功能的异化及其矫正》，载《政法论坛》2015年第3期。

易受到情境的影响出现失真现象，导致认知形成偏差。这种认知偏差能够通过心理训练加以限制，但无法完全消除。即便受过专业法律技能训练、相比常人更富理性思维的司法工作人员，也无法在司法实践中完全克制。锚定效应、首因效应均属于在刑事诉讼程序中经常出现的认知偏差。锚定效应指信息决策者在一定情境中受初始信息的影响易作出向其趋近的认知偏差，① 表现为对于类似事物的思维定式或思维惯性。刑事诉讼程序中，锚定效应突出表现为追诉机关有罪推定的思维惯性。毋庸讳言，我国长期以来奉行侦查中心的流水式犯罪追诉模式，绝大多数侦查机关抓获的犯罪嫌疑人最终均被定罪处罚，导致侦查人员逐渐形成了有罪推定的心理预判；加之客观上其中的冤假错案比例较低，进一步加剧了侦查人员的认知偏差，侦查中更注重收集有罪和罪重证据，忽视无罪和罪轻证据，最终形成富含证明犯罪嫌疑人有罪和罪重信息的案卷材料。这种充满相对片面信息的证据载体移送至检察机关后，成为检察官接收案件信息的第一印象，这类信息也因为接收顺序的优势对检察官的认知产生重要影响。② 认罪认罚案件中量刑协商涉及大量的信息交互和决策判断，消除控方人员的认知偏差成为律师辩护的重要目标。律师通过适时启动认罪认罚程序，及时提交辩护意见，使对被追诉人的有利信息和不利信息在检察官认知过程中形成博弈竞争，最终在信息交互过程中达到均衡。对于符合认罪认罚条件的案件，律师应当在与被追诉人充分沟通取得共识的前提下，主动启动认罪认罚程序，防止检察官形成对被追诉人不利的"初始偏见"。③ 除几类特殊性质案件和"认罪认罚不足以从轻处罚的"案件，其他案件的被追诉人认罪认罚后均应得到从宽处罚。但不论司法工作人员是否决定从宽处罚，对被追诉人认罪认罚的意愿均应接受。根据法律规定和最高人民检察院的意见，被追诉人"有权申请适用认罪认罚从宽制度，但最终是否适用即是否对犯罪嫌疑人或者被告人从宽处罚，由司法

---

① 汤媛媛：《警惕刑事审判中的锚定效应》，载《人民法院报》2020年3月5日。

② 这便是认知心理学上的"首因效应"，即交往双方形成的第一印象对交往关系的影响。

③ 这主要指裁判者在正式审判之前，由于在法庭审判之外接触与案件相关之事实，而形成对案件先入为主的判断。具体到认罪认罚案件，意指检察官在收到没有辩护意见的案卷材料后形成的预断。

机关根据案件情况依法决定"。① 同时根据"两高三部"《关于适用认罪认罚从宽制度的指导意见》（以下简称《指导意见》），认罪认罚从宽制度适用于包括侦查、审查起诉和审判的刑事诉讼全阶段，每一阶段的司法工作人员均应当履行告知诉讼权利和认罪认罚相关法律规定的义务。被追诉人及其辩护律师在侦查阶段可以向侦查人员表达认罪认罚的意愿并提交书面法律意见，该意见应当纳入案卷材料。这使得案卷材料中的信息更加全面、客观，更重要的是案件材料将包含律师对于案件的评价和判断，对被追诉人有利和不利的信息同顺位进入检察官的认知领域，能够一定程度上纠正信息单一所造成的认知偏差。司法实践中，侦查机关移送诉讼卷宗后、检察机关允许律师阅卷前通常需要两至三天的扫描时间，检察官也往往在扫描后方才开始阅卷，而形成对于案件的清晰认知则需要更多时间。律师如果能够在检察官形成清晰认知前完成阅卷并与之有效沟通，强化对检察官信息输入的全面化和客观性，更有助于消除案卷材料造成的首因效应，帮助检察官形成科学的决策。有学者通过实证研究得出，有效率的决策信息供给机制，至少需要满足信息供给的竞争性、信息甄别成本的可控性和信息供给阶段的相对独立性三方面要求。② 其中，信息甄别成本的可控性主要通过程序性制裁所形成的否定性评价以实现信息供给真实，信息供给阶段的相对独立性则建立在多元化决策的制衡基础之上，而信息供给的竞争性则主要依靠律师通过辩护行动提供具有竞争性的信息内容予以实现。此外，卷宗移送所带来的认知偏差能够通过冗余信息和倒摄抑制对认知产生反方向吸引的方式予以抵消。传播学中，冗余信息指信息传输时产生了必要信息以外的多余信息。冗余信息可能导致不必要的损耗和传播频率的降低，通常带有负面的消极意义。但在交互沟通中，冗余信息却表现为一种语用策略，往往能够带来正面的积极效果，恰当释放有助于实现良性沟通。例如，量刑协商中检察官询问律师是否接受目前的量刑建议，律师并未简单回复接受或不接受，而强调某些量刑情节没有被考虑，这便是为了达到辩护目的而采取的冗

---

① 《认罪认罚从宽制度适用若干问题解析（上）》，载《法制日报》2020年4月29日。

② 杨彪：《司法认知偏差与量化裁判中的锚定效应》，载《中国法学》2017年第6期。

余信息策略。这种策略将有利于被追诉人的"冗余信息"带入沟通领域，使之成为新的沟通焦点。除了语用学方面的意义，律师还能够通过频繁启动控辩商谈，实现高频重复的信息输入，从而影响检察官的认知。而所谓的倒摄抑制，则主要指后信息对前信息的干扰作用，律师表达辩护意见的时间节点距离检察官作出量刑建议的时间间隔越短，便越有可能对最终的结论施加影响，这也解释了为何"最后陈述制度被我们当作包括简易程序在内的所有庭审程序中都不可或缺的一环"①。因此，律师进行辩护时需要把控协商节奏，根据诉讼进程合理预判协商终点，进而在检察官决定作出量刑建议之前进行"最后陈述"。

（三）法律论辩的方式要求

拥有"先验共识能力"的律师，通过提出辩护意见、反复展开商谈、发表"最后陈述"等辩护方式介入认罪认罚案件中，力争使辩护行动具备时效性，并谋求在案件事实、法律适用层面达成对被追诉人最有利的控辩共识。司法裁判结果可以被看作"特殊程序支配的论辩游戏的结果"。② 在此过程中，律师辩护的内容自然集中在案件事实、法律适用以及由此推导出恰当的处理结果，前两者涉及对内部证成之大小前提的外部证立，后者则由达成共识的大小前提经内部证成得出。案件事实的证立涉及涵盖范围广袤的法庭科学体系内容，其又可以归属于分门别类的自然科学。由于自然科学法则无法通过纯粹的逻辑推演规则进行预设，此时需要将其过渡至专门对事实问题进行证立的证据规则，即受制于法律论辩的经验推论法则。案件事实作为既往的纯客观的存在，其中能够被思维和意识所感知的部分构成了可以用于构建法律推理过程的法律事实。可以说，法律事实之所以能够脱胎于案件事实，主要通过选择陈述的方式使判断者意识到被陈述的事实在法律上的重要性，③ 因此被赋予了可陈

---

① 所谓倒摄抑制，反映了这样的心理学原理：对一个人影响最深的一般是最后进行陈述的人。关于倒摄抑制对于认知偏差的抵消关系，详见元轶：《庭审实质化压力下的制度异化及裁判者认知偏差》，载《政法论坛》2019年第4期。
② ［德］哈贝马斯：《在事实与规范之间》，童世骏译，三联书店2003年版，第287页。
③ ［德］卡尔·拉伦茨：《法学方法论》，陈爱娥译，商务印书馆2005年版，第160页。

述性和经验性的特点。由于案件事实发生在过去的某一时刻，无法被直接感知和亲眼所见，必须转化为可直接作为裁判结果形成素材的法律事实，而证据便成为连接案件事实与法律事实的桥梁或将案件事实折射出法律事实样态的"镜子"，事实认定者只能通过证据进行经验法则范畴上的推论以对事实发生的可能性作出盖然性裁断。[1] 因此，法律事实与其说是客观现实在法律领域中的"投影"，毋宁说是诉讼过程中交互论辩的主观诠释的产物，其中至少涉及不同利益诉求者间的博弈、证据诠释者的主观判断、说服责任的要求以及论辩对手的限制等因素。有学者根据律师是否提出新的事实或诉讼主张将辩护分为积极辩护和消极辩护，[2] 站在博弈论角度，这种划分能够体现出律师作出了不同的博弈选择。"最好的防守是进攻"，与其论辩控方提出的事实不成立或与案件无关，不如直接提出一项于己有利的事实推翻对方主张。因为前者建立在论辩者主观判断和评价之上，不同诉求、不同利益集团的代表可能出现见仁见智的判断；而后者则建立在客观事实基础之上，不同的人能够得出相对普适的评判。律师在认罪认罚案件中首先应当进行消极论辩，以判断案件是否具备认罪认罚的事实基础，在此基础上再进行有的放矢的论辩。盲点效应揭示出，人们聚焦在某一类事物时，越是集中精神，越有可能忽视其他事物。由于被追诉人主动认罪的影响，律师有可能会过分聚焦于控方证据而忽视无罪证据，最终导致错误认罪。因此，律师在对控方证据展开消极论辩的同时，需要适度展开积极论辩，注意收集可能使被追诉人无罪的证据。证据信息仅仅能够反映案件事实发生的概然性和或真性，不同的证据组合或证据解释可能映射出完全不同的法律事实。律师需要根据根据执业经验和职业素养筛选出可能导致有利结论的证据信息，使之组成逻辑完整的证据链条，并对其进行合理化解释，最终与检察官达成对被追诉人较为有利的共识。与此同时，律师的根本目的在于说服检察官接受己方主张，而非独白式的自说自话，说服责任要求律师对于经验事实的论辩对象应当包含尽可能完整的证据信息，并且在对证据进行诠释时选择相对理性而非充满情感的消极修辞语句，因为消极修辞语句强调事实的平铺直叙，积极修辞语句注重价值的丰富渲染，如欲建立事实

---

[1] 张保生：《事实、证据与事实认定》，载《中国法学》2017 年第 8 期。
[2] 陈瑞华：《论刑事辩护的理论分类》，载《法学》2016 年第 7 期。

命题与价值判断之间的联系,则会使控辩商谈由于陷入至今无解的"休谟问题"的困扰而破裂。① 控辩协商的交互性决定了律师与检察官具有相互说服的意图和行为,而检察官则在此过程中毫无疑问地占据了主导地位,② 律师的论辩势必受其限制和影响。控辩双方由于职能差异往往会呈现出信息不对称的状态,律师需要尽可能全面掌握控方获取的全部证据信息,才可能得出更为客观、理性以及检察官可能接受的结论。按照真理符合论,案件的现实情境土壤并非必须与法律规范所涵摄的范围具备同构关系,而更关乎于言说者与听众之间"对于法律论证的方法和结论"是否能够达成共识。③

法律适用的难题源于"过去"产生的法律规范如何准确适用于"现今"的法律事实,而法律规范又构成法律论辩与法律效力形成联系的媒介。④ 由于法律规范产生的时代背景和针对的现实情境均来自过去,而源自生活世界的案件事实又是随着时代发展不断滚动翻新,两者之间如何有效衔接成为法律论辩需要解决的问题。控辩双方需要通过论辩消除影响定性的思辨性分歧和影响定量的实践性分歧,律师辩护的作用便是在分歧消弭过程中引导结论向有利于被追诉人的方向发展。与司法工作人员不同,律师的论辩方向不需要也无法具备中立性,在就法律事实达成共识的基础上,律师需要将于己有利的法律规范导入论辩。简易案件中,律师通过语义学解释便能够发掘出相应的法律规范;复杂案件中,律师则需要通过目的解释、

---

① 休谟问题,指从"是"能否推出"应该",即从"事实"命题能否推出"价值"命题。它是休谟在《人性论》中提出的著名问题,至今仍未有效破解。详见〔英〕大卫·休谟:《人性论》,贺江译,台海出版社2006年版,第74—191页。

② 关于检察官的主导责任,详见汪海燕:《认罪认罚制度中的检察机关主导责任》,载《中国刑事法杂志》2019年第6期;顾永忠:《检察机关的主导责任与认罪认罚案件的质量保障》,载《人民检察》2019年第18期;李奋飞:《论检察机关的审前主导权》,载《法学评论》2018年第6期。

③ 雷磊:《新修辞学理论的基本立场——以佩雷尔曼的"普泛听众"概念为中心》,载《政法论坛》2013年第2期。

④ 〔德〕卢曼:《社会的法律》,郑伊倩译,人民出版社2009年版,第339页。

历史解释等解释规准明确能够将法律事实涵摄其中的法律规范。① 当出现两个以上相互竞争的解释结果时，控辩双方的偏向性便得以显现，尽管律师此时竭尽所能说服对方作出退让，但共识并非各方一味强调己方利益、拒绝任何妥协情况下的产物。此时律师除了作出能够自圆其说的法律论断外，还需要运用法律共同体的"先验共识能力"判断出何种妥协更有可能使对方接受，亦即控辩双方的"共识点"位置。次优理论指出，在无法完全满足所有外部前提下，一味朝着最优方向努力无法实现帕累托最优的结局。换言之，在无法左右对方意志的情况下（左右对方意志明显是一个实现最优结局的外部必要条件），适度的妥协而非强硬的对抗往往能够取得更佳的效果。达成思辨性共识意味着控辩双方建立起认罪的基础，解决如何量刑的实践性问题则需要通过后果主义论辩和融贯性论辩，因为刑罚本身便带有强烈的价值属性。② 律师通过后果主义论辩和融贯性论辩挖掘出与法律价值和法律原则相适应、对被追诉人最为有利的量刑结果，并通过提供于己有利的过往案例将案件推入判例的惯性轨道。由于是否认罪的根本性问题已得到解决，量刑共识相对容易达成，律师通过合理论辩具有获得良好效果的更大可能性。

二、"竞合式辩护"的实质功能

（一）揭露真相的价值追求

德肖维茨在《致年轻律师的信》中坦言："称职的律师必须为其当事人做任何不为法律或法律行业规则所禁止的事情。"③ 这句话揭示出律师在辩护过程中需要承担两项义务：一是忠诚性义务，竭尽所能地维护当事人的合法权益；二是合法性义务，不允许从事法律明令禁止的活动。之所以要求律师承担合法性义务，主要基于法律价值的综合权衡。法律通过调整当事人间的权利、义务，进而关

---

① 关于刑法解释问题，笔者比较赞同冯军教授提出的刑法教义学观点。由于本文主要研究程序法而非实体法，故在此不做赘述，相关内容详见冯军：《刑法教义学的立场和方法》，载《中外法学》2014年第1期。

② 关于刑罚的价值属性，参见赵秉志、陈志军：《刑罚价值理论比较研究》，载《法学评论》2004年第1期。

③ ［美］艾伦·德肖维茨：《致年轻律师的信》，单波译，法律出版社2018年版，第162页。

涉个人利益和社会秩序，律师作为享有法律服务的垄断从业者，对法律的有序运行起到重要作用。基于工作性质的特殊性和享有的执业垄断权利，律师必然需要承担起相对于其他从业者更多的对公众负责的义务，即基于维护当事人利益的职业专注义务和兼顾公共利益的公共责任。① 也有学者将两项义务划分为对当事人的忠诚义务和对法庭的真实义务，真实义务又可以划分为积极的真实义务和消极的真实义务。积极的真实义务表现为"作为"的方式，主要由公诉机关承担；消极的真实义务表现为"不作为"的方式，包括律师在内的诉讼当事人均需承担。② 我国2018年《刑事诉讼法》第44条概括规定了律师的真实义务，主要涉及禁止辩护人从事伪造证据的消极不作为责任。《律师法》第2条、第3条不仅规定了律师应当"维护当事人合法权益"的忠诚义务，也赋予了律师"维护法律正确实施，维护社会公平和正义""以事实为依据，以法律为准绳"的真实义务，而这同样也是司法工作人员应当履行的职责。真实义务使律师和司法工作人员的职业伦理产生交集，形成了彼此共通的价值追求，从而营造出合作的前提和商谈的"话语情境"。因此，身兼保障个人权益和维护公共利益双重职责的律师，更加注重通过"反复权衡，互相求证"的沟通技巧和"讲道理"式的修辞手法，通过与控方"反复进行克制性、互动性对话和论证"，实现"和而不同、互利共赢"，"展现了主体间性的互动特质和共鸣效果"，③ 尤其在办理认罪认罚案件中更加容易展现出这种双重职责。一方面，对于符合条件、当事人同意认罪认罚的案件，律师应当积极促成认罪认罚从宽制度启动，通过与检察官反复沟通协商寻求有利于当事人的程序处理和量刑意见，维护当事人权益；另一方面，律师需要将身份"投射"至公诉人员进行换位思考，获悉对方的利益关注点，以实现将心比心式的交融性理解，寻求双方利益的最大公约数。这主要体现在认罪认罚的事实基础和自愿性确认。美国的辩护交易制度要求

---

① 卢少锋、冯雷：《论辩护律师的真实义务》，载《河南社会科学》2019年第12期。

② 关于律师的忠诚义务和真实义务，详见郭恒：《辩护律师忠诚义务论》，对外经济贸易大学2019年博士学位论文。

③ 杜宴林：《司法公正与同理心正义》，载《中国社会科学》2017年第6期。

有罪答辩应当系被追诉人自愿作出，并且需要具备事实基础。① 认罪认罚从宽制度同样未改变我国刑事诉讼对于事实真相的态度，不论被追诉人是否认罪认罚，司法工作人员均有义务首先确认案件的事实基础。《刑事诉讼法》第 201 条规定了法院对于认罪认罚案件量刑建议的处理，其中第一项涉及认罪认罚不具备事实基础，第二至三项涉及被追诉人认罪认罚自愿性问题。《指导意见》中也强调了检察机关在审查起诉阶段对于上述内容的审查义务。认罪认罚不自愿意味着被追诉人的诉讼权利可能遭受侵害，这同样可能导致案件的事实根基产生动摇，使事实真相掩埋于非自愿认罪构筑的虚假情形之下。中国刑事诉讼致力于追求案件事实真相和法律统一适用的基本价值取向不可能发生动摇。② 作为强职权主义国家，追求事实真相体现了维护社会公共利益的根本价值追求，也是司法机关工作人员职责所在，有损于职责履行的事项势必引发强烈排斥，这一点与律师在认罪认罚从宽制度中的职责产生了共鸣，实现了公共利益与个人权益的价值交融。律师在认罪认罚从宽制度中的真实义务同样体现在确认认罪认罚的事实基础和被追诉人认罪认罚的自愿性方面，引导不具备事实基础的案件和被追诉人不认罪案件通过完善的法庭审理程序发现事实真相，有利于维护被追诉人的合法权益。因此，律师在认罪认罚案件中并非单纯的"见证人"或"协商人"，而是与司法工作人员具有共同价值追求、赋予制度运行合法性的实质参与方。检察官和律师，应当是客观公正的文化表征，是社会道德原则的灵魂和化身，他们对刑事诉讼的进程具有举足轻重的影响力。律师的辩护工作需要确保案件朝着揭露真相的方向发展，这承载了认罪认罚案件中控辩双方进行互惠合作的内源动力。

（二）提升效率的导向趋同

刑事诉讼程序虽然无法对律师辩护的细节进行调校，但能够对其运行过程提供制度性框架。社会向度上，程序法赋予了刑事案件的"原告"和"被告"以检察官和被追诉人的身份出现在法庭之上，法官作为裁判者在"原告"和"被告"及其代理律师的协助下

---

① 史立梅：《美国有罪答辩的事实基础制度对我国的启示》，载《国家检察官学院学报》2017 年第 1 期。
② 魏晓娜：《冲突与整合：认罪认罚从宽制度的本土化》，载《中外法学》2020 年第 5 期。

发现事实真相；实质向度上，控辩双方通过策略性行动尽可能展开于己有利的论辩，法庭对此综合评价后作出裁判；时间向度上，案件需要及时得到解决，审理期限既不应过于仓促，也不应久拖不下。① 角色分工的差异和追求结果的不同可能会加剧控辩双方的对抗和撕裂，而"高效率法律制度"这样一种普遍关切则成为各诉讼参与方共同关注的目标。② 对于被追诉人来说，刑事诉讼程序的延长会使其由于使之遭受其命运的延期不确定性而陷入困境，而律师辩护将更有可能促进控辩协商达成，因为辩护律师更有可能帮助被追诉人"准确地估计审判的大概结果"。③ 诉讼成本和诉讼结果的不确定性是左右控辩协商是否达成的重要因素。对于应当适用认罪认罚从宽制度的案件，被追诉人认罪认罚的诉讼成本主要在于其几乎放弃了无罪释放的机会，因为案件的裁判结果几乎不存在变数（但并非绝对），而获取的收益则可能是立竿见影的程序从简和未来可期的量刑从宽。律师通过释明认罪认罚的权利义务以及由此而来的法律后果，在确保被追诉人认罪认罚的自愿性上与追诉机关形成双重保障，更有利于及时启动简易类审理程序，防范被追诉人无故反悔，有效提升诉讼效率。同时，检察机关也需要律师及时提出辩护意见，并与律师就案件事实、法律适用以及量刑情节等方面进行审前论辩。双方在刑事诉讼较早阶段对容易产生分歧的部分予以澄清并达成共识，有助于检察机关及时根据案件情况采取更富效率的工作方法，并且事实的澄清也有助于其合理量刑建议的出具，进而提升法庭采纳的比率。对于不适用认罪认罚从宽制度的案件，如果被追诉人尚未认罪，律师通过论辩、商谈等方式与检察官沟通，说服对方及时终结刑事诉讼程序，作出不起诉决定。如果被追诉人已经认罪，律师需要以被追诉人能够理解的言语向其释明：一是基于辩护职责，自己将在法庭上进行无罪辩护；二是如果被追诉人不同意，有权解除委托或要求更换辩护人，如果同意将需要承担无罪辩护有可能导致的程序性和实体性后果。同时，律师应当在开庭前与检察官对认

---

① 参见［德］哈贝马斯：《在事实与规范之间》，童世骏译，三联书店2003年版，第287—288页。

② 参见［德］哈贝马斯：《在事实与规范之间》，童世骏译，三联书店2003年版。

③ ［美］理查德·波斯纳：《法律的经济分析》，蒋兆康译，法律出版社2012年版，第836—837页。

罪认罚的基础性问题展开商谈，告知对方自己准备进行无罪辩护，说服对方作出不起诉决定。尽管一些地方出台的认罪认罚相关文件中，已明确指出律师进行无罪辩护的，案件应当适用普通程序进行审理，①但由于普通程序仍然会集中于控辩双方产生分歧的部分，并且此类案件容易出现被追诉人认罪后反悔的情形，②律师此举能够有效防止程序反转所引发的诉讼拖延。

（三）互惠合作的外部效应

外部效应指一个人的行动可能会对他人产生影响。按照使他人受益还是受损，可将外部效应划分为正外部效应和负外部效应。传统的博弈论便源于外部效应。在无限次重复博弈中，互惠性是促成合作成为纳什均衡的支撑机制，它通过友好、报复、宽恕和清晰等策略解决了博弈双方的合作问题。③友好是双方产生互信合作的基础；惩罚性报复能够对对方可能采取的背叛行为产生威慑；宽恕有助于消除微小的隔阂；清晰使双方的沟通易于理解。其中"强互惠包含着双重因素，有条件合作和利他主义惩罚"，社会价值取向偏向于合作；弱互惠则的行为主体更加关注利益回报的时效性和等价性，虽然同样强调合作，但社会价值取向偏向于竞争，强调个人利益最大化。④认罪认罚从宽制度以合作性司法理念为基础，体现出对控辩合意的推崇，⑤互惠性能够成为各方合作的支撑点，律师也需要通过辩护行动使诉讼各方达成互惠性合作。《指导意见》要求办理认罪认

---

① 《江苏省高级人民法院关于办理认罪认罚刑事案件的指导意见》第42条规定：普通程序适用条件。对于被告人认罪认罚，案件事实清楚，证据确实、充分的案件，符合下列情形之一的，人民法院应当适用普通程序：（1）辩护人进行无罪辩护，被告人不同意无罪意见，坚持认罪认罚的……

② 例如，有司法实务人员经调研，发现某些案件中被告人当庭认罪认罚，却对某些事实不予认可，导致阻却认罪认罚程序适用的效果。详见徐明敏：《认罪认罚从宽制度诉讼效率全流程提升的困境与出路》，载《全国法院第30届学术讨论会获奖论文集（下）》。

③ ［美］肯·宾默尔：《博弈论与社会契约——公正博弈》（第2卷），潘春阳等译，上海财经大学出版社2016年版，第301页、第357页。

④ 陈宏波、罗辉：《国内外强互惠理论最新进展及其评述》，载《科学与管理》2014年第6期。

⑤ 赵恒：《量刑建议精准化的理论透视》，载《法制与社会发展》2020年第2期。

罚案件，应当听取被害人及其诉讼代理人意见，是否赔偿被害方损失，取得被害方谅解，作为从宽处罚的重要考量因素。人民检察院在对认罪认罚案件进行审查时，需要审查被追诉人是否向被害人赔礼道歉。在某些涉及被害方赔偿的案件中，例如交通肇事案，律师需要促成被追诉人与被害方达成合作。而此时的合作属于强互惠性合作。律师通过促成被追诉人以单方支付必要的经济赔偿和赔礼道歉的方式给予被害方利益，此时被追诉人得到的回馈一方面体现为弥补过错的心理慰藉，另一方面则是取得了被害方的谅解。尽管被害方的谅解无法带来即时的利益，但其外部效应可能会使被追诉人收获相对有利的案件处理结果。区别于不计回报、完全善意的利他主义，虽然强互惠者多数情况下并非背叛者的对手，但往往会出现没有利益冲突的第三方对于背叛合作的人进行惩罚，即使这可能导致自己付出高昂的成本代价。① 在被追诉人与被害方进行和解的过程中，检察机关便充当了这一角色。如果被追诉人拒绝进行赔偿和道歉，则无法获得被害方的谅解，检察机关便可能以此为由拒绝适用认罪认罚从宽制度，并且出具较重的量刑建议。因此，在被追诉人多数身陷囹圄，其家属缺乏沟通能力的情况下，律师需要代表被追诉方积极与被害方进行商谈，发现被害方经济需求和被追诉方支付能力的平衡点，促成双方实现和解。相比而言，控辩双方的合作则属于相对自利的行为。具备适用条件的认罪认罚案件，检察官和律师尽管也强调各自利益最大化，但双方能够按照互惠性的要求考虑对方利益并给予必要回报。同时，控辩合作过程中不可避免地存在无法获得相应回报的风险，例如被追诉人认罪认罚后，检察官机关因各种原因没有出具较轻的量刑建议，此时需要律师通过法律共同体所特有的"先验共识能力"带来的共同价值观，通过引导合作的进行，提升彼此间的信任感。同时，弱互惠合作掺杂着竞争与合作，有时需要一方首先表态以最小化竞争带来的影响，因为"单向的利益流动能够减少冲突现象的发生"，② 例如检察官很难在被追诉人未认罪时作出任何承诺，此时律师建议被追诉人首先认罪可能是控辩建立合作的基础。总而言之，律师通过作出于控方有利的辩护行动

---

① 王覃刚：《强互惠理论的扩展》，载《中国工业经济》2007年第3期。
② 邹文篯、田青、刘佳：《"投桃报李"——互惠理论的组织行为学研究述评》，载《心理科学进展》2012年第11期。

（前提是不损害被追诉人利益），引导对方作出于己有利的决定，从而实现相互的积极外部效应。

三、认罪认罚从宽制度中的"竞合式辩护"实现路径

（一）适度维权的理性追求

刑事辩护作为公民的一项防御性行为，旨在通过提出对被追诉人有利的事实和理由以针对控方提出的刑事指控进行辩解，同时防止被追诉人的合法权益遭受公权力不公正的待遇和不应有的侵犯。[①]其中由律师提供帮助而进行的辩护是律师辩护，是刑事辩护的核心内容。律师的辩护工作主要围绕控方提出的指控事实展开，通过发现并主张、论辩等方式确保被追诉人免受不应当遭受的过重刑罚；同时关注被追诉人在刑事诉讼中的各项程序性权利是否得到保障，并在权利遭受侵害时及时申请救济。刑事诉讼程序本质上属于控辩双方进行动态博弈的过程，律师的辩护工作以维护被追诉人合法权益为出发点和落脚点，通过增强被追诉人博弈的能力以实现利益最大化的纳什均衡。刑事辩护的价值恰恰体现在诉讼程序的不同阶段中，与控方针对指控内容开展"探索研究和富有想像力地提出疑问"。[②]尤其是认罪认罚从宽制度以被追诉人放弃某些权利为对价，在公权力的强大威慑下，如果律师无法提供法律帮助，制度有可能沦为公诉方治罪的工具，甚至造成新的冤假错案。因此，律师在认罪认罚案件中应当承担起维护被追诉人权益的职责，并通过辩护行动切实履职，搭建控辩协商之间的"桥梁"，使被追诉人能够与控方展开相对平等、均势的对话。例如，通过及时会见了解案件情况，并向被追诉人告知认罪认罚的权利义务和可能后果，及时帮助被追诉人行使认罪认罚的权利；如果被追诉人由于遭受胁迫而非自愿认罪，及时向有关部分进行申诉、控告，保障被追诉人认罪认罚的自愿性。在被追诉人认罪认罚的案件中，律师通常不会选择无罪辩护，控辩双方由于在是否构成犯罪的问题上存在共识性基础，双方完成合作的土壤已经具备，此时仅仅需要在互信基础上达成最终的案件

---

① 管宇：《刑事诉讼视角下辩护权界说》，载《政法论坛》2007年第6期。
② [美]小查尔斯·F.亨普希尔：《美国刑事诉讼——司法审判》，中国政法大学研究生院教务处1984年印，第33页；转引自张建伟：《以审判为中心的认识误区与实践难点》，载《国家检察官学院学报》2016年第1期。

处理结果的共识。由于控辩双方利益并非完全冲突,立场也由对立转向趋同,"老三难"和"新三难"等问题在认罪认罚案件的律师辩护工作中通常不会遇到,① 被追诉人自愿认罪后遭受非法讯问等严重侵害其权益的行为可能性相对较低。此时律师如果动辄对一些微小问题采取吹毛求疵、小题大做的辩护方式,甚至企图采取阻碍刑事诉讼顺利进行的方式对检察机关进行挑战,不仅不利于控辩共识的达成,也无法为被追诉人寻求到理性的处理结果。因此,律师在辩护过程中需要时刻关注被追诉人的权利保障问题,但适度、理性的维权方式往往能够带来更理想的结果,尤其在认罪认罚案件中,律师需要尽量避免采取冲动、过激的方式,否则不但无益于被追诉人的权益保障,甚至有可能损害其权利行使。

(二) 信息获取的核心支撑

辩护行动主要借助于律师和被追诉人的信念和掌握的信息展开,并且基于特定目的:获取有利于被追诉人的案件处理结果,影响并改变裁决者的意志。律师的信念主要体现在合乎理性地维护被追诉人权益的追求,而获取有价值信息以及与检察官进行充分沟通,成为律师辩护行动的另外两条路径。上文提到,理性的博弈建立在信息充分的基础上,信息不对称或不透明将导致博弈各方无法作出理性决策,进而影响各自目标的实现。这种信息不对称一方面体现在检察机关无法完全掌握被追诉人知悉的案件信息,另一方面表现为被追诉人不了解追诉机关掌握的证据信息以及追诉机关准备发起的指控信息。此时律师需要通过会见、阅卷和调查取证,确定案件是否具备认罪认罚的事实基础;在案件符合认罪认罚适用基础上,考虑到侦查机关长于抓捕、重在破案,工作重点往往瞄准犯罪证据而非量刑证据的固定,而检察机关的案件信息更多出自侦查机关移送的案卷,偶有补充侦查也更多着眼于定罪证据的收集,律师便需要竭尽所能的搜集与案件量刑相关的证据信息,尤其是容易被检察机关忽略的酌定量刑情节信息,例如"生理心理健康情况、家庭情况、

---

① "老三难"指"会见难、阅卷难、调查取证难",而"新三难"指"申请调取证据难、法庭质证难、律师正确意见得到采纳难"。也有的学者将"新三难"概括为"发问难、质证难、辩论难"。参见亢晶晶:《说服与判断:审辩关系的异化及回归——以"商谈理论"为视角》,载《河南大学学报(社会科学版)》2017年第3期。

学校教育、犯罪原因、社区反映、被害人过错等方面",① 并将搜集到的对被追诉人有利的信息毫无保留地分享给检察人员,以便其作出的决定建立于信息充分的基础之上。认罪认罚从宽案件量刑建议的信息来源之一,便是被追诉人及其辩护律师的量刑意见,而这需要建立在律师经过充分调查取证基础之上。② 例如,美国律协发布的《刑事辩护标准》便要求辩护律师在辩诉交易中需要调查所有与案件相关的信息,包括检察官掌握的起诉证据信息,并且应当将信息尽可能全面地告知被追诉人。此外,律师需要实时掌握控方对于案件的态度和判断。博弈论研究指出,双方合作博弈所证明的最佳行为策略是"一报还一报",③ 即自己在不首先背叛的前提下,是否合作取决于对方是否背叛。如果控方没有打算适用认罪认罚程序,或者即使适用也不会出具被追诉人能够接受的量刑建议,律师的辩护行动将与之前有所区别。被追诉人认罪认罚是对控诉方指控的犯罪事实和提出的量刑建议进行的有效回应和承认,④ 律师与被追诉人需要进行充分的信息共享,形成信息汇聚,这不仅指上述客观信息,也包括对于案件的认识和判断等主观信息。因此,律师的辩护行动需要建立在被追诉人充分消化上述信息的基础上,而信息交互的前提是律师与被追诉人具有足够的会见次数和时长,这要求律师对于案件具备足够职业责任感并履行勤勉义务,检察机关也应当充分保障律师权利的行使。⑤ 此外,检察机关有可能利用其信息优势地位作出"虚假承诺",或是由于工作失误导致"承诺溢出"。⑥ 律师需要利用专业技能及时甄别其中的失实部分并及时与检察机关沟通,同时将

---

① 陈瑞华:《论量刑信息的调查》,载《法学家》2010年第2期。
② 顾玫帆:《认罪认罚从宽案件量刑建议应关注三个问题》,载《检察日报》2019年3月4日。
③ 吴旭阳:《从"演化博弈"看司法裁判的本质和完善》,载《自然辩证法通讯》2017年第2期。
④ 谢登科、周凯东:《被告人认罪认罚自愿性及其实现机制》,载《学术交流》2018年第4期。
⑤ 受疫情影响,全国多地看守所均限制了会见的次数和时长,这显然不利于律师辩护工作的展开。
⑥ 有学者将控方为尽早结案而作出的明知是虚假的、具有欺骗性的司法承诺称为"虚假承诺",将控方的司法承诺超出其被授权的范围称为"承诺溢出"。详见刘泊宁:《认罪认罚从宽制度中司法承诺之考察》,载《法学》2020年第12期。

沟通情况实时同步给被追诉人，确保其认罪认罚的明知性。

（三）充分交互的机制保障

律师通过言语行为或书面行为与检察机关充分沟通，进而与对方建立有效良性互动，实现控辩双方充分交互。交互过程作为一种行为协调机制，将参与者带有各自目的计划的行为结合起来以实现协调不同行为计划的互动，[①] 其中包括参与者带有竞争性的不同利益诉求行为和实现彼此共赢的合作行为。交互各方需要同时具备言语和行为能力，一方在发布对方能够充分理解的表达后，如果得到对方的肯定回复，则意味着共识的达成，表达内涵中所体现的义务责任便成为各方的行为指南。行为协调机制的建立既有赖于参与者具备相应的"先验共识能力"，以便能够展开较为流畅的沟通，也需要进行适当的程序性控制，修正一方过度追求己方利益最大化的欲望。作为法律共同体的律师与检察官具备通过法律语言进行消除歧义状态下沟通的能力，双方出于对法律信仰的精神纽带和职业技能的相似训练也拥有了达成共识的先验能力。在行为能力上，检察官则拥有律师无法比拟的优势。例如，审前羁押的决定权便掌握在检察官手中，检察官作出的是否逮捕决定，能够为被追诉人带来身陷囹圄或"重获自由"的直观感受，而且逮捕甚至能够影响最终裁判结果的作出，演变为裁判结果的风向标。[②] 更进一步，检察官还可以通过不起诉决定直接终结刑事诉讼程序。相比而言，律师的行动能力则受到诸多限制，尤其是认罪认罚的决定权取决于被追诉人，律师不能代替作出，甚至不应当强烈建议被追诉人认罪认罚。因此，律师辩护行动首先需要建立在与被追诉人协商一致的基础之上，只有被追诉人同意认罪认罚，律师才可以说具备了一定的行动能力，进而与检察官展开实质性交互。律师需要使辩护计划得到检察官认可，前提是同样关注到了检察官的计划目标，对双方计划中的分歧点进行分析以寻求可能的调和方式。交互过程会出现数轮的批判性检验和反思，律师需要根据交互情况实时调整计划并与被追诉人及时沟通，最终通过与检察官建立起的行为协调机制，激发其作出不予批

---

① ［德］哈贝马斯：《交往行为理论》（第一卷），曹卫东译，上海人民出版社2018年版，第361页、第372页。

② 王彪：《刑事诉讼中的"逮捕中心主义"现象评析》，载《中国刑事法杂志》2014年第2期。

捕甚至不予起诉的决定。律师应当对交互过程予以书面记录，以便随后对交互内容反复推敲，但更重要的是防止检察官违背自己先前作出的承诺。《人民检察院办理认罪认罚案件监督管理办法》要求检察官应当将律师的书面意见、证据材料记录在案并附卷，当面听取意见时可以同步录音录像，同样体现出控辩协商的程序性控制要求。律师应当尽量与检察官达成精准化的量刑建议，因为尽管双方对于大部分法律语言的意义理解相同，但语言的多重含义不可能得到根本性消除；幅度刑的量刑建议意味着双方的量刑分歧并未得到本质上消解，各自对于量刑的预期仍有所差异，否则不会出现量刑的上下幅度，某种程度上这也意味着交互尝试的失败。

四、余论："竞合式辩护"的隐忧与回应——如何避免辩护行动异化

"竞合式辩护"强调辩护行动兼具权益保障和交互合作双重属性，律师需要在两者之间寻求平衡，避免过度维权导致的控辩矛盾激化和一味妥协引发的控辩力量失衡。

有学者曾将我国过去的庭审模式总结为"教化型庭审"，发现相比于查明事实真相，庭审更像是以劝说被告人认罪悔过、承担责任的教化式活动，此时的辩护人更类似于协助教化者而非公权力的制衡者。① 由于职权主义国家对于权力的相对依赖和信任，其刑事诉讼程序天生便携带了较为浓厚的教育色彩，而教化功能易将刑事庭审打造成一场转化被告人、教育大众的仪式，弱化其发现事实真相、提升诉讼效率等功能。在"以审判为中心"的刑事诉讼程度改革背景下，刑事庭审程序需要承担起更多的事实发现功能，因此需要将庭审功能予以适度分离，在庭审中以事实发现为主，同时通过审前的认罪教育等方式提升诉讼效率。对此，最高人民检察院在认罪认罚从宽制度推进会上强调检察院应当承担的主导责任时，便提到了"主动开展认罪认罚教育转化工作"，② 司法实践中多地检察机关甚至侦查机关也通过权利义务告知、大众公开宣讲等方式对犯罪嫌疑人进行认罪认罚的教育转化。因此，认罪认罚从宽制度不仅有助于

---

① 李昌盛：《刑事庭审的中国模式——教化型庭审》，载《法律科学》2011年第1期。

② 樊崇义：《刑事诉讼模式的转型——评〈关于适用认罪认罚从宽制度的指导意见〉》，载《中国法律评论》2019年第6期。

诉讼效率的提升，同时承载了过去庭审所承载的教化职能，检察机关对此仍然承担主导责任，庭审则类似于对教化结果自愿性的审查。律师虽然在认罪认罚从宽制度中同样起到了一定的教化作用，客观上有助于提升诉讼效率，但其权益维护的作用不容忽视。在事实基础得以确立和认罪认罚自愿性得到保障的案件中，律师除了与检察官进行量刑协商，同样需要确保被追诉人了解目前证据信息指向的犯罪事实以及由此可能带来的处理结果，通过客观、理性的消极修辞使其对当前形势形成较为清晰的判断。在此基础上，律师通过开展与检察官类似的工作——告知认罪认罚的权利义务、促成对被害方的道歉赔偿——完成对被追诉人认罪认罚的转化。律师适度开展教化工作有易于与控方形成合作基础，进而为被追诉人争取到合理的量刑建议。

然而，即使控辩双方就某些甚至全部争议达成共识，他们在诉讼中所处的立场仍然是对立的。① 但由于权力与权利的不对等关系，律师在认罪认罚从宽制度中的角色易发生错位，② 导致被追诉人权益无法得到有效保障。例如，司法实践中值班律师便很难发挥权力制衡的作用，主要工作几乎演变为解答被追诉人家属疑问、配合签署认罪认罚具结书，提供的法律帮助呈现出表面的形式化和实质的空心化。国外同样存在类似问题。以法国为例，值班律师主要用于缓解律师资源紧张问题以及弥补法律供给与法律需求之间的缺口，加之主管部门缺乏精细化运行，因此并非所有值班律师均是精通刑事法律的专家。司法实践中一些值班律师对于刑事辩护工作的基本流程都不熟悉，甚至无法对被追诉人进行法律告知，加之此时律师掌握的案件信息较少，最终往往沦为了建议与警察合作的消极观察者。③ 此外，由于律师几乎不可能在不同的刑事案件中连续担任同一名被追诉人的辩护人，"口碑"对于刑辩律师并非如其他领域律师那般重要（但也并非完全不重要）；律师也很难长时期只与一名检察官

---

① 王新清：《合意式刑事诉讼论》，载《法学研究》2020年第6期。
② 吴思远：《论协商性司法的价值立场》，载《当代法学》2018年第2期。
③ 陈卫东、孟婕：《重新审视律师在场权：一种消极主义面向的可能性——以侦查讯问期间为研究节点》，载《法学论坛》2020年第3期。

打交道，无法在长期博弈中形成偏好程序正义的演化稳定均衡;① 律师同样可能基于经济收益、职业风险等方面因素，产生教化被追诉人认罪认罚的过度倾向。因此，司法实践中，律师有可能基于多方面原因忽略自己原本的权力制衡者的角色定位，其辩护行动随之异化为"协助教化式辩护"。解决之道在于建立认罪认罚从宽制度的律师辩护职业准则和考评机制，使律师的辩护行动能够得到外界的客观评价；建立公设辩护人制度，构建多层次的认罪认罚法律援助体系，而这也为新的理论研究提供了方向和契机。

---

① 关于程序正义如何在演化博弈中实现均衡，参见丁建锋：《博弈论视角下的过程偏好与程序正义——一个整合性的解释框架》，载《北京大学学报》2019年第3期。

认罪认罚撤回权的程序建构刍议

王玲玲[*]

一、问题的提出

2018年10月26日,十三届全国人大常委会第六次会议通过关于修改刑事诉讼法的决定,将我国已试点接近两年的认罪认罚从宽制度正式吸收到立法中,规定为刑事诉讼的基本原则之一,我国刑事协商制度进一步获得发展,这也意味着对被追诉人的权利保障提出了更高的要求。2019年10月24日,"两高三部"颁布《关于适用认罪认罚从宽制度的指导意见》(以下简称《指导意见》),对认罪认罚从宽制度的适用进行了具体的规定。认罪认罚制度的核心在于保障被追诉人的自愿性、具结书的真实性和合法性,法院对于认罪认罚的审查也集中于这三方面。被追诉人的撤回自由作为自愿性的保障措施,在这次修法却并没有具体的规定,《指导意见》中虽然包含被追诉人认罪认罚"反悔和撤回"的内容,但也只阐述了不同阶段撤回认罪认罚之后的法律后果,聚焦于撤销不起诉、提起公诉以及依法裁判、转换程序等结果,[①]关于认罪认罚的撤回权主体、理由等程序性内容并没有在制度层面上予以明确规定。在相对粗疏的立法规定背景下,实践中也出现了不同地区司法机关对同一问题的许多不同做法,对被追诉人撤回权的规定方式、撤回的条件等规定各异,如天津关于认罪认罚从宽制度的实施细则中明文规定被追诉人有撤回的权利,而大连则是通过变相承认的方式允许撤回,即被追诉人否认指控的犯罪事实就认为其行使了撤回权,但没有明确对

---

[*] 中国政法大学2019级硕士研究生。
[①] "两高三部"《指导意见》第51—54条。

被追诉人认罪认罚的撤回权进行规定。①

可见,被追诉人认罪认罚撤回权的行使由于立法规定不够详细、充分,从而不足以支撑这一权利的行使,导致实践中出现没有依据或者做法不一的情形,因而有必要对认罪认罚撤回权行使的程序建构进行细化规定,本文将以认罪认罚撤回权的现实意义为逻辑起点,通过被追诉人认罪认罚撤回权的前提要件、行使限度以及法律后果三方面内容进行分析,以期对被追诉人认罪认罚撤回权应该如何行使进行明确细化与程序构建。

二、认罪认罚撤回权行使的现实价值

认罪认罚撤回权有助于保障被追诉人表达真实意愿。"如果刑事司法制度要求几乎所有被告人无论如何或何时都要认罪,那么不仅是得到有罪答辩,而且无罪的人在某些情况下也将同意认罪。"② 被追诉人作为与检察院相对的签署具结书的另一方主体,应当享有作出决定的权利和撤回决定的权利,有权反映自己的真实意愿,及时避免出现无罪者认罪的情形。相比于事前规范,这种事后的撤回可能更为有效,它可以及时终止继续适用认罪认罚从宽制度,防止出现认定错误,提供多一重保护。因而,认罪认罚的撤回权不仅是被追诉人认罪认罚所应享有的权利,也属于被追诉人的一项事后救济措施。

同时,被追诉人认罪认罚撤回权的行使也有助于平衡目前控辩双方在认罪认罚协商中地位不平等的状态。有学者指出我国的认罪认罚制度中存在协商不足的问题,更像是由控方提出邀约、辩方被动承诺的制度,"从更为深入和准确的角度来说,以'听取意见'为程序标志的控辩合意程序实际上更加偏向于一种'要约+同意'

---

① 参见郭松:《认罪认罚从宽制度中的认罪答辩撤回:从法理到实证的考察》,载《政法论坛》2020年第1期。天津市《关于开展刑事案件认罪认罚从宽制度试点工作的实施细则》第16条规定:"犯罪嫌疑人、被告人认为前期的认罪供述有损其利益的,可以在一审法院裁判作出之前反悔,主张撤回认罪供述,撤销具结书。"大连市《认罪认罚从宽制度试点工作的实施办法》第26条规定:"被告人否认指控的犯罪事实的……案件停止适用认罪认罚从宽制度,转为普通程序审理。"

② John H. Blume、Rebecca K. Helm:《"认假罪":那些事实无罪的有罪答辩人》,郭烁、刘欢译,载《中国刑事法杂志》2017年第5期。

机制，即对于认罪认罚的案件，检察机关在综合考虑案件情况（包括听取辩方的意见）的基础上依职权向辩方提出关于量刑建议和程序适用的'要约'，辩方则只能自愿选择作出同意与否的意思表示，并不能与控方开展'讨价还价'的协商"。① 从目前的制度设计来看，控方相对更具优势地位，而且出于节约诉讼资源、降低追诉难度的角度考虑，控方还会鼓励被追诉人接受认罪认罚，双方的地位具有不平等性，被追诉人行使撤回权有助于平衡目前相对劣势的地位。

另外，从我国被追诉人权利保障的实践可以看出，被追诉人在辩护、告知等方面都存在保障不足的问题，如为认罪认罚中被追诉人辩护权的实现配套规定了值班律师制度，但事实上我国的值班律师并不具备"辩护人"的身份和地位，而仅仅是为被追诉人提供一些有限的法律咨询，这样的定位是无法为被追诉人提供有效的辩护的。② 在告知权方面，目前我国立法规定要求在侦查和起诉阶段应该告知被追诉人与认罪有关的法律问题，在审判阶段应该告知被告人享有的诉讼权利以及认罪认罚可能导致的法律后果，可见我国涉及公权力主体告知义务的规定较为有限，仅限于指控所涉及的法律问题、被告人享有的权利以及认罪认罚可能导致的后果，而对程序选择权利上的具体内容和后果则没有要求进行告知，这样的制度设计难以起到充分保障被追诉人权利处分自愿性的作用。③ 因而在目前控辩双方地位有差异、被追诉人权利尚未获得足够的保障措施的时候，被追诉人可能作出不属于真实意愿的决定，更有必要保障其认罪认罚撤回的自主性和自愿性。

三、撤回权的前提要件：主体与对象

（一）撤回主体

确定权利行使主体是程序构建最基本的前提要件，我国立法规

---

① 陈卫东：《认罪认罚从宽制度的理论问题再探讨》，载《环球法律评论》2020年第2期。

② 参见陈瑞华：《认罪认罚从宽制度的若干争议问题》，载《中国法学》2017年第1期。

③ 参见郭松：《被追诉人的权利处分：基础规范与制度构建》，载《法学研究》2019年第1期。

定，签署认罪认罚具结书的双方主体为检察机关和被追诉方，因而二者具有赋予其撤回权最基本的可能性。

1. 检察机关

从控辩平衡的角度来说，作为认罪认罚具结书签署的一方主体，如果检察院认为根据案情对被追诉人不宜进行认罪认罚，则可以拒绝履行认罪认罚，立法上对此并没有予以限制，在实践中也存在检察院先行退出合意、不履行认罪认罚具结书内容的案件。但在我国目前认罪认罚从宽制度中检察院相对更具优势地位的状况下，对检察院赋予撤回权可能会加剧控辩双方地位的不平等，对于控辩双方达成的认罪认罚协议，撤回权应当属于被追诉方享有的一项诉讼权利，而不是检察机关的权力。① 被追诉人通过处分其必要的诉讼权利而换取司法机关快速审判、有可能从轻处罚的利益，认罪认罚案件中程序被明显简化，控辩双方从最初的实质平等状态转向形式平等状态，尤其是在目前我国司法实务中低辩护率现象突出、值班律师定位不明的情况下，加剧了被追诉人认罪认罚后与控诉机关之间的不对等性，因而为了平衡控辩双方，不应当赋予检察院认罪认罚的撤回权。

在我国关于认罪认罚从宽制度的相关规定中，也暗含着检察机关应当受到合意的约束。比如，根据《指导意见》第52条②，在犯罪嫌疑人认罪认罚后、检察机关提起公诉前，只有犯罪嫌疑人行使撤回权，那么检察机关才不再受原不起诉决定约束，可以撤回认罪认罚具结书。因而，在认罪认罚从宽制度中，不应当赋予检察机关撤回权主体地位，检察机关撤回认罪认罚具结书具有被动性，应当以被追诉人行使撤回权为前提。

2. 被追诉方

大多数学者对被追诉人应当作为撤回权的行使主体无异议，"无论是从保障被告人权利的角度，还是从与刑事司法内在的真实主义

---

① 参见何静：《认罪认罚案件中被追诉人的反悔权及其限度》，载《东南大学学报》2019年第7期。
② 《指导意见》第52条："起诉前反悔的处理。犯罪嫌疑人认罪认罚，签署认罪认罚具结书，在人民检察院提起公诉前反悔的，具结书失效，人民检察院应当在全面审查事实证据的基础上，依法提起公诉。"

相协调的角度，被告人的程序处分权都必须正确而公正地行使"①。主要的争议在于被追诉人的辩护人及近亲属是否可以代其行使撤回权。有学者认为撤回权属于辩护权的横向延伸，辩护人可以辅助被追诉人代为行使撤回权；同时，因为撤回权涉及被追诉人主观层面的自由意志，辩护人应当获得被追诉人的同意或者授权方可行使，但出于维护司法程序的稳定性以及节约司法成本考虑，其近亲属不属于撤回权的适格主体。② 也有学者认为案件结果与当事人及其近亲属之间具有利害关系，"被告人认罪认罚撤回权的行使主体应归属于被告人本人及其近亲属。同时，为了充分保障被告人的合法权益，也应赋予其辩护人享有对被告人认罪认罚的撤回权"。③

事实上，除认罪认罚的撤回权之外，我国刑事诉讼其他制度中也存在被追诉人撤回权的行使，实体上主要表现为对供述和辩解的否认，程序上比如在上诉期内撤回上诉从而影响程序进行等都属于被追诉人行使撤回权的情形。从体系解释的角度来看，行使认罪认罚撤回权和程序上的撤回权最主要的结果之一便是影响程序的选择，二者之间存在一定的相似性，确定认罪认罚撤回权的适格主体时可以参照其他程序性制度中对于撤回权主体的规定。后者典型的是撤回上诉和撤回申诉。撤回上诉的主体，根据最高人民法院《关于适用〈中华人民共和国刑事诉讼法〉的解释》（以下简称《高法解释》）第 379 条以及第 383 条关于上诉人的范围的规定，不仅包括被追诉人，同时也包括获得被追诉人同意的辩护人和近亲属。撤回申诉的主体根据《高法解释》第 451 条④的规定，包括当事人及其法定代理人、近亲属、律师。为了保障被追诉人的权利，撤回上诉和撤回申诉都将权利主体范围扩展到了被追诉人之外的近亲属和辩护

---

① ［日］田口守一：《刑事诉讼的目的》，张凌、于秀峰译，中国政法大学出版社 2011 年版，第 217 页。
② 参见王智杰：《认罪认罚案件中被追诉人反悔权研究》，载《重庆科技学院学报（社会科学版）》2020 年第 4 期。
③ 张全印：《刑事诉讼中被告人认罪认罚撤回权的立法探究》，载《理论导刊》2017 年第 11 期。
④ 《高法解释》第 451 条："当事人及其法定代理人、近亲属对已经发生法律效力的判决、裁定提出申诉的，人民法院应当审查处理。案外人认为已经发生法律效力的判决、裁定侵害其合法权益，提出申诉的，人民法院应当审查处理。申诉可以委托律师代为进行。"

人，认罪认罚制度本身就已经消融了一部分诉讼程序和环节，被追诉人的程序选择权范围缩小，因而为了保障被追诉人的权利，可以考虑除了被追诉人之外，被追诉人的近亲属、辩护人也可以作为适格主体提出认罪认罚的撤回。

对于一些特殊的主体，如未成年人、精神病人、盲聋哑人，目前我国立法和司法解释中只对未成年人认罪认罚作出了特殊规定，即需要有合适成年人到场听取其意见，对于其他特殊主体并没有进行规定。盲聋哑人和精神病人同未成年人一样不具备完全认识和控制自己的行为能力，不能保证认罪认罚的自愿表达，因而也应当对其规定应当有合适成年人或者法定代理人到场辅助作出认罪认罚。

（二）撤回对象

撤回主体和撤回对象是撤回权的基础要件，撤回对象的确定影响到后续程序与实体的制度设计，正如有学者指出，关于被追诉人撤回之处理，首先需要考虑的是：被追诉人撤回的对象是有罪供述还是量刑建议。① 换句话说，认罪认罚撤回权的对象包括撤回认罪和撤回认罚两方面。

根据《指导意见》，认罪是指犯罪嫌疑人、被告人自愿如实供述自己的罪行，对指控的犯罪事实没有异议；认罚是指犯罪嫌疑人、被告人真诚悔罪，愿意接受处罚。撤回认罪就是指被追诉人对于自己的罪行不予以承认，或者对指控的犯罪事实存在异议，这种异议应当是对主要事实的异议，会影响到案件性质的认定。不承认罪行、对犯罪事实有异议，即通常所说的"翻供"，包括两个层次。第一个层次是对于基本犯罪事实予以推翻，在这种情况下被追诉人在实践中表现为对案件事实有不同供述，案件性质可能不同；第二个层次是在罪名上主张无罪或者罪轻，提出新的辩护主张，因而会改变控诉方作出的罪名认定，其中包括对全部罪名的认定，也包括对部分罪名的认定。

撤回认罚是指被追诉人认罪但不接受处罚，对于被追诉人不认罪也不接受处罚的情况，可以归于被追诉人不认罪的情况中讨论。被追诉人可能因为对司法机关作出的量刑建议不满而拒绝接受量刑，主动作出撤回认罚的决定。除此之外也存在消极撤回认罚的情形，

---

① 参见熊秋红：《比较法视野下的认罪认罚从宽制度——兼论刑事诉讼"第四范式"》，载《比较法研究》2019年第5期。

即"被追诉人虽然没有以书面或者口头方式对量刑建议或者处理结果提出异议,但存在隐匿转移财产、有赔偿能力却不赔偿、拒不赔礼道歉等情况的,实际上是以行为拒绝认罚,其后果应与主动撤回认罚相同。"① 在不同的诉讼阶段,撤回认罚具有不同的表现形式:在案件侦查阶段,由于侦查机关的工作是查清案件事实真相,不涉及犯罪嫌疑人认罚,所以侦查阶段不存在撤回认罚。在审查起诉阶段,"认罚"表现为犯罪嫌疑人接受检察机关提出的量刑建议并签字具结,因此,撤回认罚表现为无法对最终的量刑合意予以接受,可以拒绝或者更改。在法庭审理阶段,"认罚"表现为被告人自愿放弃所享有的部分诉讼权利,同意法院依据具结书内容判处相应刑罚。法庭审理阶段撤回认罚表现为对先前量刑合意提出异议;一审法庭审理完毕后,判决生效前,被追诉人可以通过上诉的方式来行使撤回权。

四、撤回权行使的限度:阶段与理由

基于保障被追诉人权利的基本原则,多数观点认为不应对被追诉方享有的认罪认罚撤回权予以限制,② "被追诉人选择撤回原则上不应当设置条件,即使在协商时有援助律师参与并对其提供咨询的情形下,被追诉人选择撤回同样应当被允许"③。但是不可否认的是一旦被追诉人撤回认罪认罚,必然影响到诉讼程序的进行,使得诉讼拖延、效率降低,破坏制度运行的稳定性,因而对认罪认罚的撤回应当予以一定程度的限制。

(一)关于美国和德国协商制度中撤回权限度的考察

美国的辩诉协商制度发展相对完善,以判例的形式确立了被追诉人认罪认罚后的撤回制度,对于认罪认罚的撤回阶段和理由也有相关的规定,其司法实践经验认为如果被追诉人错误地选择了快速审判程序,他应及时地行使撤回权,其越晚行使则表明错误的概率越小,因而就必须提供充分合理的理由来证明其推迟行使权利的正

---

① 汪海燕:《被追诉人认罪认罚的撤回》,载《法学研究》2020年第5期。
② 参见郭松:《认罪认罚从宽制度中的认罪答辩撤回:从法理到实证的考察》,载《政法论坛》2020年第1期。
③ 陈卫东:《认罪认罚从宽制度研究》,载《中国法学》2016年第2期。

当性。① 在联邦法院，被追诉人只要是在法院进行判决宣告之前，能证明任何公平且恰当的理由，法院得准许被追诉人撤回认罪声明。甚至在有些州，被追诉人被判决后，依旧有权利撤回认罪认罚，但是条件相对严苛，通常只有在避免明显的不正义情形之下才有可能被准许。② 当事人的认罪协商协议只有在被法院接受后，才具有法律上的效力，法院对于协议的审查有自我的标准，不受协商本身的约束。可以看出美国辩诉协商制度中被追诉人在宣告判决之前都是有权利撤回认罪认罚的，"从程序上来说，通常用来撤销一项有罪答辩的方式撤销答辩的申请，与早点的实践相反的是，这样一种申请现在可以在联邦司法程序中提起了，但只能在量刑之前，只要这种撤回具有任何公平而恰当的理由"。③ 部分地方允许在判决宣告后撤回认罪认罚，但是要求目的是"为了避免明显的不正义"。

对于撤回权行使第一层次的理由"公平且恰当"，美国实践中各个法院并未对其适用含义达成一致，一些法院的实践是：将任何在量刑之前提出的撤回答辩的愿望都看作"公平而恰当的"，除非检察官能作出相反的证明。而另一些法院认为：除非被告人首先出示了一个撤回其答辩的好的理由，否则不应探究撤回是不是不公平的。而第二层次的理由"明显的不公正"，在每个司法区域的含义也不尽相同，一般包括没有获得有效律师帮助、未得到被追诉人授权的行为、非自愿的等侵犯被追诉人基本权利保障的范畴。④

与美国的辩诉交易制度不同，德国的认罪协商制度是以被追诉人作出认罪自白为前提，具体又包括两种类型：以控辩协商为主体的处罚令程序和以辩审协商为主体的量刑减让程序。处罚令程序明确规定了需要告知被追诉人有撤回权，也明确了被追诉人撤回有罪

---

① 参见洪浩、方姚：《论我国刑事公诉案件中被追诉人的反悔权——以认罪认罚从宽制度自愿性保障机制为中心》，载《政法论丛》2018年第4期。

② 参见王兆鹏：《美国刑事诉讼法》（第二版），北京大学出版社2014年版，第676—677页。

③ ［美］伟恩·R. 拉费弗、杰罗德·H. 伊斯雷尔、南希·J. 金：《刑事诉讼法》（下册），卞建林、沙丽金等译，中国政法大学出版社2003年版，第1093页。

④ 参见［美］伟恩·R. 拉费弗、杰罗德·H. 伊斯雷尔、南希·J. 金：《刑事诉讼法》（下册），卞建林、沙丽金等译，中国政法大学出版社2003年版，第1093—1095页。

供述的期限阶段。由于处罚令程序并不经过法院的审判而直接判定被追诉人有罪,由被追诉人来负担一定义务,所以为了保证自愿性,需要明确告知被追诉人权撤回认罪供述。根据《德国刑事诉讼法典》第409条和第411条的规定,处罚令的内容不仅包括被告人的犯罪事实和即将判处的负担行为,还明确告知被告人"提出异议的可能性和对此规定的期限与形式,并指明只要未依照第四百一十条对处罚令提出异议,处罚令将具有确定力并可执行"。① 被追诉人收到处罚令后两周内有权提出书面异议,否则处罚令生效,因而处罚令程序中被追诉人有权在处罚令正式生效前撤回协商合意。量刑减让程序中被追诉人是与法官对量刑进行协商,如果被追诉人和法官都同意则协议成立,进而法官受到协议约束,在协商范畴内进行量刑。被追诉人只需要在后续诉讼活动中通过行为表明不再履行协商内容,就视为退出协商合意。② 因而在量刑减让程序中对撤回阶段并无明确限制,被追诉人只需要在诉讼程序中表达出不愿意履行的意愿即属于撤回。对于被追诉人撤回理由的限制而言,在德国,法庭和诉讼参与人协商放弃法律救济手段是不被准许的,但是为了实现法律的稳定性,在作出以辩诉交易为基础的判决时,被追诉人一般会放弃法律救济手段。"被告人除了要作出供认以换取减轻的刑罚之外,通常情况下被告人还要作出放弃上诉的承诺。对法律救济的放弃通常在判决宣布后才做记录。如果在判决后,被告人不满意所作的判决而提出上诉,那就是违背承诺。一般情况下,律师不会同意被告人这样做。"③ 放弃法律救济手段的前提是被追诉人受到了"合格的"劝导。这意味着,法官必须朝着这个方面劝导被告人,以便被告人可以不考虑其他诉讼参与人以及辩护人的劝告,独立自由地作出是否采取法律救济手段的决定。④

(二)我国认罪认罚从宽制度中撤回权限度的界定

根据《指导意见》第十一部分关于"反悔和撤回"的规定,我

---

① 参见《德国刑事诉讼法典》,宗玉琨译,知识产权出版社2013年版,第285页。
② 参见《德国刑事诉讼法典》,宗玉琨译,知识产权出版社2013年版,第177—178页。
③ 徐美君:《德国辩诉交易的实践与启示》,载《法学家》2009年第2期。
④ 参见徐美君:《德国辩诉交易的实践与启示》,载《法学家》2009年第2期。

国认罪认罚制度中撤回权的行使可以分为法庭审判前、法庭审判时、法庭判决作出后三个阶段。

首先，在法庭审判前的阶段，由于案件尚未经过法院审判，认罪认罚具结书属于控辩双方之间的合意，尚未真正产生效力，法院审查后认罪认罚具结书的效力才得到承认，因而被追诉人在这之前可以随时要求撤回认罪认罚。认罪认罚适用于任何一个阶段。因而，侦查阶段被追诉人既可以作出认罪认罚的决定，也应享有撤回权，这一阶段的撤回权应当是不受限制的自由撤回权，被追诉人无须提出充分具体的理由便可以要求撤回，但是出于诉讼效率和程序稳定性的考虑，为了避免其反复滥用撤回权，可以对撤回次数进行限制，以达到公正和效率之间的平衡。

其次，在法庭审判的阶段，案件刚进入法院之时，法院需要履行告知义务。根据我国《刑事诉讼法》第190条第2款的规定，法院应当告知被告人享有的诉讼权利和认罪认罚的法律规定，审查认罪认罚的自愿性和认罪认罚具结书内容的真实性、合法性。《指导意见》第39条围绕被告人定罪量刑的关键事实，进一步细化了法院依法履职措施，对审判阶段认罪认罚自愿性、合法性审查作了更加详细的规定。如"办理认罪认罚案件，人民法院应当告知被告人享有的诉讼权利和认罪认罚的法律规定，听取被告人及其辩护人或者值班律师的意见。庭审中应当对认罪认罚的自愿性、具结书内容的真实性和合法性进行审查核实……"可以看出，在审理阶段法院首先要履行告知和审查义务，确定被追诉人知晓认罪认罚的性质并且愿意作出认罪认罚的决定。法官需要认真履行这一告知义务，与后续庭审阶段审查认罪认罚具结书的要求应当是分开的两个阶段，不应流于形式，如果仅仅是单纯的通知，则没必要在审查具结书之前要求再次进行自愿性的确认，法院对于认罪认罚告知义务的履行应属于继检察院后程序分流的第二次筛选。这一审查期间是被追诉人在审判阶段撤回权的最初行使期。之后进入审判阶段的第二个层次，法院告知和审查完认罪认罚具结书后，被追诉人若撤回认罪认罚需要提出正当理由。对于正当理由的界定，笔者认为，与被追诉人认罪认罚有关、影响到其作出决定、达成合意的因素都属于合理理由，包括认罪认罚本身缺少合法性、真实性等因素而存在瑕疵，以及司法机关方面撤回决定从而影响最终达成认罪认罚等各方面因素。另外，鉴于我国目前被追诉人辩护率较低、值班律师提供有效帮助尚有待完善，被追诉人无法及时提出有效的合理理由，从保障人权和控辩平衡的角度出发，可以在一些情况下要求控诉方承担认罪认罚具有合理性的证明责任。

最后，在法庭判决作出后的阶段，如果是一审判决作出后、尚未生效前，被追诉人可以通过上诉的方式来行使撤回权；在判决生效后可以通过申请再审的方式来行使撤回权。一旦提出上诉或者再审申请，就意味着对于之前诉讼程序的倒流，还会影响到司法程序的安定性。根据我国刑事诉讼法的规定，被追诉人申请上诉是不需要理由的，申请再审则需提出新的证据或者因为法律适用错误而影响最终的量刑结果时，或者是被告人认罪认罚受到了刑讯逼供、引诱、胁迫、欺骗的影响等情况。因而，在这一阶段按照判决是否生效的现状以上诉或者申诉的理由来审查是否可以行使撤回权即可。

五、撤回权行使的后果：程序转化与具结书的性质

被追诉人行使认罪认罚的撤回权，所产生的法律后果具备一些基本特征："第一，对于被追诉人而言，行使认罪认罚的撤回权，撤回认罪认罚属于被告人的诉讼权利，不能将其视为认罪态度不好的表现而'罪加一等'；第二，一旦被追诉人选择撤回，检察机关需要向其说明撤回的效果，包括可以被采取羁押措施、不再享受量刑优惠且不得再主张适用特定程序等内容，确保被追诉人对是否撤回以及撤回的效果作出理性判断；第三，由于被追诉人选择撤回认罪认罚，那么，检察机关应当重新审查公诉证据材料，在程序转换阶段可有权申请补充侦查等，确保指控犯罪达'事实清楚，证据确实、充分'的法定证明标准。"① 被追诉人撤回认罪认罚后产生的法律后果主要包括两个方面：程序的后续适用与转化、具结书是否可以作为证据使用。

（一）程序的后续转化

被追诉人在不同的诉讼阶段行使认罪认罚撤回权，会对程序的适用和转化产生不同的效果。

首先，在法庭审理前的阶段，由于侦查机关不具有与被追诉人之间签署认罪认罚具结书的职能，因而在侦查阶段的撤回实质上并

---

① 陈卫东：《认罪认罚从宽制度研究》，载《中国法学》2016年第2期。

不影响程序的进行。审查起诉阶段是签署认罪认罚具结书的关键时期，具体包括两种情况：第一，这一阶段被追诉人撤回认罪认罚，如果控诉方已作出了不起诉决定，则可以根据《指导意见》第51条的规定处理，即发现犯罪嫌疑人没有犯罪事实，或者符合《刑事诉讼法》第16条规定的情形之一的，应当撤销原不起诉决定，依法重新作出不起诉决定；如果认为犯罪嫌疑人仍属于犯罪情节轻微，依照刑法规定不需要判处刑罚或者免除刑罚的，可以维持原不起诉决定；如果排除认罪认罚因素后，符合起诉条件的，应当根据案件具体情况撤销原不起诉决定，依法提起公诉。第二，如果检察院在被追诉方认罪认罚后，根据具结书内容决定提起公诉，此时被追诉方撤回认罪认罚，根据《指导意见》第52条的规定，签署的具结书失效，人民检察院应当在全面审查事实证据的基础上，依法提起公诉。

其次，在法庭审理的阶段，对于"撤回认罪认罚"的，也即被追诉人不认罪的，根据《指导意见》第48条的规定，人民法院在适用速裁程序审理过程中，发现被告人否认指控的犯罪事实情形的，应当转为普通程序审理。对于第二类"撤回认罚"的情形，即被追诉人对于罪名认定没有异议、但是对量刑不予以接受的，依据《刑事诉讼法》第201条的规定，被告人、辩护人对量刑建议提出异议的，人民检察院可以调整量刑建议，如果人民检察院不调整量刑建议或者调整量刑建议后仍然明显不当的，人民法院应当依法作出判决。《指导意见》第41条对调整量刑建议之后的程序适用进行了更为细致的规定："调整量刑建议后，被告人同意继续适用速裁程序的，不需要转换程序处理。"因而，检察院调整量刑建议后并不意味着一定会转变程序适用，被追诉人享有程序选择的自由权，有助于保障诉讼活动的灵活进行。但是这条规定的疏漏是只规定了速裁程序中被追诉人享有的程序选择自由权，如果在简易程序审理的情况下，调整量刑建议后被追诉人是否也可以选择程序的适用则尚未得到明确。

最后，在法庭判决后的阶段，无论是判决尚未生效提起上诉或者是判决生效后提出申诉，都不再发生庭审中程序的转化，案件应依照刑事诉讼法中二审或者再审的一般规定进行后续的程序处理。

综上，撤回权行使的限度规定的不明确之处主要在作出判决前阶段，判决作出后被追诉人撤回认罪认罚衔接刑事诉讼法关于二审或者再审的规定即可。

(二) 具结书可否作为证据使用

2018年刑事诉讼法对于认罪认罚被撤回后具结书的性质并没有进行规定，理论界存在不同的观点。有学者认为具结书的内容可以作为证据来使用，但是需要其他的证据来加以补强；① 也有学者认为具结书是双方的合意，被追诉人认罪认罚是以控方承诺从宽处理为条件和基础的，具结的性质就决定了具结书的内容不能在被追诉人撤回认罪认罚后作为证据使用②。笔者认为，具结书不应当作为对被追诉人不利的证据使用。

依据刑事诉讼无罪推定的基本原则，被追诉人不负有证明自己有罪的责任，撤回认罪认罚后，控诉方需要重新组织证据以证明案件事实。另外，从认罪认罚从宽制度的价值目的出发，在认罪认罚本身就已经失效的情况下，被追诉人为此而作出的陈述理应随之失效。例如，在美国，一些法院之前的做法是认为如果一个被追诉人的有罪答辩后来被撤回或者宣布无效，那么其答辩所针对的事实在其后的审判中仍然可以作为证据使用，但是在目前的判决中这一做法都认为是不可被接受的，"这种做法是合乎情理的，因为如果当一个有罪答辩被撤回时，这一答辩将被用为法庭上不利于该被告人的证据的话，那么撤回有罪答辩的特权就形同虚设了"。③ 如果将被追诉人行使认罪认罚撤回权后的具结书内容作为证据使用，明显会造成控辩双方的地位不对等，使得撤回权这一权利的行使并不具有实质上的公正。对于控诉方来说，被追诉人是否撤回认罪认罚，其都可以使用具结书来进行控诉，减轻了证明责任；但是对于被追诉人来说，将进退维谷，其出于减轻量刑的目的而作出供述，由于撤回权的行使，不仅不能获得减刑优惠，而且之前的有罪供述还会影响到后续的审理，对被追诉人来说明显是不利的。"协商性司法必须与

---

① 参见胡云腾主编：《认罪认罚从宽制度的理解与适用》，人民法院出版社2018年版，第126页。

② 参见汪海燕：《被追诉人认罪认罚的撤回》，载《法学研究》2020年第5期。

③ [美] 伟恩·R. 拉费弗、杰罗德·H. 伊斯雷尔、南希·J. 金：《刑事诉讼法》(下册)，卞建林、沙丽金等译，中国政法大学出版社2003年版，第1103页。

被告人的权利处分制度结合在一起,只有协商是在允许被告人自由处分权利的环境保护中进行的,同时协商结果也是被告人自由处分权利促成的,则才有正当性可言。"①

---

① 熊秋红:《认罪认罚从宽理论审视与制度完善》,载《法学》2016年第10期。

大数据侦查中数据挖掘行为的法律规制*
——以个人信息保护为中心

陈雨楠**

一、问题的提出

信息技术与经济社会的交会融合引发了数据量的指数级增长，大数据已然成为国家的基础性战略资源与形塑社会的重要力量。信息技术是把双刃剑，在助力经济社会高速发展同时，也带来了网络化、智能化犯罪。电信网络诈骗、网络恐怖主义犯罪等新兴网络犯罪层出不穷，传统犯罪亦呈现出网络化特点。例如，近年来高发的互联网金融犯罪，动辄涉及资金流水数据上亿条，账户数达上万个；增势迅猛的电信网络诈骗犯罪，犯罪团伙多呈分工明确的集团化运作形态，将诈骗窝点设置在境外；又如在全球肆虐的网络恐怖主义犯罪，其突发性、跨国性、破坏性极强，对人民群众的生命安全造成严重威胁。网络化犯罪涉案规模广、危害严重，且难以查清和证明案件事实，需要公安司法机关积极适应与有效应对。

近些年，公安机关在加速推进"金盾工程""天网工程""雪亮工程"等大数据智能化平台与系统建设工程，将大数据技术广泛应用于犯罪的预警与打击工作。大数据侦查通过计算机、网络等科技手段对虚拟空间与实体空间中的海量数据进行收集、共享、对比和挖掘，从而发现犯罪线索、证据信息或者犯罪嫌疑人。[①] 其中，数据挖掘是大数据侦查中的核心技术。通过数据挖掘行为，侦查机关将数据应用模型化，从海量数据中主动发现犯罪线索，提高犯罪预防

---

* 本文是中国政法大学横向科研项目"大数据与司法"（合同编号 1041 - 23618130）成果。

** 中国政法大学刑事司法学院诉讼法学专业博士研究生。

① 程雷：《大数据侦查的法律控制》，载《中国社会科学》2018 年第 11 期。

的精准性,准确确定侦查方向,锁定犯罪团伙及犯罪嫌疑人,实现破案能力与效率的显著提升。

可以肯定的是,大数据侦查中数据挖掘行为的应用与发展是大数据时代有效预防与打击犯罪、建设更高水平的平安中国的必然需求。然而,数据挖掘行为并非有利无弊,在执法司法实践中已衍生出技术手段滥用、法律规制缺位等问题,加剧了个人信息失控危机,对传统刑事诉讼规则产生巨大冲击。[1] 在传统的信息化侦查过程中,侦查人员出于侦办案件的需要,在案件正式进入立案程序后方可使用数字证书查询与案件及犯罪嫌疑人相关的数据信息;而大数据侦查中的数据挖掘行为对公民个人信息权的干预具有普遍性,不论有无犯罪嫌疑,公民的个人信息均可能被侦查机关纳入挖掘分析中。换言之,大数据侦查中的数据挖掘行为是侦查实务中最为常见,也是对公民个人信息权带来风险最为严峻的侦查行为。

虽无明确的法律授权,大数据侦查中的数据挖掘行为在实践中仍被广泛使用,处于监督缺位、规制缺乏的无序状态,其所引发的个人信息保护问题也常常被刻意回避,由此产生个人信息过度使用以及泄露的风险。在个人信息保护法即将出台的背景下,如何从立法和释法层面规制大数据侦查中的数据挖掘行为,加强刑事诉讼中的个人信息保护,避免出现福柯所描述的"一种无限普遍化'全景敞视主义'"的国家监控图景,[2] 最大限度地实现打击犯罪与保障人权两大刑事诉讼价值的平衡,成为大数据侦查法律控制研究中的核心议题。

二、数据挖掘行为在大数据侦查中的运用

大数据时代信息留痕能力的增强和数据挖掘技术的演进,使得人们在日常生活中的各类活动轨迹成为剖析个体画像的数据基础。数据挖掘通过分类与预测、关联挖掘、聚类分析等方法对海量数据进行自动分析,从而对犯罪规律、模式和趋势开展持续、动态的梳

---

[1] 王仲羊:《刑事诉讼中的个人信息保护——以科技定位侦查为视角》,载《理论月刊》2020年第12期。

[2] [法]米歇尔·福柯:《规训与惩罚》,刘北成、杨远婴译,生活·读书·新知三联书店1999年版。

理和研究。① 数据挖掘行为属于对数据进行深度应用的阶段，常伴随着次级权利干预风险，相比于数据的收集、调取、比对行为而言，对个人信息的侵犯程度更高。例如，通过对手机基站数据的挖掘与分析，侦查机关可以勾勒出数据主体完整的数字人格，解析出其交友关系、工作及居住地、兴趣嗜好等立体化信息。

在大数据侦查实践中，数据挖掘行为的数据来源主要包括两方面，即公安机关内部业务数据与其他行业共享数据。当前，公安机关已经拥有了海量数据资源，仅市级公安机关公安网中的结构化数据的数量就达到万亿级，其中视频图像等非结构化数据的存量在100PB左右。② 其他行业共享数据，包括其他行政机关数据、社会企业数据、互联网数据等，是数据挖掘行为的最主要数据来源。近年来，随着智慧城市建设的开展，信息技术在政府和企业中的应用愈加广泛，基于强大的通信系统和计算机网络的支撑，政府部门构建了集约化的城市政务数据库；银行、电信、民航等企业建立了基于其自身业务而获取的金融数据、通信数据、轨迹数据等基础服务数据库；新兴的互联网企业诸如美团、滴滴、腾讯等也建立了基于消费数据、轨迹数据、通信数据等规模庞大的个人信息数据库。③ 以位置信息的挖掘分析为例，在不同情形下，侦查机关用以数据挖掘的位置信息来源不同，既可通过实施主动性的侦查行为获得，亦可通过诸如通讯公司、应用软件运营商等特定第三方机构获取。④

数据挖掘行为的应用方向，既包括对已发生刑事案件的回溯性侦查，从海量数据中发现犯罪线索、准确锁定犯罪嫌疑人、查明案件事实；又包括对未来犯罪行为及犯罪嫌疑人的精确预警，从而将犯罪消灭在萌芽状态，或者在犯罪现场及时破获案件。在预警方面，数据挖掘行为通过"建立模型—输入数据—预警"的方法，实现对犯罪案件、犯罪嫌疑人的预警。较为典型的方法是以犯罪特征数据

---

① 徐子沛：《大数据：正在到来的数据革命，以及它如何改变政府、商业与我们的生活》，广西师范大学出版社2013年版，第98页。
② 武汉市公安局大数据实战应用中心、中国人民公安大学公安大数据应用创新实验室：《大数据分析与警务实战》，中国人民公安大学出版社2019年版，第2页。
③ 李双其等：《大数据侦查实践》，知识产权出版社2019年版，第422页。
④ 郑曦：《刑事侦查中公民定位信息的收集使用与规制》，载《学习与探索》2020年第4期。

为基础的模型建立,通过对海量同类型案件的犯罪时空、犯罪嫌疑人、涉案手机、银行卡等特征数据进行模式化、场景化分析,从中筛选出潜在的犯罪案件或犯罪嫌疑人。譬如,广东省公安厅与中国人民银行广州分行通过网络边界实现专线对接,对2020年以来公安机关向广东省各银行移交的所有涉电信网络诈骗的个人银行账户进行倒查分析,通过特征挑选、提取和组合等数据挖掘技术,总结出涉案账户的四大特点,在此基础上构建可疑涉诈银行账户排查模型,并及时启动紧急止付、溯源打击等后续措施。再如,2017年深圳市公安局机场分局协调民航部门推进禁毒情报研判预警专项工作,对接了民航、QQ、微信、阿里、携程中的数据资源建立人体藏毒预警模型,该模型可以自动运算出重点航班符合运毒条件的嫌疑旅客名单,并将其推送至到达机场对嫌疑旅客进行人工二次研判、见面核查,从中发现行李夹带毒品或人体藏毒的犯罪活动。

在打击方面,数据挖掘行为的适用对象为手机数据、话单数据、网络数据、资金流水数据、视频数据、人脸数据等。例如,对资金流水数据的挖掘。在非法集资案件中,可通过数据挖掘技术绘制数据图谱,对公司成立时间、资金流向、企业高管任职情况等多种数据进行关联分析,抽取犯罪团伙主要人员关联网络,锁定实施犯罪的核心企业和核心人员。① 在涉税案件中,侦查人员可通过数据挖掘技术对涉案的全量资金交易数据、账户数据等进行分析并建立资金特征模型,客观、全面地展现出可疑资金的来龙去脉。② 再如,对视频及人脸数据进行挖掘。引入带有智能算法的前端视频图像采集设备,通过视频结构化实现从"人工查找""分散查询"到"智能检索"以及从"看视频追踪"到"自动化追踪"的变化。又如对话单数据的挖掘。当前公安机关使用的话单分析软件集数据挖掘技术、数据库技术、数据可视化技术于一体,能够自动对通信的形式信息进行分析,发现犯罪嫌疑人的地理位置、人物关系、行动轨迹和反常行为等。此外,还可以通过对手机数据、视频数据、人脸数据、话单数据等的综合分析,对系列案件进行多元化、智能化串并,从而实现规模化打击效果。

---

① 单丹、王铼:《大数据在网络非法集资案件侦查中的应用》,载《中国人民公安大学学报(社会科学版)》2017年第4期。
② 刘品新:《论大数据证据》,载《环球法律评论》2019年第1期。

三、对数据挖掘行为的正当性追问：个人信息保护风险

技术的发展往往具有爆发性特征，但法律规则的演进则需要学界与实务界达成一致共识。法律规则的滞后效应导致数据挖掘行为与传统刑事诉讼规则之间产生紧张关系，突出表现为其所带来的个人信息保护风险。

（一）数据挖掘行为突破程序法定原则

程序法定原则要求侦查行为的种类、边界与实施过程都必须遵循法律的明文规定。以此为原则指引，可将侦查行为划分为任意侦查与强制侦查，前者指以被侦查人同意或承诺为前提进行的侦查，后者指不受被侦查人意思的约束而进行的强制处分。① 任意侦查并不会干预公民的基本权利，而强制侦查则意味着权力运行会妨碍公民基本权利的行使甚至限制、剥夺公民的基本权利。因此，强制侦查与任意侦查应以"是否侵犯公民的基本权利"为界分。在大数据时代，侦查阶段可能干预的公民的基本权利除人身权、财产权之外，还应当包括个人信息权。数据挖掘行为是对海量公民个人信息数据的深度加工，对公民个人信息安全造成严重威胁。而且侦查程序具有封闭性的特点，侦查机关实施强侵入性的数据挖掘行为时，当事人对其个人信息数据被提取的事实无法察觉，且侦查机关也不会考虑当事人是否知情、许可。因此，一般而言，大数据侦查中的数据挖掘行为因干预公民个人信息权而被纳入强制侦查的范畴。

刑事诉讼法未就数据挖掘行为进行规定。数据挖掘行为与刑事诉讼法中规定的技术侦查和勘验这两种侦查行为存在紧密关联，却又存在明显不同。换言之，数据挖掘行为既不是技术侦查，也不能被视为勘验。首先，我国在2012年修改刑事诉讼法时将技术侦查合法化，但对其的规定仍处于一种"模糊授权"的状态。② 2020年修正的《公安机关办理刑事案件程序规定》第264条将技术侦查措施定义为"由设区的市一级以上公安机关负责技术侦查的部门实施的记录监控、行踪监控、通信监控、场所监控等措施"。技术侦查措施

---

① 宋英辉：《刑事诉讼原理》（第三版），北京大学出版社2014年版，第188页。

② 胡铭：《技术侦查：模糊授权抑或严格规制——以〈人民检察院刑事诉讼规则〉第263条为中心》，载《清华法学》2013年第6期。

的四类监控手段呈现出秘密性、技术性的特征，除话单分析、聊天记录调取等对既往数据进行调取分析外，大部分技术侦查措施还应具备同步即时性的本质要求。在适用对象方面，技术侦查措施的适用对象是犯罪嫌疑人、被告人以及与犯罪活动直接关联的人员。数据挖掘行为与技术侦查措施在对既往数据的分析挖掘上具有重合性，但与电子监控、秘密拍照或者录像等监控行为存在明显区别。此外，数据挖掘所针对的对象较为广泛，许多与犯罪活动无关的人员也会被纳入侦查视野中。其次，勘验分为线上和线下两种形式，即以互联网为分界线，在物理空间与虚拟空间中均可进行。勘验的线下模式由《刑事诉讼法》第128条规定[①]，其线上模式是网络远程勘验，规定在《关于办理刑事案件收集提取和审查判断电子数据若干问题的规定》与《公安机关办理刑事案件电子数据取证规则》[②] 中。数据挖掘行为与网络远程勘验在立案后的打击阶段中对数据的提取和分析方面有所交叉，但数据挖掘行为主要侧重对数据的建模分析，比网络远程勘验对数据的加工程度更深，且除在立案后的打击阶段使用外，在预警阶段中也发挥了重要作用。由此可见，现行刑事诉讼法及相关规定中对侦查行为的分类无法涵盖数据挖掘行为，数据挖掘行为作为极有可能侵犯公民个人信息权的强制侦查行为，依然处于无法可依的状态。

（二）数据建模与共享增加个人信息泄露风险

大数据侦查尤其是数据挖掘行为的出现改变了侦查权的权力分布格局，传统刑事诉讼运行程序中的"国家—个人"关系之间出现了诸如其他行政机关、社会机构、商业企业机构等多个中间层，形

---

① 《刑事诉讼法》第128条规定，侦查人员对于与犯罪有关的场所、物品、人身、尸体应当进行勘验或者检查。在必要的时候，可以指派或者聘请具有专门知识的人，在侦查人员的主持下进行勘验、检查。

② 最高人民法院、最高人民检察院、公安部《关于办理刑事案件收集提取和审查判断电子数据若干问题的规定》第29条第3项规定，网络远程勘验，是指通过网络对远程计算机信息系统实施勘验，发现、提取与犯罪有关的电子数据，记录计算机信息系统状态，判断案件性质，分析犯罪过程，确定侦查方向和范围，为侦查破案、刑事诉讼提供线索和证据的侦查活动。此外，该文件在"电子数据的收集与提取"部分规定了网络远程勘验的具体实施要求。《公安机关办理刑事案件电子数据取证规则》在第四节"网络在线提取电子数据"中规定了网络远程勘验的具体实施要求。

成了"国家—社会—个人"三方参与的新型侦查主体分布模式,使侦查权逐步社会化与弥散化。如前文所述,数据挖掘行为主要体现在对数据的建模与共享,该行为所使用的数据大多来自商业机构在为公民提供日常生活服务以及经济交往中所储存的各类数据。这就需要侦查部门越来越多地与其他行政机关、社会机构及商业企业机构进行合作,推动数据库的互通共享、数据接口及预警、打击模型的建立。目前,公安机关与其他行政机关的数据共享大多通过制定地方性政策框架协议来实现,但该协议很少接受合法性审查。①而会同社会机构及商业企业机构进行的数据共享及模型建立,往往以警企合作的形式,即通过签署内部合作协议及保密协议来实现。网络安全法规定,网络运营者应当为公安机关等侦查犯罪的活动提供支持和协助。然而落实到实践中,侦查部门能够调取网络运营者的哪些数据、建立何种模型,均由公安机关内部自行决定并对实施过程进行事前审批和监督制约,缺乏约束性与规范性的外部控制程序;网络运营者对其所获取的公安内部数据及模型搭建后的运行结果如何使用、保管及保密,亦无相关法律规定。毫无疑问,数据在公安机关与其他行政机关、社会机构、商业企业机构之间的流转加剧了个人信息的泄露风险。

(三)形式信息的挖掘加深对个人信息的干预程度

信息分为内容信息与形式信息。内容信息直接触及实质性、核心的内容。形式信息表示的是数据信息的存在形式与产生过程。以电子通信为例,其所产生的元数据主要包括通信的时间、地点、时长、号码等,由于形式信息仅起到辅助证明信息的来源的作用,一般对于此类信息的"隐私合理期待"较低,因此其他国家与我国的刑事诉讼均对内容信息的重视程度远超形式信息。例如,美国《存储通信法》规定,对近6个月内电子通信内容的事后调取,需取得法院基于合理根据标准核发的搜查令状;而对非内容通信的调取,则仅需满足"具体及清楚的事实",该标准相当于合理怀疑的程度。② 在我国,对内容信息的获取和分析属于技术侦查的范畴,刑事

---

① 蒋勇:《大数据时代个人信息权在侦查程序中的导入》,载《武汉大学学报(哲学社会科学版)》2019年第3期。

② 王仲羊:《刑事诉讼中的个人信息保护——以科技定位侦查为视角》,载《理论月刊》2020年第12期。

诉讼法已采用严格的手段对其适用对象、案件范围及批准程序等加以限制。但对于形式信息的挖掘分析,却缺乏相应的程序规制。

随着大数据侦查中数据挖掘技术的成熟以及应用场景的不断扩展,侦查机关越发青睐对形式信息而非内容信息的获取。譬如,在我国的司法实践中,侦查机关对话单分析的适用频率远高于对通信内容的监控。通过数据挖掘行为对海量形式数据信息进行整合、建模、分析,可以勾勒出更为全面的个人数字画像,其对公民私密领域的侵入性并不低于内容信息,甚至从某种意义上讲,诸如位置信息、通话对象与时长等形式信息比通信内容更有价值,能够揭露出比内容信息更为丰富的个人信息,由此非常容易导致数据收集的扩大化,从而进一步加深对公民个人信息的干预程度。

四、实体+程序:对大数据侦查中数据挖掘行为的法律规制

大数据挖掘行为融入侦查程序是智慧警务与数字社会发展的必然结果,但对于大数据挖掘行为因侵犯公民个人信息权益而给传统侦查程序带来的风险必须积极面对。个人信息保护法将为数据挖掘行为的法律规制提供独特视角,应以个人信息保护为中心加快规制制度创建,在规范轨道依法推进新兴科技融入侦查程序。

(一)路径选择:以个人信息权为核心的规制

美国作为判例法的代表性国家,其法律体系对侦查机关获取公民各类信息的规制体现在美国联邦宪法第四修正案中关于搜查及隐私权保障的判例法,其核心原则为自愿交与第三方规则,即公民对自愿交与第三方机构保存的各类信息无隐私的合理期待。[①] 该原则仅关注信息获取阶段关涉的隐私利益,而对后续数据的比对、碰撞、挖掘行为则不再规制。显然,以隐私权为核心的大数据侦查法律规制具有诸多弊端,使数据收集之后的挖掘行为处于失控状态。德国作为大陆法的代表性国家,规制侦查机关获取公民各类信息的工具表现为人格尊严与信息自决权,并将之视为一种积极性权利。因此,《德国刑事诉讼法典》在总则编第八章第98条a款和c款分别规定了计算机排查侦缉和数据对比,对数据使用行为的应用与限制进行了详尽阐述。目前,我国刑事诉讼法采取的是以隐私权为核心的路径规制,仅在第54条规定了对相关信息的调取行为,而对于后续对

---

① 程雷:《大数据侦查的法律控制》,载《中国社会科学》2018年第11期。

信息进行更深度加工的数据挖掘行为却没有规制。我国同属大陆法系国家兼具职权主义传统，在借鉴《德国刑事诉讼法典》关于数据使用行为规定的基础上，建立符合我国刑事司法运行逻辑、以个人信息权为核心的数据挖掘行为法律规制，是当前有效规避大数据侦查行为所带来司法风险的理性选择。

（二）实体层面：建立以比例原则为轴心的层级化控制模式

明确数据挖掘行为的体系定位，是建立层级化控制模式的前提。我国刑事诉讼法在"侦查"章共规定了八种法定侦查措施，其中第八节为技术侦查措施。考虑到数据行为与技术侦查措施的相关性，可在技术侦查措施之前单设一节"大数据侦查措施"，明确大数据侦查措施的定义、范围、批准手续、期限、执行、保密以及证据转化的相关规定。大数据侦查措施，是指侦查部门根据侦查犯罪的需要所进行的数据查询、比对、挖掘等措施。其中，数据查询和比对属于对公民权益侵害程度较小的侦查措施，可参考《德国刑事诉讼法典》第98条c款进行规定。而对于数据挖掘措施，则需要设定较为严格的启动门槛，可考虑将案件范围限定于社会危害程度较大的犯罪案件，具体包括依法可能判处5年以上有期徒刑的重罪案件；依法可能判处5年以下有期徒刑的，对社会危害性较大的案件；集团性、系列性、跨区域性重大犯罪案件以及利用电信、计算机网络、寄递渠道等实施的重大犯罪案件。需要采取数据挖掘措施的，应当制作呈请采取数据挖掘措施报告书，报县级以上公安机关负责人批准，并制作采取数据挖掘措施决定书。

考虑到大数据侦查实务中立案启动程序的模糊性、复杂性、个人信息数据敏感程度、分类及内容的差异性，针对数据挖掘行为也需以比例原则为中心进行层级化控制。一是区分预警阶段的数据挖掘行为与打击阶段的数据挖掘行为。传统意义上，在立案程序启动后方可使用各类侦查措施，然而，目前侦查机关往往把大数据侦查措施导入立案前的预警和初查阶段，从而导致立案门槛虚置。预警和初查阶段是否能够纳入侦查控制范围是当前理论与实务界争议的焦点问题。预警和初查阶段服务于侦查，其产生的证据和线索对于后续侦查工作具有根本性影响。基于对侦查工作的现实性与惩罚犯罪的需求性的考量，若不将预警和初查阶段纳入侦查控制的范围加以限制，更会导致大数据侦查处于失控状态。因此大数据侦查措施中的"侦查措施"应当作广义理解，其范围涵盖立案前的犯罪预警和初查中的数据挖掘及检索。① 对立案前预警、初查阶段的数据挖掘行为，要设立更为严格的启动门槛。对人的预警与初查，应仅限于严重危害社会的犯罪案件②；对涉案银行卡、电话卡等物品的预警与初查，因不直接涉及侵犯公民的合法权益，可将其范围可设定为社会危害程度较大的犯罪案件。二是区分敏感数据和非敏感数据。《信息安全技术　个人信息安全规范》（GB/T 35273—2020）中详细规定了敏感数据的范围，包括个人生物识别信息、通信记录和内容、财产信息等。③ 在对数据挖掘行为进行法律规制时，需要严格区分敏感数据和非敏感数据，无论在预警还是打击阶段，一旦涉及对敏感数据的挖掘，都必须提高数据挖掘行为的启动条件。同时，应进一步将敏感数据细化为与案件密切相关的数据以及与案件无关的数据，侦查机关仅可获取与案件密切相关的敏感数据，同时要注重对数据挖掘行为过程的保密以及对所造成的损害的事后恢复。

（三）程序层面：设置更严格的审批及监督程序

大数据侦查中的数据挖掘行为属于强制侦查行为，目前刑事诉讼法及相关规范对其并无明文规定。为防止侦查机关在法无明确授权的情况下损害公民合法权益，必须加强对数据挖掘行为的程序性规制。具体来说，应当落实以内部规范为主的源头控制，加强法律监督与司法审查，并设置专门的个人信息监察机构，形成内部规范与外部控制的有效运转与合理衔接。

第一，建立以内部规范为主的源头控制。在刑事诉讼法以及《公安机关办理刑事案件程序规定》中，应明确侦查机关采取数据挖掘行为的程序，以弥补当前实体规制的欠缺与不足。一是批准程序。需要采取数据挖掘行为的，必须经过严格的批准程序，并根据行为

---

① 张可：《大数据侦查措施程控体系建构：前提、核心与保障》，载《东方法学》2019年第6期。
② 严重危害社会的犯罪案件，可参考《刑事诉讼法》第150条关于技术侦查措施范围的规定，即危害国家安全犯罪、恐怖活动犯罪、黑社会性质的组织犯罪、重大毒品犯罪案件，以及其他严重危害社会的犯罪案件，依法可能判处7年以上有期徒刑的案件。
③ 《信息安全技术　个人信息安全规范》（GB/T 35273—2020）规定，个人敏感信息包括身份证件号码、个人生物识别信息、银行账户、通信记录和内容、财产信息、征信信息、行踪轨迹、住宿信息、健康生理信息、交易信息、14岁以下（含）儿童的个人信息等。

的对象、内容及权利干预程度的不同设置程序宽严相当的程序规范体系。具体流程包括制作呈请采取数据挖掘措施报告书，区分不同情形分别报县级以上公安机关或者设区的市一级以上公安机关批准，并制作采取数据挖掘措施决定书。二是解除和延长程序。在采取数据挖掘措施的有效期内，如果批准该项措施的公安机关认为不再需要继续采取数据挖掘措施，可制作解除数据挖掘措施决定书，并及时通知办案部门。对于复杂、疑难案件，在采取数据挖掘措施的有效期限届满后，仍需继续采取该项措施的，经批准机关负责人批准后，制作延长期限决定书。三是内部执法规范指引程序。充分发挥公安机关法制部门的作用，对数据挖掘行为的启动条件、适用对象、实施期限等进行指导、监督。

第二，建立以法律监督和司法审查为主的外部控制。首先，可发挥人民检察院对数据挖掘行为的法律监督作用。在人民检察院审查批准逮捕以及审查起诉过程中，对于公安机关采取的与案件严重程度不相适应的数据挖掘行为，人民检察院应当通知公安机关予以纠正，公安机关应当将纠正情况通知人民检察院。如果数据挖掘行为严重侵犯公民合法权益，影响司法公正的，检察机关应当予以排除。其次，在审判阶段，人民法院应对侦查机关的数据挖掘行为进行合法性审查。数据挖掘行为必须遵循比例原则，若存在超越案件性质范围或者严重侵犯公民个人信息合法权益的数据挖掘行为，对其所获得的证据应当不予采用。

第三，设置专门的个人信息监察机构。个人信息保护法的制定与实施将为我国在国家机关中设置专门的个人信息监察机构创设有利条件，从而加强对公权力机关信息收集、使用行为以及企业商业利用个人信息行为的监督。我国已经成立了中央网络和信息化领导小组和国家互联网信息办公室，可以在此基础上探索设置独立的个人信息监察机构，对公民提供的侦查机关未经法律程序许可或超越比例原则限制所实施的数据挖掘行为的线索进行深入调查核实，对于情况属实的，应当及时通知并予以纠正，情节严重的，对违法行为人追究行政、刑事责任。

五、结语

本文对大数据侦查的核心——数据挖掘行为的法律规制进行了深入探讨，从数据挖掘行为的应用方向、导致的个人信息保护风险、规制的路径选择等方面进行了细化剖析。未来,随着新一代信息技术的飞速发展,智慧警务将全面实现,使侦查程序线上化生态成为现实,数据挖掘技术运用于侦查程序也将更为常见。面对新兴信息技术融入侦查措施的趋势,实务界应积极接纳并探索构建以个人信息权为核心的规制体系,采取实体+程序的双重规制路径,为数据挖掘等新兴信息技术规范化融入侦查程序创制有利条件,从而实现惩罚犯罪与保障人权的平衡,达到司法公正与司法效率的统一。